ヨーロッパ意思表示論の
展開と民法改正

Originally Published in Germany by Mohr Siebeck GmbH & Co. KG, Tübingen
under the title of
Störungen der Willensbildung bei Vertragsschluss, Herausgegeben von
REINHARD ZIMMERMANN
All rights reserved
Japanese Translation Rights arranged with Shinzan Books, © Shinzansha, 2014

ヨーロッパ意思表示論の展開と民法改正

―ハイン・ケッツ教授古稀記念―

R. ツィンマーマン 編集
半田吉信 訳著

総合叢書 2

信山社

ラインハルト・ツィンマーマン

契約締結に際しての意思形成の妨害
（ハイン・ケッツ教授古稀記念）

編集者の言葉

ラインハルト・ツィンマーマン

　ハイン・ケッツは本書の執筆に関与していない。彼は，この種の本に対して繰り返し辛らつな嘲りのこもった注意をした。彼は，時折「その弟子たちが1冊の論文集を出版することを企て，それを彼らが高齢を祝する記念として献呈したいと申し出をしたときは，それは老齢の学者の最後の恥だ」というイギリスの学者の言葉を引用した。そして論文集に寄稿することが，通例製本工のにかわによってのみ結び付けられるにすぎないというトニー・ワイアの言葉もまた，ケッツは直ちに支持したであろう。「ドイツ，ヨーロッパ，世界」または「昨日，今日，明日の民法典」といった標題で，しばしばその作品に知的な統一性の外観を与える記念論文集の刊行が，執筆者の努力を終わらせるのである。

　かくして2005年11月14日のハイン・ケッツの70歳の誕生日に記念論文集を献呈することは辞退された。しかしながら当然，この機会にシンポジウムを開催することには反対されなかった。なぜならば，シンポジウムは，個人的な感興，見解の対立およびテーマの集中の努力，特に，総てのシンポジウム参加者が関心を持つ特定の問題領域が可能な限り多くの異なった視点から透視することによって新たに観察されるという意味のテーマの集中を内容とするからである。透視図の多様性，生きた言葉，成功した定式化，および活発な議論における喜び，ならびに，法秩序の中で他を凌駕して機能的に定義された事実問題の思考上の浸透，これらは，祝賀されるべきハイン・ケッツ固有の学問様式を形成する重要な要素でもある。

　内容的にはケッツは，その恩師であるコンラッド・ツヴァイゲルトとともに執筆した『比較法入門』[1]以来，債務法に寄与してきた。それに基づいて彼は，10年前に『ヨーロッパ契約法』を上梓した[2]。この本は，法律文献

契約締結に際しての意思形成の妨害――編集者の言葉――

の新しいタイプであり，同時にヨーロッパ契約法の議論，展開および授業の知的範囲を形成している。従って，2005 年 11 月に契約法上の問題領域のためにシンポジウムを開くことは当然なことである。ドイツの伝統的な問題領域である意思欠缺がこれに特別に適していると思われた。なぜならば，他の契約法の中心的なテーマ領域（契約商議を含む契約締結，真摯さの徴表および契約内容の確定，ならびに，不履行および不履行の場合の法的救済）は，近時すでに比較的徹底的に検討されたからである。そのためシンポジウム自体は，「契約締結に際しての決定自由の侵害」というタイトルが[3]，出版においては，「契約締結に際しての意思形成の妨害」という，やや直截な見出しが選択されている。この場合，錯誤，詐欺および強迫が問題になる。これらの著名な意思妨害の三幅対は，最初の四つの論稿の対象を形成する。ケッツの『ヨーロッパ契約法』でもみられるように，錯誤の問題の重要さに一致して，それにはこれら 4 つの論稿の最初の 2 つがあてられる。第三の論文は，詐欺の特別の形式に関するものである。この論文は，詐欺が惹起された錯誤の特別の事例である限りにおいて，先行するテーマと観念的に関連している。第四の論文の対象である強迫の構成要件は，伝統的に比較的狭く定式化された。それはドイツ法だけでなく，例えばイギリス法にもあてはまる。かくして契約を締結した当事者の意思への影響のあまり激しくない形式もまた許容されないとみなされるべきかどうかという問題が立てられる。かくして「不当威迫」というテーマ領域に第五の論文があてられる。次いで，契約締結時の意思妨害の法的効果と決定自由の侵害があらかじめ回避されうるか，またどこまで回避されうるかという問題を扱う最後の二つの論文によりシンポジウムが完結する。

シンポジウムの論文にとって特徴的なのは，方法および透視図の多様性である。そのことをケッツ自身その結びの言葉の中に書き込み，特別に強調した。ケッツは，その学問的作業の中で特別に比較法に携わり，近時は法の経済的分析に携わった。しかし彼は，法制史の知見に全く無関心であったので

---

(1) 本書（1971 年版）は，大木雅夫訳『比較法概論上，下』（東京大学出版会，1974 年）が日本で発行されている。
(2) 本書は，潮見佳男・中田邦博・松岡久和による邦訳が出版されている（『ヨーロッパ契約法Ⅰ』法律文化社，1999 年初版）。
(3) JZ 2006, S. 243f. における報告参照。

ラインハルト・ツィンマーマン

はなく，法制史と比較法との内的関係を強調した。そして彼は，ニルス・ヤンセンがその論文の最初に正当にも指摘したように，法理論もまた原理的に拒絶したわけではない。彼は理論のための理論としての概念遊戯のみを拒絶したにすぎない。法制史，比較法，経済分析および法理論は，かように本書の法律的かつ総ての分野に通じる基礎となっている。

　総てのシンポジウムに参加した著者の原稿の準備および論文の出版への用意に私は感謝の言葉を述べたい。さらに本書の出版に対する多大かつ信頼しうる協力に対してセバスティアン・マルテンスにも特別に感謝をしたい。ツヴァイゲルト／ケッツ『比較法入門』およびケッツ『ヨーロッパ私法』は，モール・ジーベック出版社から上梓された。ケッツの70歳の誕生日を記念する「ケッツの不本意な」論文集も同様である。モール・ジーベック社はまた，ケッツが22年間在職しているハンブルク・マックスプランク外国法および国際私法研究所の出版物を全般的に扱っている。そのためこのシンポジウムの出版をお願いしたのは当然なことである。同社はこの願いを快く聞き届けてくださったが，スムーズな共同作業に対して私は，フランツ－ペーター・ギリッヒ博士に特別に感謝したい。

　本書はハイン・ケッツに捧げられる。ハンブルク・マックスプランク研究所の現在および過去の所長，すべての研究員，ならびに本シンポジウムの著者および参加者にも衷心よりの謝辞を申しあげる。

　ハンブルク，2006年6月

目 次

R.ツィンマーマン編集・半田吉信訳著
ヨーロッパ意思表示論の展開と民法改正

目　次

契約締結に際しての意思形成の妨害
（ハイン・ケッツ教授古稀記念）
編集者の言葉
　　　　　　　　ラインハルト・ツィンマーマン…1
　　　　　　　　（ハンブルクマックスプランク研究所長）

I

1　錯誤——学説史概観——
　　　　　　　　ヴォルフガング・エルンスト…9
　　　　　　　　（チューリッヒ大学教授）

2　比較法における価値を高める性質に関する売主の錯誤
　　　　　　　　ホルガー・フライシャー…41
　　　　　　　　（ハンブルクマックスプランク研究所教授）

◎補論1　絵画の売買と錯誤
　　　　　　　　〔半田吉信〕…65
　　　　　　　　（駿河台大学教授）

目　次

II

3　契約法における虚言
　　　　　　ゲルハルト・ヴァーグナー…71
　　　　　　（ベルリンフンボルト大学教授）

◎補論2　日独における労働者の嘘をつく権利
　　　　　　〔半田吉信〕…117

III

4　契約商議における強制手段
　　　　　　ホルスト・アイデンミュラー…125
　　　　　　（ミュンヘン大学教授）

5　重い負担となる約束の真摯さのコントロール
　　　――比較法，法史および法理論――
　　　　　　ニルス・ヤンセン…145
　　　　　　（ミュンスター大学教授）

6　意思妨害における制裁メカニズム
　　　――事実適法性とPECLにおけるその考慮――
　　　　　　ハンス・クリストフ・グリゴライト…185
　　　　　　（ミュンヘン大学教授）

目　次

7　競争法による決定自由の予防的保護
　　　　　　　　　　　フロリアン・ファウスト…211
　　　　　　（ハンブルクブッツェリウスロースクール教授）

◎補論3　意思表示論の立法的展開
　　　　　　　　　　　　　　〔半田吉信〕…231
　　　(1)　ヨーロッパにおける展開（231）
　　　(2)　日本における展開（265）

訳者あとがき（281）

事項索引（285）

Inhaltsverzeichnis

Vorwort des Herausgebers

1 *Wolfgang Ernst*
 Irrtum: Ein Streifzug durch die Dogmengeschichte ················原著 *1*

2 *Holger Fleischer*
 Zum Verkäuferirrtum über werterhöhende Eigenschaften
 im Spiegel der Rechtsvergleichung ······························原著 *35*

3 *Gerhard Wagner*
 Lügen im Vertragsrecht ···原著 *59*

4 *Horst Eidenmüller*
 Druckmittel in Vertragsverhandlungen ·························原著 *103*

5 *Nils Jansen*
 Seriositätskontrollen existentiell belastender Versprechen.
 Rechtsvergleichung, Rechtsgeschichte und Rechtsdogmatik ······原著 *125*

6 *Hans Christoph Grigoleit*
 Sanktionsmechanismen bei Willensstörungen
 Sachgesetzlichkeiten und ihre Berücksichtigung in den PECL ···原著 *163*

7 *Florian Faust*
 Präventiver Schutz der Entscheidungsfreiheit
 durch das Wettbewerbsrecht ······································原著 *193*

Autorenverzeichnis ··原著 *211*

Autorenverzeichnis

4 *Horst Eidenmüller*, Dr. jur., LL. M., ist Professor für Bürgerliches Recht, Deutsches, Europäisches und Internationales Unternehmensrecht an der LMU München.

1 *Wolfgang Ernst*, Dr. jur., LL. M., ist Professor für Römisches Recht und Privatrecht an der Universität Zürich.

7 *Florian Faust*, Dr. jur., LL. M., ist Professor für Bürgerliches Recht, Deutsches, Europäisches und Internationales Handels- und Wirtschaftsrecht sowie Rechtsvergleichung an der Bucerius Law School, Hamburg.

2 *Holger Fleischer*, Dr jur., LL. M., Dipl. -Kfm., ist Professor für Bürgerliches Recht, Handels-, Wirtschafts- und Steuerrecht an der Universität Bonn.

6 *Hans Christoph Grigoleit*, Dr. jur., LL. M., ist Professor für Bürgerliches Recht, Handels- und Gesellschaftsrecht, Europäisches Privatrecht an der Universität Regensburg.

5 *Nils Jansen*, Dr. jur., ist Professor für Römisches Recht und Privatrechtsgeschichte sowie Deutsches und Europäisches Privatrecht an der Universität Münster.

3 *Gerhard Wagner*, Dr. jur., LL. M., ist Professor für Bürgerliches Recht, Zivilprozeßrecht, Internationales Privatrecht und Rechtsvergleichung an der Universität Bonn.

ヨーロッパ意思表示論の
展開と民法改正

ヴォルフガング・エルンスト

1 錯誤——学説史概観

ヴォルフガング・エルンスト

I テーマについて

　ヨーロッパ法史における錯誤論の変遷は，数多くの細部が多様な方法で相互に結びついている複雑な研究対象となっている。様々なルールの問題，私法学説上の基礎および法律上の方法が最も複雑な法文化の時代に錯綜している。それに一致して現代の研究は，個々の錯誤の類型のような特殊の法の細目を，歴史を通じて探求し，特定の時代の錯誤論を再構成し，または個々の学者が錯誤論の発展にどのような寄与をしたかを探求しうる。この複雑さにアプローチしうるありうる問題設定の多様さから，この場合個々の中心的要素が取り上げられる。「錯誤と法律行為」の関係の変遷を問題としうる[1]。ヨーロッパ私法史の中で出てくる様々な錯誤概念が，それがローマ法のように，錯誤による解決を法律行為の構成要件の上でどこまで基礎づけたか，あるいは，法律行為から分離した（錯誤）構成要件の上でどこまで基礎づけたかという観点から探求されることになる。分離した構成要件が問題になる場合は，法律行為構成要件と錯誤構成要件の内的関係の問題が立てられる。その限りで大陸ヨーロッパ法史の中で3つの異なった切り口が作られる。

　（1）ローマの法律家の消極的錯誤論では，錯誤の考慮は，もっぱら締結構成要件が満たされなかったことから生じた。錯誤はその限度で必然的に行為関係的である。それと並んで，締結構成要件から区別された，特殊な，行為に及ぼす効力を伴った錯誤の構成要件は生じない（以下II）。

　（2）近代の法律学が定める錯誤の理解は，行為外の構成要件であるが，

---

[1] 基本的論文のタイトルがそうである：W. Flume, Irrtum und Rechtsgeschäft im römischen Recht, ders./H. Niedermeyer (Hrsg), Festschr. f. F. Schulz, Bd. 1 (1951), S. 209f. (H. H. Jakobs u. a. (Hrsg.), Werner Flume-Gesammelte Schriften, Bd. 1 (1988), S. 125f. 所収)

I 1 錯誤──学説史概観

誤った理解は，それが錯誤として考慮される場合，法律行為の締結構成要件に関するものでなければならない。しかし，形式的にはこの場合錯誤は内部的に締結構成要件に対して独立したものではない。内部的に錯誤は，考慮される錯誤が行為関係的な誤った理解を前提とすることによって行為関係的である（以下Ⅲ）。

（3）現在の議論は，完全な，すなわち，内部的にも独立した錯誤構成要件に関わるものである。これは総ての誤った理解を包摂する。行為上の錯誤，行為外の錯誤，法の錯誤，事実の錯誤はもはや区別されない。錯誤により法律行為から効力を奪う可能性は，もはや誤った理解の行為内部の関係の必要性によってではなく，錯誤の原因，帰責性または認識可能性といった他の徴表により制限される（以下Ⅳ）。

以下の記述は，法史的な系譜学を提供するものではない。問題設定は，どのような法律家がどのような見解を最初に提示したか，誰が誰からどのような理論を受け継いだかなどではない。主唱者，先駆者および亜流が誰かは問題とならない[2]。本論考の目的は，むしろ現在の立場の確定にも寄与した，重要な基本概念の表現力ある対置である。

我々は，取引行為の無効のための論拠としてのみ錯誤を扱う。これは，特に中世以来の歴史上の錯誤論者が，法律上重要な誤った理解を非常に様々な関係で──前の状態への回復に関する利得責任から善意者保護の問題まで──包括的な体系の中に包摂しようとしたがゆえに，強調しておきたい。かような錯誤体系から以下には，錯誤にかかわる取引行為に関する部分のみに一瞥を加えよう。

Ⅱ ローマの法律家の消極的な錯誤論

ローマの法律家の錯誤論は，行為の構成要件に関わっている[3]。法律家は，錯誤が当該法律行為の有効性と矛盾するかどうかを問題とする。錯誤は，法律行為の有効な発生に必要な法律要件が満たされていないという理由で錯

---

[2] M. J. Schermaier, Die Bestimmung des wesentlichen Irrtum von den Glossatoren bis zum BGB（2000）参照。
[3] 以下の記述は古典期の法状況に関わる。ローマ錯誤論の最新の記述が現実の研究状況について伝える：J. D. Harke, Si error aliquis intervenit: Irrtum im klassischen römischen Vertragsrecht（2005）, SS. 15～19.

誤の効力が生じる。従って，錯誤は，行為の構成要件の欠缺の裏面にすぎなかった。消極的な錯誤論を問題としうるであろう。錯誤が問題となる場合でも，それ自体として実現した契約の場合，契約からその法的効力を剝奪する反対の論拠たりうる，行為構成要件の外にある事情は問題とならなかった。このローマの錯誤論の行為関係性がヴェルナー・フルーメにより再構成されたが[4]，ローマの法律家の問題の処理が，現行法もなお規定している普通法およびパンデクテン法学の錯誤論とは根本的に異なっているという認識と結びついているというのが，現代のローマ法学の忘れがたい成果である。

　ローマの錯誤論の行為関係性は，同時にローマの法律家の法律行為関係的思考の論拠である[5]。法律行為として，特定の法律効果，特に行為の訴求可能性を理由づける双方的（契約的）法律行為と一面的法律行為（遺言）とを区別しうる。ローマの法律家は，当事者の関係の全体から，法律行為が有効に惹起されたかどうかの問題を分離し，この確定から生じうる訴訟法上の効果と結びつけた。法律上重要な経過の全体からは，専ら構成要件上重要なものが分離された。この切り口にはフルーメによれば，法律関係にかかわる現代法の法的思考が対立する。法律関係とは，その全体としての当事者の法的に重要な関係である。これは，特定の経過に関して現れる全体の法律状態である。現代の法的思考は，現象的に受け入れられる経過について全体的に正しい把握を探求し，法的な判断を法律関係全体に関わらせる。

　錯誤はローマの法律家にとって，それが行為の構成要件の充足と抵触することによってのみ法的に意味を持つがゆえに，ローマ人は，行為の有効性との関係で一般的な錯誤論を展開したのではない。ローマ法は，非常に様々な行為内容を持った契約が，いつも同じ内容の基本形象である「法律行為」の異なった適用事例であるにすぎないであろうような法律行為という抽象的概

---

(4) 注1に列挙した論文のほかに，W. Flume, Zum römischen Kaufrecht, ZSS (RA) 54 (1934) S. 328f. (H. H. Jakobs (Hrsg.), Werner Flume—Gesammelte Schriften, Bd. 1 (1988), S. 73f.); ders. Rez. J. G. Wolf, Error im röm. Vertragsrecht, TR 30 (1962), S. 364f.; ders., Rez. U. Zilletti, La dottrina dell'errore, TR 33 (1965), S. 108f.; ders., Das Rechtsgeschäft, 4. Aufl., 1992, S. 435f.; ders., Der Kauf von Kunstgegenständen und die Urheberschaft des Kunstwerks, JZ 1991, S. 633f.

(5) 基本的には，Flume, Rechtsakt und Rechtsverhältnis: Römische Jurisprudenz und modernrechtliches Denken (1990). R. Gmür, Rechtswirkungsdenken in der Privatrechtsgeschichte: Theorie und Geschichte der Denkformen des Entstehens und Erlöschens von subjektiven Rechten und anderen Rechtsgebilden, 1981 をも参照。

I 1 錯誤——学説史概観

念を知らなかった。むしろ個々の行為類型は，その個別性によって強く刻印されていた。例えば，問答契約の構成要件は，諾成契約の構成要件とは異なったものであり，現物契約の構成要件は，さらに4つのいわゆる無名契約の構成要件とは異なったものであった。また他の分野では様式を必要とする遺言があった。錯誤は行為構成要件のもとで把握されたのだから，個々の法律行為の行為構成要件の個別性から，各々の行為類型について固有の錯誤の問題が存在したことが導かれた[6]。最終的にローマ法の展開の中で個々の法律行為の理解が変化した。問答契約の観念は，紀元2世紀に共和制初期とは異なったものになった。それとともに錯誤論の扱いにおける変化もまた生じなければならなかったが，錯誤の一般論は，ローマの法律家によっていかなる時期にも展開しなかった。

　例としてローマの売買を取り上げると，錯誤の効力は以下の如くである。法務官の告示が売買に基づく売主の訴権の前提として「アウルス・アゲリウスがヌメリウス・ネギディウスに物を売却した限り……」と規定した[7]。それによって必要とされる売買契約の締結は，ローマの法律家によって物および代価に関する合意を通じて確定された。誤解が合意を妨げたときは，裁判官は，訴えられた買主との関係で売主について「物を売却した」ことを確定できなかった。法務官がその売買に関して与えた訴権は，有効な売買が存在していない場合は，勝訴判決には導かなかった。従って，錯誤はそれが，なにかが売却された，すなわち，売買契約が有効に締結されたという告示に定められた前提の否定に導いた限りにおいて，考慮された。

　一般的には錯誤はローマ契約法上，それが当事者の合意を妨げた場合に，またそのことによって効力を生じた。実際上合意は，（総てではないとしても）大抵のローマの法律行為において行為の構成要件に属した。しかし，数多くの法律行為において行為構成要件は合意の中に汲みつくされない。ローマ法上固有の意味が帰属した方式以外に，なおローマの考えに従えば，物の給付を客体とした売買や問答契約のために契約客体の存在が行為の有効要件とされていたことも重要である。存在する契約客体の（諾成上の）確定が欠けている場合は，合意は，不合意が存在しないとしても，無効であった。ローマ

---

[6] 正当にもローマ法の研究は，個々の行為類型における錯誤処理の異なった把握を目指す。例えば，Harke, Si error（注3）.

[7] O. Lenel, Edictum Perpetuum, 3. Aufl., 1927, S. 299.

の法律家が従ったという「不合意」の理論は、その限りで射程が短い[8]。錯誤はそれが行為構成要件の充足に抵触する場合に、またそれによって効力を生じたという観念のみが一般的表現として支持されうる。その場合行為構成要件の差別性のために合意だけでなく、方式の遵守[9]、契約客体の同一性または（現物契約の場合）正当な物の引取が欠けることも錯誤と結びつきえた。錯誤がローマの法律家によって考慮に値するとみなされた限り、彼らの固有の権限の中で機能する錯誤が問題になった（サミュエル・ストルジャー[10]）。この錯誤の考慮は、特定の錯誤に契約無効の効力が帰属するという特別の法命題を法秩序が定立したことに依存するものではなく、実際ローマ法はかような法命題を知らなかった。

　ローマの錯誤論の特殊性は、強迫された契約締結のローマにおける克服との比較により明らかにされる[11]。ある者が強迫により法律行為の締結に導かれた場合、共和政期のローマの法務官は刑罰訴権を用意した。ハドリアヌスの永久告示録では、つとに以前から与えられていた強迫による原状回復および強迫の抗弁が見出される。この特殊の法的手段により被強迫者は、強迫によりなした行為の法的効力を裁判官の宣告により失効させ、または原状回復を求めえた。いわば後から、それ自体として行為の締結により惹起された、行為の法的効力が中性化された。従って、強迫は、そのために行為が有効に発生しなかったことになる障害原因ではなかった。強迫を受けた側が、強迫の抗弁を方式書の中に挿入しなければ、その行為は実行され、自ら裁判上貫徹された。時代錯誤の考えにしり込みするのでなければ、ローマ人は強迫について取消説に従ったが、錯誤については無効説に従ったということができよう。締結構成要件との関係では、強迫は分離した、固有の構成要件を形成していた。契約締結過程で強迫もまたなされたかどうかの確定は、当該行為の締結構成要件の充足とは関係はない。行為は、そもそも法務官にとって、行為が強迫のために裁判官の宣告により中性化される機会が存在したために、

---

(8)　マルテ・ディーゼルホルストに帰しうる、不合意説および同視説の支持者へのローマ法研究の分割は成功していない（Malte Diesselhorst, Zum Irrtum beim Vertragsschluss, D. Liebs (Hrsg.), Sympotica Franz Wieacker, 1970, S. 180f.）。
(9)　当事者の観念に適った解釈において生じた表示は、もはや形式とは一致しないからである。
(10)　Samuel Stoljar, Mistake and Represantation, 1968, p. 5.
(11)　以下につき新しくは、Harke, Si error（注3）, S. 250f.

[I] 1　錯誤——学説史概観

有効に締結されたとすらいわねばならなかった。法務官の取消は，原則として強迫の標準的な構成要件が常に同様に存在する総ての行為において可能であった。強迫の構成要件を形成するものは，ローマの法律家によって法務官告示注解の中で議論されている。多くの関係する法文は，D. 4. 2［原状回復］の中に伝えられている。

　告示による法的救済のもとでの強迫の把握とローマの法律家による錯誤事例の把握とを比較すると，以下の如くである。強迫とは異なり，錯誤は，行為構成要件とならんで存在し，そのようなものとしてそれ自体有効になされた行為の法的効力に対して問題とされたであろう，一般的な，常に同様に存在する構成要件ではなかった[12]。錯誤構成要件がどのように解釈されるべきであったかに関する一般的に妥当する議論もまた見出されない。錯誤は法律的な構成要件ではなく，一つの出来事——誤表記，誤解，評価の誤り——であり，この出来事は，場合により締結構成要件の充足を問題とした。その場合であるかどうかは，法律行為の締結構成要件により確定された法的前提のもとでの，誤解等により負担する生活事実上の経過の包摂により決した。

　その法的な基礎に関してもまた，強迫と錯誤はローマ法上異なった平面のうえにあった。行為とは無関係な構成要件が，強迫のように，それ自体有効に締結された行為の法的効力を取り消す効力を有する場合，現代法的にいうと法的論拠が必要である。強迫の考慮はその基礎を法務官の告示に有した。錯誤については，これと比較しうる規定はない。錯誤事例に関する思考を沈殿させた法律家は，民法上有効に締結された行為から法的効力を剥奪する，新しい無効原因を見出すことができなかった。錯誤は，行為の構成要件を充足させないことによってのみ重要たりえたのである。

　錯誤のために法典上指定の位置は存在しなかった。錯誤は法または元老院決議の法的な構成要件ではなかった。法務官告示の方式書もまた，法律行為の有効性が問題になる限り，錯誤に照準を合わせていなかった。その限りで錯誤は法的概念ではなかった。ローマ人は，強迫や詐欺の法律論を展開したにもかかわらず，本格的な錯誤法——錯誤という一般的な構成要件やそれ

---

(12)　ユスティニアヌス法を瞥見すれば，学説彙纂および勅法集に詐欺（D. 4. 2 ; C. 2. 20）および悪意（D. 4. 3 ; C. 2. 21）の章があるが，錯誤についてはそれがないことが明らかである。C. 2. 5 は計算錯誤を扱う。それにつき，T. Mayer-Mary, Error calculi, E. Jayme u. a.（Hrsg.）, Festschr. f. H. Niederländer, 1991, S. 97f. D. 22. 6 および C. 1. 18f. につき注 20．

14

ヴォルフガング・エルンスト

に固有の法律効果——を知らなかった。ローマの法律家は，売買や問答契約，遺言等の様々な法律行為から出発し，それぞれにこれらが誤解および誤表記の場合に充足されたかどうかを各々の締結構成要件について議論した。

　ローマ法では，詐欺（悪意）についても強迫の事例と同様に扱われていた。特殊な法務官の法的手段，すなわち，詐欺の抗弁[13]および悪意訴権が，被欺罔者が，それ自体としては有効な彼を欺いた行為の法律効果を中性化することを許容した[14]。従って，ローマでは錯誤，強迫および詐欺は，決して3つの体系的に協調関係にある意思欠缺の下位事例を形成していたのではない。

　ローマ古典期の法律学は，当事者の観念が，客観的に表示されたものとは異なって，法の適用において考慮しうるものの彼方に存在するという意味で古風なのではなかった。ローマ古典期の法律家は，客観的に表示されたものを墨守する代わりに，具体的な当事者意思の解釈の中に妥当性を生み出すことに一貫して努めた。ローマの法文上の事例は，ローマの法律家が誤った観念を契約の有効性の障害として観察する用意をしていたことを示す。しかし，彼らは常に，行為構成要件から出発するというようにこれをなした。行為構成要件が充足された場合，当事者の一方の誤った観念に立ち入ることは観察に現れなかった。誤った観念（錯誤）が解釈の方法で考慮されえず，行為の締結それ自体もまた妨げなかったときは，それはもはや行為の有効性に反して主張されえなかった。一方の誤った観念は，それ自体として秩序に適って充足した行為構成要件に対して考慮されないままであったに違いない。行為構成要件が充足された場合に，一方の錯誤が原則として考慮されなかったことは，行為構成要件への同調の結果であり，ローマの法律家の法律行為関係的思考の結果である[15]。ある者が契約の相手方と合意し，後で彼が本当はそう思っていなかった，自分は契約合意をなしていないと表明する事例は，ローマの法律家によって論じられていない[16]。形成された合意におい

---

(13) 我々はこの場合誠意訴権における悪意の抗弁の内在については度外視する。それにつき，B. Kupisch, Exceptio doli generaris und iudicium bonae fidei: Zur Frage der Inhärenz bei Verträgen nach Treu und Glauben, Th. Baums (Hrsg.), Festschr. f. U. Huber, 2006, S. 401f.
(14) それにつき近時，Harke, Si error（注3）S. 250f. ヨーロッパの法伝統における詐欺につき，H. Honsell, Arglistiges Verschweigen in Rechtsgeschichte und Rechtsvergleichung, P. Tercier u. a. (Hrsg.), Gauchs Welt: Festschr. f. P. Gauch, 2004, S. 101f.
(15) 基本的には，注4のフルーメ論文参照。
(16) H. Schwarz, Die Bedeutung des Geschäftswillens im röm. Kontraktsrecht der

I 1　錯誤――学説史概観

　て，その締結構成要件が充足された契約の効力を失わせるために，意思と表示の一方の食い違いを主張するという考えは，ローマの法律家はとっていなかった。「一義的な契約の定式化に対して契約当事者の一方の錯誤を考慮に値するものと表明する，古典期法律家の一つの判決も伝えられていない(17)。」

　一方の錯誤は，それ以外は問題なく発生した契約の効力を奪う原因ではなかったのだから，ローマの法律家にとって，錯誤者の自治の保護と相手方の信頼保護の間の利益衝突という今日の我々にとって中心的な錯誤法の問題もまたそもそも観察に現れなかった。ローマ人によって議論された事例においては，一方にもまた他方にも帰責しえない誤解が問題になった。むしろ合意を妨げる錯誤は通例双方的であった。一方の錯誤が，存在する合意に対して考慮に入れられなかったがゆえに，ローマ法は，一般的に（そして正当にも今日でも）非難される，大陸法の錯誤法の肥大を示していなかったのである(18)。そのためローマ法では一方の錯誤の主張をどのようにして制限するか，ないし相手方の保護利益をどうやって考慮しうるかという切り口もまた欠けていた。ローマ法は，近代私法史から我々に託されたような，錯誤を援用する可能性の数多くの制限，すなわち，錯誤の蓋然性，不可避性，重要性といった要件の一つでも知ってはいなかったのである。従って，ローマ法では錯誤と契約締結の因果関係という，後で練り上げられた思考もまた欠けていた。錯誤がそれ自体として契約から独立していると考えられる構成要件を形成する場合にのみ，この因果関係を問題となしうる。

　次に錯誤が有責であるかどうかも，ローマの法律家によって議論されなかった。行為構成要件の充足が成功したか，それとも挫折したかという彼らにとって標準的な問題は，一当事者の誤った観念がその帰責事由に基づくかどうかとは関係がなかった。行為の成立が妨げられたことの中に錯誤の法的効果が汲みつくされた。それと並んで錯誤の固有の，いわば積極的な法的効果は存在しなかった。錯誤について先ず考慮が払われるであろうなんらかの特別のメカニズム，手続――取消ないし裁判官による契約解消――は規定されなかった。そのためローマの法文には，錯誤の効果が一方的（相対的）なも

---

　　　klassischen Zeit, SDHI 54 (1959), S. 1f.
(17)　Flume, Rechtsgeschäft（注4）, S. 436.
(18)　特に，K. Zweigert/H. Kötz, Einführung in die Rechtsvergleichung, 3. Aufl., 1996, S. 419.

16

のかそれとも絶対的なものかという議論は見いだせない。錯誤が有効な行為の締結を妨げる限り、その効力は原則として絶対的であった。行為が成立しなかったことを両当事者は無期限に援用しえた。ローマ法律学による錯誤事例の扱いのこれらすべての特殊性は、法政策的な決定の成果ではなく、ローマの法律家が行為の締結構成要件を問題にしたことによって錯誤事例を処理したことから直ちに生じた。

ローマの法律家にとって錯誤の問題においては行為の締結構成要件が誤解ないし誤った表記の存在にもかかわらず吟味されるかどうかが問題となった。それに対して法律家にとって当事者の一方の意思表示に瑕疵があるかどうかは法律的な問題とはならなかった。その存在が確定されるべきであった法律行為は、その全体が把握された[19]。法律行為が成立したかどうかの確定のみが法律上重要であった。これは法律行為に関する法的思考に合致するものであった。すなわち法律行為が有効に成立し、それに固有の法律効果が生じたか、それとも法律行為が有効に成立せず、法的に何の効力も生じていないかのいずれかである。それに対して、特定の独立した法律行為の要素の一部が成立したということは、それ自体として法的な意味を有しなかった。行為構成要件の一部をそれ自体として当事者間の法律関係として把握し、段階をつけられた法律効果と結びつける可能性は、この考えのもとでは観察に現れない。

当事者が行為構成要件を充足したかどうかの検討との関係で、法律の錯誤の問題は、契約の法的意味に関する誤った観念が締結構成要件の充足と矛盾しないがゆえに、もともと観察には現れえなかった。ローマの法律家が法律の錯誤を議論した限り、これは原則的に異なった角度のもとになされた。さまざまな法律関係における誠意、例えば、不知のために徒過した期間が徒過の効果を生じうるかどうかが問題となった[20]。その限りで法律の錯誤は原則として免責しないものと、事実の錯誤は免責されるものとされた。

まとめるとローマの法律家による錯誤事例の扱いは、特に心理学の問題に自由に立ち入ると、考慮される錯誤と考慮されない錯誤の区別が、固有の、

---

[19] 以下につき、U. Zilletti, La dottorina dell'errore nella storia diritto romano, 1961; M. J. Schermeier, Materia: Beiträge zur Frage der Naturphilosophie im klassischen röm. Recht, 1992, S. 126 をも参照。

[20] D. 22. 6 および C. 1. 18 は、かような観点のもとで法および事実の不知を論じる。

[1] 1　錯誤──学説史概観

利益の衝突に向けられた標識によりなされるのではなく，むしろ行為の構成要件自体を錯誤の考慮を超えて決定したことにより特徴づけられる。

Ⅲ　行為関係的扱いによる錯誤の考慮の理論
1　行為，客体，人の錯誤

　普通法の錯誤法は，一つの命題に総括されうる。法律行為は，一当事者のみについてであれ[21]，ローマ法源の中に考慮されることが述べられている[22]錯誤が存在する場合は，錯誤により無効となるというのである。中世以来錯誤にとって基本的なものは，法的に考慮される錯誤と考慮されない錯誤の対置であり，その際にそれらの区別は，錯誤の実定法上の目録のもとでなされる。注釈学派は，これらを錯誤問題に関するユスティニアヌスの学説彙纂，法学提要および勅法集を含む様々な古い法文から集めた。錯誤のすべての存在のために，彼らは，法文が当該類型の錯誤を考慮されるべきものとしているかそうでないかを確定した。具体的な錯誤の考慮は，実定法的にはそれが考慮されるべき錯誤のカタログに基づいて錯誤類型の1つに分類されうるかどうかによった。考慮される錯誤のカタログは，時代を超えて変化した。最終的に行為，客体および人の錯誤という三分類が形成され，それに材料（性質）の錯誤が補充された。これらの錯誤の類型を簡単に考察しよう。

　（1）行為錯誤は，行為の内容，特定の契約類型への行為の帰属に関わるものであった。一当事者が物を賃貸する意思であり，相手方はその物が贈与

従ってこの場合，錯誤における行為の有効性は問題にならない。ローマ法における法の錯誤につき，T. Mayer/Mary,, Error iuris, H. Miehsler/B. Mock/B. Simma（Hrsg.）, Ius Humanitatis: Festschr. f. A. Verdross, 1980, S. 147f.; ders., Rusticitas, Studi in onore di Cesare Sanfilippo, Bd. 1（1982）, S. 309f. および特に，L. Winkel, Error iuris nocet, Bd. 1: Rechtsirrtum in der griechischen Philosophie und im röm. Recht bis Justinian, 1985.

(21)　それにつき，Ⅲ 3.
(22)　注釈学派の錯誤論につき基本的に，H. H. Jakobs, Magna Glossa, 2006, S. 216f.; 普通法の錯誤論の初歩につき，H. Coing, Europäisches Privatrecht, Bd. 1, Älteres Gemeines Recht (1500-1800), 1985, S. 416f.; R. Zimmermann, The Law of Obligations: Roman Foundations of the Civilian Tradition, 1990, p. 583～620；錯誤構成要件の展開につき，M. J. Schermeier, Bestimmung（注2）; ders., Mistake misrepresantation and precontractual duties to inform in the civil law tradition, R. Sefton-Green (Hrsg.), Mistake, Fraud and Pre-contractual Duties to Inform in European Contract Law, 2005, S. 39f.

されたものと受け取った。法文の基礎は，特に D. 44. 7. 3. 1[22a]である。売買については売買自体に関する錯誤と呼ばれた (D. 18. 1. 9)[22b]。それは異なった契約を考えていたという説明により明確化される。C. 4. 22. 5（賃貸借と考えて署名された売買契約証書）がそうである。ローマの法文では具体的な行為内容に関して何らかの錯誤が存在したことではなく，むしろもっぱら当該契約類型の取り違えが問題になった。行為錯誤の主要な問題は，さらに異なった領域，すなわち，それが有効な履行行為の実行と抵触するかどうかという問題に存した[23]。

（2）物の錯誤とは契約客体に関する錯誤である。ローマの法源では D. 18. 1. 9 pr（売買）および D. 45. 1. 137. 1（問答契約）[23a]が法文の基礎となっている。従って，それに対して，契約客体は合意と一致しているが，誤った名前で表示されている場合は，誤った表示は行為の効力を害さなかった (D. 18. 1. 9. 1（売買），D. 45. 1. 32（問答契約))。行為の効力に影響を与えない誤表示は，名称の錯誤とも表示された。当事者が価格につき合意していなかった価格の錯誤は，物の錯誤と同じ平面で議論された。その法文上の基礎は，D. 19. 2. 52（賃貸借），D. 18. 1. 9 pr（売買）である。

材料（性質）の錯誤は，物の錯誤の固有の拡張であった。それはローマ法源では売買の場合に考慮される錯誤であった。この場合当事者は売却されるべき物を一義的に表示したが，物は原則的に当事者の観念とは食い違ったものであり，異なった（すなわち単に考えられていた）物が売却されたようにみえるだけで，契約合意により表示された物が売却されていなかった。代表例は，葡萄酒としての酢の売買 (D. 18. 1. 9. 11) や当事者により金と考えられ，かつそのようなものとして売却されたが，実際はその机が金のメッキがされていただけの場合 (D. 18. 1. 41. 1) である。当事者が考えていたものとは異なる物の売買における錯誤の考慮は，ローマの法律家を完全な他物と，契約の効力に影響がないとする数多くの法文がある単なる物の価値の誤った評価の区別に強いた。その後の歴史に負担を与えた[24]この問題は，材料の多様

[22a] ［一方の当事者が贈与の意思で，他方の当事者が貸借の意思であるときは，義務は発生しない。当事者間で法律行為がなされていないからである。］
[22b] ［客体に関する錯誤の場合売買は無効である。］
[23] それにつき Flume, Rechtsakt（注5), S. 53f.
[23a] ［両当事者が一定の式語：「汝は誓約するか」「余は誓約する」を唱えることによって成立した古代の契約類型。］

[I] 1　錯誤——学説史概観

性を問題にすることにより，自然主義的な側面を有するとともに，材料の違いがいつ物を異なった種類のものとするほど重大であるかを問題としなければならないことにより，存在論的側面もまた有した。売買に関する法文とは異なって，問答契約[25]や担保設定[26]のような他の行為に関して材料の錯誤を考慮されえないものとしたことは，ローマの法律家の行為関係的切り口に合致していた。法律行為とは独立した錯誤の類型が問題になったという中世の理論についてはこのことは更なる困難を提供したに違いない。

　売買目的物が契約締結時に観念された状態ではそもそもまたはもはや給付されえないという事例は，異なった問題領域を提供した。売却された不動産が，当事者がこのことを知ることなく，火災により居住できなくなっていた場合は（D. 18. 1. 57）[26a]，火災が売却された（その本来の状態における）物を除去したがゆえに，売買契約が必要な売買客体なしで済ませられないかどうかを問題としえた。中世の法律家は，要素の錯誤または存在の錯誤と呼んだ。奴隷としての自由人の売買もまた（D. 18. 1. 4; D. 18. 1. 6 pr），錯誤法と結び付けられ，法律的性質の錯誤と呼ばれた。

　（3）人の錯誤は法律行為が関わる人に関するものである[27]。古代ローマ法では，売却された女奴の処女性または売却された奴隷の性が問題になった

---

[24]　注釈学派における材料の錯誤につき，Jakobs, Magna Glossa（注22）。近時に至るまで，J. D. Harke, Irrtum über wesentliche Eigenschaften, 2003. 同書の48頁以下は中世の展開に関する。ハルケにつき近時，P. Pichonnatz, TR 73 (2006), S. 429f. およびM. J. Schermeier, ZSS (GA) 122 (2005), S. 458f. さらに，B. Schmidlin, Sauer Wein, Trompetengold und falsches Silber im Substanz-oder Grundlagenirrtum, Figures juridiques/Rechtsfiguren: Mélanges P. Tercier (2003), S. 69～84（特にフランス民法典および19世紀につき）．重要な理論史的記述につき，Flume, Eigenschaftsirrtum und Kauf, 1948 (1975), S. 93f.

[25]　D. 45. 1. 22 ; D. 47. 2. 20pr.

[26]　D. 13.7. 1. 2.

[26a]　［建物全部が滅失していたときは，土地が残存していても売買は無効である。建物の一部が滅失していたときは，買主は売買全部が有効であることを強いられず，滅失の割合に応じた売買代価の支払い義務を負うかどうかを問題とすべきである。］

[27]　人の錯誤の理論史につき近時，M. Löhnig, Irrtum über Eigenschaften des Vertragspartners, 2002. M. J. Schermeier, Von Hochstaplern, schlechten Schuldnern und vermeintlichen Jungfrauen: Historisches und Vergleichendes zum Personenirrtum, ders. u. a. (Hrsg.), Iurisprudentia universalis: Festschr. f. Theo Meier-Mary, 2002, S. 661f. イギリス法につき，C. MacMillan, Rogues, Swindlers and Cheats: The Development of Mistake of Identity in English Contract Law, Cambridge Law Journal 64 (2005), p. 711ff.

ことにより（性の錯誤（D. 18. 1. 11. 1））、もちろん優先的に契約客体に関する事例が問題になった。例えば、合意の相手方以外の者への支払いが行われたがゆえに、要物契約の成立が問題となり（D. 12. 1. 32）、または贈与されまたは遺贈された者に関する錯誤の事例をそれに加え得た。更なる展開の中で人の錯誤として、契約の一当事者が契約の相手方の同一性または（特に法的）性質に関して抱く誤った観念が理解されるようになった。婚姻の締結の問題に向けられた、教会法に由来する重要な衝撃があった（婚姻当事者の身分の同一性など）。

しかし、ユスティニアヌスの法典は、これらの特殊な事例と並んで各々の錯誤の行為の効力に影響を及ぼす一般的な定義もまた包含する。「錯誤により意思表示は無効となる」という命題は有名である[28]。D. 39. 3. 20 や D. 44. 7. 57 のような一般的に述べる法文にもかかわらず、具体的な錯誤の考慮のために、これが、考慮される錯誤のカタログからの類型の一つに分類されることを要求することにより、行為の錯誤無効の可能性を制限したことが、注釈学派の決定的な業績であった。（類型学的に列挙された）行為関係的錯誤への制限においてのみ、法的取引の最もひどい危殆化を惹起することなしに「錯誤による意思表示は無効である」という命題を一般的に維持しえた。法的取引は、なかんずく、すべての構成要件上考慮されるものと認められる錯誤が、契約の相手方の保護利益が考慮されることなしに、法律上当然に契約の無効に導いたがゆえに、危殆化された。初期の制限は、付随的事情の錯誤の排除の中に存在した。錯誤が契約の主たる客体に関しなければならないことが要求され、その限りで主たる錯誤と呼ばれた[29]。

その他普通法の錯誤は、まずローマの法律家の伝えられた法文から生じた

---

[28] D. 39. 3. 20. この命題はローマ法の文脈で（雨水が流れ込むことについての）隣人の許諾が問題になるのであり、契約表示が問題になるのではない。近時、Harke, Si error（注3）. D. 44. 7. 57 の定式：「誠意による場合であろうと、誠意によらない場合であろうと、すべての契約において、購入しまたは賃借する者が異なった物を観念し、または契約の相手方を誤っているように、当事者が錯誤に陥っているときは、訴えることができない」も同様に広範囲である。D. 50. 17. 116. 2 参照：「錯誤に陥っている者は、合意したものとはみられない。」

[29] Coing, Älteres Gemeines Recht（注22）, S. 416; Schermeier, Bestimmung（注2）, S. 77f.（バルドゥスに関する）の記述参照。オーストリア民法典は、主たる錯誤を871条、872条に規定する。このルールの発生につき、K. Luig, Franz von Zeiller und die Irrtumslehre des AGBG, W. Selb/H. Hofmeister (Hrsg.), Forschungsband Franz von Zeiller (1751-1828), 1980, S. 153f.

[I] 1　錯誤——学説史概観

という特徴により特色づけられた。特に錯誤が合意を妨げ，しかも法律上当然に作用するという基礎的理解が維持された。

　法典の法文から展開した錯誤のカテゴリーへの拘束が，大陸ヨーロッパの法史を法典編纂まで決定した。我々の法典の幾つかの規定の中に中世に形成された錯誤のカテゴリーがなお存在する[30]。近時の若干の研究に基づいて[31]ヨーロッパの錯誤法が哲学一般の亜流だという印象が生じえたがゆえに[32]，中世に展開した錯誤概念に自然法および理性法の時代を超えても服従してきたことが観察されるといわれる。中世以来形成された行為の錯誤等の錯誤のカテゴリーへの制限が緩和し，その一部は放棄されたことが，大部分18世紀後期および19世紀の展開として現れる。

2　普通法上考慮されるものと認められた錯誤の行為関係性

　中世に基礎づけられた錯誤論の中心的な要素は，誤った理解という主題の扱い方のもとでの考慮される錯誤と考慮されない錯誤との間の原則的な区別であった。錯誤が考慮されるかどうかは，それが法律行為のいかなるテーマに関する側面にかかわるかに依存した。それが行為類型的な義務，行為関係的な人，行為の客体またはその本質的な性質に関する場合に，錯誤は考慮された。考慮される錯誤の客体はローマの法律家の法文から引き出された。ローマの法律家の錯誤に関する決定へのこの志向は，考慮される錯誤が行為関係的であることを要するという制限を与えた。中世に古い法文を墨守したことに基づいて，ローマの法律家の法律行為関係的な切り口が踏襲された。それによれば，錯誤は行為構成要件のなんらかの要素と抵触するのでなければならない[33]。これをその行為構成要件の扱いにより獲得したローマ人の

---

(30) スイス債務法（1881）19条には特別に明らかである。フランス民法1108条以下につき，T. Gaibler, Der rechtsgeschäftliche Irrtum im französischen Recht, 1997. フランス錯誤論の改正につき，Ph. Stoffel-Munck, Autour du consentement et de la violence économique, Actes du colloque: La réforme du droit des contrats: projet et perspectives, Revue des contrats 2006, p. 435 et s.
(31) M. J. Schermeier, Europäische Geistesgeschichte am Beispiel des Irrtumsrechts, ZEuP 1998, S. 60f.; J. Gordley, The Philosophical Origins of Modern Contract Doctorine, 1991.
(32) 哲学と法との関係につき見解を述べるものとして，W. Ernst, Gelehrtes Recht, C. Engel/W. Schön (Hrsg.), Das Proprium der Rechtswissenschaft, 2006, Rn. 37.
(33) 上記II参照。

事例決定を学んだのだから，考慮される錯誤の行為関係性が新たにかつただちに生じた。それによれば，事実関係の錯誤（行為外の事実に関する錯誤）とも呼ばれる，行為外の錯誤は原則として考慮されない。行為，物，人という錯誤のカテゴリーの扱いにおいて行為関係性が常に厳格に維持されていたとはいいえないとしても，考慮される誤った理解に必要な行為関係性が概ね古代以後の法発展を支配した。行為構成要件には属しない現実要素に関する錯誤（事実関係錯誤，現実錯誤，動機の錯誤）が考慮されないことは，我々に伝えられたものの本来の核心に属する。

しかし，普通法の錯誤論は，もはやローマの法律家の消極的な錯誤論ではなかった。これは，錯誤の構成が次第にローマの法律家により展開された特殊の法律行為から抽象化されたことにおいて示される。特定の錯誤類型の特定の法律行為への帰属は廃棄された。各々の錯誤の類型は各々の法律行為の類型について観察に現れえた。これは，各々のローマの行為類型が一般的な契約概念に対して後退したという展開に合致するものであった[34]。特定の行為類型からの錯誤類型の抽象化は，様々な，考慮されるものと認められた錯誤が固有の構成要件として把握され，もはや特定の行為構成要件の欠缺の裏面としてのみ把握されるのではないことを意味した。錯誤は今や，いわば詐欺や錯誤の構成要件に関してすでにローマ法上そうであったような締結構成要件と並んで，今や固有の構成要件となった。錯誤構成要件と行為構成要件が切り離されていた古代ローマ法からの脱皮は，まず，錯誤が契約義務，契約に関わる人または（重要な性質をもった）契約客体に関わらなければならないことによって，考慮される錯誤の構成要件が依然として契約上の行為構成要件との関係を維持する限りにおいて目立たないままであった。その帰結がローマの法律家の消極的な錯誤論を生みだした，法律行為関係的思考がもはや生きていないとしても，今や契約の効力に関する構成要件的に独立した反対論拠でもある錯誤は，契約類型，契約当事者および（その重要な性質をもった）契約客体という3つの変数の1つに関する誤った観念の扱いが行為の内容に関わるものでなければならないが故に，またその限りにおい

---

(34) S. I. Birocchi, Causa e definizione di contratto nella dottrina del cinquecento, 1997;それにつき，F. Ranieri, ZSS (RA) 118 (2001), S. 505f.; B. Schmidlin, Berner Kommentar, Bd. VI 1/1 (1986), Artt. 3-10 OR 前注；Zimmermann（注22），S. 537f.; Coing（注22），SS. 181f., 398f.; J. Gordley（注31），pp. 41ff., 102ff.

Ⅰ 1 錯誤——学説史概観

て，なお行為の構成要件に関わるものであった。錯誤がそもそも単に行為構成要件の充足に対する障害として作用することに基づいてではなく，考慮される錯誤の内容的な規定に基づいて，古代以後の錯誤論もまたなお行為の錯誤の理論であった。しかし，明らかになるであろうように，誤った観念の扱いによって実証的に生み出される法律行為との関係は，仮の性質をもつものであった。そのうちどうして錯誤構成要件が，扱い方が全く異なった，行為関係的でない誤った観念が考慮される錯誤として把握されるようにも定式化されえないのかが問われなければならなくなった[35]。中世の注釈学派がローマ法源に寄せた法文に対する忠誠にもかかわらず，最初からローマ法からの乖離が生じた[36]。

3　一方の錯誤の考慮による新しい整序の問題

　古代以後の錯誤論の重要な歩みは，もちろん，行為，物，材料（および人）に関する考慮される錯誤の類型への拘束により制限された，一方の錯誤もまた考慮されることの異論のない承認である。錯誤構成要件の統一およびさまざまな構成要件に対するその独立は，何が錯誤構成要件を生み出すかという問題をめぐって生じるものでなければならなかった。ローマの法文から出発して注釈学派は，まず契約類型および状況に従ってもまた，扱い方に関する錯誤を決定した。当初から，ローマの法文が一般的に双方的な誤解を扱うとしても，主題に関してなされた誤解が一方的なものとしてもまた考えられ得たであろうことが明らかであった[37]。ローマの法文に一致して注釈学派は，錯誤事例において不合意を認めた。しかし，彼らは不合意を当事者の一方が行為の誤った観念を有する場合にすでに認めた。当事者が心の中で何を抱懐しているか，彼等が何を考えているかが問題になった[38]。それによれば，一方的な観念もまた必要な合意を妨げた。合意はイギリスの契約理論が呼んでいるような客観的テストによって純粋に確定されるのではな

---

[35]　それにつき以下のⅣ。
[36]　古典期ローマの錯誤法の純粋に歴史的な把握により，近代大陸法の錯誤論からローマ法が歴史的基礎及び模範として引き出される。Flume, Festschr. f. F. Schulz, S. 252 (Gesammelte Schriften, S. 162).
[37]　おそらく，彼らがその限りでローマ法に関して見出した反対命題が完全には中世および近代の法律家の意識に上らなかったということができる。
[38]　基本的には H. H. Jakobs, Magna Glossa, 2006, S. 216f.

24

ヴォルフガング・エルンスト

く，合意としてこれが本物の合意と呼ぶ合意を要求した。合意の要件は，内心と（それ自体として理解の対象ではない）欲された契約の一致として理解された。古典期ローマ法について述べられたところによれば[39]，この契約概念がローマの行為形式の当初の扱いをなお決して確定していなかったことは，特別に強調されるに及ばない[40]。注釈学派は，彼らにとっても錯誤が不合意のために契約締結を妨げた限りにおいて，ローマの法律家の決定と一致していた。しかし，不合意は，当事者の一人が行為，物，材料の錯誤に陥っているがゆえに，当事者が異なったことを観念していることの中にも存在した[41]。（誤解が内容的に具体的な契約の，問題になった行為の主題の1つに関する場合には）不合意が問題になったローマの法源との関係を任意に絶つことなしに，一当事者の一方的錯誤が考慮された。ある意味でその限りでも再び，錯誤の考慮が行為構成要件から導かれた，すなわち，抱かれた契約上の観念が異なったものになったといいうる。この場合行為関係的錯誤理論の更なる展開もまた際立たせる，契約構成要件と錯誤概念との相互依存が示される[42]。これに対して，契約概念のかような依存は，強迫と詐欺の構成要件については存しなかった。そのためその理論史はまた，錯誤理論におけると同じような密接な方法では契約概念の展開と結びついていない。合意の欠缺に向けられた錯誤概念への一方的な誤解の包摂は，更なる展開にとって，不合意と（一方的）誤解の存在がいまや排除されるのではなく，むしろ一方の誤解が不合意とみなされた限りにおいて負担となった。不合意と錯誤のあまり論理的に首尾一貫していない関係の上になにかを築くことは困難である。

　錯誤と一方の誤解の同視には，錯誤の問題領域におけるさまざまな異なった展開が対立した。中世の法律家は，物を欠く売買の事例を錯誤法の中に持ち込んだ。これは，一方の錯誤と双方の錯誤のテーマにとって，ローマの法律家が錯誤の中心的事例におけるとは異なって，例えば火災により変更した事態を買主のみが知らなかったのか，それとも両当事者が知らなかったの

---

(39) 上記II参照。
(40) 我々はこの場合，ハルケが認めたように，すでに合意の主観的な概念がビザンチンの法律学に負うかどうかはそのままにしておこう。Harke, Irrtum (注24), S. 50f.
(41) しかし，現実についての一般的に任意の（一方的な）誤解が錯誤となるというものではない。むしろ行為，物，材料という変数における行為内容に関してのみ誤解が問題になる。Harke, Irrtum (注24) は，これには反対である。
(42) III 4参照。

Ⅰ 1 錯誤——学説史概観

かをかような場合に区別した限りにおいて，重要な結果を伴った[43]。明らかに一方の誤解への志向はそれと結びついていた[44]。事実の錯誤と法律の錯誤という対立概念[45]が観念され，事実の錯誤と法律の錯誤の理論が相互に調整された[46]。今や法律の錯誤はローマ法源上類型的には一方の錯誤として現れ，それが同じ関係（期限の徒過，善意の問題[47]）で生じた限り，これは事実の錯誤についてもあてはまった。錯誤の包括的議論を展開した場合，契約の有効性との関係が問題となる錯誤もまた，一方の誤解として把握されねばならなかった。最終的に遺言状の錯誤も以前から不可避的に一方の錯誤であり，それはローマ法源によれば，その限度でもっぱら形式の考慮において制限された。

問題になっている主題との関わりにおいて考慮される錯誤として一方の誤解もまた原則として認めることにより，ローマの法文から引き出し得た個々のルールは，多様な観点においてあまり目的に適合しないことが示された。その原因は，その法文からしてローマの法律家にとって錯誤は，それに基づいて両当事者が行為構成要件の充足に失敗した誤解としてのみ重要であったことにあった。このために不成立の結果は決定的であり，首尾一貫しており，かつ不相当なものではなかった。しかし，当事者の一方のみが行為，物，人（または材料）において錯誤に陥った場合にも契約の無効が生じるとすれば，この錯誤——不合意——契約の無効という単純な関係は，整序の問題に適合しなかった。双方の錯誤の場合と一方の錯誤の場合では全く異なった問題が存在した。一方の錯誤についてのみ，錯誤者の自治の保護と相手方の外部的に健全な契約表示への信頼における表示受領者の保護との間の基本的な利益の

---

(43) D. 18. 1. 57. Harke, Irrtum（注24），S. 52f. は正しい。

(44) Harke, Irrtum（注24），S. 52f. は，すでにユスティニアヌスの時代から錯誤を行為内容に関する誤解ではなく，現実に関する誤解と理解し，現実に関する総ての誤解を包含するこの広い錯誤概念が，トマジウスによる新しい方向づけまで私法史を決定したという。これは，誤解が行為関係的でなければならない限りにおいて正当である。

(45) ヨーロッパ法史における法の錯誤の理論については，L. Winkel の多数の論文参照。その最新のもの L. Winkel, Parerga et paralipomena ad errorem iuris, M. J. Schermeier u. a.（Hrsg.），Iurisprudentia universalis: Festschr. f. Theo Mayer-Maly（2002），S. 900f.（本書は著者のさらなる業績を含む）。

(46) その他の点でも，法および事実の錯誤の理論は，相互的に，特に重過失ある法の錯誤の無顧慮の理論の事実の錯誤への導入により，著しく影響を受けた。それにつき3の以下の記述参照。

(47) 注20参照。

衝突がある。一方的錯誤もまた考慮することの承認により，その違いがローマの法律家の当該判断により十分に明確には明らかにされなかった錯誤法を展開することが必要とされた(48)。伝えられたローマ法は，契約法の領域における錯誤について構成要件——法律効果の関係の発展のためにほとんど実りある解答を用意していなかった。近時の錯誤法の展開は，一方では，一方の錯誤もまた完全な行為構成要件に対して考慮される，現在とられている錯誤概念(49)と，他方では，それにより双方的な誤解としての錯誤が不合意という理由で有効な契約締結を妨げる，依然として標準的なローマの法文との間の緊張関係により決定された。数多くの発展の軌跡がここで整序される。

（a）一方の錯誤がそのようなものとして有効に締結された契約の効力を奪うという法的効果を有する場合，錯誤者の責任が浮かびあがってくる。さまざまな変異および法律の錯誤に関する理論との同一の扱いの中で早くから，一部は不可避でないという理由で，一部は錯誤者に（重）過失がある，または錯誤が予期できたものであるという理由で，自分に過失のある錯誤は考慮されないという考えがとられた(50)。

（b）次いで，誤解との因果関係の問題が立てられ始めた。当事者の正しい評価がこの行為の締結を妨げたであろうか？ この因果関係の問題は，錯誤の構成要件を行為の構成要件から分離した場合，避けられない。その限りでこの因果関係について議論されたという事情は，錯誤をもはや単なる行為構成要件の欠缺とは理解しないことの確かな証拠である。個々的な因果関係の考慮は，注釈学派の時代にまで遡られうる(51)。それはまず，その時代の錯誤論に一致して，場合によっては個々の錯誤の類型または法律行為にのみ関わった。特に材料の錯誤の場合，因果関係の問題は，問答契約の債権者にはかような錯誤が不利益を与えないことを説明するためにも議論された(52)。この者は，問答契約が反対給付義務を基礎づけないがゆえに，その本質的に異なった性質を知っていたとしても，推測上その物を得たであろうというのである(53)。従って，まず因果関係の問題は，誠意によって定められ

---

(48) 注 36 参照。
(49) Ⅲ 2 参照。
(50) 個々的には，Schermeier, Bestimmung（注 2），S. 251f.
(51) ロゲリウス（1170 年頃死亡）の論文につき，Harke, Irrtum（注 24），S. 52f. 参照。
(52) 注 25 参照。
(53) Schermeier, Bestimmung（注 2），S. 69（ドゥアレヌス（1509-1559）につき）参照。

Ⅰ 1　錯誤──学説史概観

る契約についてのみ議論された。因果関係の考慮は，多くの行為にとって契約当事者が誰であるかは問題とならないがゆえに，人の錯誤の場合も同様である。更なる制限は，給付原因の錯誤と付随的事情の錯誤の区別とともに可能となった[54]。前者では錯誤者は真実の事態を知っていれば契約を締結していなかったであろうし，後者では彼はそれを異なった条件で締結していたであろう。部分的には契約の無効は給付原因の錯誤の事例に制限された。錯誤と法律行為の因果関係は，グロティウスにおいては一般的，基本的なテーマになっている[55]。

（ c ）さらに錯誤の効果についての議論は，錯誤理解の変遷にとって特徴的である。ローマ法は，一義的に契約の無効を宣明したことにより錯誤の効果にいかなる疑問も与えなかった。この規定は事物に反して一方的錯誤の事例に拡大された。なぜならば錯誤の相手方もまた無効を援用しえたからである。これは，錯誤にもかかわらず契約に効力を与えようとしているかもしれない錯誤者の利益に反しえた。しかし，錯誤の効果を錯誤者の決定（またはその利益）に依存させることは，自動的な契約の無効から離れる場合にのみ実現されえた。18世紀の経過の中での若干の助走にもかかわらず[56]，この問題について19世紀になってようやくローマ法の基準からの原則的な解放が実現した。その当時いわゆる取消説（相対的無効説）が無効説と対峙していた[57]。取消による解決により原則的に，強迫や詐欺についてすでにローマ法上用いられていた効果が錯誤についても導入された。更なる，ここでは簡単に触れられる問題は，その限りで，訴訟上の権利救済が問題になるか，それとも純粋に実体法上整序されるべき法的形象が問題になるかに関する[58]。

（ d ）訴権時効に服する強迫または詐欺により与えられる法的手段に近づいたことにより，表示の相手方に特定の時間後に錯誤の主張に対する絶対的な保護を与える，錯誤取消の時間的制限の可能性もまた生じた[59]。

(54)　先行原因ないし共同原因の不知も同様。
(55)　Harke, Irrtum（注 24），S. 82f.; Schermeier, Bestimmung（注 2），S. 177. グロティウスについては，Ⅳ 1 参照。
(56)　Friedrich Gottlieb Struve (1676-1752), De effectu erroris in contractu emti venditi (1749),Th. XLVI, LV の設問がテーマとなっている。フランス民法 1117 条をも参照。
(57)　それにつき，M. Harder, Die historische Entwicklung der Anfechtbarkeit von Willenserklärungen, AcP 173 (1973), S. 209f.; Schermeier, Bestimmung（注 2），S. 537f.
(58)　それにつき，Harder, AcP 173, S. 209f. をも参照。

（e）取消権の錯誤者の無過失への依存のように，錯誤者の損害賠償責任もまた議論された。錯誤の相手方に契約無効の代償として錯誤者に対する損害賠償請求権を許容すべきか，またどのような場合にそうすべきかが議論された。周知のようにこの問題は，損害賠償義務を負わせるのは，契約締結上の過失自体であるというイェーリングの議論に導いた[60]。

（f）何らかの方法で錯誤に陥っていない相手方の保護を実現しようとすれば，保護に値するかどうかの問題にも立ち入らなければならない。一部の者は，錯誤者が軽減された前提のもとでの取消の相手方の過失または錯誤の認識可能性の場合に錯誤を援用しうるという結論に到達した。

（g）最後に，詐欺の場合の一方の錯誤への錯誤の拡大が，ローマ法が知らなかった故意と錯誤規定との重畳に導くことが指摘されうる。古代ローマ法では一方の錯誤に考慮を与えたのは，相手方の悪意である。一方の錯誤がそれ自体として考慮されうるようになると，悪意の法的形象はその限度で機能の変遷を遂げた。詐欺の存在は，一方の錯誤の考慮を基礎づけるためにもはや必要ではなかった。詐欺は今やむしろ錯誤により与えられた取消権を被欺罔者のために，さもなければ取引の安全の利益において屈服させられた制限から解放した[61]。

我々の関係にとって，取引行為における錯誤に関して伝えられたものの核心をなす法文が目下の問題について何も提供しないことが決定的である。従って，他の法制度（悪意に対する保護，法律の錯誤），一部は教会法，さらには法哲学および社会哲学，特にさまざまな議論の仕方をするトマス主義の規範モデルから借用をなさねばならなかった。さまざまな資料からの，構成要件——法律効果——複合である錯誤の新しい形成が新時代の錯誤の歴史のテーマである。

4 サヴィニーによる一方の錯誤の組み入れのもとでの消極的錯誤論の改革

一方の錯誤の許容は，錯誤が行為構成要件の欠缺として現れた古代ローマ

---

(59) フランスの無効訴権ないし解除訴権につき，フランス民法 1304 条。
(60) R. v. Jhering, Culpa in contrahendo oder Schadensersatz bei nichtigen oder nicht zur Perfektion gelangten Verträgen, Jherings Jahrbücher 4 (1861), S. 1f. イェーリングの論文に関する二次的な文献と並んで，H. Heiss, Formmängel und ihre Sanktionen (1999), S. 428f. をも参照。
(61) 例えば，ドレスデン法案 68 条参照。

[I] 1 錯誤――学説史概観

の出発点と緊張関係に立った。一方の錯誤の考慮を新しい方法で当初のローマの出発点と結びつけたのは，サヴィニーの功績である[62]。サヴィニーは，法律行為の構成要件が表意者の意思もまた包含するという立場をとり，かつそれを理論的に深化させることにより，ローマの解決を一方の錯誤についても作り出した。同意が表示されたようにみえる行為について表意者の意思が欠けているときは，サヴィニーがこの意思を法律行為の構成要件に属するものと定めたが故に，法律行為の構成要件が欠けている。それとともに行為構成要件の充足の欠缺から一方の錯誤の考慮もまた生じた。周知のようにサヴィニーは，錯誤について，それが構成要件の欠落に導く限り，不真正な錯誤の概念を導入した。表示は錯誤を伴ったが，これは錯誤者を不利益から保護する積極的な原因ではなく，この原因は全く消極的なもの，すなわち，意思の単なる欠缺である[63]。錯誤は意思の欠缺であり，意思が法律行為の構成要件に属するがゆえに，行為構成要件が充足されない原因である。それに対して，サヴィニーにとって真正な錯誤は積極的な誤解であり，簡単にいえば動機の錯誤である。不合意の概念は[64]，契約だけでなく，すべての意思表示について解決を提供したサヴィニーの解決提案にはなくてもよかった。サヴィニーの業績は，錯誤の事例ではもっぱら法律行為構成要件の充足の有無が問題となるローマの解決の改革および一方の錯誤の事例の同時的な拡大にある。これはサヴィニーの錯誤論の素晴らしいところであり，それは一方の錯誤の考慮を承認し，同時にそれが法律行為の構成要件の充足に抵触するがゆえに，錯誤が重要であるというローマの錯誤概念を改革した[65]。サヴィニーの錯誤論がいかに行為構成要件の欠缺としての錯誤論であるかは，我々がサヴィニーの理論の中にローマ法を特徴づけたのと同じ性質，すなわち，過失の不考慮，錯誤の誘因の不考慮，法律行為の無効以上の法律効果の不問，

---

(62) サヴィニーの錯誤論につき，特に Flume, Rechtsgeschäft（注 4）, S. 440f.; R. Noda, Zur Entstehung der Irrtumslehre Savignys, Ius Commune 16 (1989), S. 81f.; Schermeier, Bestimmung（注 2）, S. 483f.; Zimmermann（注 22）, S. 624f.; H. Hammen, Die Bedeutung Friedrich Carl v. Savignys für die allgemeinen dogmatischen Grundlagen des Deutschen Bürg. Gesetzbuchs, 1983, S. 111f.
(63) Savigny, System des heutigen röm. Rechts, Bd. 3 (1840), S. 263.
(64) 上記 III 3.
(65) シェールマイヤーが一方的錯誤と双方的錯誤の区別を軽視するがゆえに，サヴィニーの業績は，シェールマイヤーにより不当に評価されている (Schermeier,（注 62）; ders., ZEuP 1998, S. 60f.)。

錯誤のための効果機能の不存在を再び見出すことにおいて示される。サヴィニーはその他，錯誤のありうるテーマに関する限り，伝統的な行為，人，物，材料（性質）の錯誤のカテゴリーにとどまっていた[66]。サヴィニーの解決は，彼によれば，表示者のすべての誤った観念がその意思表示を無効にするのではなく，表示された行為内容に対する意思の欠缺のみが無効にするがゆえに，考慮される錯誤と動機錯誤の首尾一貫した限界づけを与えた。サヴィニーが改革したような錯誤論の行為関係性は，同時に，考慮される錯誤の構成要件の対置に際して，同時に法律行為の構成要件について議論されねばならないことを意味した。20世紀においてドイツに現れた，1つはいわゆる意思説，もう1つはいわゆる表示説ないし信頼説は[67]，同時に意思表示の構成要件および考慮される錯誤の決定への位置取りであった。我々は，これらの契約構成要件および錯誤概念の相互関係を行為関係的錯誤論のサインと認めた。

　錯誤論における材料の錯誤の位置づけに関する限り，サヴィニーは，対象物を取り違えた売買に関するローマの観念に従った。その結果材料の錯誤は，物の錯誤の場合と同様に意思と表示の不一致として現れた[68]。材料の錯誤（性質錯誤）の行為関係的錯誤概念への確定的な包摂は，それが売買合意の物の性質との関係に関わる限り，売買という契約類型について行為構成要件の新しい理解が発展したことによって始めて可能になった。物の性質は，契約により確定されるべきパラメーター，売買合意の客体として整序されねばならなかった。今日存在する，売買目的物を契約に適した状態で給付する義務に鑑みて[69]，これは些細なものであるかもしれない。物の性質に関する給付義務を知らなかった1900年の民法典の本来の担保権の適用のもとでは異なったものである。当時の立法状況のもとでは，売買合意の物の性質との関係は，瑕疵ある物の給付を，これがその当時履行義務の不履行では

---

(66) Savigny, System（注63）, S. 267f.; Flume, Rechtsgeschäft（注4）, SS. 441, 445f.
(67) それにつき，H. Coing, Europäisches Privatrecht, Bd. 2 : 19 Jahrhundert（1800-1914）, 1989, S. 276f., 440; Flume, Rechtsgeschäft（注4）, S. 446f.; H. Honsell, Willenstheorie oder Erklärungstheorie, P. Forstmoser/H. Honsell/W. Wiegand（Hrsg.）, Festschr. f. Hans Peter Walter, 2005, S. 335f.; Schermeier, Bestimmung（注2）, S. 537f.; Zimmermann（注22）, S. 614f.
(68) 材料の錯誤に関するサヴィニーの見解については，Flume, Rechtsgeschäft（注4）, S. 441; Harke, Irrtum（注24）, S. 101f.; Schermeier, Bestimmung（注2）, S. 490f.
(69) 2002年ドイツ民法433条1項1文（売主の給付義務），439条（買主の追完履行請求権）。

[I] 1 錯誤——学説史概観

なかったとしても，いわば契約合意の違反と見る方法でのみ理由づけられえた。売買という契約類型の理解は，給付義務に含まれないとしても，行為上の，売買行為に属する性質について拡大されねばならなかった[70]。かくして（このようにしてのみ）同時に，法律行為上合意された性質に関する誤った理解が行為上の錯誤であること，それとともにこれと関係する取消可能性（ド民119条2項）もまたその論拠を法律行為の欠缺の中に有することが理由づけられた。これはその固有の原因を現実に関する法律行為的な言明と現実自体の齟齬の中に有する。意思と生活上の事実の齟齬（事実関係の錯誤）としての性質錯誤の把握および完結した行為関係的錯誤論への同時的な整序は，おそらく古代ローマ法にその範型を見出す錯誤概念の大きく完結的な業績であった。

IV　行為構成要件とのテーマ別の関係による錯誤の考慮からの決別？

1　テーマから自由な誤解という概念に基づく錯誤論の新しい理由づけの切り口

　錯誤論の近時の展開では繰り返し，錯誤を誤った観念として把握する場合，この誤った観念のテーマによる制限を完全に放棄するという考えが生じた。行為，物，人（および材料）という錯誤の対象への拘束からの解放，およびそれを超えて錯誤者の誤った観念が彼によってなされた行為の内容に関わるものでなければならないという要件からの解放が求められた。厳密に計算された留保のもとですべての錯誤が考慮されうるというのである。その場合行為の外にある錯誤の構成要件の概念がすでに前提されている。今や，普通法で把握したような錯誤構成要件がその内容の規定に基づいて作り出した行為関係をも解決することが問題になった。

　すでに繰り返し観察されたように自然法および理性法の時代には錯誤の規定モデルは著しく錯綜していた。これは錯誤概念と行為構成要件の直接的関係が放棄されたことの結果とみられうる。それとともに法律行為の概念と錯誤の規定との結合が解かれ，固有の評価の対象が新しい解決要素の導入のために開かれた。

　この方向への最右翼の業績としてフーゴー・グロティウスの錯誤の記述が

---

(70) W. Flume, Eigenschaftsirrtum und Kauf（1948）は，この進歩をなした。Flume, Rechtsgeschäft（注4）, S. 472f., 478.

ある⁽⁷¹⁾（彼はトーマス・アキナスの錯誤論のいわゆる後期注解者を超えることを義務付けられた）。ここではその総てを記述しえないグロティウスの錯誤論は，我々の問題にとって特にある点で興味を惹かれる。それによれば，約束は，事実の状況に関する特定の仮定の基礎の上に与えられる。この仮定が不適切（誤り）であり，実際の事実を知っていれば約束が与えられなかったであろうという場合は，約束は効力がない。この場合錯誤と法律行為構成要件との位置づけが特徴的である。法律行為の構成要件（グロティウスの体系における約束とその承諾）は，約束の基礎になっている約束者の承諾について拡大された。かような承諾の不当さ（動機錯誤）は，かように拡大された行為構成要件の欠缺，すなわち固有の行為構成要件には関しないが，行為構成要件に付け加えられる，行為の法的効力のためにもちろん同様に必要な基礎に関する，固有の種類の欠缺である。この構成の不可欠の帰結は，約束の基礎をなしている承諾（の欠缺）がテーマに関する基準とはなっていないことにある。従って，誤った観念は約束の内容に関するものではないに違いない。もちろん具体的な約束のための具体的な誤った観念が基礎（すなわち共同原因）であったことが必要である。この場合，錯誤と行為の締結との因果関係がテーマに関わるかどうかは，直接に錯誤を行為構成要件の欠缺と捉える（因果関係はテーマとならない）か，それともその反作用によってのみ締結された行為から効力を奪う独立した構成要件（因果関係が不可避的にテーマである）と捉えるかに依存する。

　グロティウスの切り口は，当事者に誤った観念のために契約の拘束から逃れることを許容する試みの長い歴史と結び付いた錯誤論をもたらした。その見出しは，黙示の条件から事情変更の理論およびヴィントシャイトの前提論を超えて，現在の行為基礎論に及んでいる⁽⁷²⁾。この議論の中に，契約締結に際しての誤った観念を，それがテーマとして行為内容に関するものである限りにおいてのみ，誤った観念を法的に重要なものとした，伝統的な錯誤論

---

(71) グロティウスの錯誤論につき，特に，L. Winkel, Die Irrtumslehre R. Feenstra/R. Zimmermann, Das Römisch-holländische Recht: Fortschritte des Zivilrechts im 17. und 18. Jahrhundert, 1992, S. 231f.; M. Diesselhorst, Die Lehre des Hugo Grotius vom Versprechen, 1959, S. 84f.; R. Zimmermann, Heard melodies are sweet, but those unheard are sweeter..., Conditio tacita, implied condition und die Fortbildung des europäischen Vertragsrechts, AcP 193 (1993), S. 146f.; Schermaier, Bestimmung（注2), S. 173f.; B. Schmidlin, Berner Kommentar, Bd. VI /1/2, 1995, OR 23-27 条前注 13f.
(72) Zimmermann, Heard melodies...（注 71), S. 121f.

[I] 1　錯誤――学説史概観

を超えて考察する試みが認められうる。

　数多くの民法規定が今日（様々に異なった）行為関係的錯誤とグロティウスの意味における基礎の錯誤との対置とともに機能している。その錯誤の概念は，普通法によっては結局解決されなかったが，補完された[73]。

2　共通参照枠における錯誤

　基礎錯誤に向けられた錯誤概念が，法統一に向けられた最新の提案をも決定した。契約法の分野のヨーロッパ連合の取引のための将来の基礎を形成するモデル契約規定である[75]，共通参照枠草案Ⅱ－6：201条[74]によれば，「錯誤　(1)(a)当事者が錯誤がなければ契約を締結せず，または基本的に異なった条件のもとでのみ契約を締結し，かつ相手方がこれを知りまたは合理的に知ることが期待でき，かつ(b)相手方が，(i)錯誤を惹起し（さもなければ錯誤に陥った当事者を放置した以上のことをなし）[76]，(ii)錯誤を知りまたは合理的に錯誤を知ることが期待でき，かつ誠意及び公平な取引に反して錯誤に陥った当事者を放置し，または(iii)同じ錯誤に陥っている場合に，当事者は事実または法律の錯誤を理由に契約を取り消しうる。(2)しかし当事者は，(i)錯誤がその状況の中で言い訳のできないものであり，または(ii)錯誤の危険

---

(73)　ドイツ民法119条と313条2項，スイス債務法24条1項1－3号と24条1項4号の関係がそうである。比較法的な概観：E. A. Kramer, Der Irrtum beim Vertragsschluss: Eine weltweit rechtsvergleichende Bestandsaufnahme, 1998. S. Holz, Japanische, deutsche und schweizerische Irrtumsregelungen, 2007. イギリス法は，契約の基礎に関する錯誤を知っているが，それと並んで，普通法の理論と同様に類型化されている行為内容に関する錯誤もまた考慮する。相手方が全く関与していない一方的錯誤もまた，顧慮される場合もある。J. Beatson, Ansons' Law of Contract, 28. ed., 2002, p. 308f. 参照。特に歴史につき，S. Stoljar, Mistake and Misrepresentation, 1968; D. Ibbetson, A Historical Introduction to the Law of Obligations, 1999, pp. 225ff.; J. Cartwright, The Rise and Fall of Mistake in the English Law of Contract, R. Sefton-Green, Mistake（注22）, pp. 39ff.

(74)　2005年11月29日の状況［本条は2009年DCFR Ⅱ－7：201条の前身である］。

(75)　共通参照枠については，ヨーロッパ契約法とアキ（acquis）の改訂に関するヨーロッパ議会議決：2006年3月23日の指針（2005/2/2022（INI））参照。W. Heusel, European Contract Law—Towards a European Frame of Reference, ERA Forum: Special Issue on European Contract Law, 2006 及びこの本に掲載されたそれ以外の論文；N. Jansen, Traditionsbegründung im europäischen Privatrecht, JZ 2006, S. 536f.; R. Zimmermann, Die Europäisierung des Privatrechts und die Rechtsvergleichung, 2006, S. 51f.; U. G. Schröter, Europäischer Verfassungsvertrag und Europäisches Privatrecht, ZEuP 2006, S. 515f.

(76)　手元にある草案ではこの箇所で明らかに「または」が落ちている。

34

がその当事者によって引き受けられ，またはその状況において耐えられるべき場合は，錯誤により契約を取り消し得ない。」

その提案は，PELC4：103条と大幅に合致している[77]。比較としてPICC3.5条［2010年版3.2.2条］[78]が参照されうる[79]。最後に言及した原則について公表された文献に[80]，共通参照枠草案についても考慮に値する[81]（共通参照枠における錯誤ルールについては本書254頁以下参照）。

特定の錯誤の種類へのテーマによる制限，特に法律的な行為内容または行為に関わる相手方との関係は抜けている。逆にいまや出発点においてすべての任意の錯誤が取消可能性を基礎づける。PICC（3.4条）［2010年版3.2.1条］は的確に「錯誤は契約が締結されたときの事実または法律に関する誤った仮定である」と定式化する（本書234頁参照）。

しかし，そのことから「錯誤の考慮の主たる問題はその制限である[82]」という命題が当てはまる。共通参照枠草案ではすべての錯誤が誤った観念の種類やテーマを問わず重要なものとされ，それゆえに誤った観念のテーマは，錯誤の考慮の制限のためにもはや役立たないことの代償として，多数の制限標識による制限を試みている。錯誤は相手方にとって認識可能な事情に関わるとともに，相手方により惹起され，分与され，または認識可能であったの

---

(77) PECL4：103条（事実または法に関する錯誤）（本書233頁参照）。
(78) PICC3.5条（2010年版3.2.2条）（重要な錯誤）（本書234-235頁参照）。
(79) このルールの前史に関する資料として，以下の文献が引用される。Vorentwurf des Max-Planck-Instituts für ausländisches und internationales Privatrecht, RabelsZ 32（1968）, SS. 201, 243; UNIDROIT-Entwurf eines Gesetzes zur Vereinheitlichung von Regeln, die Gültigkeit internationaler Warenkaufverträge betreffen, Revue de droit uniforme 1973 Ⅰ S. 60f.=Internationaler Legal Materials 17 (1978), S. 282f.; H. Fleischer, Informationsasymmetrie im Vertragsrecht, 2001, S. 963.
(80) M. Wolf, Willensmängel und sonstige Beeinträchtigungen der Entscheidungsfreiheit in einem europäischen Vertragsrecht, Basedow (Hrsg.), Europäische Vertragsrechtsvereinheitlichung und deutsches Recht, 2000, S. 85f.[バセドー編（半田他訳）・ヨーロッパ統一契約法への道（2004年）127頁以下［松尾弘］］; Schmidlin, Sauer Wein（注24）, S. 82f.; E. A. Kramer, Die Gültigkeit der Verträge nach den UNIDROIT-Principles, ZEuP 1999, S. 209f.; A. Wittwer, Vertragsschluss, Vertragsauslegung und Vertragsanfechtung nach europäischem Recht, 2004 それにつき Th. Rüfner, Zeitschr. f. Gemeinschaftsprivatrecht 2 (2005), S. 26f.; J. D. Harke, Irrtum und culpa in contrahendo in den Grundregeln des Europäischen Vertragsrechts: Eine Kritik, ZEuP 2006, S. 326f. (PECLにつき).
(81) それにつき E. A. Kramer, Bausteine für einen Common Frame of Reference des europäischen Irrtumsrechts, ZEuP 2007, Heft 1.
(82) W. Flume, Rechtsgeschäft（注4）, S. 431.

[I] 1　錯誤——学説史概観

でなければならない。錯誤者の側では錯誤は許されうるものでなければならない[83]。相手方が少なくとも知らねばならないものではなかった一方の錯誤は，それによれば考慮されない。錯誤の客観的な重要さとの考慮の結びつきに関する限り，錯誤に陥った当事者が事実状態を知っていれば契約を基本的に異なった条件で締結したであろうという前提のもとでは，不特定の法概念が問題になる[84]。結局錯誤の危険は当事者の一方には帰せられ得ない[85]。錯誤者の特別の損害賠償責任は規定されていない。それは，それがなければ錯誤が考慮されない，相手方の共同責任の要求に鑑みて持ち出されないであろう。錯誤の主張についての時間的な制限の欠缺も注目に値する。錯誤の最も制限的な許容は，この場合行為外の錯誤（動機錯誤）の重要性が問題になることと関連して観察されなければならないであろう[86]。

　共通参照枠草案の錯誤概念は，法律の錯誤と事実の錯誤を同様に包含する。しかし，法律の錯誤に関する限り，契約締結者が，例えば任意法規の内容に関する契約の法的効果について錯誤に陥った，ドイツの学説にいう法律効果の錯誤のみは問題とならない[87]。むしろこの場合，動機錯誤の多様性が問題になるがゆえに，例えば契約履行の所得税法上の結果に関する場合のように，これが行為外である限りにおいても，法律状態に関する誤った観念が観察に現れうる。

　錯誤の規定は，錯誤の開かれた構成要件によって最終的に詐欺の要件を吸収する[88]。被欺罔者に取消権が帰属したがゆえに，詐欺の効果として発生

---

[83] 立証責任の問題は度外視する。
[84] 数多くの不特定の法的概念に鑑みて，ヴェルナー・フルーメが，ハインリッヒ・ティッツェの論文（Vom sogenannten Motivirrtum, Festschr. f. E. Heymann, Bd. 2（1940），S. 72f.）に対峙して定式化した，以下のような疑問が浮上してくる。「そのルールの提案によって，錯誤の顧慮の法的確定が放棄され，判決が個々の事情に従って裁判官に委ねられるのではないかが問われねばならない。これが裁判官の任務に関する広い観念に一致するとしても，問題の対象とするのではなく，単に裁判官のための授権規範を包含するだけの解決は，裁判手続きが終った後で始めて個々の事例で何が問題になっているかを知るがゆえに，問題とはなりえない。」（Flume, Rechtsgeschäft（注4），S. 433）．ティッツェの提案は，ユニドロワ原則（3.5条）によって受け入れられているが，PECL および CFR によっては受け入れられていない契約の実行段階と取消可能性の依存関係を知っていた。
[85] これにつき，Harke, ZEuP 2006, S. 330f.
[86] Ⅳ 3 参照。
[87] それにつき Flume, Rechtsgeschäft（注4），S. 465f.
[88] Ⅲ 3（g）．

36

する錯誤についてかねてからテーマ的にいかなる特別の基準も存在しなかったように[89]，すでにみたように，誤った観念のテーマについて錯誤のためにもいかなる基準も与えられていない。それと並んで固有の詐欺構成要件の余地はない。詐欺は今や引き起こされた錯誤の特別の事例である[90]。

3　将来の錯誤法の指導形象としての事実関係の錯誤──批判的な帰結

　ヨーロッパ錯誤法の提案は，ここでは包括的に評価されない[91]。我々は，再び錯誤規定と契約構成要件の関係に制限しよう。

　参照枠草案によれば，その限りで中心的な特徴であるが，誤った観念は決して行為関係的ではない。この場合実際にサヴィニーの意味における放擲された錯誤が規定されている。全く行為外の錯誤構成要件が問題になる。錯誤の考慮の前提は，契約の構成要件からは独立して立てられた。錯誤の重要さ，認識可能性または免責可能性またはその因果関係は，その要素が契約締結構成要件に分類されうる標識ではない。

　それはびっくりさせるが，首尾一貫している。PECLおよび参照枠草案の起草者にとって，伝統的に法律行為を無効とみなすことに少しも疑問が抱かれなかった表示錯誤（表示行為の錯誤）は[92]，計画された規定の定める錯誤ではない。むしろ伝達の錯誤とともに表示錯誤の事例は，（真正な）錯誤，すなわち，動機錯誤の説明された規定の参照によって始めて処理される[93]。ここで用いられている錯誤概念に当然のように包含されるのは動機錯誤だけではない。動機錯誤はまさにこの錯誤概念の指導形象である。同様な規定をドイツ民法の中で観念しようとすると，ド民119条〜122条の規定を削除し，表示錯誤と伝達錯誤の事例にド民313条2項[93a]の規定が準用されうること

---

(89)　詐欺の場合に「惹起された錯誤が重要でない場合でも」契約を拘束的でないものとするス債28条1項参照。
(90)　H. Kötz, Europäisches Vertragsrecht, Bd. 1, 1996, SS. 298, 284f.［ケッツ（潮見他訳）・前掲書375頁以下，350頁以下（中田）］。
(91)　Harke, Irrtum und culpa（注80）およびKramer, Bausteine（注81）参照。
(92)　もちろんイギリス法は，舌が滑った場合に以前から小さな注意しか向けていなかった。
(93)　CFR草案6：202条（DCFR Ⅱ−7：202条），PECL 4：104条，PICC 3.6条（2010年版3.2.3条）。
(93a)　ド民313条2項：「契約の基礎とされた重要な表象が誤りであることが明らかになった場合は，事情の変更と同視される。」

[I] 1　錯誤——学説史概観

を表明する指示を置かねばならない。誤表が規定される共通参照枠草案6：201条の規定は，これらには適合しない。誤表が相手方にとって認識可能である場合は，これは通例意図された意味での表示の解釈に導くことになろう。次に，誤表の場合相手方による原因作出はほとんど問題にならない。従って，誤表の場合共通参照枠の提案のもとでは誤表は，契約の無効を非常に例外的にのみ帰結する[94]。極端にいえば，共通参照枠およびPECLは，行為関係的錯誤（内容および表示錯誤）は完全に，動機錯誤はその大部分を排除したといいうる。錯誤取消をできるだけ制限する試みは歓迎されるべきであるが，同時に誤表の考慮をほとんど完全に放棄するのは角をためて牛を殺すに等しい。

　誤った観念の行為関係性は，これが動機（事実関係）の錯誤と行為の錯誤の区別を除去するがゆえに，共通準拠枠草案により放棄されている。しかし，本当に誤った観念の行為関係性を無視し，動機錯誤の無顧慮という健全な原則を放棄するかどうかという問題は重要である。それについてもう一度フルーメの言葉を引用すると，「動機錯誤は，……法律行為と事実との関係に関わる。……法律行為は，法律行為的取引者にとって，彼が現実から得，それに基づいて彼にとって実行可能に見えるという観念によりその意味を取得する。契約において当事者の各人は固有の目的を追求するのだから，各人の法律行為的行為は通例事実についての異なった観念により決められる。事実に関する不正確な観念を無効または取消原因とする場合には，これは事実に関する正当な観念の危険が表示の相手方に転嫁されることを意味しよう。これによれば動機錯誤に関する法的問題が表示錯誤に関する問題とは基本的に異なったものであり，心理学的だけでなく，法的に重要な区別が問題になること，いずれにせよ錯誤の両種類を法的に同様に扱うことはいけないことが明らかである[95]。」

　しかし，錯誤と行為外の事実関係の錯誤（動機錯誤）の同一扱いがそもそも完全に実現されうるか否かという問題もある。国民国家の民法典の錯誤構成要件は，通例誤った観念の観点のもとに契約合意に支障を与えうる構成要件を同時に完全に記述することを求める。ド民119条を例にとると，この場合錯誤構成要件は完結的に定義されており，その存在は同時に特別のメカニ

---
(94)　その限度で Harke, ZEuP 2006, S. 327f. は正しい。同旨：Kramer, ZEuP 2007, Heft 1.
(95)　Flume, Rechtsgeschäft（注4），S. 432.

ズムのもとに契約合意を喪失させる。ド民119条に列挙されている構成要件の1つの存在以外の場合は，ドイツ法によれば，錯誤は契約上の合意の発生を妨げない[96]。共通参照枠の計画された錯誤規定が同じ効力をもちうるかどうかは疑わしいように思われる。契約締結が契約当事者の一致した決定に基づく限り，当事者の取り決めの意図が契約の効力を正当化する限り，我々の考えでは，意図されかつなされた取り決めの齟齬の場合有効かどうかが問題になることは避けられない。取り決めの仕組みが錯誤に関する規定とともにこれらの事例を把握することを目論んではおらず，むしろ第一に行為外の事実関係に向けられているときは，それが行為構成要件の実現と対立するがゆえに，またそのことによって，かような契約法の扱いにおいて付加的になおある誤解が契約に影響を及ぼすことが明らかになることはほとんど避けられない。契約が合意を要求する限り，不合意の事例が存在し，不合意の形成においては錯誤の状況もまた生じる。直接に合意の欠缺を条件づける誤った観念に対して，共通準拠枠6：201条の制限的な前提は関与しないであろう。相当な取り決めがなければ，不合意を基礎づける食い違いが基本的に異なった契約内容を条件づけず，またはそれが相手方により惹起（認識，分与）されなかったのだから，合意の欠缺が問題とされ，契約上の合意が承認されることにはほとんどならなかったであろう。従って，契約締結に関する条項の適用における基礎錯誤の概念に向けられた共通準拠枠の規定は，それが合意の形成および行為の締結を妨げる限り，行為関係的な誤った観念が，共通準拠枠6：201条の狭い要件とは無関係にも契約に影響を与えるものと認められることによってなお補充を経験しうることになろう。その場合もちろん一方の誤った観念が問題になるのではなく，両当事者の法律行為への表示の寄与が重なり合わないことが問題になろう。特に行為内容に関しない誤った観念のみが観察に現れよう。無制限に援用しうる行為関係的不合意とその考慮が極端に制限されるであろう事実関係の錯誤の対置は，不合意の事例と錯誤の事例が周知のように相互に近いという理由でも，誤りであろう。もちろんどの程度かような展開がみられるであろうかは，契約合意の観念が共通参照枠との関係でどのように理解されるかに強く依存するであろう[97]。ヨーロッ

---

(96) 我々はこの場合2002年のド民313条2項の基礎錯誤は度外視する。
(97) Harke, ZEuP 2006, S. 329f. は，PECLにおいて意思論的な規定要素と信頼論的規定要素の間に存在する緊張関係を指摘する。

Ⅰ 1 錯誤——学説史概観

パ契約法原則の規定と解説は[98]，これにつき確かな説明を与えない[99]。契約合意の理解が重要なものであり，かつヨーロッパの法秩序においてもまた決して統一的ではないことに鑑みて[100]，それはその限度で不満足すぎる。

　行為構成要件と錯誤概念の結合は，従来いかなる同時代の法的理解が契約を私法秩序の基礎形象とするかの新しい熟慮への機会となった。その限度で錯誤規定と契約構成要件の結合が放棄される，ヨーロッパレベルの新規定は，（おそらく避けられない）ヨーロッパの私法文化の喪失とみなければならない。

---

(98)　CFR草案Ⅱ-3：101条～Ⅱ-3：103条（DCFR Ⅱ-4：101条～Ⅱ-4：103条），PECL 2：101条～2：103条。
(99)　ユニドロワ原則につき，E. A. Kramer, Die Gültigkeit der Verträge nach den UNIDROIT Principles, ZEuP 1999, S. 209f.=Contractual Validity According to the UNIDROIT Principles, The European Journal of Law Reform 1988/99, p. 269f.
(100)　例えば，イギリスの主観的テストと客観的テストの対置やスイスの事実上の合意と規範的な合意の区別が指摘される。それにつき，H. Honsel, Willenstheorie（注67）参照。

2　比較法における価値を高める性質に関する売主の錯誤

ホルガー・フライシャー

I　テーマ

「人間が努力する限り，彼は誤るものだ」という詩人（ゲーテ）の言葉は，国内および外国の裁判所における裁判の宣告にも反映されている。それは，この場合これまで民法学の中に確固たる地位を占めていなかった事例群に形を得る。売買目的物の価値を高める性質に関する錯誤がそれである。その特徴は，すべてが双方的錯誤に関している指導的判決により最もよく例示されうる（II）。一方の錯誤の補充的事例が次に第二節の対象となる（III）。

II　売買目的物の価値を高める性質に関する双方錯誤

1　事　例

(a)　破棄院判決（2003）（プサンの絵画）[1]

第一の事例は2003年にフランスの破棄院が扱った。ケッツのヨーロッパ契約法の第二版にそのわだちがみられるが，すでにその第一版においてフランスの大審院の判示した[3]1970年代および1980年代のプサン事件が報告されている[2]。今回は「ニコラス・プサンの学派，エジプトへの逃避，カンバ

---

(1) Cass. civ. 1$^{re.}$ 17. 9. 2003, Bull. civ. I, Nr. 183=Gaz. Pal. 2004, 1049（S. クレヴェルの注）= Contrats-Concurrence-Consommation 2004, n° 2（L. Leveneur の評釈））.
(2) H. Kötz, Europäisches Vertragsrecht, Teil I, 1996, S. 274.［ケッツ（潮見他訳）・前掲書366頁（中田）．1970～1980年代のプサン事件については，山岡真治「錯誤論の再検討」神戸法学雑誌51巻3号（2001年）79-80頁，山下純司「情報の収集と錯誤の利用」法協123巻1号（2006年）40頁以下参照．それによれば，プサンの作品ではないとの鑑定に従って売主がその絵画を売却した場合に，再鑑定の結果真筆であると判明した事例で，売主が錯誤による無効を主張した．第三次控訴審は，売主がプサンの作品ではないという誤った観念に基づいて売っており，錯誤はその物の本質的性質に関わり，売主の合意を決定づけたとして錯誤無効を認めた（フ民1110条参照）．

I 2 比較法における価値を高める性質に関する売主の錯誤

スの油彩画」という名称で競売のカタログに掲載されて売りに出され，1985年に160万フランで売却された絵画が問題になった。9年後に売主はプサンについて公刊物の研究によりその絵画がその巨匠自身の手になるという確信を抱くにいたった。専門家の鑑定はこのことを確認し，絵画の価値を450万フランから600万フランと評価した。その後売主は売買契約の解消を訴求した[2a]。

(b) オランダ最高裁（1959）（カンタロスのコップ[4]）

このオランダの事例は，同様にケッツの本の注で読むことができる[5]。原告は，被告に相続した銀のコップを125グルデンで売却した。両当事者はそれに歴史的価値がないと考えていたが，取得者の友人の考古学者の支援を得た長期間にわたる追跡調査により，図り知れない価値を有する2世紀のカンタロスのコップであることが明らかになった。これが明らかになったとき原告はコップの返還を求めた。

(c) 大審院（1929）（明の花瓶）[6]

第三の事例は大審院の古い著名な判決である。原告が二つのシナの花瓶を390マルクで売却した。取得者はそれを1万5,000グルデンでオランダに転売した。そこでなされた競売でそれはロンドンケンジントン博物館が明朝のオリジナルとして20万マルクで取得した。原告がそれを知ったとき，彼は売買契約を取り消した。

2 錯誤を要件とする取消権に関する法状態

これらの事例は各国でどのように解決されたか。売主には錯誤を要件とす

　本事件は，売主が絵画の素人であるのに対して，実質的な買主が美術館である（最高度に鑑定能力がある）ことが特徴である。本件は，その後のフランスの情報提供義務論や錯誤と給付価値の均衡の関係に関する議論に大きな影響を与えた。]

(2a) [Cass. civ. 1er, 17 sep. 2003, Bull. civ. I, n° 183（第二プサン事件）（破棄院は売主の錯誤無効の主張を認めた）].

(3) H. Capitant/F. Terré/Y. Leqette, Les grands arrêts de la jurisprudence civile, 10. éd., 1994, n° 85-86, p. 354-374.

(4) Hoge Raad, 19. 6. 1959, Nederlandse Jurisprudentie 1960, 59 (Hijmans van den Bergh の評釈).

(5) Kötz（注2），S. 274f. [ケッツ（潮見他訳）・前掲書366頁（中田）]。

(6) Vgl. RGZ 124, S. 115.

る取消権が付与されたか⁽⁷⁾。ドイツの法学生は，大審院が技術または文化作品の真実の由来をド民119条2項の取引上重要な性質とみ⁽⁸⁾，最高裁は近時の判決でそれに従ったこと⁽⁹⁾を知っている。学説もこれらの判例の切り口，結論および理由づけにほとんど一致して同意した⁽¹⁰⁾。かくして価値を高める性質に関する売主の取消権は，今日われわれの法理論の外見上確かな存在になっている⁽¹¹⁾。フランスの法律学もまた，主観的な錯誤概念に依拠して⁽¹²⁾，一連の判決の中で売却された絵画の作者に関する誤った観念がフランス民法典1110条の意味における基礎錯誤を理由づけると判示した⁽¹³⁾。しかしこれに対して学説では，様々な反対意見が述べられた。古い世代ではジャ

---

(7) 売買目的物の価値を高める性質に関する詳細な比較法的な記述：H. Fleischer, Informationsasymmetrie im Vertragsrecht, 2000, SS. 614（オーストリア），662f.（スイス），719f.（フランス），787f.（イタリア），847f.（イギリス），907f.（アメリカ），R. Sefton-Green (ed.), Mistake, Fraud and Duties to Inform in European Contract Law, 2004, Case 1（アナトール対ボブ），pp. 88ff., Case 2（セリメーヌ対ダミアン），pp. 131ff. における各国の報告。

(8) RGZ 124, S. 115 (120)（明の陶磁）。

(9) BGH NJW 1988, S. 2597 (2598f.)（ライブル／ドゥヴェネック）。

(10) Bamberger/Roth, Komm. z. BGB., Bd. 1, 2003, para.119 Rn. 44 [H. Wendtland]; Dauner-Lieb/Heidel u. a. (Hrsg.), Anwaltkomm. z. BGB., Bd. 1, 2005, para. 119 Rn. 75 [A. Feuerborn]; Münch. Komm. z. BGB., Bd. 1, 4. Aufl., 2001, para. 119 Rn. 129 [E. A. Kramer]; Larenz/Wolf, Allg. Teil d. Bürg. Rechts, 9. Aufl., 2004, para. 36 Rn. 51; Palandt, Komm. z. BGB., 65. Aufl., 2006, para. 119 Rn. 27 [H. Heinrichs]; Soergel, Komm. z. BGB., 13. Aufl., 1999, para. 119 Rn. 55 [W. Hefermehl]; Staudinger, Komm. z. BGB., 13. Aufl., 2004, para. 119 Rn. 93 [R. Singer]。

(11) H. Köhler/J. Fritsche, Anfechtung des Verkäufers wegen Eigenschaftsirrtums——BGH, NJW 1988, S. 2597, JuS 1990, S. 16 (19) 参照：疑いもなく売主は，物が認められたよりも高い価値を有する場合は，ド民119条2項により取り消しうる。E. Wieser, Weshalb berechtigt der Eigenschaftsirrtum zur Anfechtung?, Festschr. f. G. Küchenhoff, 1972, 1. Halbbd., S. 409 は，ド民119条2項の理論的整序を議論するために，絵画の事例を出発点に選ぶ。

(12) それにつき，J. Flouer/J. -L. Aubert/E. Savaux, Les obligations, 1. L'acte juridique, 11 éd., 2004, nº. 197; Ph. Malaurie/L. Aynès, Les obligations, vol. Ⅱ, 11 éd., 2001, nº. 105; F. Terré/Ph. Simler/Y. Lequette, Les obligations, 8 éd., 2002, n. 215-217。

(13) Cass. Civ. 1ʳᵉ, 22. 2. 1978, D. 1978, p. 601（プサン判決）（マランヴォの評釈）; Cass. Civ. 1ʳᵉ, 13. 12. 1983, D. 1984, p. 340（オベールの評釈）。近時のもの：Cass. Civ. 1ᵉʳ, 5. 2. 2002, Bull. Civ. Ⅰ, nº 56（ダニエル・スポェルリ）; CA Paris, 7. 5. 2001, D. 2001 IR 1852=Gaz. Pal. 2001, p. 1208（ヴァン・ゴッホ）。同旨：Flouer/Aubert/Savaux（注12), n. 199; J. Ghestin, La formation du contrat, 3 éd., 1993, nº. 331; Terré/Simler/Lequette（注12), nº. 218（法が区別していないところでは，区別するに及ばないという箴言を引用する。しかし，個々的には彼は，責めに帰しえない錯誤もありうるとする）。

Ⅰ 2　比較法における価値を高める性質に関する売主の錯誤

ン・カルボニエ[14]，若い世代ではミュリエル・ファーブル・マニャン[15]である。オランダの最高裁は結局1959年のカンタロス事件で売主の錯誤取消をはっきりと否定し[16]，注釈書には1992年のオランダ新民法典6：228条の適用下でも異ならないと述べられている[17]。

3　反対説の展開

それによれば，比較法的な観察がドイツの観察方法の自明性に対する最初の疑問を抱かせ，かような確かさの喪失が比較法の最も高価な代償を払った果実だとすれば，それを深く掘り下げることはやり甲斐があるかもしれない。法律家は先鋭的でなく，漸進的な改革を優遇するがゆえに[18]，私は私の反論を3つの点で展開しよう。

(a)　契約客体の性質による危険行為

錯誤取消の最初の制限は，売買客体の性質において始まりうる。

---

(14)　J. Carbonnier, Les obligations, 20 éd., 1996, nos 48, 50.［売主の自己の給付に関する錯誤は価値に関する錯誤である。売主は自己の所有物について熟知する義務がある。山岡真治・前掲論文神戸法学雑誌51巻3号83-84頁参照］。同旨：Malaurie/Aynès（注12), nos. 107-109. さらに J. Chatelain/F. Chatelain, Oeuvres d'art et objets de collection en droit français, 1990, p. 167 et s.; B. Rudden, Revue trimestrielle de droit civil, 1985, pp. 91, 95, 98, 103.

(15)　M. Fabre-Magnan, De l'obligation d'information dans les contras, 1992, nos. 193 et s.; O. Tournafond, D. 1991, Som. 161.

(16)　Nederlandse Jurisprudentie 1960, S. 59. それにつき詳しくは，W. M. J. Bekkers/A. A. H. M. Gommers（Hrsg.), De Kantharos; Over recht en onrecht in de rechtspleging, 1998.

(17)　Mr C. Asser's Handleiding tot de beoefening van het Nederlands burgerlijk recht: Verbintenissenrecht, Algemeine leer der overeenkomsten, Bd. 4-2, 11. dr. 2001, Rn. 195［Hartkamp］; Mr. C. Asser's Handleiding tot de beoefening van het Nederlands burgerlijk recht: Bijzondere overeenkomsten, Koop en ruil, Bd. 5- Ⅰ, 6. dr. 2001, Rn. 246［J. Hijma］; P. Clausing, Weekblad voor Privaatrecht 6357, 1999, S. 385f.

(18)　それにつき H. Fleischer, Legal Transplants in European Company Law—The Case of Fiduciary Duties, European Company and Financial Law Review 2005, p. 278 (293). 鋭い舌は時折学問的な刺激の構造とともにこれを正当化する：M. Tushnet, Everything Old is New Again: Early Reflections on the New Chicago School, Wisconsin Law Review 1998, p. 579 (581)「めったに援助のない大志に燃えた若い学者は，新しいアプローチを発見する明白な動機を有する。しかし，一般に法学会の報酬構造は，新しいアプローチが，若い学者の先輩が，先輩が取り組んできた伝統を維持するものと認めるものであることを要求する。」

(aa) ヴェルナー・フルーメ（1991）（絵画の箱書の現状の理論）

それは新しい論文の中で技術作品の売買におけるさまざまな法的手段を検証したヴェルナー・フルーメという著名な支持者を見出した[19]。彼の見解によれば，絵画が売買時にあまり知られていないまたは特定されない画家に帰せられ，かつその絵画が著名な画家のものであったことにより，後での発見が必要となったときは，ド民119条2項の売主の錯誤取消は排除される[20]。フルーメによれば，かような場合後での発見の利益は，絵画が発見時に帰属する者に帰する。理由づけとしては「事件は所有者に帰する」という命題の特別の刻印が考えられうる[21]。

(bb) ロドルフォ・サッコ（1949）（批評の状況の理論）

フルーメは気付いていないが，ロドルフォ・サッコは既に40年前に同種の芸術品売買に割り当てられた批評の状況の理論を展開した[22]。彼の見解によれば，イ民1429条の枠内で美術史の研究の今日の状況に関わるような誤った観念のみが考慮されうる[23]。ある者が一般的に知らない画家に帰される絵画を売却し，後で本当の作者が明らかになったときは，これは売買客体の変換に導き，価値の増加はもっぱら新しい所有者に帰する[24]。1905年[25]および1910年[26]のフローレンス控訴院の判決は，同様の傾向のものであり，絵画の売買契約を事物の本質に適って偶然に左右される契約とした。芸術品の取得における偶然的な要素は，古いイタリア民法典の適用下に取消権を否定した破棄院にも明らかである[27]。ミラノの法廷は，新イタリア民

---

(19) W. Flume, Der Kauf von Kunstgegenständen und die Urheberschaft des Kunstwerks, JZ 1991, S. 633f.
(20) Flume, JZ 1991, S. 633. 同旨：Ch. Krampe, Eichen am Wasser—der Ruisdael-Fall (RGZ 135, S. 339), JuS 2005, S. 773 (778). 疑わしい作者の推定における危険行為の観点をシャックもまた強調する：H. Schack, Kunst und Recht, 2004, Rn. 418, 412.
(21) Flume, JZ 1991, S. 633 (634).
(22) R. Sacco, Rivista del diritto commerciale, 1949, II, p. 192; F. Vassali, Trattato di diritto civile: Il contratto, 1975, p. 313 [R. Sacco]; P. Rescigno, Trattato di diritto privato: Volontà, intento, vizi del consenso, 1982, p. 152 [R. Sacco].
(23) R. Sacco/G. De Nova, Il contratto, vol. I, 1993, p. 404.
(24) Sacco/De Nova（注23），p. 404：「その後の発見は，物の増大，減少，変換であり，所有者の財産に帰する。」
(25) A. Firenze, 18. 7. 1905, Giurisprudenza degli Stati Sardi, Turin 1905, I, 2, p. 577.
(26) A. Firenze, 15. 10. 1910, Filangieri 1910, p. 459（後で偽造とわかった，真筆として売却された絵画の事例）．

Ⅰ 2 比較法における価値を高める性質に関する売主の錯誤

法典の施行後間もなくこの理由づけの路線を継承し，芸術品の真贋に関する客観的な不知の場合に錯誤取消を拒否した[28]。比較法的な愚直さは，もちろんイタリアの破棄院が「批評の状況の理論」を近時の判決の中でこの形では踏襲しなかったことを付け加えることを求める[29]。

(cc) 中間の所見

売買客体の特殊性および芸術批判のテンポを解釈上考慮に入れる感度のいい試みは私を納得させるものである[30]。それはもちろんこの国では最高裁判決による熟慮を待ち望む。連邦最高裁は，既述の明の花瓶事例に関する大審院判決[31]を近時の判決でも継続し，更に深化させた。画家フランク・デュヴェネックという箱書のある油彩画が売却された。取得者は，その絵画を後で修復師に調べさせ，彼はそれを画家ヴィルヘルム・ライプルの作品とした。売主がその絵画を後でライプルの作品として展示されているのを見たとき，彼は売買契約を取り消し，その返還を求めた。連邦最高裁民事第8部はその訴えを許容した[32]。それはまず，ド民旧459条以下の担保責任がど

---

(27) Cass. 18. 3. 1938, Giurisprudenza degli Stati Sardi, Turin 1938, Ⅰ, p. 632：「本質的な錯誤は，物の本質の客観的な確実さを前提とする。そして古美術品の作者の決定は，いつも制御しえない仮定の範疇にとどまる。絵画が古い時代の有名な画家の作品として売却されたが，案に相違して無名の画家の作品であることが判明した場合，それにもかかわらずその作品が真の美術作品という特質によって特徴づけられるとすれば，本質の錯誤であると異議はとなえられえない。」

(28) Trib. Milano, 31. 7. 1947, Il Foro Italiano 1948, Ⅰ, p. 679：「美術作品の作者に関する客観的な不確実さの場合，それに関する錯誤は無効を生じえない。」

(29) Cass. 3. 7. 1993, n. 7299, Giurisprudenza degli Stati Sardi, Turin 1994, Ⅰ, 1, p. 410 (422)：「この理論には与しない。しかし，美術作品を対象とする作品の本当の由来の重要さがどうして観念的に否定されえないのかを何度も明らかにしてきた当院では，当事者によって売買された絵画は，指示された時代，作者の批評の状況について疑いがあり，また取引のデータに関する批評の状況についての必要な証明がない場合においてのみ，異なって考えられるがゆえに，作品の原作者は批評家がそう考える者である。」

(30) ジールもかような解決を考慮する：K. Siehr, Ist ein Caracci ein schlechter Poussin? Zum Irrtum beim Kauf von Kunstwerken, Festschr. f. H. Hanisch, 1994, S. 247 (254)：「結局，古い美術品の売買では真贋が不確かかつ不安定であるから，偶然に左右される法律行為が問題になり，品物は保証なしにそのようなものとして売却され，かつそれゆえに各当事者は自ら過剰に支払い，または過少に取得する危険を負担するとの見解もまた主張されうる。」Siehr, a. a. O., S. 254 は，偶然に左右される法律行為の承認を大審院の明の陶磁器の事例でも可能とする。

(31) Ⅱ 1 (c).

(32) BGH NJW 1988, S. 2597=JZ 1989, S. 41（ホンゼルの評釈つき）= JA 1989, S. 40（シュ

46

うして売主の取消と矛盾しないのかを理由づけ[33]，次いで売却された絵画の真贋において，もちろん売買目的物の価値を高める性質に関する売主の錯誤の特殊性を考慮して，ここに述べられた議論と対峙することなしに，取引上重要な性質を見うると述べた[34]。

(b) 契約締結の種類による危険行為

錯誤取消の第二の制限は，契約客体の性質ではなく，契約締結の種類に関するものである。そのことから両当事者が意識的に取引上重要な性質に関する錯誤の危険に立ち入る典型的なテルケル（あるがままの状態で買うという趣旨の）約款が存在することが導かれうる[35]。従って，売主が蚤の市でひと束のノートの塊を売却し，その中にモーツァルトの価値ある楽譜が発見された場合，錯誤はない。1993年にコーブルク区裁判所は，法的な問題を完全に解決することなしに，結果的に正当にそれを解決した[36]。アメリカ契約法第二リステイトメント154条は[37]，同様な事例で売主の意識的な不知を述べている[38]。

ルツの評釈つき）= JuS 1989, S. 59（エメリッヒの評釈つき）。本件には，Köhler/Fritzsche, JuS 1990, S. 16の評釈もある。

(33) BGH NJW 1988, S. 2597 (2598).
(34) BGH NJW 1988, S. 2597 (2599).
(35) それにつき一般的にStaudinger/Singer（注10），para. 119 BGB Rn. 12, 93.
(36) AG Coburg NJW 1993, S. 938 (939). 同旨：Schack（注20），Rn. 412; M. Schmoeckel/J. Rückert/R. Zimmermann (Hrsg.), Historischer Komm. z. BGB., Bd. 1, 2003, para. 116-124 Rn. 80 [M. J. Schermaier]; Staudinger/Singer（注10），para. 119 BGB Rn. 93. 反対：Palandt/Heinrichs（注10），para. 119 BGB Rn. 27. H. Honsell, Arglistiges Verschweigen in Rechtsgeschichte und Rechtsvergleichung, Festschr.f. P. Gauch, 2004, S. 101 (117f.) は異なる。
(37) Restatement of Cotracts 2nd (1981) 154条：（一当事者が錯誤の危険を負担するとき）「一当事者は，(a)危険が当事者の合意により彼に帰し，または(b)契約が締結されたときに，彼が錯誤が関わる事実に関して単に制限的な知識しか有しないのに，彼の制限的な知識が十分なものであるとして扱い，または(c)そうすることがその状況の中で合理的だという理由で，その危険が裁判所によって彼に帰せられるときは，錯誤の危険を負担する。」
(38) Restatement of Contract 2nd（注37），注釈c：（意識的な不知）「錯誤に陥った当事者がその危険を負担することに同意していないとしても，彼は，契約を締結したときに，錯誤が関わる事実に関する知識が制限的なものであることに気づいていたかもしれない。彼が，その知識が制限的なものであることに気づいているだけでなく，それを認識しながらそれを履行することを引き受けたときは，彼は錯誤の危険を引き受ける。かような状況において，ある意味で，錯誤ではなく，意識的な不知があると時折いわれる。」

Ⅰ 2 比較法における価値を高める性質に関する売主の錯誤

(c) 価値を高める性質に関する錯誤における売主の危険負担

従来の個々の結論は注意深く一般化されないか。価値を高める性質に関する売主の錯誤はどこでも一般的に考慮されないのか？　それは，ジャン・カルヴォニエが固有の給付の下での錯誤として[39]，ロドルフォ・サッコが固有の給付の要素の錯誤として[40]認めたような固有の，限界のある錯誤のカテゴリーを形成しないのか？　私は，この場合この問題にハイン・ケッツが多年にわたり行ってきた複数方式の探究様式によりアプローチしたい。その場合考慮される原因が売主の取消の制限を支持することが示される。

(aa) 比 較 法

比較法的にはかような制限は，広い支援を得ている。オランダの事例はすでに述べられた[41]。イギリス契約法でもそれは確かな支持を見出す。今日まで1932年のベル対ブラザーズ事件においてアトキン卿の考え出した事例が1つの考えを提供するものとなっている。「AがBから絵画を購入した。AとBはそれが古い巨匠の作品と考えており，高額の金が支払われた。それが近時のコピーであることがわかった場合，Aは不実表示や担保がなければ救済が得られない[42]。」法理論においては価値を高める性質に関する双方錯誤の逆の事例でもこれと異なったことはあてはまらない[43]。

同じことは，国内および外国の近時の比較言語学者が作り出した契約法の調和に関する様々な提案を瞥見すれば提示される。2004年のPICCは3.5(2)(b)（2010年版3.2.2(2)(b)）で錯誤取消に狭い限界を引き，前記のプサンの事件に相当する例で売主の取消を否定する[44]。4：103条で事実および法律の錯誤を扱う，ランドーグループによって作られたヨーロッパ契約原則も同

---

(39) Carbonnier（注14），n°. 48. 同旨：Malaurie/Aynès（注12），n°. 107.
(40) Sacco/De Nova（注23），p. 382（フランスの議論にも触れる）.
(41) Ⅱ 1(b)およびⅡ 2参照。
(42) [1932] AC 161, 224.
(43) Sefton-Green（注7），p. 94（96）［カートライト判事］.
(44) PICC（2004）3.5条，注釈，事例2：「AがBに，その絵画にとって公平な価格であまり有名でない画家の書いた絵画を売却した。その後その絵画が著名な画家Dの書いたものであることが明らかになった。Aは，その絵画がCの書いたものだということが，それがもっと有名な画家が描いたものかもしれないというリスクを包含するがゆえに，錯誤を理由としてBとの契約を取り消すことができない。」［曽野他訳・国際商事契約原則（商事法務，2004年）73頁］.

48

様に解されうる(45)。

(bb) 法の経済

　法経済学的には特に，錯誤取消の制限を容易に思いつく取得者の真贋の調査への刺激にとって，わが国ではド民121条2項の10年（以前は30年）という売主のあまりに長い解消権は誤った帰結といえる。かようにハイン・ケッツは，カンタロス判決の帰結を，その真贋の調査が奏功した場合，買主がそれを売主に返還しなければならないとすれば，その由来の解明に必要な費用をまかなうという刺激がコップの買主から取り去られるという注釈で弁明した(46)。フランス(47)およびイタリア(48)の判決がさまざまに扱ったすでに言及された絵画の事例も同様であった。

(cc) 法的概念

　法概念的には錯誤取消の許容性の正当化の基礎が交換的正義の考えの中にあるという抗弁を覚悟しなければならない。かくして絵画事例におけるド民119条2項の解消権の弁護のために，売主がもっぱら物を安価に売却するリスクを負担するが，価値ある物を小さな価値のものとして売却するリスクは負担しないと主張される(49)。かような解釈は，ド民119条2項の取消可能性を実体的な衡平原則に近いものにする。それについては国内(50)および国外(51)の錯誤に関する文献の中に証拠が見出される。錯誤法上の衡平思考のウィークポイントは，急速に形成された。それは古典期以後の莫大損害(52)

---

(45) 特に4：103条の注7参照（フランスのフラゴナール事件が議論された，一当事者が危険を負担する事例）。

(46) Kötz（注2），S. 275［ケッツ（潮見他訳）・前掲書366頁（中田）］。錯誤法における福祉的側面につき，一般的に P. Mankowski, Beseitigungsrechte, 2003, S. 380f.

(47) 注3参照。

(48) A. Roma, 23. 11. 1948, Il Foro Italiano 1949, I, p. 987（カルパッチォの絵画の事例，ゲルラの評釈つき）；A. Roma, 15. 5. 1957, Giurisprudenza degli Stati Sardi, Turin 1958, I, p. 306（カラヴァッジョの絵画の事例，コルミオの評釈つき）。

(49) St. Lorenz, Der Schutz vor dem unerwünschten Vertrag, 1997, S. 313.

(50) 特に，R. Singer, Selbstbestimmung und Verkehrsschutz im Recht der Willenserklärungen, 1993, S. 227. それによれば，性質錯誤では，給付と反対給付の均衡が類型的にひどく侵害され，それゆえに法律行為の効力についての決定が錯誤者の自由な決定に委ねられる。同旨：E. A. Kramer, Der Irrtum beim Vertragsschluss: Eine weltweit rechtsvergleichende Bestandsaufnahme, 1998, Rn. 3.

(51) Ghestin（注13），n. 513における中間見出し参照：「1110条は，契約正義の手段である。」

[I] 2 比較法における価値を高める性質に関する売主の錯誤

をモデルにした衡平コントロールに対する法定の価値決定と直ちには調和させられ得ない[53]。ド民119条2項が価値形成的要素に関する錯誤に関する一方では，ド民138条2項がもっぱらその性質において認識される反対給付の評価錯誤を問題とするというように調和が達成されるとすれば，給付と反対給付の均衡は常に契約締結時に関わるが故に，我々の問題にとってはあまり得るものはないであろう[54]。後で述べられる価値を明らかにする事情は，顧慮されないままである。

(dd) 法 倫 理

法倫理的には錯誤論の制限は，後で発見された場合，フルーメによって述べられた「危険は所有者に帰する」という箴言に基づきうるだけではない。それは近代のオーストリア経済学に基づいても正当化されうる。特に国民経済学のオーストリア学派の指導者であるイスラエル・キルズナーは，その論文の中で，経済的かつ倫理的な礎石に基づく野心的な市場の正当さの理論を展開した。彼はその中で後での発見を発見者－占有者－倫理の意味で，以前の所有者が決して持っていなかった新たに発生した価値と正当化した[55]。売買目的物の価値を高める性質の発見は，このようにして今やその発見者に，キルズナーの言葉によれば機転のきく事業者に帰属する，従来は持ち主のわからない要素の発見として観察されうる。

(ee) 法 史

この場合考慮された錯誤取消の抑制は歴史的に生成した性質錯誤の伝統

---

(52) それにつき，Motive zu dem Entwurfe eines Bürgerl. Gesetzbuches f. das Deutsche Reich, 1888, Bd. 2, S. 322.

(53) この方向の疑問としてすでに，O. Lenel, Der Irrtum über wesentliche Eigenschaften, AcP 123 (1925), S. 161 (192)：「明らかに公衆は事物のこの事態を知っており，そのことから，裁判所が売主の取消の試みに煩わされないことが説明される。ほとんどの近代の立法がしているように，立法が莫大損害による取消を放棄したときに，それが性質錯誤による取消という回り道によってそれを再び許容しようとするというのであれば，極めて首尾一貫しないことになろう。それは特にドイツの立法にとってあてはまる。」ド民138条2項への回帰につき，Honsell (注36), S. 101 (119).

(54) すでに Ch. F. v. Glück, Ausführliche Erläuterung der Pandecten, Bd. 17 (1815), para. 1058, S. 56f. それによれば，契約に際して常に行為の最初を見るべきであり，後発的な展開は偶然的なものである。

(55) 詳しくは，I. M. Kirzner, Unternehmer und Marktdynamik, 1988, S. 238f.; ders., The Meaning of Market Process: Essays in the Development of Modern Austrian Economics, 1992, p. 221f.

と調和するのであろうか(56)？　これを専門的に判断することは他の者に委ねられなければならない(57)。そうはいっても様々な箇所で，例えばラインハルト・ツィンマーマンの「債務法」の中で，古典期の法律家が材料の錯誤をもっぱら不十分な担保責任の背景のもとに議論しており，そのため売主の錯誤が完全にその視野の外にあったという指摘が見出される(58)。さらにジャン・ディルク・ハルケの近時の論考は，トマジウスの自然法論を引用して，売主が誤った観念の危険に対して約定により安全を確保していない場合は，ド民119条2項の枠内でも売主の取消権を否定する(59)。サヴィニーがこの伝統的な観点を変容し，錯誤取消の道を売主の誤った観念についても開いたことは許容されうる(60)。しかし，その中心的議論は，歴史的なものではなく，体系的-評価的なものである。買主が売買目的物の性質に関する彼に不利な誤った観念の場合にそれに拘束されないがゆえに，逆の事例では売主もまた錯誤に固執すべきでない(61)。

(56) 現代の民法理論の古典期の法源との独立性を Ch. Krampe, JuS 2005, S. 773 (779) は強調する：「性質錯誤に関するヨーロッパ民法典の規定は，その近代の解釈における性質錯誤に関するローマの法源に基づいている。ローマの法律家がある物を別の物として売却したとみられるという問題をどのように扱ったかは，彼らによって議論された個々の事例の解釈によってのみ明らかにされうる。現代の民法学は，それとは関係がない。」

(57) J. D. Harke, Si error aliquis intervenit—Irrtum im klassischen röm. Vertragsrecht, 2005 およびそれより後の時期を扱う，M. J. Schermeier, Die Bestimmung des wesentlichen Irrtums von den Glossatoren bis zum BGB, 2000 という2つの新しい教授資格取得論文が包括的である。

(58) R. Zimmermann, The Law of Obligations: Roman Foundations of the Civilian Tradition, 1990, p. 594：「私は，ローマの法律家が性質錯誤をもっぱら，保証違反に対する救済の支配的体系の不十分さという観点からのみ考慮し，その理論が，類型的に決疑論的なやり方で，買主の保護における不満足なギャップを満たすために展開したという広く支持された見解に与する。」さらに，R. Feenstra, The Dutch Kantharos Case and the History of Error in Substantia, Tulane Law Review 48 (1974), p. 846 (854); A. Bechmann, Der Kauf nach gemeinem Recht, Teil 1, Geschichte des Kaufs im röm. Recht, 1876, para. 904, S. 652.

(59) J. D. Harke, Irrtum über wesentliche Eigenschaften: Dogmatische und dogmengeschichtliche Untersuchung, 2003, SS. 32f., 89f. それにつき K. Luig, ZEuP 2005, S. 508 の批評および M. J. Schermaier, ZSS (GA) 122 (2005), S. 458 参照。J. D. Harke, a. a. O., S. 138 は，連邦最高裁のライブル／デュヴェネック事件判決を誤りとする。「売主は，売買目的物の実際の状況を確認し，または錯誤の危険に対して契約上保証しなければならない。」

(60) F. C. v. Savigny, System des heutigen röm. Rechts, Bd. Ⅲ, 1840, para. 137, S. 298.

(61) v. Savigny（注60), para. 137, S. 298：「逆に売主が実際は金の容器を金メッキだとし,

[Ⅰ] 2 比較法における価値を高める性質に関する売主の錯誤

(ff) 法 体 系

体系的にはサヴィニーによりもたらされた対称主義的な議論が今日では一般にその精神的な緊張を失った。現行法上はむしろ法的救済における非対称主義の刻印が示される[62]。売主の取消権についてはド民121条2項によれば，10年の除斥期間が適用されるが，買主の担保請求権はド民438条1項3号により通常2年である。この不均衡は，他の方向でもみられる。買主が売買目的物が後で検討する結果価値が高いことがわかると考えていた場合は，彼は自ら誤った予測の危険を負担しなければならない。彼は錯誤取消をすることはできない[63]。それに対して，売主の鋭い嗅覚が正しいとすれば，彼は，売買目的物を取消権の行使により再び取り戻しうる。もっといえば，通説によれば，契約締結後10年の期間内に発見された価値の増加は売主に帰属する。それは契約法における一方的という点で類のない危険分担である。最後に売主の取消権によっても，売買の連鎖の場合は通説の衡平思考[64]と全く矛盾する偶然の帰結に導くことが排除されえない。特別に観察に値するのは，何度も譲渡された絵画が何十年も後になってフラゴナールによる価値ある作品であることがわかった，1992年のフランス破棄院の判決である。フ民1110条の性質錯誤に依拠した中間取得者に対する当初の所有者と売主の無効訴権は，時効にかかったとして棄却されたが，最終取得者に対する中間取得者の訴えは，許容された[65]。その論拠は，中間取得者は，彼がみずから

　　　この錯誤に陥ったまま売却したときは，同じ条章の中で買主保護のために適用された同じルールによれば，売主もまた契約が締結されていないとみることができる。買主もまた同じ錯誤に陥っているかどうかは問題とはならない。」
(62) 同様にそれにつき批判的なものとして，H. Honsell, Das Anfechtungsrecht des Verkäufers bei einem Irrtum über die Urheberschaft eines Gemäldes, JZ 1989, S. 44（美しさの欠缺）．美術品の売買における買主と売主の危険の同様な形態を支持するものとして，さらにSiehr（注30），S. 253：「この場合もまた債権者の同様な条件が存在する。」同旨：Krampe, JuS 2005, S. 773 (778); Schack（注20），Rn. 419.
(63) L. Enneccerus/H. C. Nipperdey, Allg. Teil des Bürg. Rechts, 15. Aufl., 1960, para. 168, S. 1043; Larenz/Wolf（注10），para. 36 Rn. 53; Palandt/Heinrichs（注10），para. 119 BGB Rn. 9. 絵画売買における錯誤に関して同旨：J. Kohler, Über den Willen im Privatrecht, JJ 28 (1889), S. 166 (256f.).
(64) 注49〜51参照。
(65) Cass. Civ. 1er, 25. 5. 1992, Bull. Civ. Ⅰ, no. 165.［フラゴナール事件については，山岡・前掲論文神戸法学雑誌51巻3号84-85頁，同「フランス債権法改正準備草案における錯誤及び詐欺の検討」川角他編・ヨーロッパ私法の展開と課題（日本評論社，2008年）464頁参照。フラゴナール事件は，1987年破棄院判決 (Cass.civ. 1er, 24 mars 1987, Bull. civ. Ⅰ, no 105) と1992年破棄院判決がある。事案：その絵画をもとの所

価値以下の値段で取得し，その価値増加につきみずからはなんら寄与をしていない絵画の価値増加の利益の恩恵に服するという注目に値するものであった[66]。

それとは無関係にサヴィニーの対称主義は，さらなる攻撃にさらされている[67]。1つは，売主は，彼がそれを保有していたがゆえに，譲渡の前に売買目的物の性質を知りうる状況にあった。他方において売主と買主の不平等取扱は，その論拠を経済学的にも心理学的にも理由づけられうる取引観察による逸失利益と被った損失との評価の違いに求められる。経済的には限界効用の逓減に関するゴッセンの法則によれば，瑕疵ある売買目的物の取得の場合売主の逸失利益が，買主の被った財産損害よりも少ない効用の減少に導くことが認められている。心理学的な行為の探究からの経験的な証拠も，寄付効果と呼び習わされているこの違いを確証する[68]。

(gg) 法理論

法理論的には売主の取消の制限は，時折意識ある不知の考えにより正当化される。彼により売買に提供された物を，彼が積極的相違の可能性を計算に入れうるにもかかわらず，予め注意深く吟味することを怠ったときは，後で錯誤取消を援用することはできない。彼はその不注意により誤った評価の危

有者は1933年に競売で取得したが，その後Xがその絵画を取得した。もとの所有者もXもそれがフラゴナールの真筆と知らなかった。XはYに転売したが，Yのもとで真筆であることが確認され，Yはそれを買値の100倍以上の値段でルーブル美術館に転売した。1987年判決は，売買契約時にXもYも真筆であることを確認していなかったから，錯誤は存しない（作品の真正性に対する危険がそれぞれに引き受けられた場合は，その危険は各当事者の契約領域にある）として，控訴院に差し戻した。しかし1992年判決は，Xの錯誤を肯定し，Yがルーブル美術館に転売したため目的物の返還は請求しえないとしたが，売却額と転売額との差額を買主の鑑定費用を控除したうえで，不当利得として返還請求しうるとした］。

(66) Fabre-Magnan（注15），n°. 205 は，これに強く反対する：「全く恣意的で，倫理的に不当かつ経済的に愚かである。」
(67) 経済的視点から対称性の理論に反対し，また様々な理由に基づき両事例の異なった扱いを支持するもの：S. Shavell, Acquisition and Disclosure of Information Prior to Sale, Rand Journal of Economics 25 (1994), p. 20; F. Parisi, European Journal of Law and Economics 1 (1994), p. 213.
(68) D. Kahnemann/J. L. Knetsch/R. H. Thaler, The endowment effect, loss aversion, and status quo bias, Journal of Economic Perspectives 5 (1991), p. 193; Id., Experimental tests of the endowment effect and the Coase theorem, Journal of Political Economy 98 (1990), p. 1325.

[I] 2 比較法における価値を高める性質に関する売主の錯誤

険を甘受しなければならない。売主が価値の低い古書と考えていたものを売りに出したが，それが後で価値の高い初版本であることがわかったというフルーメにより挙げられた事例がそうである[69]。それとよく似た事例は，蚤の市でひと束のノートが売却されたが，その中にモーツァルトの楽譜があったという事例である[70]。

　この考えは，もちろん売主の予めの検査が困難な場合は説明の限界を有する。しかし，かような場合でも私は売主の取消権を否定したい。私見によれば，これは具体的な認識可能性を考慮することなしに，売主の抽象的な認識および担保可能性と結びついた一般的な危険負担原則により理由づけられる[71]。数多くの契約ではまず，後でわかった場合に契約が売主にとって不利益な，解明されていない事情がある。この中にすべての交換契約に内在し，アングロサクソンの理論の中に特別に注意深く作られた，偶然に左右される要素がある。取引に関与する者は，イギリス法についてギュンター・トライテルによれば，なされた給付が後で反対給付よりも高い価値を有する危険を甘受する[72]。同じことをアメリカ法についてサミュエル・ウィリストンはその契約法論の中で言っている[73]。若干緩和された形であるが同じことをPECL 4 : 103条 2 項は言っている：「錯誤の危険が彼によって引き受けられ，

---

[69] W. Flume, Eigenschaftsirrtum und Kauf, 1948, S. 91f.
[70] 注36参照。
[71] 売主の取消権は，レーネルにより完全に拒否されている：O. Lenel, AcP 123（1925），S. 161（191f.）：「私は，譲渡人に性質錯誤による取消権が全く与えられないという考えである。彼の状況は，買主の状況とは全く異なったものである。錯誤により前提された性質の欠落は，買主にとって売買契約全部の目的を喪失させうる。売主にとっては，常に彼が売却された物のために錯誤により彼がさもなければ請求したであろうよりも少ない代価を得たことのみが問題になる。いかなる区別をなすべきなのか，売主は，売買目的物が作られている材料について誤信し，実際よりも少ない請求をしたのか。絵画の作者について誤信し，そのために実際よりも少ない請求をしたのか。それともそれらの美術的価値についてのみ誤信し，実際よりも少ない請求をしたのか。売却された土地の中に売主の知らなかった財宝があるのか。それとも彼が，それがその価値を10倍も高める予定された鉄道線路に近いことを知らなかったのか。」
[72] G. H. Treitel, An Outline of the Law of Contracts, 5. ed., 1995, p. 160f.：「一般的なルールは，積極的な誤表示がない場合に，各当事者が，目的物が彼が想像したよりも価値が高いものであることがわかり，または価値が低いものであることがわかるかもしれないという議論によってのみ正当化される。」
[73] S. Williston, A Treatise on the Law of Contracts, Bd. XII, 3. Aufl., 1970, para. 148, p. 326：「かような決定は，それが市場およびかような利益を獲得するという買主と売主の一般的利益であるという議論によってのみ守られうる。」

または事情に従って彼により負担されるべき場合は，当事者は契約を取り消し得ない。」PICC 3.5条（2010年版3.2.2条）2項も同趣旨を定式化し，プサン事例と同じケースで錯誤取消の制限を説明している[74]。

双方錯誤の事例をド民119条2項の一般的な説明によってではなく，行為基礎論の事例として処理する場合には，危険負担の考えはもっと楽に理由づけられうる[75]。ド民313条1項は，明示的に契約適合または契約解消に個々的に対峙する約定または法定の危険分担を指示する。

(hh) 判　　例

結論としてここで肯定された性質錯誤の制限は，先例上の基礎がなければドイツの判例にはならないことが指摘されるべきである。大審院は，それにすでに1912年のあまり注目されない判例の中で従った[76]。1899年11月にハルバーシュタットの粘土抗の中で骨が発見された。それは後でプロシオザウルスの骨であることが明らかになった。粘土抗の所有者はそれを宮廷薬剤師に引き渡し，彼は町の自然科学協会とともに骨の組み立てを行った。骨格は町の博物館に展示された。それを日曜日に粘土抗の所有者がみたとき，彼は薬剤師への贈与を取り消した。大審院は，物の評価のために標準となる事情はその性質ではないと簡潔に説明した[77]。錯誤により価値がないとみなされた素材の学問的評価が問題になるという原告の更なる主張について，同院は，訴訟上の理由で立場を明らかにしなかったが，その判決理由によれば，骨の価値を自らはほとんど知らなかったという原告の立場に対しては明確な不快感を述べている[78]。長年研究している者は，前記の絵画の事例のまさ

---

(74) PICC（2004），注釈，事例2．［曽野他訳・前掲書73頁］。
(75) ライプル／デュヴェネック事件を例にとって，H. Rösler, Grundfälle zur Störung der Geschäftsgrundlage, JuS 2005, S. 120 (122f.). 教科書的記述として，R. Bork, Allg. Teil des Bürg. Gesetzbuchs, 2001, Rn. 44; Larenz/Wolf（注10），para. 38 Rn. 5. それに対してド民119条2項の適用を支持するもの：D. Medicus, Bürg. Recht, 20. Aufl., 2004, Rn. 162; H. Hübner, Allg. Teil des BGB, 2. Aufl., 1996, Rn. 806f. 債務法現代化法草案に関する連邦政府の理由書によれば（C. W. Canaris, Schuldrechtsmodernisierung 2002, S. 746），ド民313条2項は共通的動機錯誤の事例を包含する。
(76) RG JW 1912, S. 525.
(77) RG JW 1912, S. 525.
(78) それにつき，T. Mayer-Maly, Bemerkungen zum Irrtum über den Wert, Festschr. f. M. M. Pedrazzini, 1990, S. 343 (346):「彼は，その判決を，反対給付なしにある物を与える者は，客体が，考えていたよりも価値が高いことを計算に入れなければならないというコメントによって認める。」

Ⅰ 2 比較法における価値を高める性質に関する売主の錯誤

に正反対のものすら見出す。ミュンヘン高等裁判所は，ルーカス・クラナッハの箱書のある老人の絵画の真贋が問題になった1909年の判決で，以下の傍論を述べた。「商人が他の商人のもとで高い価値のある物を見つけて，この事情を黙って買い，その翌日にもっと多額で転売して支払を受けるのは，芸術作品および骨董品取引では日常的である。その中に誰も不当なものを見出さない。そして売主がどこでもド民119条または138条を援用しうることを誰も聞いたことはないであろう(79)。」

Ⅲ 価値を高める性質に関する一方の錯誤

1 事　例

価値を高める性質に関する一方の錯誤の事例は，知的にあまり繊細なものではなく，古いヨーロッパの世界から合衆国の世界に我々を導く。

(a) カリフォルニア高等裁判所（1924）（石油の発見）(80)

第四の事例は，買主が推測し，売主が考慮していなかったような石油の産出が見込まれる土地の売買に関する。売主は，一方の錯誤を理由として契約の解消を求めた。

(b) 連邦高等裁判所（1968）（銅および亜鉛の鉱床）(81)

資本市場法での熱狂が心配された第五の事例では，石油採掘会社が探究作業のためにカナダ東部で1万5,000平方マイル以上の広さの高価な航空写真を作成し，その際に豊富な銅と亜鉛の鉱床を発見した。引き続き同会社は，所有者にそのことを告げないで当該土地を取得した。この場合もまた錯誤取消の許容性の議論が生じる。

---

(79) OLG München, SeuffA 65 (1910), Nr. 90, S. 181.
(80) Tetenman v. Epstein, 66 Cal. App. 745=226 P. 966 (Cal. App. 1924).
(81) SEC v. Texas Gulf Sulphur Co., 401 F. 2d 833 (2d Cir. 1968), cert.denied 394 U.S. 976 (1969).

ホルガー・フライシャー

2 錯誤による取消権に関する法状態

(a) 契約前の情報提供義務との結びつき

　この国際的に広く議論された事例の解決はまず，錯誤構成要件と情報提供構成要件との比較を要求する。すなわちそれらの場合錯誤取消と並んで不作為による詐欺に基づく取消または契約締結上の過失の観点のもとでの契約の解消が問題になる[82]。これらの法的構成の体系的な位置づけと価値に適った調整は，私の印象では1992年のオランダ民法典で最もよく成功している。同法6：218条(b)によれば，相手方が，彼が知りまたは知りうべきことを考慮してその錯誤について説明する義務を負う場合に，当事者の一方は錯誤により契約を取り消しうる。PICC 3.5条（2010年版3.2.2条）1項(a)[83]および PECL 4：103条1項(a)[84]も同様に定式化している[84]。

　これらの規定は，我々を広い範囲を有する契約締結前の情報提供義務に導くが，私はここではわずかな注で触れるにすぎない[85]。オランダのホーゲ・ラートは，カントロス判決についてその時代にコップの取得者は，彼がその真正な由来を知っていたとすれば，多分その契約相手方に説明する義務を負ったであろうことを示唆した[86]。それと一致してオランダの学説は，今日一方の錯誤の場合に概ね売主の取消権を肯定する[87]。イギリスおよびアメリカの判例は厳密に反対の立場をとっている。カリフォルニア高等裁判所は，第四事例で以下の理由で錯誤取消を否定した。「それを売却する者の財産の真の価値に関する単なる不知が……取引を無効にする原因だとすれば，その価値が権限についての争いを解決する訴訟により決定されるまで取引は終わらない[88]」。この法的安定性への努力が特別に土地の権利において重要であることをアラン・ファーンズワースは，彼の契約法教科書の新版の中で

---

(82) このしばしば看過される評価関係につき，Fleischer（注7），S. 378f.
(83) 本書234-235頁参照。
(84) 本書233頁参照。
(85) 詳しくは，Kötz（注2），S. 302f. 私の立場を支持する者：Fleischer（注7），S. 281f.; Honsell（注36），S. 101.
(86) Nederlandse Juresprudentie 1960, S. 59. さらに，Sefton-Green（注7），SS. 112, 113 [M. Hesselink].
(87) 詳しくは，Hesselink（注86），S. 150, 151f.
(88) Tetenman v. Epstein, 66 Cal. App. 745, 751=226 P. 966, 969（Cal. App. 1924）.

Ⅰ 2 比較法における価値を高める性質に関する売主の錯誤

明示的に述べている[89]。それとは無関係に，核心において買主注意せよ原則を信奉する法秩序が，錯誤に陥った売主に，売主注意せよ原則を強いることが明らかである。

同様のドイツの土地事例はこれまで知られていなかった。レオ・ラーペは，1949年のAcP（民事実務雑誌）の論文でド民119条2項の売主の取消を否定した。「土地の内部にはなんでもありである。それを売却する者は，気付かない宝を放棄する危険を負う。彼がそうしたくなければそれを調査しうる[90]。」同様なことを述べているものとして，1925年の古いAcP中の論文がある[91]。1986年のミカエル・アダムスの新しいAcPの論文は，一方の情報の突出が費用をかけた調査の結果であり，または専門家としての知識の形成に基づくときは，性質錯誤による取消に反対した[92]。それに対して，明の花瓶およびライプル・デュヴェネック事件の大審院（最高裁）判決を出発点とする場合には，ドイツでは裁判所が土地の事例でも不注意な売主の味方をすることを多数説は支持する。私はこれは不適切だと思う。後で真価がわかった場合と同様に，私は当初から知識がある場合にも，契約客体の隠された性質に関する誤った観念の場合売主の錯誤取消を否定したい。

(b) 事務管理に基づく買主の出費賠償請求権による解決？

売主一方の錯誤の事例は，更なる問題を提供する。情報の提供を受けた買主に調査の努力の補償を可能にし，売主に利益の分与を許容する中間的な解決は見出し得ないであろうか？ 中間的解決[93]の障害は，経済財の体系にお

---

[89] A. Farnsworth, Contracts, 4. ed., 2004, para. 9. 3, S. 612：「しかし，土地所有者が，買主にこの危険を移転させるよりも，鉱物の存在に関する錯誤の危険を負担させる方が合理的であると考えられる。不動産取引の結果性を好む観点からは特にそうである。」
[90] L. Raape, Sachmängelhaftung und Irrtum beim Kauf, AcP 150 (1949), SS. 481, 505.
[91] O. Lenel, AcP 123 (1925), SS. 161, 192.
[92] M. Adams, Irrtümer und Offenbarungspflichten im Vertragsrecht, AcP 186 (1986), SS. 453, 471.; D. Leenen, Die Funktionsbedingungen von Verkehrssystemen in der Dogmatik des Privatrechts, O. Behrends/M. Diesselhorst/R. Dreier (Hrsg.), Rechtsdogmatik und praktische Vernunft, 1990, SS. 108, 118.
[93] 制限的なもの：Ch. T. Wonnel, The Structure of a General Theory of Disclosure, Case Western Reserve Law Review 41 (1986), pp. 329, 342：「それを発散させることなしに情報を売ることはむずかしい。」楽天的なもの：E. W. Kitch, Law and Economics of Rights in Valuable Information, Journal of Legal Studies 9 (1980), pp. 683, 707：「その問題には契約上の解決がある。契約当事者は，開示されるべき，かつ

ける情報の特別の地位にある。ケネス・アローは，1962年に初めて情報の価値の調査に際して時折価値の矛盾が生じることを指摘した[94]。それによれば，それが知られている場合に初めて，提供された情報が経済的に価値あるものとなる。しかしそれが一度知られれば，その取得のために反対給付をなす動機はもはや存しない[95]。従って，民法についてはこの情報に関するディレンマ[96]が法定の補償請求権により克服されうるかどうかが問題になる。

　フランスでは破棄院は，ハイン・ケッツも指摘する[97]フラゴナール判決で，不当利得に基づいて買主の出費賠償請求権を許容した[98]。パリの事実審は，別の絵画の事例で付加的に，原告に錯誤取消を許容するが，被告には相当にその努力により獲得された価値の増加分に浴させた[99]。その理論は，事実に適った結果を求める裁判所の努力を評価するが，法的構成が耐えられるものであるかどうかをおおむね疑問とし[100]，またはその代りに事務管理に基づく請求権を用いる[101]。ドイツでは連邦最高裁がかような逃げ道を2000

　　　取引がなされない場合に，何がそれとともになされるべきか，またなされるべきでないかを指定する契約を締結しうる。」
(94)　K. Arrow, Economic Welfare and the Allocation of Resources for Invention, National Bureau of Economic Research (ed.), The Rate and Direction of Inventive Activity: Economic and Social Factors, 1962, p. 609 (K. Arrow, Essays in the Theory of Risk-Bearing, 1970, p. 144).
(95)　Arrow (注94), p. 609, 615：「第二に，情報提供に対する要求の決定には基本的な矛盾がある。買主にとってのその価値は，情報を受けるまで知られないが，その場合彼は結果的に費用なしでそれを取得したのである。」第二次的な文献として，E. Mackaay, Economics of Information, 1982, p. 114; O. E. Williamson, Die ökonomischen Institutionen des Kapitalismus, 1990, p. 10.
(96)　O. Keck, The Information Dilemma, Journal of Conflict Resolution 31 (1987), p. 139; Birmingham, The Duty to Disclose and the Prisoner's Dilemma, William and Mary Law Review 29 (1990), p. 249.
(97)　Kötz (注2), S. 275.
(98)　Cass. Civ. 1re, 25. 5. 1992, Bull. civ. Nr. 165=D. 1993 Som. 235 (トゥルナフォンの評釈つき) = Contrats—Concurrence—Consommation 1992 Nr. 174 (ルヴネールの評釈つき) = Rép. Defrénois 1993, p. 311 (オーベールの評釈つき).
(99)　T. G. I. Paris, 6. 3. 1985 (非公表。Ghestin (注13), n°. 641 により引用されている).
(100)　批判的なもの：S. Crevel, Gaz. Pal. 2004, p. 1050 (1051); Malaurie/Aynès (注12), n°. 641.
(101)　この方向で，Ghestin (注13), n°. 641; J.-L. Aubert, Rép. Défrenois 1993, p. 311; Flour/Aubert/Savaux (注12), n°. 109：「その解決は是認されうるが，それは事務管理によりよく基礎づけられるであろう。」

Ⅰ 2　比較法における価値を高める性質に関する売主の錯誤

年の相続人捜索者判決で遮った。判決要旨によれば「営業上相続人捜索者として未知の相続人を探究する者は，報酬合意をしていないときは，事務管理に基づいても，不当利得に基づいても報酬請求権をこの者に対して有さない[102]。」判決理由によれば，「契約締結の周辺での若干の費用の支出は，それが合意されない限り，私法の規定により補償されない。各当事者は契約商議の挫折の危険を負担する。この契約法秩序の構造の中で設定され，かつ最終的に私的自治に帰着する危険の分担は，事務管理に基づく費用賠償請求権の許容によりかいくぐられることになろう。……上記の理由で私的自治は，原則として問われないまま放置された，排他的権利（例えば特許権）により保護されていない情報の報酬義務もまた知らない[103]。」

3　売主の補充的法的手段

錯誤取消は上記の土地事例で明らかに売主の唯一観念しうる法的手段を形成していない。むしろ以下のことが考えられる。

(a)　半額を超える価値の縮減および損害

オーストリア民法典 934 条[103a]やフランス民法典 1674 条[103b]のような異なった法秩序は，売主にいわば不動の貯えとして半額を超える価値の縮減または損害に基づく契約の解消を請求する権利を許容する。これらの規定は，我々に同時に，特にジェームズ・ゴードリーが様々な文献で論じたような[105]性質錯誤，価値錯誤および莫大損害の間の密接な事実関係を想起させる[104]。オーストリア法についてはペーター・ビドリンスキーがオ民 935 条[104a]の

---

(102) BGH NJW 2000, S. 72.
(103) BGH NJW 2000, S. 72（73）.
(103a) ［オ民 934 条「双務的行為において一当事者が相手方から相手方に与えたものの意図された価値の半分も取得していないときは，法は損失を受けた側に取消ともとの状態の回復を求める権利を許容する。しかし，相手方には意図された価額まで損失を塡補することによりその行為の効力を維持する権利が優先的に帰属する。価値の誤解は行為締結時が基準となる。」］
(103b) ［フ民 1674 条「売主が不動産の価額の 12 分の 6 以上について損失を受けたときは，彼は，契約においてこの解除を要求する権利を明示的に放棄し，また地価の増額分の給付を宣明していたとしても，売買の解除を請求する権利を有する。」］
(104) すでに O. Lenel, AcP 123 (1925), SS. 161, 195.
(104a) ［オ民 935 条「934 条の適用は契約によって排除されえない。しかし，ある者がその物を常軌を逸した価値についての特別の愛好から引き受けることを表明し，彼に本

取消が価値の減縮した物の錯誤を前提とし、そのために意思欠缺法と調和することを指摘した[106]。ドイツの法適用者にとってはこの逃げ道は（否定的）判決により当面は妨げられた[107]。

(b) 非良心性と暴利

時折錯誤に陥った売主には苦境に対する契約法上の保護規定もまた役に立ちうる。かような保護手段を例えば、その核心が1888年のフライ対レイン事件において以下のように説明されている、イギリスの非良心的取引の理論が与える[108]。「取引が貧しく、無知な者によってかなりの程度価値以下でなされたときは、売主に独立した助言が与えられなかった場合には、衡平法裁判所は取引を無効にしうる[109]。」ドイツでは例外的な事例においてのみド民138条2項の暴利構成要件が適用される。同条は、給付と反対給付の著しい不均衡と並んでなお緊急事態へのつけ込み、無経験、判決財産の欠缺または契約当事者の著しい意思薄弱を前提する。

4 埋蔵物発見の類推？

最後の思考上の回り道は我々を、フ民716条、イ民932条およびド民984条に規定され、ハドリアヌスの分割[110]に従って所有者と発見者に分割する

　　来の価値が知られていたとしても、それにもかかわらず、均衡のとれない価値について理解があり、さらには人間的な関係から彼らが有償及び無償の混合契約を締結しようとしたことが推定されえ、本来の価値がもはや高められえず、最後にその物が裁判所により競売された場合は、934条は適用されえない。」」

(105) J. Gordley, Equality in Exchange, California Law Review 69 (1981), p. 1587. モノグラフィー：Id., Philosophical Origins of Modern Contract Doctrine, 1991.
(106) P. Bydlinski, Über listiges Verschweigen beim Vertragsschluss, JBl. 1983, S. 410 (412).
(107) それにつき Honsell（注36), S. 101, 119：「おそらく莫大損害の廃止は早急にすぎた。これらの事例に関する最後の言葉は述べられていない。」
(108) それを指摘するもの：Sefton-Green（注7), p. 134 (135) [J. Cartwright].
(109) (1888) 40 Ch. D. 312, 322.
(110) Inst. 2. 1. 39：「神皇ハドリアヌスは、ある者がその土地でみつけた財宝を自然の正義に従って、それを発見した者に帰属させた。そして彼は、ある者が神聖なまたは宗教的な場所で財宝をみつけた場合にも同様に決した。それに対して、彼がそれを他人の土地で発見したが、それを探したのではなく、偶然に発見した場合は、皇帝は、その半分を土地所有者に帰させた。それに一致して、皇帝の土地で発見された財宝の半分は発見者に帰属し、残りの半分が皇帝に帰属すると彼は決した。それに一致して、ある者が公有地または国有地で財宝を発見したときは、その半分がその者自身に、残

[I] 2 比較法における価値を高める性質に関する売主の錯誤

埋蔵物発見法に導く[111]。我々の関係においてはそれから売主の取消の制限についての考慮すべき評価の議論が引き出されうる[112]。どうして宝の発見者にその半分が帰属するのか，しかし，第五の事例のように当該土地を有利に取得した油田の発見者が，売主による解除の後はその財を失うのかは，直ちには明らかではない。若干の者にとっては，それを超えて公平の観念のもとで，土地の埋蔵物および絵画の事例の解決を埋蔵物法を類推して解決することは魅惑的ですらあるかもしれないが[113]，この場合法律学においてはしばしばそうであるように議論の上の想像力と方法論上の規律との間の二極分解に遭遇する[114]。結局土地の宝および埋蔵物の扱いに関する法倫理的な判断もまた２つに分かれる[115]。若干の者は，錯誤または詐欺の解消権の拒絶の中に市場思考の過度の強調をみるかもしれない。他の者は，ハドリアヌスの模範に従った中間的な解決をくだらない判決と評価し[116]，または神の手

りの半分が自治体または国庫に帰属する。」
(111) ユスティニアヌスの法学提要における財宝の発見につき，例えば，T. Mayer-Maly, Der Schatzfund in Justinians Institutionen, P. G. Stein/A. D. E. Lewis (Hrsg.), Studies in Justinian's Institutions in memory of J. A. C. Thomas, 1983, S. 109; R. Knütel, Von schwimmenden Inseln, wandernden Bäumen, flüchtenden Tieren und verborgenen Schätzen: Zu den Grundlagen einzelner Tatbestände originären Eigentumserwerbs, R. Zimmermann/R. Knütel/J. P. Meincke (Hrsg.), Rechtsgeschichte und Privatrechtsdogmatik, 1999, S. 549 (570f.).
(112) それにつきすでに Fleischer（注7）, S. 380f. 考量的なもの：Sefton-Green（注7）, p. 139 (141) [M. J. Schermaier]. フランスの視点から Carbonnier（注14）, n°. 50; Fabre-Magnan（注15）, n°s. 199-202; Capitant/Terré/Lequette（注3）, p. 368.
(113) フランス法につき, S. Crevel, Gaz. Pal. 2004, p. 1050 (1053)：「厳密には注釈者は，必要な変更を加えたうえで絵画の取得者の状況と埋蔵物の発見者の状況を関連付ける傾向がある。埋蔵物の性質を地中で発見された単なる価値物とするようにみえるフランス民法716条の文言は，この類推を思いとどまるべきではない。判例も学説も，他の物の中の隠れた動産にそれを認めることをいとわない。そして自由な解釈によって，取るに足らない絵画を買い，それが巨匠の作品であることを発見した者が，宝物を発見した者と同じ権利を有するものと扱われることをもはや誰も怒らない。」イタリア法につき，Sefton-Green（注7）p. 147 (150) [A. Musy].
(114) 同様な評価：Schermaier（注112）, S. 139 (141)：「しかし，ドイツ民法典に含まれている工夫は，かような解決を包含しない。財宝の発見からの類推は，ドイツの水準からは大胆である。」
(115) ホンゼルの解説参照：Honsell（注36）, S. 101 (119)：「価値を高める事情を知らない場合に売主を保護すべきかどうかは，もちろん評価の問題である。市場での自己責任の原則を維持する者は，それを拒絶するであろう。法の強度の保護機能を重視する者は，その問題をおそらく肯定するであろう。」
(116) D. Nörr, Ethik von Jurisprudenz in Sachen Schatzfund, Bullettino dell'Istituto di diritto romano 75 (1972), p. 11 参照。彼は，ティアナのアポロニウスが理想的な哲

段による個々の事例の解決を期待する[117]。ここで主張されている解決が粗野だと思っている者は，マタイ福音書の中の天国と畑の中の宝の同視を読み直すのがいいのかもしれない。「天国は畑の中に埋まっている宝と同様である。ある者がそれを発見したが，ふたたびそれを埋め戻した。そして彼はその持ち物すべてを喜んで売却した。そしてその畑を購入した[118]。」

　人王であるインドのプラオテース王のところに旅に出かけて到着したことについてのフィオストラートゥスの報告を再現する。以下の事例の決定についての悩ましい疑問を参照：ある土地が売却され，買主が間もなくそこで財宝を発見した。売主と買主がその財宝をめぐって争いになった。売主は，財宝を知っていたら決してその土地を売却しなかったであろうと主張し，買主は，その財宝は彼に属する土地で発見されたと主張した。王の見解によれば，その両方の見解が正しい。しかし，彼が両者に財宝を分割させるとすれば，愚かなことのようにみえる。なぜならば，かような決定は，馬鹿な決定たりうるからである。」

(117) それにつき再度 Nörr（注116），p. 11f. の引用するフィロストラトゥス参照：「アポロニウスは，両当事者が哲学者ではないことを確認する。なぜならば，その場合彼らは金をめぐって争っているのではないからである。さらに王は，神がまず第一に哲学者に関心をもつが，第二に無事平穏な生活を送っている者に関心をもつことを考慮しうる。神は，罪のない者が畑と財宝を失うことを許容しないであろう。それゆえに，王は，当事者の生活の変化を検討すべきである。アポロニウスが推定したことは正当である。譲渡人が土地の神に帰せられるべき犠牲の損失を被ったヒブリステースであり，取得者が宗教上の義務の履行において礼儀正しく，敬虔であることが明らかである。彼に財宝がいわば神からの贈り物として帰属したのである。」
(118) Matthäus, SS. 13, 44.

半田吉信

補論1　絵画の売買と錯誤

[半田吉信]

　著名な画家の作品として売買された絵画が実際は贋作であることが判明した場合，欧米諸国では買主の錯誤無効（取消）を認めることが可能である。フランス民法1110条は，錯誤が物の本質（substance）に関わる場合に顧慮されると規定するが，判例は，物の本質的な性質に関わる錯誤もまた顧慮されうるとしており，購入した絵画が真筆でない場合がこれに含まれうることに異論はない。ドイツ民法119条2項は，取引において本質的であるとみられる物の性質の錯誤の場合に当事者に取消権を許容し，またオーストリア民法871条は，主たる対象またはその本質的な性質に関する錯誤の場合に当事者に取消権を付与するが，これらの法制でも真筆として売買された絵画が贋作であった場合に，錯誤者たる買主が保護されうるとされている[1]。英米法では，売主の不実表示として買主が売買の取消をなすことが考えられるほか，買主が基本的な点につき錯誤に陥ったものとして，①売主が買主の錯誤につき予見可能であり，②売主が買主が錯誤に陥ることを惹起し，または③両当事者が共通錯誤に陥っていたことを要件として錯誤による保護を受けうると考えられる。PECL，PICC，DCFRのもとでも同様である。

　もっとも，買主が売買目的物の真贋のリスクを引き受けたという事情があるときはこの限りでない[2]。オランダ民法は，リスクのある取引における錯誤取消の排除を法律上規定している。オランダ民法第3編228条2項によれば，錯誤が契約の性質や取引観念，諸事情により錯誤者の負担となるべき場合には取消権は生じない。英米法，PECL，PICC，DCFRのもとでも，買主が絵画の真贋に関するリスクを引き受けた事情がある場合に，買主の保護を認めない。

　わが国では，絵画の売買では，買主が自己の鑑識眼により特定の画幅を選択してこれを買い受けたところ，それが真筆でなかった場合，作者が真実で

---

(1) ケッツ（潮見他訳）・前掲書342頁［中田］。
(2) ケッツ（潮見他訳）・前掲書348頁［中田］。

[I] 補論1　絵画の売買と錯誤

あることを売買の要件としたのではないから，要素の錯誤にならないとしたものがあるが[3]，贋作の油絵の売買であっても，それが真作であることを意思表示の要素とした場合には，売買契約に要素の錯誤がありうるとされる[4]。ピカソ真筆の余白署名のあるオリジナル版画と信じて版画を購入した場合に錯誤無効を認めた事例もある[5]。また売買両当事者とも20年以上の経験を有する画商であり，売主が売買契約締結の際に本件絵画が真作であることに間違いはないとまでは言っていないが，本件絵画がカタログレゾネに出ているといってコピーの該当箇所を示し，同カタログレゾネには本件絵画の来歴について1971年にオークションで落札されたことが記載され，売主がさらに数年前に日本人がオークションで落札したものだと補足説明したこと，売買契約書に絵画の特定方法としてカタログレゾネのデータと同じ記載がされていること，本件絵画の代金額は3,050万円で，平成10年にロンドンのクリスティーズで落札された真作の絵画の落札価格が約3,700万円であったことなどから，買主の要素の錯誤を認めた事例もある[6]。高森教授は，本件につき主観的前提合意の欠如（事実との不一致）として無効となると主張される[7]。前掲大判大正2年の事例は，売買当事者が贋作であることを前提としないで，買主が自己の鑑識眼に従って買ったときは，買主は自らの才覚により有利な取引をしたと考えたのだから，鑑識の誤りの危険を負担するとして学説上も支持が多い[8]。

　これに対して本書フライヤー論文のテーマになっている著名な画家の手になる絵画であることをよく知らないで安い値段で絵画が売買された場合は，欧米の伝統的な錯誤論によれば，贋作の絵画の売買と同様に本質的性質錯誤の問題となりうるが（フ民1110条，ド民119条2項，オ民871条），この場合の錯誤によって保護される者は買主ではなく，売主である[9]。しかし，この場合に売主が保護されるかどうかは微妙であり，また個々の事件においても第一審，第二審，上告審の判断や学説が分かれている場合が多い。

---

[3]　大判大正2・3・8新聞853号27頁（呉春，応挙書幅売買事件）。
[4]　最判昭和45・3・26民集24巻3号151頁（藤島武二，古賀春江絵画売買事件）。
[5]　名古屋地判平成元・12・21判タ726号188頁。
[6]　東京地判平成14・3・8判時1800号64頁（モロー「ガニメデスの略奪」事件）。
[7]　高森八四郎「錯誤と「前提」理論について」植木哲編・高森八四郎先生古稀記念論文集法律行為論の諸相と展開（2013年）16頁。
[8]　石田喜久夫編・民法総則158頁〔磯村保〕。反対：石田穣・民法総則341頁。
[9]　ケッツ（潮見他訳）・前掲書343頁〔中田〕。

半田吉信

　フランスの事例を挙げれば，1セットの絵画が1枚当たり60フランで売却されたが，その後その1枚にRuysdaelという有名な画家の署名があることが発見された事例で，裁判所は，フ民1110条は制限的な射程を有するにすぎないため，これはフ民1134条[10]の適用事案であり，契約が無効となるか否かは，主張されている錯誤が当事者が合意に必要な要素として検討した点に関わるものであるか否かに帰着すると判示し，当該事案においては当事者として契約は無効とはならないとした[11]。これに対してモーリーは，この判決の結論は不当であるとする[12]。彼によれば，確かにこの事案において絵画の出所につき当事者間では議論されていない。それゆえ，これはフ民1134条にいう合意された内容とはいえない。しかし，現実には当事者が右のような質問を提起しなかったのは，その質問については明白に決着がつけられていたと考えていたからである。契約締結当時当事者にとって絵画の出所という要素は合意することが無益な事実にすぎなかったのだが，現実にはそうではなかった。売主が自らの憶測が不正確であることについて知っていたならば，売主は契約しなかったであろうし，売却しなかったであろう。フ民1110条はフ民1134条に解消されえない独自の領域を持ち，当事者が合意内容の一部としない場合であっても，裁判官が一定範囲に限って当事者間の予見を考慮することを認める趣旨の規定である[13]。本判決は，このような場合の錯誤の根拠規定がフ民1110条ではなく，フ民1134条であるとしているが，それでもなお本事案では，著名な画家の手になる絵画であることが契約内容となっているかどうか，あるいは契約の効力に影響を与えるかどうかにつき議論が残った。

　次のような事例もある。当事者双方ともにその絵画が本物か偽物かわからなかった場合に「フラゴナール作とされている」絵画を売買したときは，後になってその絵画がフラゴナールの作品であると専門家が結論付けたとしても売主は契約の無効を主張することはできない[14]。本事例は，両当事者と

---

(10) フ民1134条「(1)適法に形成された合意は，それを行った者に対しては法律に代わる。」
(11) Saint-Brieuc, 26 fevrier 1908, D. 1909. 2. 223.
(12) J. Maury, Essai sur le role de la notion d'equivalence en droit civil français, thèse Toulouse, 1920, p. 111. 竹中悟人「契約の成立とコーズ」法協127巻2号220頁参照。
(13) J. Maury, op. cit., p. 112. 竹中・前掲論文法協127巻2号221頁参照。
(14) Cass. civ. 24 March 1987, D. 1987. 488.

[I] 補論1　絵画の売買と錯誤

もに売買時には著名な画家の真筆であることを知らなかったが，売主がその事実を確認して効果に売却することができるのにその労を省いた（そのチャンスを自ら逸した）と見ることもできよう（本書52-53頁参照）。

　このような売主がいわば労を惜しんで真筆であることの確認をしなかったために安価で売却した場合は，売主がそのリスクを負担するという考え方は，PECL, PICCではよりはっきりと打ち出されている。PECL, PICCの解説によれば，当事者の一方がリスクを引き受けていると見るべきときは，錯誤を理由に契約を取り消しえない。Aは，相続した家財一式をオークションで売却することを決意した。彼は，各品目の価値をよく知らないことを自ら認識していたが，熟慮の末，事前に価格を評価してもらう手間をかけないことにした。そのオークションでBが一枚の絵画を安い価格で購入した。Bは，それがコンスタブルの作品であることを知っていたが，そのことを指摘しなかった。この場合Aは錯誤を理由に取り消すことはできない[15]。しかし，買主が真筆であることを知っていた場合でも，売主がそのリスクを負担するとしていることは注目に値する。このような解決は，両当事者がともに事業者または非事業者である場合にはあてはまるが，売主が素人で買主が絵画の専門家であるようなときはあてはまらないであろう。

　わが国では，美術品の売買において素人の売主が鑑定，評価を誤信して高価なものを安く専門家に売り渡した場合には，等価性の欠如があるため要素の錯誤が認められうるが，買主の専門的知識（情報）によって埋もれていたものが発見された場合に錯誤無効を認めると買主の専門的知識による利益を無償で売主に与えることになるから，買主が信義則上専門的情報を売主に提供すべき義務を負っているような場合に限って錯誤無効を認めるべきだとする者が多い[16]。しかし，売主が第三者に鑑定を仰ぎ，真筆でないとの鑑定結果を得て，高価な絵画を二束三文で売却した場合は，買主が専門家であるような場合を除き，むしろ鑑定のリスクは自ら引き受けるべきであって，損をした売主は鑑定者に誤った鑑定による損害の賠償を請求するのが筋に適っていると考えられる。また買主が専門的な知識を有しており，それによって

---

[15]　ランドー／ビール編（潮見他訳）・ヨーロッパ契約法原則Ⅰ，Ⅱ 210頁［馬場圭太］，曽野他訳・前掲書73頁。

[16]　四宮和夫・能見善久・民法総則［第8版］230頁，川井健・新版注釈民法(3) 433-434頁，石田喜久夫編・前掲書158頁［磯村保］。

自らその絵画を鑑定して，真作であることを知らない売主から安価に購入した場合は，買主には専門家として真筆であってもっと高価なものであることを売主に伝えるべき信義則上の義務（日民１条２項）があると解すべき場合も多いであろう。買主が高額の鑑定費用を支払って真筆であることを発見したときは（買主が専門家であるというだけでは十分ではない），売主に対する不当利得返還請求権を認めることによって清算すべきであろう。普通の人が所持していてもあまり意味がないが，買主が専門的知識，経験を駆使して初めてその物が文化的価値的に有益なものとなる場合に始めて，錯誤取消を否定することができよう。

　磯村教授は，両当事者が贋作であると考えていたところたまたま真作であった場合にも，それが贋作としての売買ではなく，単にその絵の売買であったならば，買主に有利な結果となってもやむをえないが，契約上真作ではないとされていた場合には，買主は契約上受けるべき給付とは異なる物を取得しているから，真作の受領は法律上の原因を欠き，不当利得となると主張される(17)。しかし，著名な画家の作品を安い値段で売却する場合には，個別的な事情により当事者のいずれかがリスクを負担すべきだと考えられる場合や専門家対非専門家の取引の場合を除いて，贋作としての絵画のそれであるか，その絵としての売買であるかを問わず，錯誤の問題となりうると解すべきだと思われる。真作としての売買か贋作としての売買かは値段をみればわかる場合が多いであろう。そのいずれでもない場合（その絵としての売買）もありうるが，このような場合はリスク負担の考えが問題処理に有用な視点を提供しよう。

---

(17) 石田喜久夫編・前掲書158頁［磯村保］。

ゲルハルト・ヴァーグナー

3 契約法における虚言

ゲルハルト・ヴァーグナー

I 序　言

　2000年の初めに私はラーベル雑誌の編集者にドロープニッヒ記念論文集の批評を送ったが，その中にハイン・ケッツによる「契約上の説明義務」に関する法経済学的な研究があった[1]。私はこの論文に心を取られ，それをその批評の中で詳しく評論した[2]。その場合私の心をとらえたのは，経済が2つのモデルによって動いていること，一当事者が相手方に対する説明義務を負っているか，それともかような説明義務が存在しないかであることである[3]。これに対して法律文献にはその問題は異なった側面からのアプローチがなされており，結局三段階のモデルがある。積極的行為による契約の相手方の誤解と相当な情報提供義務違反による説明の懈怠，説明義務が存在しない事情の沈黙とが区別されるべきである[4]。経済的な切り口と伝統的な法律理論を対置させるならば，積極的作為による錯誤の場合の問題が示される。法理論が積極的な詐欺を許容されないとする一方，経済的な分析はこの点については沈黙を守っている。従って，かような行為が常に契約解消権を理由づけるのであろうか，それとも付加的に不真実の拡散によって破られる契約前の説明義務が存在することが前提されるのか[5]？
　ラーベル雑誌の批評を読んだケッツは，その返事の中で直ちにこの問題について態度を表明した[6]。「私はこの点をその当時長い間考え，2つの解答が考えられることを見出した。1つの解答は，被告が嘘を言ったわけではな

---

[1] Kötz, Vertragliche Aufklärungspflichten, Festschr. f. U. Drobnig, 1998, S. 563.
[2] G. Wagner, RabelsZ 66 (2002), S. 140 (147f.).
[3] 詳しくは，IV。
[4] II，III。
[5] Wagner, RabelsZ 66 (2002), S. 140 (148).
[6] 2000年2月24日の筆者への手紙。

Ⅲ 3 契約法における虚言

いが，異なって解答し，言い逃れをし，または知らないと表明したことを認めることによって，この問題から逃避する。質問者は次いで，彼がいかなる結果を相手方の態様から引き出すか，すなわち，彼が請求をするか，それとも売買の申込を拒絶するかを決しなければならない。もうひとつの解答は，この場合与えられた状況の中でも嘘をつくことが許容されていないことから出発し，虚言の禁止が正当化されうる経済的原因を問題にする。それは，虚言が許容される場合，質問が脇に置かれ，他の方法で真実の事実関係にアプローチするために，情報の提供を受けていない者が巨大で不経済な支出をなさねばならないことにある。この支出は，情報の提供を受けていない者が，相手方が経済的理由から嘘を言う権利があるかどうかを知らず，そのため，彼が確実に進めようとすると常に自己の計算でしなければならないが故に，巨大である。この全体の思考経過は，私にとってはただ困難にすぎ，臆病にも付言するが，私はその全部を黙殺した。私の見る限り，経済もまたこの問題に携わらなかったからである。それはたぶん通常そうであろう。」

私は以下において契約商議において虚言の権利の論拠に関する2つの理由が正しいか，それとも虚言の権利が認められないかの問題を論じたい。そのために私は，高度な賭けをしなければならない。すなわち，立ち入ってかつ広い基礎の上にその問題と取り組み，虚言をする権利はないという結論に達した学者の主張をケッツとともに確認することを試みねばならない。その場合ケッツは，その教授資格論文で同様に嘘をつく権利を否定したフライシャー[7]と完全に一致している。彼の見解によれば，「真実の告知義務のすべての緩和は，誰も相手方の言明をもはや信頼しえないがゆえに，高額の社会的な結果費用に導く。」虚言の権利の帰結は，取引の一般的な不安定化およびその結果としての安全性を高める市場取引の後退であろう[8]。

Ⅱ ローマ法の虚言

ローマ法は，契約解消権を与える悪意という法制度[9]を使って契約締結

---

(7) H. Fleischer, Informationssymmetrie im Vertragsrecht, 2001, S. 263.
(8) Fleischer（注7），S. 263.
(9) それにつき詳しくは R. Zimmermann, The Law of Obligations: Roman Foundations of the Civilian Tradition, 1990, p. 662f.

ゲルハルト・ヴァーグナー

の周辺の嘘を制裁した。悪意の概念は、初期のローマ法ではまず、当事者が特定の意図を持っている外観を喚起したが、実際はそうではなかった場合に制限された。後でその構成要件は、相手方の意思が操作されるすべての方法に拡大された[10]。それにもちろん虚言もまた付け加えられた。

良い悪意という制度により契約解消権は制限された。これは正当な詐欺の種類として理解された[11]。戦いの相手方の加害のために嘘をいうことは許容された。嘘が強盗や窃盗に対する防衛に役立つ場合も同じことがあてはまった。それを超えて詐欺の禁止は、許容される商取引の荒っぽい理解により相対化された。抜け目のない商人は敬意の目でみられ、おそらく驚きの目をもってみられたであろうが、詐欺による制裁は受けなかった。相互的な過度の利益の収受（いわゆる相互的な詐欺）の許容は悪意の反対概念であった[12]。どこに限界が引かれるのかは今日まで議論がある[13]。

古代がどこまでの範囲で契約商議における粗野な態様を受け入れる用意があったかを明らかにする事例をキケローがその「義務論」の中で扱っている[14]。ロードス島を飢饉が襲っていた。アレクサンドリアから、これらの人々を救済するために、多数の商人が船で海に乗り出した。途中で彼等は、同様にロードス島への航路をとっているさらなる穀物運搬船をみた。アレキサンドリアの船の一艘が他の船より早くその島に到着した。キケローは、売主がロードス島の人にさらなる穀物運搬船の接近を説明すべきか、それとも彼の商品を最高価格で売却するために沈黙することが許されるかを詳しく論じた。

キケローにより再現されている対話は説明義務、すなわち、商人がその情報を開示する義務を負っているかどうかに関するものである。それに対してこの場合中心に、ロードス人の一人が商人に、彼がアレキサンドリアでの出発時または航海時に、ロードス島に向かっているさらなる船舶を見たかどうか聞いたときに、その結果が変わるかどうかという問題がある。この質問が真実に適って解答されねばならないのであろうか？

---

(10) Zimmermann（注9）, pp. 665ff.
(11) Zimmermann（注9）, pp. 668ff.
(12) Zimmermann（注9）, pp. 669ff.
(13) 研究状況の概観につき、Fleischer（注7）, S. 23f.
(14) Cicero, De officiis（義務論）, Lateinisch/Deutsche Ausgabe, 1992, H. Gunermann (Hrsg.), 3. 12. 50f., S. 262f.

73

[Ⅱ] 3 契約法における虚言

Ⅲ 現代の契約類型における詐欺と虚言

1 ドイツ法

(a) 原則：嘘をいう権利はない

　ドイツ法ではド民123条[14a]が契約誘因過程における虚言の法的判断について規定している。しかも詐欺との選択という形においてである。判例，学説は，詐欺を表示の相手方のもとでの錯誤の故意による喚起または維持と定義する[15]。不当な表示をなすことによる契約当事者の錯誤は，積極的行為による錯誤であり，それ自体として自明性によりかつ実際上より詳しい理由づけなしにド民123条のもとに包摂される[16]。

　積極的行為による詐欺が事実上当然に違法だという狭い定義に[17]，注釈書において通例その中心点に契約締結前の説明義務がある不作為による詐欺に関する広い記述が続いている[18]。契約締結前の説明義務の範囲およびド民123条の不作為による詐欺による取消の適用領域を確定することは困難であるとしても，相手方が質問を発した場合の法律状態は明らかである。なぜならば，その場合再び作為による詐欺に関する強烈かつ手軽な規定が関与するからである。明示的な質問は原則として完全かつ正しく解答されねばならない[19]。この点についての証拠は，判例が指示される。

(14a) ［ド民123条（詐欺または強迫による取消）「(1)詐欺によりまたは違法に強迫により意思表示をなすことを決定された者は，その表示を取り消しうる。(2)第三者が詐欺を行ったときは，相手方に対してなされるべきであった表示は，相手方が詐欺を知りまたは知るべかりし場合にのみ取り消しうる。表示がなされるべきであった者以外の者がその表示から直接に権利を取得したときは，その者が詐欺を知りまたは知るべかりし場合に，その表示が彼に対して取り消される。」］

(15) Münch. Komm. z. BGB., Bd. 1, 4. Aufl., 2001, para. 123 Rn. 8 [E. A. Kramer]; Palandt, Komm. z. BGB., 65. Aufl., 2006, para. 123 Rn. 2 [H. Heinrichs]; Dauner-Lieb/Heidel u. a. (Hrsg.), Anwaltkomm. z. BGB., Bd. 1, 2005, para. 123 Rn. 24 [A. Feuerborn].

(16) Staudinger, Komm. z. BGB., 13. Aufl., 2004, para. 123 Rn. 10 [R. Singer/B. von Finckenstein].

(17) Palandt/Heinrichs（注15），para. 123 Rn. 10.

(18) MüKo（注15），para. 123 Rn. 16f. [Kramer]; Staudinger（注16），para. 123 Rn. 10f. [Singer/von Finckenstein]; Palandt（注15），para. 123 Rn. 5f. [Heinrichs].

(19) Palandt（注15），para. 123 Rn. 5a [Heinrichs]; Staudinger（注16），para. 123 Rn. 10 [Singer/von Finckenstein]; AnwK-BGB（注15），para. 123 Rn. 32 [Feuerborn].

ゲルハルト・ヴァーグナー

　大審院の判例は，1917年の判決で以下のように詳述した。「第三者に対する請求権のために保証人を求める債権者には，彼が予定された保証人に主債務者の状況およびその債務者との業務の関係を暴露することはそれ自体として期待されえない。彼は，将来の保証人がこれについて他の者から教示されることを計算に入れうるであろう。債権者は，債権者利益を追求し，彼がかような暴露により損害もまた帰属させうる，債務者の経済的および信用関係に関する説明義務を保証人に対して負担しない。彼が将来の保証人に主債務者の事情を伝えた場合に，その言明が真実に適合すること，および彼が解答を一般的に拒絶する限りにおいて，彼が質問されたことについて，意識して沈黙しないことのみが彼に要求される[20]。」
　連邦最高裁は，保証契約締結における詐欺に関する大審院判例を以下のように整理した。「大審院の不動の判例によれば，彼が予定された保証人に主債務者の状況および債務者との業務上の関係を暴露することはそれ自体として期待されえない。しかし，彼が主債務者の状況に関する事実を伝える場合は，その言明は真実に適ったものでなければならない[21]。」
　民法の外では状況は異なる。連邦最高裁で判決された事例で，原告は，被告に原告にアメリカから輸入されるべき飛行機を卸値で供給する義務を負った。反対給付は，二棟の住宅の取得の共同融資で賄われることになった[22]。原告が被告に35万8,000ドルという卸売価格だといったが，実際は単に23万8,000ドルであった。連邦最高裁は，被告によって提示された契約締結上の過失に基づく請求権との相殺を肯定した。売主は原則として売買代価の計算の基礎および契約締結時の計算を買主に開示する義務を負わないが，買主がその計算に重きを置いているときは，場合によっては売買代価を解明するために彼はそれについて尋ねうる。しかし，当事者が一致して特定の代価から出発しているときは幾分異なる。この場合売主は買主に認められた代価からの乖離を指摘しなければならない[23]。
　オレンジ濃縮果汁の輸入業者が購入に関心をもっている者に電話で彼が５％のマージンを得るといっていたのに，実際はその何倍かを購入価格に積

---
(20) RGZ 91, S. 80 (81).
(21) BGH WM 1956, S. 885 (888).
(22) BGH NJW 1981, S. 2050.
(23) BGH NJW 1981, S. 2050.

Ⅱ 3 契約法における虚言

み上げていた別の事例ではもっと明らかである[24]。連邦最高裁は，輸入業者はもちろんそのマージンを明らかにする必要はないが，彼がそれを伝えた場合は，その言明は真実に合致したものでなければならないと述べた。

(b) 例 外

(aa) 労 働 法

法律状態は，外観ほど単純ではない。私法特別法においては例外なく適用されると考えられたルールの明白な侵犯がしばしばみられる。最初の事例は労働法が提供する。労働関係を扱うと，労働者は通例，彼が全部は真実を解答する必要のないたくさんの問題に直面している。むしろ判例は，使用者の許容される質問と許容されない質問とを区別しており，労働者に許容されない質問に真実に反して解答する権利を与える[25]。

妊娠関係に関する質問は有名な事件になった。1961年の判決では，連邦労働裁判所は，この質問をなお許容しうるものとし，求職者にそれに対して真実を解答する義務を課した[26]。もちろん裁判所は，すでにその当時，「使用者に対するすべての誤った解答が詐欺となるのではなく，もっぱら許容されうる方法でなされた質問に対する意識的な真実に反する解答のみが詐欺となる」と述べることにより，今日認められている反対の立場の基礎を与えていた[27]。

ヨーロッパ裁判所判決が，1986年のデッカー事件で転換をなした。その事件では，すでに存在している妊娠関係のための求職者の不採用が指令76／207／EWG2条1項，3項の差別禁止命令と調和しないと宣告された[28]。その場合そもそも唯一人の夫がその職場に応募したかどうかは重要なことで

---

(24) BGH NJW 1964, S. 811.
(25) まとめるもの：BAG NJW 1999, S. 3653=NZA 1999, S. 975；NZA 2003, S. 848.
(26) BAGE 11, S. 270 (273f.).
(27) BAGE 11, S. 270 (273).
(28) EuGH, Urt. v. 8. 11. 1990, Rs. C-177/88 (デッカー対VJVセンター事件), Slg. 1994-Ⅰ, 3941, 3973 Nr. 12=NJW 1991, S. 628f.; EuGH, Urt. v. 5. 5. 1994, Rs .C-421/91 (ハーバーマン・ベルターマン対労働者援護局事件), Slg. 1994-Ⅰ, 1657, 1675 Nr. 15=NZA 1994, S. 609; Urt.v. 14. 7. 1994, Rs. C-32/93 (ウェッブ対EMO航空事件), Slg. 1994-Ⅰ, 3567, 3585 Nr. 19=NZA 1994, S. 783; Urt. v. 3. 2. 2000, Rs. C-207/98 (マールブルク対メクレンブルク・フォーポンメルン事件), Slg. 2000-Ⅰ, 549, 572f.=NZA 2000, S. 255; Urt. v. 4. 10. 2001, Rs. C-109/00 (デンマーク通信対HKデンマーク事件), Slg. 2000-Ⅰ, 6993, 7024f.=DB 2001, S. 2451.

はない(29)。妊娠関係の黙秘は，ヨーロッパ裁判所の見解によれば，被用者がその新たな妊娠を知って，もっぱら短期間の再就労期間により教育費に比べて高額の母子手当をもらうために，教育休暇を短縮する場合ですら取消を正当化しない(30)。このヴィーブケ・ブッシュ事件判決では，ヨーロッパ裁判所は，被用者は使用者に妊娠について告知する義務を負わない，結局使用者はこの要素（妊娠の事実）をその（採否の）決定に際していずれにしても考慮してはならないと決した(31)。連邦労働裁判所は，この判決に基づいてすでに存在する妊娠関係に関する使用者の質問は許されず，求職者または被用者による誤った解答も許容されうるという実際上避けがたい結論に到達した(32)。

妊娠における転換の前に連邦労働裁判所は，被用者の前科に関する質問を許容されないとしただけでなく，占められるべき労働者の地位が，使用者が知ることを要求しない限り，その真実に反する解答もまた許容した(33)。結局求職者は，労働裁判所の判決によれば，その現実のまたは最後の地位に関する給料がどれだけの額であったかという質問について事業者に解答する義務もまた負わない(34)。

立法者は，上記の判例を立法化し，かつ拡大した。BGleiG (Bundesgleichstellungsgesetz)（連邦政府および連邦裁判所における男女平等取扱いに関する法律）(2001年11月30日制定，2006年8月14日改正) 7条2項によれば，観念的かつ選択的言辞における存在しまたは計画された妊娠に関する質問は許容され

---

(29) EuGH, Urt. v. 8. 11. 1990, Rs. C-177/88（デッカー対VJVセンター事件），Slg. 1990-I, 3941, 3974 Nr. 17=NJW 1991, S. 628f.
(30) EuGH, Urt. 27. 2. 2003, Rs. C-320/01（ブッシュ対ノイシュタット事件），Slg. 2003-I, 2041, 2059, 2077 Nr. 47=BB 2003, S. 686 (689).
(31) EuGH, Urt. 27. 2. 2003, Rs. C-320/01（ブッシュ対ノイシュタット病院事件），Slg. 2003-I, 2041, 2059, 2075 Nr. 40=BB 2003, S. 686 (689).
(32) BAG NJW 1993, S. 1154 (1155)=JZ 1993, S. 1154（アドマイトの批判的な評釈つき）; BGH NZA 2003, S. 848. C. W. Canaris, Die Bedeutung der iustitia distributiva im deut. Vertragsrecht, 1997, SS. 8, 99f. の批判をも参照。
(33) BAG NJW 1958, S. 516 (517); NJW 1999, S. 3635 (3654)=NZA 1999, S. 975 (976).
(34) BAG AP Nr. 25 zu para. 123 BGB=BB 1984, S. 533 (534); Münch. Komm. z. BGB., Bd. 2a, 4. Aufl., 2001, para. 242 Rn. 296 [G. H. Roth]; H. P. Moritz, Fragerecht des Arbeitsgebers sowie Auskunfts- und/od. Offenbarungspflicht des Arbeitnehmers bei der Anbahnung von Arbeitsverhältnissen?, NZA 1987, SS. 329, 333, 336. 反対：Fleischer（注7), S. 259f.（しかし彼は，同様にその問題を許容されないとする (S. 256f.)).

ない。そして同じことは、家族状況、就職活動と並んで子どもまたは障害のあるまたは介護を必要とする家族員の世話の確保に関する質問についてもあてはまる。文献上は BGleiG 7 条 2 項は、正当にも許容されない質問に対する誤った解答は許容されると解されている[35]。

53 条に有罪判決の場合の開示義務を定める BZRG（Gesetz über das Zentralregister und das Erziehungsregister）（中央登記簿および教育登記簿に関する法律）（1971 年 3 月 18 日制定、1984 年 9 月 21 日改正）は、BGleiG よりも明確である。すなわち、有罪判決が行状証明書の中に記載されず、またはこれから削除されているときは、有罪判決者は有罪ではないとすることが許され、かつ有罪判決に基づく事実関係を明らかにすることを要しない。

(bb) 賃貸借法

賃貸借契約の場合は、賃借人は賃貸人の許容される質問についてのみ真実に適って解答しなければならない[36]。それが賃貸借関係の実行に関わり、賃借人の私的側面に関するものではないが故に、その解答に賃貸人が正当な利益を有しているような質問のみが許容される[37]。従って、賃貸人は、賃借人によって引き受けられた主たる義務、賃料の定期的支払について質問することが適切な場合には、質問することが許される。ド民 321 条（不安の抗弁権）が質問権の範囲について手がかりを提供する。

それによれば、賃借人は、融通手形の交付、手形の拒絶証書、彼に対してなされた強制執行手段、宣誓に代わる担保の交付および破産手続の着手についての質問に解答しなければならない[38]。これに対して家族構成のような個人的関係[39]、国籍、滞在証明[40]または検察官の捜索手続の開始[41]のような個人的な関係に関する質問に対する真実に適った解答の義務は否定されている。従来の賃貸借関係に関する質問もまた、それが履行準備のためにいかなる役割も果たさないが故に、許容されない[42]。しかし、賃貸借契約締

---

(35) AnwK-BGB（注 15），para. 123 Rn. 50f.［Feuerborn］．
(36) Staudinger, Komm. z. BGB., 13. Aufl., 2003, Vor para. 535 Rn. 71［V. Emmerich］．
(37) Staudinger（注 16），para.123 Rn.44［Singer/v. Finckenstein］．
(38) Staudinger（注 16），para.123 Rn.44［Singer/v. Finckenstein］．
(39) 反対：LG Landau, WuM 1986, S. 133.
(40) AG Wiesbaden, WuM 1992, S. 597f.
(41) AG Hamburg, WuM 1992, S. 598.
(42) AG Kerpen, WuM 1990, S. 62.

結前の質問状により，当事者間に賃貸借関係が存在したかどうかを聞き出すことは許容される[43]。

(cc) 差別禁止法

従来労働法および賃貸借法で認められた質問の禁止およびそれと結びついた虚言法は，近い将来劇的に成長するであろう。これはその間に一般差別禁止法として国内施行された[44a]，4つのヨーロッパ共同体の差別禁止指令によるものである[44]。労働法の分野では，いわゆる男女差別禁止指令2002/73/EG（ヨーロッパ共同体）が，ド民611a条（現在ではAGG1条）[44b]の基礎になった当初の差別禁止法76/207/EWG（ヨーロッパ経済共同体）を改訂した。2000/78/EG指令により差別に対する保護は，性による差別禁止を超えてその他の同指令1条に列挙された差別禁止標識，すなわち，宗教，世界観，障害，年齢および性に対する嗜好に拡大された[45]。

反人種主義指令2000/43/EGは，人種や民族的な出自に基づく差別を禁止する[46]。この差別禁止は，労働法および社会法を超えて（RL 2000/43/EG 3条1項lit. a〜g）[46a]，例えば，それらが百貨店でまたは新聞広告で不

---

[43] LG Braunschweig, WuM 1984, S. 297.
[44] 人種または民族的出自に関する平等取扱い原則についての2000年6月29日指令（2000/43/EG, ABl. EG Nr. L 180 v. 19. 7. 2000, S. 22f.）；活動および職務の平等取扱いの実現のための一般枠組の確定に関する2000年11月27日指令（2000/78/EG, ABl. EG Nr. L 303 v. 2. 12. 2000）；雇用・職業教育及び職務上の昇進の機会ならびに労働条件に関する男女の平等取扱原則の実現についての指令（76/207/EWG）の変更に関する2002年9月23日指令（2002/73/EG, ABl. EG Nr. L 269 v. 5. 10. 2002, S. 15f.）；財貨およびサービスの入手および供給における男女の平等取扱い原則の実現に関する2004年12月13日指令（2004/113/EG, ABl. EG Nr. L 373 v. 21. 12. 2004, S. 37f.）。
[44a] BGBl. I, 2006, S. 1897.
[44b] ［ド民旧611a条は，性別を理由とする不利益扱いを禁止する規定を置いていたが，現在では2006年の一般平等取り扱い法（AGG）に引き継がれている。］
[45] 活動および職務における平等取扱いの実現のための一般枠組の確定に関する2000年11月27日指令（2000/78/EG, ABl. EG Nr. L 303 v. 2. 12. 2000, S. 16f.）。
[46] 人種または民族的出自の平等取扱い原則の適用についての2000年6月29日指令（2000/43/EG, ABl. EG Nr. L 180 v. 19. 7. 2000, S. 22f.）。
[46a] ［2000/43/EG 3条（適用領域）「(1)共同体に委ねられる管轄の枠内でこの指令は，a) 活動領域および職業上の地位とは無関係な非独立的なおよび独立した稼得活動へのアクセスならびに職業上の昇進のための——選択の標識及び雇用条件を含む——条件，b) 職業上の助言，職業教育，職業上の再教育及び実地の職業訓練を含む再訓練のすべての方式及びすべての分野，c) 解雇条件及び労働報酬を含む活動及び労働条件，d) かような組織の給付の請求を含む，労働者の組織または使用者の組織および協力，

II 3 契約法における虚言

特定の人々に提供されることにより，財産およびサービスが公の用に供される限り，一般契約法にも適用される[47]。最終的に第二性差別禁止指令2004／113／EG がこれらのルールを性差別の領域に拡大した。この指令の3条1項によれば，人種差別禁止は，「人によって区別しないで公の用に供される財貨およびサービスを提供するすべての者に」適用される。それによりこの指令もまた一般契約法に適用される。

上記の指令が特定の差別の標識，人種，民族的出自，家柄，宗教[48]，世界観，障害，年齢および性に関する考えが許されないとする限り，それらについては質問されえない。それにもかかわらずこれがなされた場合は，虚言が許容される。

従って賃貸借の希望者が質問に答えて，彼がイスラム教，仏教その他の異教であるにもかかわらず，キリスト教であると言った場合は，嘘をつかれた賃貸人はド民123条により取消権を行使しえない。被用者が性に関する考え方を聞かれた場合，彼はその場合でも，彼が本当は同性愛者であるにもかかわらず，そうではないと解答しうる。それに一致して連邦労働裁判所は，すでに従来の法状態のもとでその名前をミカエルからミカエラに変えた，性転換をした看護師は，求職のときの会話で性転換の事実を告知する義務を負わない，彼がそのことについて尋ねられた場合も同様であると判決した[49]。

特別に見事な事例をウルリッヒ・フーバーが挙げている。「オーケストラの演奏者の地位が空席になった。すべてのオーケストラの構成員が多数決で行使される共同決定権を有するという事業合意があった。従来は女性の求職者がオーディションを受けるときはいつも，そのオーディションが集まったオーケストラ構成員に好感をもって迎えられた男性の求職者がいるという具合であった。ある日第一トランペット奏者が空席になったとき，韓国人の応募者がオーケストラのすべての構成員を前にしたオーディションで他を凌駕し，職を得た。しかし就職に成功したのは，男性と称していた韓国人（女性）

---

e) 社会的な安全確保及び健康サービスを含む社会保護，f) 社会的な特典，g) 教育に関する，公的な地位を含む公的及び私的分野におけるあらゆる人に適用される。」〕

(47) 人種または民族的出自の平等取扱い原則の適用についての幹部会指令のための改正提案（KOM（2000）328最終版2）参照。

(48) フラー対デポール大学事件（12 N. E. 2d. 313, 321（1938））における古典的な事例情況参照（宗教的色彩の強い大学にドイツ語教師としての職務を得ることに努め，詐欺発見後解約された，背信のカトリック司祭の事例）。

(49) BAG NJW 1991, S. 2713（2714f.）。

であった。この場合確かに詐欺がある。そしてみんなそれが契約締結と因果関係があることを支持する。しかしド民123条（詐欺取消）は私的自治を保護し，私的自治はド民611a条（性に関する不利益禁止，現在ではAGG1条）により与えられない。それゆえド民123条はこの場合適用されない[49a]。」

(dd) その他

虚言の権利の上記のリストは，私法の多くのその他の資料を整理するとなお広げられうる。その任務はここで定められた範囲を超える。保険法でも被保険者による質問の誤った解答は，質問が正当である，すなわち，その質問をする権限がある場合にのみ，VVG（Versicherungsvertragsgesetz）（保険契約法，2007年）22条[49b]，ド民123条の詐欺取消を許容するという見解が主張されている[50]。

(c) 評価

ド民123条が詐欺の場合に明示的に解消権を与え，それが一般民法上迷うことなしに教えられている場合，上記の例外はどのように説明されるのであろうか。質問は無条件に真実に反して解答されねばならないのであろうか。

労働法に関する今日の判例，学説では，ド民123条が契約締結時のすべての虚言を詐欺とみることに強いるという見解が主張されている[51]。論拠として民法典に関する委員会報告の短い節が引用されうる。そこではド民123条1項の違法という語が，詐欺の違法性が自明的なものであるがゆえに，強迫にのみ関わり，詐欺には関しないことが確定されている[52]。この自明性から離れ，使用者にこのなされた質問に対する被用者の不当な解答にもかかわらず，取消権を与えないために，労働連邦裁判所は，ド民123条の規定を目的論的に緩めようとする。労働者に権利の論拠が準備されている場合，それ自体としては違法な積極的行為による虚言が正当化される[53]。

(49a) U. Huber, Aufklärungspflichten vor Vertragsschluss, E. Lorenz (Hrsg.), Aufklärungspflichten, Karlsruher Forum 2000 (2001) SS. 5, 14.
(49b) ［VVG22条（詐欺）「詐欺により契約を取り消す保険者の権利は影響を受けない。」］
(50) OLG Köln,VersR 1992, S. 1252. より狭いもの：Prölss/Martin, Komm. z. Versicherungsg., 27. Aufl., 2004, para. 22 Rn. 4 a. E. [J. Prölss].
(51) BAG NJW 1991, S. 2723 (2724).
(52) B. Mugdan (IIrsg.), Die gesammten Materialien z. BGB. f. das Deutsche Reich, Bd. Ⅰ, 1899 (1979), S. 965 (委員会報告39).

II 3 契約法における虚言

連邦労働裁判所の判例によりその他の点では維持されているかもしれないが，ド民123条が事物に適った解釈に際してすべての虚言を制裁するという命題はいずれにせよ納得させるものではない。ドイツ民法典に関する資料の中に含まれている自明的にという言葉は，不真実の告知による錯誤の惹起がそれ自体として取消権を与えるかどうかという問題に関する決定的な立法者の態度であるとして理解されるならば，解釈を超える立場がとられるべきである。

ド民123条は，ローマ法に由来する強迫と悪意という2つの言葉を結合し，違法な強迫および詐欺と呼んだ。1863年のザクセン民法835条に倣った詐欺の法的定義をドイツ民法の第一委員会は，意識的に放棄した[54]。この規定は詐欺を偽罔という伝統的な名称で呼び，この概念を以下のように述べた。「偽罔とは詐欺による錯誤の発生である。すでに存在している錯誤を利用するかどうかは問題にならない。両事例においてそれに関して錯誤が生じた事情についての真実および説明が信義則に従って期待されえたことが必要である。それに取引において特別の信頼を置くのが通例であることなしに，契約を締結することが要求される，一般的な断言や保証，その他の手段は，偽罔を包含しない。」

最後にもたらされた断言及び保証のための留保は，この場合脇に置いておかれうる。なぜならば，それは伝統的な良い悪意の事例群，すなわち，契約締結時の通常のセールストークに関わるからである[55]。特に売主には彼によって提供される商品の性質に関する楽天的な関係が帰せられ，かつ取引によって期待される。それゆえに，当該表示は，いずれにしても真に受けられるべきではなく，行為の成立に対する売主の自己の利益を反映する分を割り引くべきである。取引が単なるセールストークにはなんらの信頼を与えないが故に，契約締結時における虚言の問題はここでは生じない。良い悪意の事例群は，以下では脇に置かれうる[56]。

ザクセン民法の規定は，すでに存在する錯誤の利用の事例についてだけでなく，明示的に詐欺による錯誤の発生についてもまた，すなわち，両事例に

---

(53) BAG NJW 1991, S. 2723 (2724f.).
(54) Mugdan, (注52), S. 467 (第一委員会理由書) (詐欺概念の確定は放棄される).
(55) それにつき，MüKo (注15), para. 123 Rn. 15 [Kramer]; Staudinger (注16), para. 123 Rn. 7 [Singer/v. Finckenstein].
(56) 同旨：U. Huber (注49a), S. 12.

ゲルハルト・ヴァーグナー

おいて，真実と説明が信義則に従って期待されうることが前提されるがゆえに，我々のテーマについても興味がある。それとともに真実義務もまた留保の下に置かれ，真実が信義則に従って期待されえないがゆえに，真実でないことの告知による錯誤の発生が詐欺に加えられない事例が存在しうる[57]。

ドイツ民法の編纂者は，この立場から離れようとしたのであろうか。一義的な答えは不可能であろう。モティーフェ（ドイツ民法典理由書）には，諦めの気持ちで，それから契約締結に影響を及ぼすであろうことが予見される事情を相手方に伝える法的義務がどの程度まで存在するかという問題が法律規定には置かれないとされている。委員会によれば，さらに，一般的に相手方に不利益をもたらすすべての意図的な信義則違反が偽罔となる[58]。この定式化はすべてを未解決のままにする。なぜならば，信義則が真実に反する表示による錯誤の発生に制裁を加えることを要求するかどうかがまさに問題になるからである。それによれば，ド民123条のもとで，ザクセン民法のもとでこれが明示的に規定されたように，真実義務を信義則の留保のもとに設定することもまた全く可能である[59]。

2　フランス法

ローマの伝統は，詐欺が今日まで伝統的な名称，すなわち，悪意（dol）と呼ばれているフランス法もまた支配している。フランス民法1116条によれば，「悪意は，当事者の一方によりなされた手段が，この手段がなければ相手方が契約を締結しなかったであろうことが明らかなようなものであるときは，契約の無効の原因となる。それは推定されるのではなく，証明されなければならない。」

フランス版の悪意が何を意味するのかは，フ民1116条は定義していないが，常に手段，すなわち，騙した者のたくらみが問題になる。本来この要件は制限的に解釈され，悪意で行為した契約当事者が，相手方に真実を伝えないために，事実上の手段を講じたことが要求された。あるたくらみまたはある事態に置く仕組みが要求された[60]。

---

[57]　同旨：Huber（注49a），S. 12.
[58]　Mugdan（注52），S. 467（第一委員会理由書208）.
[59]　同旨：Huber（注49a），S. 9 Fn. 6.
[60]　J. L. Aubert/É. Savaux, Les obligatins, 11. éd., 2004, n°. 212.

Ⅱ 3 契約法における虚言

　この要件は，20世紀の60年代に，破棄院が1970年11月6日の判決で「外部的な行為によりなされたのではない単なる沈黙も悪意を構成する」という命題を立てたときに[61]，最終的に外された。それとともにフランスでも，嘘は常に詐欺的であり，相手方に契約解消権を与えるという原則が適用されている。確かにフランス法は，良い悪意というローマ私法に由来するカテゴリーもまた伝え，この観点のもとに例えば単なるセールストークをフ民1116条の適用領域から排除する[62]。しかし，この場合関心がもたれている問題についてはこの制限は問題とならない。売主が例えば自己の商品を大声で称賛して，購入を勧める限り，いずれにせよ真正な虚言は問題にならない[63]。

　フランス法でも契約前の説明義務，すなわち，相手方が質問を受けていない特定の事実の沈黙の領域では，本来の原動力が存在している。契約前の説明義務に関する多数の文献は，果たして虚言について一言も無駄にしないというよりも，さらなる理由なしに，虚言が常に悪意として制裁を受けるという明らかに自明的なものとされている命題から出発する。唯一つ興味ある問題は，その場合「悪意は積極的手段以外の方法でなされうるか」のみである[64]。

3　イギリス法

　イギリスおよびウェールズのコモンローの法状態は，買主注意せよの命題が長い間舞台を支配してきたという特殊性である[65]。契約締結前の説明義務はイギリス法では少し前まで知られていなかった。それと並んでそのほかパラレルに支配していた錯誤の制度もなにも変えていない。たとえば与えられた給付の価値に関する単なる性質の錯誤は，契約解消権を与えない[66]。真実を語る義務は全く異なったものである。以前から相手方の締結にとって重要な意味を有する事情についての誤った告知がなされるべきではないとい

---

(61)　Cass. civ. 6. 11. 1970 J. C. P. 1971. Ⅱ. 16942（ゲスタンの評釈付き）；J. Ghestin, Traité de droit civile: La formation du contrat, 3 éd., 1993, n° 564 p. 531s.
(62)　Ghestin（注61），n°. 564, p. 533; Aubert/Savaux（注60），n°. 212.
(63)　上記Ⅱ，Ⅲ．1．c）．
(64)　M. Fabre-Magnan, De l'obligation d'information dans les contrats, 1992, n°. 1.
(65)　B. Nicholas, The pre-cotractual obligation to disclose information—English Report, D. Harris/D. Tallon (ed.), Contract Law Today, 1989, pp. 168ff.
(66)　Nicholas（注65），p. 173.

うことが認められていた。この義務に違反すると不実表示の制度が契約の解消を許容した。かくしてイギリス法は，説明義務と嘘を特別明確に区別する。「契約当事者は情報を開示するように強いられないが，いったん開示することになると，彼は真実に適って開示しなければならない[67]。」

真実義務は，事実の主張に関するだけで（事実の不実表示），見解の表示には関わらない。もちろん事実の主張の概念は，ドイツにおけると同様に広く解され，弁済の意向や将来の時点で契約を履行する意図のような内心の事実も含まれる[68]。同様に口から出まかせになされた主張も同様に扱われる[69]。それに対して，ローマの良い悪意，すなわち，単なる大げさなセールストークは不実表示の法律効果を惹起しない[70]。

結局事実の主張にとって口頭の意思疎通は必要とされない。「契約当事者は言明をなすために口を開く必要はない。彼は態度でそれをなすこともできる[71]。」行為による不実表示がおおげさに認められるほど，積極的な詐欺は詐欺的沈黙の領域で広く適用される。そのもとですでに，イギリスの裁判所は，行為による不実表示という裏道によって契約前の説明義務をイギリス契約法に導入したといわれる[72]。そして事実上「売却される物の代価に影響を及ぼすかもしれない，存在しない事実を売主が信じるようにいざなうことが意図された買主によるうなずき，目くばせ，頭を振ること，またはほほえむこと[73]」は，不実表示の承認にとって十分である。

ここで関心を持たれている問題に関するコモンローの立場についての最もよい例示は，1815年にニューオルレアンで起こったレイドロー対オルガン事件である[74]。1815年2月19日の朝オルガンがレイドロー商会の持ち分所有者であるジロールトから，朝8時に新聞の号外が発行され，イギリスがフランスおよびアメリカと2か月前にゲントで平和条約を締結することを報じる直前に，50トンのたばこを買った。条約によってナポレオンによりイ

---

(67) E. McKendrick, Contract Law, 6. ed., 2005, Nr. 12.1.
(68) G. H. Treitel, The Law of Contract, 11. ed., 2003, pp. 331ff.
(69) Treitel（注68），pp. 330ff.
(70) Treitel（注68），p. 330.
(71) McKendrick（注67），Nr. 12. 3: Treitel（注68），p. 390.
(72) Nicholas（注65），pp. 171ff.; McKendrick（注67），Nr. 12.3.
(73) Walters v. Morgan, (1861) 3 D F & J 718=45 E. R. 1056, 1059（キャンプベル判事）．
(74) Laidlaw v. Organ, 15 U. S. 178 (1817). 事実関係のやや詳しい記述：K. L. Scheppele, Legal Secrets, 1988, p. 6f. 包括的記述：Huber（注49a），S. 24f.

II 3　契約法における虚言

ギリスに対してなされた大陸封鎖が終了し，イギリス艦隊による大陸およびアメリカの海港の封鎖も解かれ，たばこ輸出もニューオルレアンスを通過して再開されうることになった。たばこ価格も直ちに 30 〜 50 ％高騰した。レイドローは欺かれたと感じ，当時ルイジアナで適用されていたローマ—フランス慣習法に従ってすでに引き渡されていたが，保管されていたたばこの返還を請求した。その事件は，マーシャル判事がゲントでの条約締結に関する買主の説明義務を否定し，彼に卓越した知識の利用を許容したことにより著名である[75]。実際きわめて短い判決理由の中で，両当事者が同様に入手しうる事情についての一般的な説明義務は否定されたが，マーシャルは，「しかし，同時に各当事者は，相手方に影響を及ぼすであろうことを言ったり，したりしないように注意しなければならない」と付言した[76]。ジロールトは，オルガンに新奇なこと（購入されることが予定された商品の価格または価値を高騰させると考えられるニュース）があるかどうか質問したが，これが解答されたかどうかについては事実審は確定しなかった[77]。それゆえにその事件は差し戻された。

それによってレードロー対オルガン判決は，相手方に対する説明義務は特定の限界の内部でのみ存在するが，虚言はいかなる事情のもとでも受け入れられえないという原則を確認した。「秘密は虚言がない場合に承認されうる[78]。」

4　契約法原則

イギリス法，フランス法およびドイツ法によれば，PECL が，契約締結時の虚言が騙された契約当事者に常に合意からの解消を許容するというルールに従っているとしても，驚くに値しない。4：107 条は詐欺という表題でその1項は，「当事者は，言葉による場合であろうとまた行為による場合であろうと，相手方の詐欺的な表示により，または誠意および公正な取引に従って開示されるべき情報の詐欺的な不開示によってその締結に導かれたときは，契約を取り消しうる」と規定する。

---

[75]　Laidlaw v. Organ, 15 U. S. 178, 195（1817）.
[76]　Laidlaw v. Organ, 15 U. S. 178, 195（1817）.
[77]　Laidlaw v. Organ, 15 U. S. 178, 185（1817）.
[78]　Scheppele（注74）, p. 153.

この規定の注釈は，当事者に沈黙を許容する正当な理由がない場合は，重要な事情についての単なる沈黙ですら原則として解消権に導くという考えを支持している[79]。その場合積極的行為による詐欺は契約の解消にとって十分なものでなければならない。その限りで「言葉による場合であろうと行為による場合であろうと」という言葉は，詐欺の承認のためには，特別の措置が必要なのではなく，能弁な行為による詐欺と同様に，単なる言葉による表明で十分であることを明らかにする。いずれにせよ PECL 4：107 条 1 項から虚言の類型に応じた不許容を帰結することは行き過ぎであろう。ともかくすべての不実表示ではなく，詐欺的とされるもののみが解消権を理由づける。かようにドイツ法におけるように評価の余地が開かれる[80]。
　PICC 3.8 条（2010 年版 3.2.5 条）は，悪意についての同様な規定を包含している。「当事者は，言語または行為を含む，相手方の詐欺的な表示，または公平な取引の合理的な商業上の水準に従って相手方が開示すべきであった事情の詐欺的な不開示により契約の締結に導かれたときは，契約を取り消しうる。」
　積極的行為による詐欺の手段を言語または行為と説明することは，虚言をただちに詐欺とすることを許容する。これに対して，3．8 条に関する注釈は，実際上もっぱら，明示的に述べることはないが，良い悪意と悪い悪意の間の伝統的な区別に沿ってなされる錯誤と詐欺の区別の問題を扱っている[81]。

Ⅳ　経済的分析

1　説 明 義 務

(a)　自ら得た情報を所有する権利

　我々のテーマの経済的分析のための出発点は 1978 年のアンソニー・クローンマンの論文である[82]。クローンマンは，どのような事情のもとで当

---

(79) O. Lando/H. Beale (Ed.), Principles of European Contract Law, Part Ⅱ, 2000, Art. 4: 107, コメント E, p. 253. ［ランドー／ビール編（潮見他訳）・ヨーロッパ契約法原則Ⅰ, Ⅱ 235 頁（馬場圭太）］。
(80) 上記Ⅲ．1．c)．
(81) UNIDROIT (Ed.), Principles of International Commercial Contracts, 1994, p. 75. ［曽野他訳・前掲書 76 頁］。
(82) A. T. Kronman, Mistake, Disclosure, Information, and the Law of Contracts, Journal

II 3　契約法における虚言

事者が，締結のために重要であると認められる事情に関して相手方に対して説明する義務を負うかの問題，すなわち，説明義務の問題に集中的に取り組んだ。出発点においては，当該情報の告知が限られた資源の有効な投入を可能にするがゆえに，要因の価格に影響を与えうる事情に関する説明義務が肯定されうる。他方において，情報が自然に得られるのではなく，相当な探究費用が支弁されることによって，しばしば初めて生み出されるに違いないことが考慮されるべきである。積極的な探究によって生み出されたかような情報もまた（相手方に）告知する義務は，時宜に適って（取引に）参加する刺激を完全に破壊する。経済的観点からはそれに一致して任務は，もっとも迅速かつ包括的な有効情報の伝達の利益とかような情報の（取引）参加への刺激の利益という二つの理念を天秤にかけることである。

　この基礎のうえにクローンマンは，契約当事者が多かれ少なかれ偶然的に，しかし資源の投入なしに得た情報と費用のかかる探究努力によって取得された情報の基本的な区別に到達する[83]。最後に言及された範例としては，探鉱会社が資源を発見するために，費用のかかる航空機やヘリコプターを使って地域を探索する事例が挙げられている[84]。それが資源を発見する限り，資源の埋蔵された土地または少なくとも所有権と結びついた採掘権を取得することに関心を持っている。この場合何も知らない売主に地下に埋まっている宝を告知する買主の義務は存在しない。なぜならば，さもなければ探鉱会社がその発見に基づく利益の大部分を土地所有者に移転することになる一方で，その会社は資源を有さない残りの土地の探究のための費用を負担しなければならないからである。かように経済全体の利益のために資源の場所に関する情報を生み出すという刺激は失墜する。従って説明義務は否定される[85]。

---

　　　of Legal Studies 7 (1978), pp. 1ff.［クローンマンの法と経済学アプローチについては，三枝健治「アメリカ契約法における開示義務」早稲田法学72巻3号（1997年）83頁以下参照］。
(83)　批判的なもの：Scheppele（注74），pp. 124ff.
(84)　SEC v. Texas Gulf Sulphur Company, 401 F. 2d 833 (2d Cir. 1968), Leitch Gold Mines, Ltd. v. Texas Gulf Sulphur Company, 1 Ont. Rep 469, 492f. (1969) も同様な事実関係に関する判例である。それにつき詳しくは，Kronman, Journal of Legal Studies 7 (1978), pp. 1, 19f.
(85)　Kronman, Journal of Legal Studies 7 (1978), pp. 1, 20ff. 同旨：Kötz（注1），S. 566 (568); R. Cooter/T. Ulen, Law and Economics, 4 ed., 2003, p. 283; S. Shavell, Foundations of Economic Analysis of Law, 2004, p. 333; D. A. DeMott, Do you have the right to remain silent?: Duties of disclosure in business transactions, Delaware Journal of

最初に挙げられた事例の範例は，同様にすでにキケローのところで挙げられた事例，すなわち，白蟻に食われた中古住宅の売買の事例である[86]。ケッツは，だにを建物の中に住まわせることによって，それを北ドイツに起こる事情に適合させた[87]。かような売主は，費用の支出なしにそこに住んでいることによりその情報を得る[88]。売主がかような瑕疵の開示義務を負うとしても，価値ある情報を生み出す刺激は崩壊せず，他方においてその会社は，少ない資金を誤って使うのでもないから，それを知ることにより総体的に利益を得る。結局説明義務が肯定される[89]。

(b) 単に配分的に作用する情報における制限

　クローンマンの理論は，学説上変容され，洗練されたが，偶然に得られた情報と資金を投下して取得した情報との違いはなお，説明義務の経済的分析の強固な核心とされた[90]。様々な強調がもっぱら，費用を使って取得された情報が例外的に告知されねばならないか，またどのような前提のもとで告知されるべきなのかという問題についてなされた。通説によれば，情報の保持の権利は，情報が生産的に作用するのではなく，純粋に配分的である場合に制限されうる。レイドロー対オルガン事件におけるゲントの平和条約に関する情報は，明らかに配分的な効果を有するにすぎない。なぜならば，その保持はたばこを安い価格で購入し，転売して高い利益を得ることを買主に許容するからである。ケッツがその事例をアメリカの最高裁とは異なって解した理由はこれである。法秩序は，個々の者に，もっぱら要因の割り当てにとって実際上重要でないわずかな時間的突出を取り除くために，官署との接触の手配やインサイダー情報の取得に投資する刺激を与えるべきではない[91]。

　Corporate Law 19 (1994), pp. 65, 87.
(86)　Cicero, De officiis（注14），3. 12. 54, S. 265f.; Kronman, Journal of Legal Studies 7 (1978), pp. 1, 24ff.
(87)　Kötz（注1），S. 566 (571).
(88)　R. Posner, Economic Analysis of Law, 6 ed., 2003, p. 111.
(89)　Kronman, Journal of Legal Studies 7 (1978), pp. 1, 24ff. 同旨：Kötz（注1），S. 566 (571); Posner（注88），p. 111; Cooter/Ulen（注85），p. 286; Shavell, p. 333.
(90)　Fleischer（注7），S. 151f. は，現在の研究状況について概観を与える。Kötz（注1），S. 568f.; Cooter/Ulen（注85），pp. 279ff.; Shavell（注85），pp. 331ff. をも参照。
(91)　Kötz（注1），S. 570. 同旨：Cooter/Ulen（注85），p. 281; D. Baird/R. Gertner/R. Picker, Game Theoriy and the Law, 1994, p. 98.

[II] 3 契約法における虚言

インサイダー情報への投資が巨額の利益をもたらした最も著名な事例の1つがロスチャイルド家に関わるものである。その経済的な運命については1815年のワーテルローの戦いの帰結が特別の意味をもった。同家がイギリスの国債に多額の投資をしていたからである。その最高のスクープの中で，その当時財閥のロンドン支店を経営していたナサン・ロスチャイルドは，フランスの敗北の情報を急使により他の誰よりも早く取得していた。ストイックな沈黙の中で彼はただちに彼が保持していたイギリス国債の多くの売却に取り掛かった。公衆はこの行為からイギリスが負けたと考えて，彼と同様にイギリス国債を売却し，そのために同国債は最低価格をつけた。そこでロスチャイルド家は同国債を集め始めた。イギリスの勝利のうわさが広まった後で同国債は最高値をつけ，恵まれたロスチャイルドは巨額の利益を得た[92]。歴史研究においては上記の歴史は自由に作り出されたものであるが，うまく作られたものであることは紛れもない事実である[93]。

その逸話はロスチャイルドの商売のセンスとずる賢さの例とされている。それは反ユダヤ主義の恨みの例としても用いられるが，資本市場における詐欺の明確な事例としては十分ではない。ナサン・ロスチャイルドの行為は，信義に適ったものとはいえないが，情報がもっぱら配分的な性質しか有さないことが明らかだとしても，違法とはいえない。

生産的情報と配分的情報の区別はなお理論的には納得させるかもしれないが，それは実務上は非生産的である。すなわち，多くの事例では問題になっている情報は生産的であると同時に配分的である[94]。特に現在における要因の配置に関する処分のための将来の認識は，協力の分け前の分与のためにも同様に重要である。それは，レイドロー対オルガン事件におけると同様，その間の知識の突出がごく短期間を要するにすぎない場合ですらあてはまる[95]。オルガンたばこ商会が固有の，高価なイギリスとの接触のネットをもっていて，他の者より2か月早く平和条約の締結を知っていたとすれば，

---

[92] F. Morton, The Rothschilds, 1962, pp. 48ff.; I. Balla, Die Rothschilds（1926年頃），S. 90f.
[93] N. Ferguson, Die Geschichte der Rothschilds, Bd. I, 1798-1848（2002）, SS. 31f., 128.
[94] すでにKronman, Journal of Legal Studies 7（1978），pp. 1, 12において明らかである：「特定の有用さの相対的な価値を変える状況の変更を明らかにする情報は，常になんらかの（恐らく測りえない）配当に関する刺激をもつことになろう。」同旨：Cooter/Ulen（注85），p. 283：「大抵の情報は，生産的であるとともに再分配のきっかけを与える。」
[95] Kronman, Journal of Legal Studies 7（1978），pp. 1, 12.

かような状況の下では，説明義務の肯定は，情報の突出が価値を有さないという帰結に導くことになろう。それによって関心をもっている誰も，要因配置に関する決定のためにもっとも重要な情報を調達し，できるだけ早く伝達する刺激をもたないことになろう。

他方，それは市場，特に財貨の逼迫および将来の展開の評価に関する，参加者により契約の申込みを通じてなされたシグナルを集積する資本市場の重要な機能である[96]。この機能の有効な保持は，個々の市場参加者が生み出した情報の保護を要求する。なぜならば，さもなければ，彼らが相当な契約申し込みをなしまたは承諾することによって，情報をいわば市場にもたらす刺激を有しないことになるであろうからである。略言すれば，市場の価格のシグナルに関する情報のできるだけ早い告知は，市場参加者の支払い準備が依拠する，非対照的に分与される情報の取引関係的保護を要求する。

しかし，アレキサンドリアの穀物商の事例が示すように[97]，情報の創出および速やかな伝達への刺激のみが問題になるのではない。ロードス島に着いた最初の商人が，水平線の下に穀物運搬船の群れが近付いていることを餓えた人々に伝える義務を負うとすれば，彼は，そこに最初に到着するために，ロードス島への航行を早める刺激はないであろう。飢饉のうわさを聞いて援助に向かっている東の途中の海上にいるすべての船は，島に到着したときに，それが平均的価格のみを保持するがゆえに，彼らに努力しても穀物の迅速な供給の利益が与えられないことを考慮に入れておかなければならない。結局彼らは，その顧客に市場が短期間のうちに買い手市場に代わることを言わねばならないに違いない。これに対して，最初の到着者がその情報を秘匿しうるとすれば，彼は出来るだけ早くロードス島に到着するためにあらゆることをなすであろう。彼がそうするときは，餓えた人々は，その到着の状況によって穀物を得るだけでなく，飢餓の状況が伝えられ，恐らくはそう遠くない時期に更なる船舶が援助のために急ぐであろうという価値ある情報もまた得るであろう[98]。

---

(96) R. E. Barnett, Rational Bargaining Theory and Contract: Default Rules, Hypothetical Consent, the Duty to Disclose, and Fraud, Harvard Journal of Law and Public Policy 15 (1992), pp. 783, 796ff.
(97) 上記注14.
(98) Barnett, Harvard Journal of Law and Public Policy 15 (1992), pp. 783, 798ff.：「現実には存在する相対的な不足に関する総ての情報が隠され，私的財産および契約自由の

Ⅱ 3 契約法における虚言

(c) インサイダー取引

ロスチャイルドの逸話とレイドロー対オルガン事件は，技術的な意味でのインサイダー取引への架橋をなすものである。WpHG（Wertpapierhandelsgesetz）（有価証券取引法）（1998年9月9日制定）14条1項1号[98a]によれば，WpHG 13条[98b]の意味のインサイダー情報に基づいて自己または第三者の計算で WpHG 12条[98c]，2b条（発生国の選択）のインサイダーペーパーを受取または譲渡することは禁止される。この禁止の経済的

制度のみが，高々社会に対してこの情報を集め，かつ拡げる価格の徴候と動きを生み出すことができるにすぎない。」
(98a) 〔WpHG14条（インサイダー取引の禁止）「(1)1. インサイダー情報を用いるために自己または他人の計算でまたは他人のためにインサイダー情報を記載した用紙を取得しまたは譲渡すること，2. 他人にインサイダー情報を無権限で通知しまたは入手させること，3. 他人にインサイダー情報の基礎のうえにインサイダー情報を記載した紙の取得または譲渡を勧めまたは他人にその他の方法でそれに導くことは禁じられる。(2) 買戻し計画及び金融手段としての価格の安定化のための措置の枠内における自己の株式の取引は，これらが，ヨーロッパ議会及び理事会 2003/6/EG 指令の遂行のために 2003年12月22日の委員会の 2273/2003号規則（EG）の規定－買戻し計画および相場安定化措置のための例外条項（ABl.EU Nr. L 336 S. 33）に従ってなされる限り，いかなる事例においても1項の禁止に反しない。自由な取引または規制された市場に関与させられた金融手段については，2273/2003号規則（EG）が準用される。」〕
(98b) 〔WpHG 13条（インサイダー情報）「(1) インサイダー情報は，インサイダーペーパーの一人または複数の発行者またはインサイダーペーパー自体に関わり，かつインサイダーペーパーの相場－または市場価値にそれが公にされた場合に著しく影響を与えるのに適した公に知られていない事情に関する具体的な情報である。かような適正は，合理的な投資家が投資決定に際してその情報を顧慮する場合に存在する。1文の意味での事情には，十分な蓋然性をもってそれが将来において現れるであろうことから出発するようなものも含まれる。インサイダー情報は，特に，1. 金融手段の購入または売却に関する他の者の委託に関わり，または，2. 商品に関する2条2項2号のデリバティブに関わり，かつ市場参加者に，彼らが当該市場における許容される実務に一致してこれらの情報を取得するであろうという期待を抱かせるであろう。1文の意味での公になっていない事情に関する情報も含まれる。(2) もっぱら公に知られた事情に基づいてなされる評価は，それがインサイダーペーパーの相場に著しい影響を与えうる場合であってもインサイダー情報ではない。」〕
(98c) 〔WpHG 12条（インサイダーペーパー）「インサイダーペーパーは，1. 国内の商取引相場で許容され，または規制された市場または自由市場に関与させられた，2. 他のヨーロッパ連合加盟国またはヨーロッパ商取引経済圏に関する条約の他の加盟国における規制された市場で許容された，または 3. その価格が直接または間接に1号または2号の金融手段に依存する金融手段である。許可または関与の申立がなされまたはそれらが公示された場合は，組織化された市場における商取引の許可または組織化された市場または自由取引への関与と同断である。」〕

92

正当化は，複雑で，決して一見したように一義的でない。すなわち，開示かそれとも断念かの原則が，特定の事例で，相場で重要な情報の拡大を促進するというより阻害することは排除されえない[99]。インサイダー取引の禁止は，それに一致して，インサイダーに相場で重要な新しい情報の即時の開示への刺激を媒介する利益によってもまた動機づけられない。これらの機能は，むしろWpHG 15条[99a]およびこれと関係した責任規範であるWpHG 37 b条（インサイダー情報の遅滞のない公開の懈怠による損害の賠償），37 c条（不真性なインサイダー情報の公開による損害賠償）が満たす。これらの法条は，明らかに仲介者，すなわち株式会社に向けられている。インサイダー取引の禁止にとって決定的なものは，むしろ市場取引における信頼の保護[100]，ならびに各々の株式会社に属する情報から利益を得ることがこれらの者に許容されているとした場合の，管理者の刺激のゆがみの防止である[101]。

かように定められたインサイダー取引禁止の理由から，契約前の説明義務の問題のための重要な帰結が生じる。すなわち，インサイダーは，WpHGに基づいて責任を負わねばならない情報をその相手方に伝達する義務を負わない[102]。選択された第三者に対するインサイダー情報の選択的な開示は，インサイダー取引禁止の違反を治癒するのではなく，今や更なる者，いわゆる第二インサイダーが情報を利用して利益を獲得する機会を有するがゆえに，違反をもっとひどいものにする。その結果WpHG 14条1項2号によれば，インサイダー情報を他の者に無権限で与え，または入手させることは禁止されている。インサイダーがWpHG 14条違反を避けるためにすることができ，かつしなければならない唯一のものは，それがWpHG 15条により義務づけられているような，このための特別の通知による情報の公開である。この義務に違反するときは，被害を受けた投資家はWpHG 37 b条，37 c条により仲介者に，そしてそれを超えてド民826条（良俗違反の故意によ

---

(99) その観点の詳しい総括として，F. Easterbrook/D. Fischel, The Economic Structure of Corporate Law, 1991, pp. 256ff.; Posner（注88），pp. 433ff.
(99a) ［WpHG 15条（企業登録へのインサイダー情報の通知，公開及び伝達）「金融手段の国内発行者は，例外となる場合を除いて，彼に直接かかわるインサイダー情報を遅滞なく公開しなければならない。」］
(100) Assmann/Schneider. Komm. z. WpHG, 3. Aufl., 2003, para. 14 Rn. 4af., 107f [H.-D. Assmann/P. Cramer].
(101) Easterbrook/Fischel（注99），pp. 259ff.; Posner（注88），pp. 433ff.
(102) Assmann/Cramer, WpHG（注100），para. 14 Rn. 4d. をも参照。

II 3 契約法における虚言

る加害）に基づいてインサイダーに個人的に請求をなしうる[103]。それゆえに，それと並んで生じうるド民823条2項（保護法規違反による不法行為）およびWpHG14条に基づくインサイダーの責任のためにいかなる論拠も必要も生じない。なぜならば，一方では，インサイダー取引の禁止は個々の投資者の利益のための保護法ではないし，他方において，被害に遭った投資家が常にその契約の相手方を見つけ出し，インサイダーの仮面を剥ぎ，次いで個別的な損害を立証することに成功するとは限らないからである[104]。投資家がインサイダーをとがめうるのは，もっぱら彼が適時に情報を伝えなかったことであり，彼がその者と契約を締結したことではない。なぜならば，投資家はいずれにしてもその当時の市場価格で契約を締結する準備をしていたからである。

要するに，現代の資本市場法は，固有の利益のためにインサイダー情報の使用を罰しているが，契約当事者に対する説明義務は，明らかにインサイダー取引禁止の目的を達成するためには誤った手段である。

2 積極的行為による詐欺

上記の農地を買い集める探鉱会社の事例で利口な農夫がなにが行われているか気づいて，探鉱会社により送り込まれた買主に質問した場合はどうなるのであろうか。その質問は真実に適って答えられねばならないのであろうか。興味あることにクローンマンは，積極的行為，虚言による詐欺をその分析から意識的に外している[105]。この除外の論拠は，双面的である。なぜならば，まず彼は，沈黙と積極的偽罔との限界線を引くことは困難であり，個々の事情に依存するが故に，その問題をはねつけるが，他の個所では，彼が虚言と沈黙との間の通説の法律的区別に従うことによりある立場をとっているからである。「詐欺は，それが市場に間違った情報を積極的に増加させ，かつそれゆえに資源を分配するメカニズムとしての効用を減殺するおそれがあるが

---

(103) BGHZ 160, S. 149 (151f.); BGH NJW 2004, S. 2668 (2669f.); Münch. Komm. z. BGB., Bd. 5, 4. Aufl., 2004, para. 826 Rn. 62f. [G. Wagner].
(104) Assmann/Cramer, WpHG (注100), para. 14 Rn. 4b, 107f.; S. Kümpel, Bank- und Kapitalmarktrecht, 3. Aufl., 2004, Rn. 16. 71. 反対：H. Schimanski/H .-J. Bunte/H. -J. Lwowski, Bankrechts-Handbuch, Bd. III, 2. Aufl., 2001, para. 107 Rn. 76 [K. J. Hopt]; Huber (注49a), S. 29.
(105) Kronman, Journal of Legal Studies 7 (1978), pp. 1, 18ff. n. 49.

ゆえに，経済的に望まれない[106]。」

リチャード・ポズナーの立場も同じ方向を向いている。彼の代表的な作品である法の経済分析では，彼は，詐欺の章を，契約当事者がいかなる前提のもとで相手方が契約締結前に，商品代価にとって重要な事情について知らせねばならないかという問題から始めた。レイドロー対オルガン事件につき，ポズナーは，契約当事者は相手方の決定にとって重要な全ての情報を開示しなければならないとの原則から出発する必要はないとする。契約前の説明義務は，拡張され，多額の費用を要する努力により得られた情報に拡大されるべきでない。これを明らかにした後で，ポズナーは，次のように述べる。「虚言は様々である。虚言者は，誤った情報を制作し，撒き散らすという積極的な投資をしている。この投資は社会的な観点からは全く無駄であり，我々は当然に彼の虚言に対して報酬を払わない[107]。」

従って，ポズナーもまた，特定の条件のもとでのみ契約の解消の権利を与える不作為による詐欺と常に解消権を許容する，作為，虚言による詐欺とを区別する。ヨーロッパ法秩序の立場，虚言に対する反感は，「詐欺の最適の額はゼロである」という経済的分析により明らかである[108]。

3　最適の不誠実

この原則に対して，最適の不誠実が問題になる，契約前の領域における虚偽についての最大限度を求める流れが生じている。その立場では詐欺の最適額はゼロより大きい。この挑戦的な概念は，すでに虚言の権利の支持者により協定上のモラルおよび伝統的な契約法理論との対立がどのように鋭く受け取られたかを示す。

特にレヴモアは，彼が情報の保持に対する保護に値する利益を有するがゆえに，説明義務を負わない限り，虚言の権利が認められうるといいたいようである[109]。情報の保護は，単に説明義務が否定されるだけでなく，虚言の

---

(106) Kronman, Journal of Legal Studies 7 (1978), pp. 1, 19 n. 49.
(107) Posner（注88），p. 111; Cooter/Ulen（注85），pp. 280ff.
(108) Ackerman/Schwarz (1991) 947 F. 2d 841, 847（イースターブルック判事）.
(109) S. Levmore, Securities and Secrets: Insider Trading and the Law of Contracts, Virginia Law Review 68 (1982), pp. 117, 141ff.; C. T. Wonnel, The Structure of a General Theory of Nondisclosure, Case Western Reserve Law Review 41 (1991), pp. 329, 361ff. 更に展開するもの：Barnett, Harvard Journal of Law and Public Policy 15 (1992), pp. 783 (799ff.).

Ⅱ 3 契約法における虚言

権利を必要とする場合に保証される。「しかし，沈黙は，単に売主が，買主に問題になっている情報を開示するかまたは確定的に不正直であるかを求める質問をすることを知るまでにおいてのみ買主を保護する[110]。」

かような質問は，1つは，全く特殊的に保護に値する情報，例えば，売却される土地において推測される土地の埋蔵物に関してなされうる。しかし，それを超えて，偽計を弄する当事者が，相手方の付加知識についての全く一般的な質問をなす危険もまた存在する[111]。たとえば，購入に関心を持っている者は，提供された不動産になんらかの不具合がないか，相手方が市場関係の変動について何らかの情報を持っているのではないかなどを知ろうとするかもしれない。もちろん相手方（買主）は，彼が藁人形を立てることによってかような質問を避けうる。従って，要するにレヴモアにとって，契約法がどこかで限界を引き，不誠実を許容するに違いないという洞察に関する道は開かれていない。それが「最高の不誠実」によっていわんとすることである。

その際に，契約の一当事者の虚言が特定の事情のもとで許容されるという原則を費用なしに得られないことが否定されない。これらの費用は，虚言の権利が認められる場合に，契約商議に持ち込まれる不確実さの中にある。その場合裁判所には虚言が例外的に許容される事例を認定する任務が帰する。この点で楽天的である場合ですら，かようなルールの効力が，それが本来考えられていた事例を超えることは示されえない。同様にレヴモアも結果的に，虚言の権利の承認により存在する，法的不安定の増大という不利益が社会のための利益により包括的に十分に補償されるという論拠により肯定する[112]。

Ⅴ　モラルと権利

虚言は消極的な形態の概念である。ある者をうそつきと呼ぶことは，侮辱である。この倫理的な着色は，契約法における虚言の問題に携わっている法律家や経済学者もまた染めている。全く明らかに誰も，その相手方を欺く当事者を弁護する者を弁護しようとはしない。時折この感情は公然なものとす

---

(110) Levmore, Virginia Law Review 68 (1982), p. 117 (137).
(111) Levmore, Virginia Law Review 68 (1982), p. 117 (138).
(112) Levmore, Virginia Law Review 68 (1982), p. 117 (141).

らされる。リュプトーにより以下のように認められている。ローマ法の「相互に欺くことなしにの原則（invicem se circumscribere）」の許容との取組は，嫌悪感と不快感に導いた[113]。そしていずれにしても，最も良い場合でもモラルの限界を扱うことを疑わしくする非情な法の経済ですら[114]，「その不調和な名称が示唆するように，最適の不誠実は，法と調和すべきモラルの原則と相容れないようにみえる」ことを率直に認める[115]。それと一致して最適の不誠実の議論は，「この議論は，倫理に関する効率性の要求に対する人の寛容をテストする」という確言から始まる[116]。

　あらゆる警告にもかかわらず，以下には説明義務の不存在の場合の虚言の権利を何らかの程度において道徳家気取りなしに検討し，類型的な虚言の不許容を設ける計画には直ちには専念しない試みがなされる。設定された任務は明らかに，契約当事者が任意に嘘が言えることの証明の試みではない。かようなルールは明らかに馬鹿げている。むしろ著名ではあるが，ずっと異例とみられる妊娠の事例を超えて，嘘をつく権利が認められうる特定の事例が存在するか，またかような権限がどのような論拠に基づくかの問題を追究すべへきである。

VI　虚言禁止と説明義務

　歴史的展開は，ヨーロッパの法秩序において，詐欺の些細な形式でも契約解消権を理由づけるのに十分だとみなされるというように展開してきた。これは特別にフランス法で明らかである。悪意の歴史的な核心は，被告の手練手管による詐欺である。後になって単なる沈黙がそれに加えられた。そして比較的に範囲の広い説明義務は，最近の法理論的な発展の果実である[117]。ドイツでも積極的行為による詐欺は，ドイツ民法典の施行後問題なく認められ，注意は自然に満たされるべき説明義務の輪郭線を書くことに置かれた[118]。

---

(113)　U. von Lübtow, De iustitia et iure, ZSS (RA) 66 (1948), S. 458 (500).
(114)　M. Tietzel, Zur ökonomischen Theorie des Betrügens und des Fälschens, Jahrbuch für Nationalökonomie und Statistik 204 (1988), S. 17.
(115)　Levmore, Virginia Law Review 68 (1982), pp. 117, 142.
(116)　Wonell, Case Western Reserve Law Review 41 (1991), pp. 329, 361.
(117)　上記Ⅲ．2.
(118)　上記Ⅲ．1．a)．

II 3　契約法における虚言

　説明義務を知らない法制のもとでは，相手方に向けられた質問は，合意の前段階で，彼自身には届かないか，または直ちには届かない情報を得るために，推定上の契約当事者の唯一の手段である。説明義務の負担の軽減された契約法における質問のこの機能に直面して，真実に適った解答への相手方の厳格な義務を認めることが全く明らかである。

　広範な説明義務の展開は，虚言の問題を新しい光の下に置いた。情報のよく与えられた当事者が契約商議の過程で原則的に相手方に説明する義務を負わせる契約法の枠内で，情報の少ない契約当事者に，彼が相手方に質問を発することによって，説明義務の範囲を任意に拡大することが許容されるかどうかが検討されうる。それに対する解答は，およそ自明的ではなく，（質問が）少なければ少ないほど，説明義務の否定のために標準となった原因が重さを増す。

VII　説明義務による真実義務

　契約締結時の不真実の事実の主張の制裁が説明義務の存在により解決され，かつ虚言を弄する当事者が相手方に説明義務を負うか，それとも負わないかの区別が放棄された場合，問題状況の明確な視点が変更される。

　すなわち，真実の義務は，契約当事者がその相手方に自発的に説明する義務すら負う限り，全く自明的である。当事者が質問を受けることなく真実を言わねばならない場合は，それがなんらかの事実についてなお質問される場合に初めて当然に正しいものとなるに違いない。説明義務の承認を正当化するすべての論拠は，真実に適った解答をする義務を正しく要求する。もちろん説明義務の承認の論拠が確定的でないが，この欠落が是正されて説明義務が否定され，または説明義務が容認されず，虚言の権利が認められる場合が考えられる。従って説明義務と虚言禁止の間には分かちがたい関係がある。

　この関係は，例えば中古車売買の関係において明らかである。旧債務法のもとでは売買目的物の瑕疵の場合判例にとって買主の法的地位について，瑕疵の悪意による沈黙の構成要件が（ほとんど）すべて問題とされた。悪意が立証されれば，買主は，旧売買法によれば，短期の時効にかからず（ド民旧477条1項1文），かつ担保責任免除の通常の合意が無効となる（ド民旧476条），不履行による損害賠償請求権を請求しえた（ド民旧463条2文）。連邦

最高裁は，この背景のもとに，悪意による黙秘構成要件を買主保護の相対的に範囲の広い手段に展開した[119]。特に売主は，彼に知られていたまたは彼がその存在を可能と考えた，すべての事故の損害を知らせる義務を負うとされた[120]。その場合しかし，自明的に，売主がありうる事故損害についての買主の質問に真実に適って解答しなければならず，いかなる説明もでたらめにしてはならないと理解された[121]。説明義務が及ぶ限り，買主の明示的な質問には完全かつ真実に適って解答されねばならない。

　連邦最高裁により判決された事例では，買主が中古車を7,700マルクで購入した。単なるひっかき傷が問題になると考えていたがゆえに，質問を受けて，最初の売主の名前でかつその委託を受けて売却した中古車商は，彼にわかっていたフェンダーと前部バンパーの損害を黙っていた。連邦最高裁は，原告がその信頼を専門家たる中古車商に置き，単に最初の売主に置いていなかったという理由で，まず中古車商を売主について適用される説明義務に服させた。これに基づいて中古車商は，彼がそれを重要であると考えたか，そうでないかを問わず，原告に質問に答えて自動車の損害を伝える義務を負うと判示された[122]。新債務法のもとではこの判決は重要性を失った。すなわち，約定の担保の排除はド民475条（消費用品売買における特約条項に関する規制）により無効とされるのではなく，ド民444条[122a]により無効とされる，あるいは，瑕疵が発見されたときにはすでにド民438条1項3号の2年の時効が経過しているからである（ド民438条3項）。

　当事者が助言契約を締結した場合，すなわち，当事者間に存在する情報の不均衡の説明による均等化が契約上合意された場合も同様である。この前提のもとでは，助言者が契約締結前になすすべての事実の言明が正しくなければならないことが自ずから理解される[123]。

---

(119) 個々的には，Soergel, Komm. z. BGB., Bd. Ⅲ,12. Aufl., 1991, para. 463 Rn. 21f. [U. Huber].
(120) BGH NJW 1977, S. 1055; BGHZ 74, S. 383 (391f.).
(121) BGHZ 63, S. 382 (388); 74, S. 383 (392); BGH NJW 1977, S. 1914 (1915).
(122) BGH NJW 1977, S. 1914 (1915); BGH NJW 1967, S. 1222. しかし，説明義務は，合理的に考えて売買の決定に影響を及ぼしえない些細な損害が問題になるにすぎないときは，生じない（BGH NJW-RR 1987, S. 436 (437))。
(122a) ［ド民444条（責任の排除）「瑕疵による買主の権利が排除または制限される合意を売主は，彼が瑕疵を詐欺的に黙秘しまたは物の性質に対する担保を引き受けた限りにおいて援用しえない。」］

Ⅱ 3 契約法における虚言

　連邦最高裁の事例としては，ニット製品の会社への資本参加が問題になった判決がある。税法上有利な資金の投資の仲介を扱っている会社が，原告に文書で短期投信説明書を添付してニット製品会社への投資を勧誘した。文書には特に製造と販売は翌年について保証されると述べられていた。この言明は，売買が個別取引についても，百貨店およびコンツェルンについても確保される，そしてすでに国内および国外の導入されかつ成功した企業組織の確言もある，という発行された説明書の言明によっても補完されていた。連邦最高裁は，これらの文言を利害関係者がいずれにしても真面目に受け取りえなかったであろう標語の種類の推奨とは評価しなかった。最高裁は，むしろその中に，原告に成功した企業の事業という期待を抱かせる確定した言明が存在するとの印象を惹起したであろう，基礎のしっかりした売買の期待を見た。この言明が事実に一致していなかったのだから，被告は助言契約に基づく義務に違反したのである。情報が事業に参加する原告の決定にとって意味を有しうる限り，それは注意深くかつ特別に真実に適って与えられるべきである[124]。

　その判例は，情報の作出への刺激を，説明義務が存在する場合ですら維持しようとしたようにみえる。建物の売主が存在する瑕疵，例えばシロアリまたはだにによる被害に関する情報を自己の支出なしに取得する，すなわち単に彼がそこに住んでいたことにより取得した場合，彼はその知識を直ちに購入希望者に伝えねばならない。これに対して，売主が建物の瑕疵に関する情報を自ら費用のかかる調査手段により取得したときは，この情報を購入希望者に費用なしで与える義務は存しない。他方において，瑕疵は黙秘される必要はなく，売主は買主に問題がありうることを示さねばならない。しかし，高い費用を払って取得された情報の開示は，情報調査費用への関与に依存させられうる。

　その例を挙げよう。建物の建設された土地が，すでに存在している建物を取り壊し，新しい建物を建てる目的で購入された[125]。すでに実行されている建設計画をともに売却した売主はこれらすべてを承知していた。彼は売買商議に入る前に土地の鑑定を行い，それにより基礎水面が計画された地下の

---

[123] 同旨：BGH NJW-RR 1988, S. 458（459）．
[124] BGHZ 74, S. 103（110f.）; BGHZ 123, S. 126（129）．
[125] BGH HJW 1993, S. 1643.

底の上にあることがわかった。売主はこの事実を買主に伝えなかったが，質問に対しては，彼が，基礎水面の問題について買主に喜んで売却することができるという鑑定を得たことを明らかにした。買主はこれ以上は追及しなかった。基礎水面を下げる必要のために，建設費用はずいぶん嵩み，予定よりも長い期間を要した。買主はそれにより生じた損害の賠償を売主に請求した。連邦最高裁は請求を棄却した。専門的な鑑定を行ったことを明らかにしたが，問題となっている性質について無償で説明することを拒否した者は，説明義務に違反したものではない[126]。この判決に結果的に従いうるが，理由づけについては，説明義務の議論が問題性を欠いていることが解明されるべきである。売主が鑑定の内容を自発的に明らかにしなければならないかどうかではなく，彼が買主の明示の質問に対して上記のように解答しうるかどうかが問題となる。彼は，買主が，売主によって高額の費用と引き換えに得られた情報を費用なしに獲得することを求めえないがゆえに，それが許容される。しかし，この効果はまさに，売主が鑑定の内容を質問に応じて開示する義務を負ったであろう場合に生じたであろう。

VIII 説明義務なしの真実義務

契約当事者が契約商議の枠内で相手方に説明する義務を負わない場合，このことは自動的に彼が虚言をいう権利を有することを意味するのではない。むしろいかなる理由で，相手方の決定に重要な事情の開示義務が喪失するのかが問題になる。

1 積極的誤導による詐欺

最初の一歩で，情報の開示が虚言を弄している当事者に由来する事例が切り離されうる。情報を保持する権利を有する者は，自己のイニシアティブで虚偽の話を考え出し，不真実の話を広める権利は有しない。積極的行為，たくらみによる偽罔の禁止は，理由なしに法史的に保証された契約法の核心たる存在に加えられる[127]。現代の法秩序にとってはそれについてほとんど一語も失われていないことが明らかである。積極的行為による偽罔として理解

---

[126] BGH NJW 1993, S. 1643 (1644).
[127] 上記III. 2（フランス法），VI.

[II] 3　契約法における虚言

される詐欺の厳格な禁止を肯定する経済的分析によっても事物は異なって判断されない[128]。この場合うそつきは，他人を首尾よく錯誤に陥れるために資金を投資するというポズナーの言葉が完全にあてはまる[129]。

　詐欺は実際上国民経済的に望まれない。それが価値を低下させる取引に導かないで，単に欺罔者のための再配分を帰結する場合でも同様である。財貨の配分がかような再配分により改善されないのだから，効果的な詐欺のために必要な緊張は，それ自体として無駄であり，それが相手方に保護措置における補助的な投資を惹起することにより，付加的な損害もまたもたらす。費用のかかる競争を避けるために，詐欺師から詐欺によって得られる利益をはく奪し，詐欺手段への投資の刺激を破壊するために，被欺罔者には契約解消権が与えられる（ド民 123 条）。それを超えて付加的な予防効果がド民 823 条 2 項，刑法 263 条[129a]，ド民 826 条から生じる[130]。

　資金投資仲介者が富裕な歯科医の事務所を訪れ，彼にカナダで設立された不動産会社への投資を勧誘した場合，その仲介者には疑いなしに広範囲の，限界がないではない説明義務が帰属する[131]。例えば，将来のカナダドルの展開に関する説明は期待されない。従って，資金仲介者は歯科医に，翌年カナダドルがアメリカドルやユーロに比してどうなるか，また外国為替市場の将来の展開がどうなるかについて説明する義務は負わない。資金投資仲介者は，それにつき沈黙しうるが，そのことは当然に，彼が投資家に不真実を話して聞かせうることを意味しない。彼が例えば真実に反して思いがけず巨大な量の原油資源を発見し，そのため世界中が翌年ドルおよびユーロに対するカナダ通貨の著しい高騰を考えることになるだろうと表明したとすれば，ド民 123 条の取消権が認められよう。

2　特異な説明利益

　第二の事例群では説明義務はもっぱら，説明義務を負う当事者が，その将

---

(128)　上記注 106 以下。
(129)　上記注 107。
(129a)　［ド刑 263 条（詐欺罪）「(1) 自己または第三者に違法な財産上の利益を与える意図のもとで誤った事実を虚構しまたは正しい事実を歪めまたは隠ぺいして錯誤を惹起しまたは維持することにより他人の財産に害を与えた者は，5 年までの自由刑または罰金に処する……。」］
(130)　MüKo（注 103），para. 826 Rn. 43f.［Wagner］.
(131)　BGH NJW 1989, S. 2879 に基づく事例。

来の契約の相手方にとってそのような事情が問題になることを知りえないがゆえに，喪失する。全く一般的に，情報の不均衡な契約当事者間のすべての契約締結が，情報の多い当事者に相手方に包括的に説明し，または助言することすら義務付けるというものではない。むしろ平均的な契約当事者にとって重要な事情を明らかにし，それ以外はその者がその利益の保持のために必要な調査を自らなすことに委ねうる。相手方がその心構えをするのであり，それに価値が置かれる場合であっても，彼がそれについて質問を受けることを認めうる事情を指示する必要はない[132]。質問がなされると，それに対してはもちろん真実に適って解答されねばならない[133]。この事例群でも虚言の権利は問題とはならない。

例えば，建築材料商人が床タイルのための接着剤を売却し，音楽家たる顧客がスタジオのデッキや壁にそのタイルを貼るために購入した場合，その製品の目的への適合性についての商人の説明義務は確かに否定される。顧客が床でなく，デッキに貼り付けることをどうやって知ることができるだろう。しかし，彼が顧客からその接着剤が予定された使用に適するかどうかを聞かれたときに，彼は真実に適った解答をしなければならない。商人がその接着剤がその具体的な目的に適合するかどうかを正確には知らなかったときは，顧客に軽率に保証する代わりに，これを明らかにしておかなければならない。

連邦最高裁は，複合的建造物が取り壊しのために売却された事例について判決した[134]。売主は買主から，どの範囲において取り壊されるべき建物が居住目的で使われるのか，質問を受けた。彼にそれに対して真実に反した，すなわち，事実上存在した建物使用の限度をことさら軽視する解答をなした。従って原告は，取り壊しの許可を得るために賃貸借価格と結びついた代償の建物を提供しなければならなくなり，それによって引き起こされた損害の賠償を売主に求めた。連邦最高裁は，訴えを許容し，理由として，契約締結前の説明義務があらかじめ制限された範囲について存在するが，契約締結前の不真実な事実の告知は，それ自体として許容されず，契約締結上の過失に基づく損害賠償義務を生じるとした。「売主が相手方の売買の決定にとって重

---

(132) BGH NJW 1989, S. 763 (764); BGH NJW 1982, S. 376.
(133) それにつき詳しくは，P. Mankowski, Arglistige Täuschung durch vorsätzlich falsche oder unvollständige Antworten auf konkrete Fragen, JZ 2004, S. 121 (保険の場合の質問の相手方という側面のもとで)；ders., Beseitigungsrecht, 2003, S. 327f.
(134) BGH NJW-RR 1997, S. 144 (145).

II 3 契約法における虚言

要な事実上の言明をなすときは，これは正しくなければならない。開示義務が存在しない場合でも同様である[135]。」それには結果的にのみ同意されうる。売主は，土地の売主が土地が居住目的で使用されている範囲の開示義務を一般的に負っていないとしても，買主の質問に真実に適って解答しなければならない。この事情は，居住目的の場合に広範な（賃借人のための）告知の保護により，買主の特定のグループ，すなわち，建物を取り壊そうとする者にとってのみ意味を有する。彼が相当な質問をしたことにより，購入希望者がこれらのグループの構成員であることを知りうるとすると，売主の説明義務はそれに一致して拡大される。すなわち，その質問は真実に一致して解答されねばならない。これは，売主に買主にとって重要な情報が費用を要しないで帰属したときは，連邦最高裁判例の事案のように，より一層あてはまる。

　これらの事例の真実義務の中心的議論は，嘘が相手方に自ら積極的に情報を求める刺激を奪うという考慮である[136]。建物の買主に質問に答えて，実際は（居住に）耐えられないのに，素敵だと答えた者は，この彼にとっては重要な事情を自ら調べる相手方のイニシアティブを突き崩したのである。契約の相手方が隣人は友好的で親切だとある者に確約した場合，誰が隣人の家のドアをたたいて，その人柄を知ろうとするであろうか。土地の売主が買主の明示的な質問に対して，彼が隣の家の建物建築についての具体的な計画を知っていたにもかかわらず，隣人が建築計画を全く持っていないと解答した場合も同様である[137]。人が探求しているものがみつかったとある者がいう限り，その探求をやめるのが人間世界の常識である。この行為状況の裏面は，広く知られているように殊更に長期間調べることである。長いこと探していた本が一番下から見つかったというよく聞く不平は，その限りで自然法を表現している。求められていた物はいつも，それを探すことをやめていたが故に，その手元にあった最後のものである。

---

(135) BGH NJW-RR 1997, S. 144 (145) (BGH NJW-RR 1988, S. 458 の引用は不当である。この事例では助言者が契約上の合意に基づいてすら説明義務を負うからである). 上記VII注123参照。
(136) Schepple（注74），p. 176.
(137) BGH NJW 1993, S. 1323 (1324)（詐欺に基づく責任）.

ゲルハルト・ヴァーグナー

IX 虚言の権利

　虚言の権利について，外見上認められる以上に，なおどのようなことが残っているのであろうか。ヨーロッパ法秩序では説明義務は歴史的に説明を必要とする例外であったがゆえに，反対利益に関する質問は決して初めてなされるものではない。説明義務の否定とともに相手方の保護利益は自動的に満足を得たようにみえる。

1　虚言権の特質
(a)　秘密保護としての虚言の権利

　説明義務の理論が花開いている一方で，虚言の権利は，特定の事例群でしつこい質問に対する不当な解答の権利が認められているにもかかわらず，私法理論においては周知のものではなかった[138]。以下の議論が当初から誤った水路に入らないように，まずそれが私的－およびプライヴァシーの領域であれ，営業の領域であれ，虚言の権利が秘密保護の機能を有しえないことが明確にされるべきである[139]。ウルリッヒ・フーバーが妊娠に関する質問の事例で述べたように，虚言の権利の正当な秘密保持利益との結び付きは，単純に秘密が虚言以外の方法，すなわち沈黙による場合でも保護されうることにおいて挫折する[140]。

　この妊娠に関する考察は，一般化されうる。この場合関心がもたれる虚言の権利においては，決して秘密の保護は問題にならない。空から探索された土地から金の鉱脈を推測した探鉱会社は，試掘権を取得した後で，この情報を公にするであろう。蚤の市でがらくたの中から有名な画家の高価な絵画を発見した美術愛好者は，彼がその絵画を自己の所有物としたらすぐに，秘密保護の利益を失う。多くの事例で真実が自ずから明るみに出ることすらあり，例えば，ロードスの穀物商人やニューオルレアンのたばこ買主オルガンのように，タイムラグの利用が問題になる。これらの事例で役割を演じる私法上

---

(138)　上記III．1 b)．
(139)　しかし，この方向で，Mankowski, JZ 2004, S. 121 (126f.); ders., (注133), S. 334f.
(140)　U. Huber (注49a), S. 16. つとに，H. Wiedemann, Die Bedeutung der culpa in contrahendo im Arbeitsvertragsrecht, Festschr. f. W. Herschel, 1982, S. 463, 469f.

105

[Ⅱ] 3 契約法における虚言

の利益は，秘密保持に対する利益ではなく，保護される情報の開示なしに契約を成立させうることに対する利益である。

(b) 情報に対する財産権

クローンマンは，彼のすでに言及された著作の中で，相手方に対する説明なしに契約を締結する権限を有する悪意の当事者の権限を財産権と呼んでいる[141]。乏しい資金を使って知識を獲得した当事者に所有権が帰属する。従ってその所有権は，短期間の間に自ずから明らかになったがゆえに，十分に展開したものとはいえない。特にレイドロー対オルガン事件をモデルとする事件で明らかなように，情報は特に短時間のみ価値を有するのだから，無体財産権の定義に必要な費用を支出したというに値しない。

ケッツが説明義務の文脈の中でくみしたこの見方は[142]，秘密保持権の承認に対して向けられた異議にはさらされない。すなわち，この場合保護の利益は秘密保持自体に対する利益ではなく，有利な契約の締結による情報の経済的利用に対する利益である。ドイツ私法の基本原則は，他のいわゆる特定範囲のソフト資産のように第三者による違法な領得からの保護を受ける財貨として情報を承認することを排除しない[143]。

財産（property）という概念のドイツの所有権または準無体財産権への翻訳は，結局，人格権的利益もまた，契約商議の手続きで情報の秘匿を正当化するのに適切でないという錯覚に陥らせることはできなかった[144]。これは効果的とはいえないが，現行法である。

2 虚言の権利の論拠
(a) 経済的基礎

虚言の権利の経済的基礎は，契約前の説明義務の承認と対峙する経済的基

---

(141) Kronman, J. Legal Stud. 7 (1978), pp. 1 (14ff.). 上記Ⅳ. 1 a).
(142) Kötz（注1), S. 566 (568). 特にインサイダー取引の問題につき詳しくは，Easterbrook/Fischel（注99), p. 254.
(143) それにつき詳しく，比較法的な研究をするものとして，P. Schlechtriem, Restitution und Bereicherungsausgleich in Europa, Bd. Ⅱ,2001, Rn. 190f., 229f.; G. Wagner, Neue Perspektiven im Schadensersatzrecht: Kommerzialisierung, Strafschadensersatz, Kollektivschaden, Verhandlungen des 66. Deutschen Juristentags, Bd. 1, 2006, Gutachten A, S. A 38f.
(144) 下記2. d).

礎とは異なったものではない[145]。法律学の領域でも法の経済でも現実の議論の状況は，不真実の発言による詐欺と説明をしないことによる詐欺が2つのカテゴリー上異なった問題として論じられることにおいて苦しんでいる。この対置は，自発的な詐欺の場合，すなわち，不真実の告知に関するイニシアティブが嘘を言っている当事者に由来する場合にのみ正当である[146]。

　虚言が自発的になされたのではなく，相手方の質問に対する解答としてなされる場合は，これとは異なる。情報を得た当事者がかような状況の中で真実を言うべきだとすると，情報の保護は大したものではないであろう。相手方が質問を発することによってその存在を自由に支配しうる財産権は，その名に値しない[147]。

(b) 価値ある情報の作出への刺激の保護

　積極的行為による詐欺は常に制裁するが，重要な事情の沈黙は情報の創出への利益において許容するという理論の不統一は，探鉱会社が土地の埋蔵物の発見のために多額の投資をした事例で特別に明らかに示されうる。企業が売主に土地に鉱脈があることを明らかにしなければならないとすると，売主は，鉱床の採掘から期待される利益を土地の価格に上乗せする可能性を有することになろう。しかし，採鉱会社が売主からの質問に対して真実に適って解答しなければならないとすれば，同じ結果となるおそれがある。将来的にかような情報の創出に投資する刺激に対する消極的な効果が明らかである。「投資が不適切な言葉だけで無駄になるとすれば，誰が費用のかかる情報の創出に投資するであろうか[148]。」

　ドイツでは未発見の土地の埋蔵物はほとんどないが，その代りに屋根裏部屋に重要な宝がある。コーブルク区裁判所の事例では，音楽愛好家が蚤の市で数マルクの代価を払ってたくさんの古いノートの束を得たが，その中にことのほか価値の高いモーツァルトの自筆譜がみつかった。裁判所は，売主の性質錯誤により契約を解消させることを拒否した[149]。この結論は，ド民119条2項の適用を否定するためには多大の努力が必要であるが，経済的に

---

(145) 上記Ⅳ．1．
(146) 上記Ⅷ．1．
(147) 注148参照。
(148) Scheppele (注74), p. 164.
(149) AG Coburg NJW 1993, S. 938 (939).

II 3 契約法における虚言

は正当化されうる。買主は高価な譜面を取り出さねばならなかったが，それは彼が多大の努力をして身につけた専門知識の果実としてもたらされたのである[150]。

しかし，厳格な真実義務の適用下では，蚤の市の商人には，専門家としての印象を持った購入希望者に「商品の中に私がつけた価格よりも高価なものがありますか」という質問をすることが勧められうる。古いガラクタの山の中にモーツァルトの原譜を発見した相手方は，彼が同時に売買をあきらめる場合にのみ解答を拒絶しうる。「開示するか，さもなければ断念するか」である[151]。それとともにかような知識を得る刺激は消滅する。それを超えてその他，近時ボンでアウグスト・マッケの絵画でそうであったように，素人がそれを遅かれ早かれ投棄するであろうゴミの山からそれを保持するために，蚤の市で価値の高いものを探す刺激もまた失われる[152]。

(c) 情報の配分，保護価格の保護

上記に述べたように，努力と費用の支出によって得られた情報が，これがいつでもそうであるように，配分の効果もまた有する場合，重要なことは何も変わらない[153]。収集家の間で捜し求められているクラシックカーが不注意な相続人によりガラクタ価格で売りに出された場合，この取引によりもちろん国民経済が利益を得るだけでなく，とりわけ買主自身が利益を得るとしても，売主に自動車の真の価格について説明する義務は負わない[154]。

ドイツでは連邦最高裁は，不動の判例で，売主に固有の計算基礎の開示を義務づけることを拒否している。その結果買主は購入価格および取引のマージンについて不明の状態に置かれる[155]。すべての協力の分け前を契約当事者に与える義務は，特にかような義務が相互的に補償されるがゆえに存在しない。これに対して，相手方を契約締結に勧誘するために，契約当事者が自ら協力の分け前の分与について不真実を告げた場合は，限界は確かに踏み越

- [150] 同旨：Kötz（注1），S. 568.
- [151] それにつき詳しくは，Levmore, Virginia Law Review 68 (1982), pp. 117, 123, 144.
- [152] LG Bonn NJW 2003, S. 673.
- [153] 上記IV．1 b）．
- [154] Cooter/Ulen（注85），p. 283 の事例．
- [155] BGH NJW 1964, S. 811 ［売主は買主に仕入れ原価と利幅を説明する必要はないとして，買主の詐欺取消を認めなかった］；1981, 2050; NJW 1983, S. 2493 (2494).

えられている[156]。連邦最高裁の判例ではもっぱら，情報を得た契約当事者が相手方を自ら誤導したわけではないが，沈黙しただけでなく，しつこい質問に不当に解答したというこの場合興味ある状況が解明されないままになっている。

労働法は，この事例群についての概観のための資料，すなわち，前の給料についての質問に関する先例を与えている。連邦労働裁判所の判例によれば，労働契約の応募に際して被用者により従来得られていた報酬に関する質問は原則として許されない。被用者は，沈黙するだけでなく，ド民 123 条の詐欺取消をおそれることなく，使用者の報酬についての質問に対して虚偽の解答をなすことも許される[157]。この判例によれば，このような方法で労働関係により創造されるすべての利益を要求しうるために，使用者が被用者の留保された価格を聞き出すことは避けられるべきである[158]。

契約上の均衡関係のためのパラメーターに影響を及ぼすために適当な，相手方の彼の知っている情報の探究は，労働契約の募集の場合だけでなく，すべての有償契約の商議の場合にも可能である。しつこい質問からの留保された価格の保護は，一方では正義の議論によっても理由づけられうる。契約上の商議の過程で，彼が質問を通じて相手方にその最大の支払い準備を開示することを強いることにより，一方が協力の分け前の全部または大部分を得ることは不公平であろう[159]。

経済的な視点からは，協力の利益がどのようにして当事者間に配分されるのかは関心が低い。なぜならば，もっぱら協力の利益を最大化することが問題になるからである。同様に経済学でも，当事者がその最大の支払い準備ないしその最少の支払い要求に関して相互的な説明の義務を負うことを誰も考えない。まず新たに配分的に作用する情報が生産的な情報からこっそりと区別されえないことが想起されうる。古いノートの束の山の中にモーツァルトの自筆原稿を発見した購入希望者の支払い準備は通常この事情に基づく。自

---

(156) BGH NJW 1964, S. 811 が明らかである：「しかし，彼が自ら輸入の逼迫および被告の商売の利益について詳しく述べたのであれば，この言明は真実に合致していなければならない。」
(157) BAG AP Nr. 25 z. para. 123 BGB=BB 1984, S. 533 (534); Fleischer（注 7), S. 256f.; MüKo（注 34), para. 242 Rn. 296 [Roth]; H. P. Moritz, NZA 1987, S. 329 (333).
(158) 同旨：Fleischer（注 7), S. 256f.（もちろん嘘をいう権利を認めることなしに).
(159) Fleischer（注 7), S. 258f.

II 3 契約法における虚言

己の支払い準備の開示義務は、努力して得た情報に対する所有権を破壊することになるであろう。

　それを超えて契約商議の費用が考慮されうる。留保価格を聞き出す質問に解答する義務の承認は、当事者の適合上の反作用を帰結するであろう。各当事者は、しつこい質問に対する機会を与えないように、できるだけさとられないように振る舞う刺激を有することになろう。同時に、相手方に留保価格の額に関する言明を引き出す方法が考え出されることになろう。この駆け引きがどのようになろうとも、取引費用は安くなるのではなく、高くなる傾向が出てこよう。

　結局当事者は、留保価格に関する質問における真実に適った解答義務が存在しないことを直感的にも理解しているようにみえる。誰も売主に彼がどうして紙を手放すのかを聞く考えには立ち至らない。少なくともいかなる真摯な解答も期待できないからである。

(d)　人格的利益の保護

　求職者に真実に反して存在する妊娠についての質問を否定する権利が帰属するとしても、これは秘密、プライバシーに基づく人的データの保護には属しない[160]。虚言の権利はこの性質を商議の過程の外に置いておくことにおいて応募者の利益を満足させる。同じことは、性転換、宗教、出自等に関する質問についてもあてはまる。この場合第一に法的取引において烙印を押し、排除することからの人格の保護が問題になる[161]。それに一致して連邦憲法裁判所は、ずっと以前の東独国家保安局での活動に関する質問の中に労働者の職業自由と人格の侵害を見、この者に真実に適ってそれに解答しない権利を許容した[162]。

　求職者の人格権と妊娠に関する質問に対する真実とは異なる否認との結び付きに対して、ウルリッヒ・フーバーは、この要求には単なる沈黙によっても満足が与えられうると批判した。求職者はその場合応募に失敗する危険があるが、これは別問題である[163]。被用者に虚言の権利を許容する連邦憲法

---

(160)　上記 1. a).
(161)　BVerfGE 96, S. 171 (186f.).
(162)　BVerfGE 96, S. 171 (189).
(163)　U. Huber (注49a), S. 16.

裁判所判決は，フーバーによれば，使用者が性および妊娠を契約締結に関する決定に際して考慮する必要がない，すなわち，その限りで契約自由が制限されるがゆえにのみ正当化される[164]。これは確かに誰も争わない。しかし，これら2つの論拠，契約自由と人格権の保護が実際上排除されるか，それとも補完し合っているのかという問題がある。どうしてヨーロッパの立法者は，使用者の契約締結の自由を結局は制限したのか。それは，求職者が妊娠に関する質問に回答するに及ばないが，それによって就職志願者群から追放されるとすれば，求職者の人格権の保護を十分に保証されたものとはみられないとするためであろう。

使用者に当該質問を否定することによって，保護される人の領域，ここでは婦人に実際上親切を施すことになるかどうかは，私見によれば，これとは別問題である[165]。妊娠の労働契約上の費用が具体的な使用者に帰する限り，この者は競争圧力のために妊婦の就労を回避する強い誘惑にさらされる。かような状況のもとで妊娠に関する質問が許容されないと説明されても，使用者が同じ目的を他の方法で，特に，その年齢に従って子供を妊娠しうるすべての女性の一括した差別により到達しようとすることが考慮されうる。かような方法も同様に違法であるが，その禁止は，募集広告およびポストの付与における注意深い行動により回避されうる。この場合，他の場合と同様に差別禁止法は，ブーメランのように保護されるべき集団の負担となりうる。差別が相手方によって恣意的に，すなわち，不合理な見込みに基づいてではなく，費用－および利益構造における現実的な違いに基づいてなされる場合はいつも，かような効果が計算に入れられうる[166]。労働法における性に関わる差別禁止の基本的な欠陥は，使用者その他の契約当事者に，求職者または一般人に雇用を割り当てるために，1つの競争企業に妊娠の社会的費用の一部を自ら負担することを要求することにある[167]。

要するに，法秩序が特定の当事者に人格権領域からの特定の情報の開示なしに契約を締結する権限を許容する限り，相手方の相当な質問は許容されず，

---

(164) U. Huber (注49a), S. 17.
(165) 以下につき詳しくは，Posner (注88), pp. 350ff.
(166) 競争による不合理な差別の発生の過程を述べるもの：R. Cooter, The Strategic Constitution, 2000, pp. 340ff. 市場の拒否に対する反作用としての差別禁止法につき，Ibid., pp. 343ff.
(167) Canaris (注32), S. 101f.

[II] 3　契約法における虚言

かつ不真実の解答も構わない。これは，それによって経済的効用が，保護される人々の生活同様に逓減するとしても，人格権保護の避けられない帰結である。

3　情報保護に関する手段としての虚言

最後にすでにしばしば触れた問題，すなわち，なかんずく情報の保護の目的の手段としての虚言の正当性を論じたい。有益な情報の作出への刺激の取得のためにかつ人格権の保護の利益において，事実上いとわしい虚言の手段が高貴なものとされるに違いないのか。それは沈黙によってもまたなされないのか。

若干の事例では，情報を多く有する当事者の正当な利益にとって，単に質問を拒否することで十分だという場合もある。純粋に分配的な情報の保護が問題になる場合はしばしばそうである。株，不動産または中古自動車の売主が，どうしてあなたがそれを売るのかという馬鹿な質問に直面し，または商人が直接にマージンを聞かれた場合，これらの質問の解答は拒否されうる。許容されない質問は，虚言を述べたて，相手方をそれにより錯誤に陥れる原因とはなりえない。しかしこれがなされると，積極的詐欺との限界を超えることになる(168)。

許容されない質問が必ずしも虚言によって答えられるのではないことが確かであるように，虚言が場合によっては，情報の多い当事者の利益を考慮に入れるために，唯一の考えられる手段であることが避けられない。これは，それが相手方に保護される情報に基づく契約締結を許容するがゆえに，単なる沈黙ないし質問に答えることの拒絶がしばしば雄弁に事実を物語るためである。妊娠した求職者に使用者の質問に対して沈黙しまたはあからさまに解答を拒絶しなさいと勧める者は，かような沈黙が実際は解答と同じであることを忘れている。妊娠しているかとの問いに対して沈黙をもって解答する婦人は，妊婦とされ，就職することはできない。

私的な情報が，単純に当該質問に対して沈黙することによって揺らぐという考えは，多くの事例で非現実的であることがわかる。一当事者が高価な投資により入手し，または相手方に対する保護に関して特別の正当な利益を有

---

(168)　上記Ⅷ．1．

ゲルハルト・ヴァーグナー

する情報が，相手方の追及に対して有効に保護されるとすれば，説明義務の単なる否定では十分ではない[169]。例えば，求職者が給料についての考えを説明せよと要求されて，3,500ユーロを希望すると解答し，次いで以前の職場での報酬額を聞かれた場合，彼はその質問に対して沈黙できるであろうか[170]。しかし，解答の拒否は，前の報酬が明らかに3,500ユーロ以下であったという理解と同様である。そうでないとしても，合理的な人間であれば，彼の以前の使用者が彼をどのように評価していたかを言うことができよう。代理人が相手方と掛け合って代金額を値切り，次いで出し抜けに最高額に関して彼になされた指示について質問を受けた場合も，同様である[171]。最後にその土地を取得するために農民に近づく探鉱会社の事例が挙げられうる。所有者が，土地の取得にどのような利益を有するのか，またその土地に鉱脈が推定されるのかどうかについて購入希望者に質問するだけ十分に賢い場合は，彼は常にその相手方の沈黙を正当に理解する状況にあるであろう[172]。

しかし，この説明義務の欠缺の模範になる事例を特別に考慮して，探鉱会社が藁人形を送り込むことができるから，無体財産権に準じた権利の保護のために虚言の権利は必要でないと主張された[173]。藁人形を介在させることにより所有者の疑念を惹起しなければ，仮借のない質問はなされない。それにもかかわらず決定的な理由が，保護される当事者にその真の意図の隠蔽を指示することに反対する。まずかような措置（真の意図の隠蔽）は，取引費用を高額のものにしてしまう。このことは，特に土地取引において所与の場合に二重に展開されるべき形式性のために徹底的に重要である。この場合，それにいかなる会社の利益も存在しないトリックに投資するのだから，虚言とは異なったものであるというポズナーの理論は[174]，実際上藁人形の行為に関するのであり，虚言に関するものではない。もちろん詐欺的な投資仲介者の事例のように，単なる偽言に投資することが生じうるが[175]，不当な質

---

(169) Scheppele（注74), p. 164. 同旨：BVerfGE 96, S. 171（189）.
(170) Fleischer（注7), S. 259f. の推奨参照。
(171) この事例は，この論稿の議論の中に持ち込み，代理人が，実際はもっと金銭を払わなければならないのに，特定の額までのみ可能だと嘘を言うことが許されるかどうかについての激しい議論を速やかに惹起したヴォルフガング・シェーンに由来する。
(172) Levmore, Virginia Law Review 68 (1982), p. 117 (139).
(173) Fleischer（注7), p. 263.
(174) 上記注107.
(175) 上記注131.

113

Ⅱ 3 契約法における虚言

問がそれによって回避される，偽言による情報における「財産権」の保護というこの場合興味ある状況にとって，これはあてはまらない。しかし，特に藁人形の介在により実現された「行為による不実表示」がどうして許容されるのか，不真実の言葉の告知はそうではないのかという問題が生じる。もっとも，目的は，両事例において，相手方の偽罔である。手段のみが異なっている。結局それが必要な場合は全く容易に回避されうるという議論によってのみ弁護されるルールは，ほとんど役に立たない。

要するに質問に単に答えないことが，情報の多い当事者の保護利益を守るのに適するという状況が認められうる。そしてこの前提のもとで関係者は沈黙を守ることに制限される。しかし，その他の場合には，沈黙が雄弁である限り，虚言は，契約商議の過程でなされる許容されない質問を回避するための，唯一の手段である。

4 法取引の動揺？

虚言の権利の承認に対して最後に，それは，その費用が虚言の権利からの利益の埋め合わせをし，かつそれを凌駕する法的取引の一般的な動揺に導くことが主張される(176)。この懸念は出発点においては正当であるが，その真偽は，全く，虚言の権利が認められる事例群をできる限り明確かつ一義的に定義することに成功するかどうかに依存する(177)。その限りでそのチャンスがないわけではない。なぜならば，労働法および賃貸借法における人格権の保護のための質問の禁止およびそれと結びついた虚言の権利は，決して労働－および居住市場を不安定化しないからである。それを超えて，相手方が相当な質問により任意に価値ある知識の放棄またはその留保価格の開示に強いられ得ないことが，大部分の市場参加者にとって直感的に明らかであるようにみえる。

Ⅹ 結果と結語

要するに，情報に対する所有権に準じた権利の有効な保護は，しつこい質問に対する不真実な解答の権利として理解される，虚言の権利の承認を要求

---

(176) Fleischer（注7），S. 263.
(177) Levmore, Virginia Law Review 68 (1982), p. 117 (141) 参照。

する。コモンローではこの原則は，意図的な誤導であれ，詐欺的と言えない場合であれ，その真実に適った解答を質問者が要求していない質問の虚偽の解答というように定式化されている[178]。一致した方法でPECL 4：107条1項は，単なる不実表示と詐欺的な表示とを区別している。最後にド民123条の文脈では，信義則に従って真実に適った解答が要求されえない場合は，詐欺は例外的に法に適ったものとして取り扱われる[179]。

　アメリカ法についてシェップレは，虚言の権利を全く秘密保護に近いものとしているが，その他の点では適切に「虚言は，……単に秘密のもっと複雑な形式である。あるものは，情報の保持だけでなく，他の情報のすり替えを含む。換言すれば，虚言はしばしば物語を伴う秘密である[180]」と述べている。人格的または経済的に価値のある情報が要求される限り，物語もまた正当化される。

---

(178) Barnett, Harvard Journal of Law and Public Policy 15 (1992), p. 783 (789).
(179) 上記Ⅲ．1．c)．
(180) Scheppele (注74), p. 22.

半田吉信

補論2　日独における労働者の嘘をつく権利

［半田吉信］

　ヴァーグナー論文では，労働者の雇用契約の締結に際しての不実告知あるいは労働者のプライバシーに関するドイツの判例法の紹介があった。この使用者の雇用契約締結に際しての質問権と労働者の嘘をいう権利（Recht zur Lüge）の関係については，日本でもドイツの議論の紹介と検討がなされている。事業のために最も適切な経営の方法を選択する権利を有する（基本法12条，14条）使用者には，応募者への質問により重要な情報を得ることができるという情報の自由が認められている。他方労働者ないし就労希望者はその保護の観点からその私的領域に侵入されないことに利益を有する。これらの利益はいずれも基本法上の根拠を有するため（基本法1条，2条），その調整が必要となる。この調整のためにドイツでは第二次世界大戦後判例による質問権の制限が認められてきた。通説によれば，原則として使用者の質問権は，使用者がその解答について正当な利益を有する質問について認められる。すなわち許される質問は，労働関係において重要で，従事する予定の業務に直接に関係があることについてであり，求職者の私的領域にのみ関連するような質問や労働関係について重要な情報をもたらさない質問は許されない。解答すればAGG1条の列挙事由を理由として労働者が直接的，間接的に不利益を受けることとなる質問については使用者には質問する正当な利益がないと解されている(1)。

　ドイツでは，一定の事項について差別的取扱が禁じられ，その結果使用者の応募者に対する質問事項が制限を受ける場合も多く，さらに使用者が応募者に対して質問してはいけない事項が法定されている場合もある。前者の例として，性別を理由とする不利益扱いを禁止する民法611a条（現在ではAGG）や重度障害者であることを理由とする差別的扱いを禁止する社会法典第9編81条2項が挙げられる。後者の例として，連邦平等法

---

(1) 富永晃一「比較対象者の視点からみた労働法上の差別禁止法理」法協127巻5号（2010年）652頁。

Ⅱ 補論2　日独における労働者の嘘をつく権利

（Bundesgleichstellungsgesetz）（2001年）の規定が挙げられる。その7条は，「(1)女性が過小評価されている分野の職場での採用にあたって，面接または特別の選考手続において，十分な数の女性の募集が存在する限り，少なくとも募集広告に述べられている資格を有する男性と同じ数の女性が集められるべきである。(2)面接または選考において家族状況，妊娠の有無または予定，子供の世話の確保，障害のあるまたは介護の必要な家族ならびに就職活動についての質問をしてはならない」と定めている。それら以外にも判例，学説は，労働者の人格権やプライバシーの保護，他の基本権の定める保護法益を手がかりに質問権に制限を置いている[2]。

　ドイツでは質問事項は，絶対的質問禁止事項，すなわち原則的に質問が認められない事項と相対的質問禁止事項，すなわち使用者の契約の自由との考量において質問の可否が判断される事項とに使い分けられている。前者に属するのは，基本法3条3項の定める性別，血統，種族，言語，故郷，門地，信仰，宗教的意見，政治的意見，基本法9条3項の定める団結権の制限，妨害に関わる事項（労働組合に属しているか否かなど），基本法4条1項の定める良心，信条の自由及び宗教的，世界観的告白の自由に関わる事項，（政治的）意見表明の自由（基本法5条1項），集会，結社の自由（基本法8条1項，9条1項）に関わる事項がある。もっとも，教会，政党，労働組合，マスコミなどへの就職の場合は，意見表明の自由に関わる事項に関する質問権が使用者に留保される[3]。後者には，婚姻と家族の保護に関する事項（基本法6条1項）（結婚しているかどうかなど），職業選択の自由（基本法12条）に関する事項，労働者の情報自己決定権（基本法1条1項，2条1項）に関する事項が含まれる。職業選択の自由との関係では，特に労働者の副業が問題となる。情報の自己決定権は公共の利益による制限がある。すなわち，使用者の合理的な範囲内での必要なデータの収集，利用が許される。質問内容は，労働推考能力の判断にとって重要なものでなければならず，私的領域への不釣り合いな介入にあたる場合は許されない[4]。

　ドイツでは質問権に関するルールは，データ保護法によって補完されて

---

[2] 倉田厚志「労働者のプライバシーと使用者の質問権の限界」立命館法学300・301号（2005年）220頁。
[3] 倉田・前掲論文立命館法学300・301号221-222頁。
[4] 倉田・前掲論文立命館法学300・301号223-225頁。

いる。連邦データ保護法（BDSG）(2001年版）は，初めてセンシティブデータの項目を定め，このために特別の要件を定めた。BDSG 3 条 9 項は，個人データの特別の種類について定め，そのようなものとして人種的，民族的出自，政治的意見，宗教的または哲学的確信，労働組合への帰属，健康または性生活を規定する。同法 28 条 6 項〜9 項は，これらの個人的データの利用等が厳格な許容要件に服すると規定する[5]。また個人データ開示の正当理由に関する原則は，BDSG 32 条 1 項 1 文に見出される。それによれば，職務従事者の個人データは，これが職務関係の理由づけに関する判定のために必要である場合に，職務関係のために収集，加工または利用されうる。質問権はそれゆえに，その応募に関する事物に適った判定のために必要な応募特殊的な情報提供にのみ関わりうる。この範疇を超えるが，敢えて質問されなかった知識は，収集されるには及ばないが，使用者がこの知識に依拠するときは利用される。かくして使用者は，もっぱら　客観的な考量に基づいて採用について判断することに強いられる。かように BDSG は AGG の他の手段による継続である[6]。BDSG 28 条 6 項〜9 項は，起草者によれば，BDSG 32 条の新設後も依然として労働関係にも適用される[7]。2012 年 1 月 25 日に「データ保護基本指令」草案（KOM [2012] 11）が公にされた。本指令草案は，発効後は「ヨーロッパ連合の労働方法に関する条約（AEUV）(2009 年）」288 条 2 項により加盟国の国内施行法を待つことなく直接に加盟各国に適用されることになる。それにより BDSG は大部分自体遅れなものになろう[8]。

　次に，使用者の質問権と関連して，労働者が問題のある質問を受けた場合に嘘をつく権利が認められるかどうかという問題がある。この嘘をつく権利が最初に登場したのは 1961 年の労働裁判所判決の中だといわれている[9]。質問に答えないことは被質問者にとって不利な扱いを受ける原因となりうる。使用者に許される範囲の質問がなされた場合，応募者は解答を拒否することができるが，解答する場合は正しい答えをなすべきであるとされている。許される質問に対して求職者が不真実の解答をしたときは，使用者は詐欺取消

---

(5)　G. Thüsing, Arbeitsrechtlicher Diskriminierungsschutz, 2. Aufl., 2013, S. 312.
(6)　Thüsing, a. a. O., S. 314.
(7)　BT-Drucks. 16/13657, S. 35.
(8)　Thüsing, a. a. O., S. 314.
(9)　BAG. v. 22. 9. 1961-1 AZR 241/60, AP BGB para. 123 Nr. 15.

II 補論2　日独における労働者の嘘をつく権利

（ド民 123 条）または錯誤取消（ド民 119 条 2 項）を主張しうる。労働契約が取り消されると契約は将来に向かって効力を失う。これに対して合理的な範囲を超えるないし使用者に認められる利益を超えたデータに関わる質問に対しては，応募者は解答を拒否できるだけでなく，積極的に嘘をつく権利も認められている[10]。この場合応募者が嘘をついても使用者は詐欺による取消権（ド民 123 条）を行使し得ない。使用者からの損害賠償請求権も排除され，解雇理由にもならない[11]。

　ドイツではここ 30 年ほどは採用時の女性求職者に対する妊娠質問が許されるかが問題とされてきた[12]。1961 年には妊娠者が故意に虚偽を告げたケースについて，個人の内面への侵襲を認めて質問権を否定した原審判決を破棄して使用者の詐欺取消を認めた裁判例が出たが[13]，1984 年の労働裁判所判決は，妊娠質問は，男女両方の労働者が同一の職場ポストに応募した場合は，性を理由とする許されない不利益取り扱いとなるが（ド民 611 a 条），女性の労働者のみが空きポストに求職している場合は，妊娠質問を受ける者全員が女性であり，全員が妊娠しうる可能性があるため，妊娠質問をしても性を理由とする不利益取り扱いとはならないとした[14]。しかし，1990 年のヨーロッパ裁判所判決[15]後，ドイツ労働裁判所は先の分裂解決を放棄した[16]。1993 年には母体の安全が問題となる場合には妊娠質問が許されるとする裁判例が出たが[17]，その後ドイツ労働裁判所の判決を制約するヨーロッパ裁判所判決が出された[18]。2002 年には男女均等待遇指令改正指令[19]が採

---

[10]　倉田・前掲論文立命館法学 300・301 号 226-227 頁。
[11]　Thüsing, a. a. O., S. 313.
[12]　富永晃一・前掲論文法協 127 巻 5 号 653 頁以下。
[13]　BAG. Urt. v. 22. 9. 1961, NJW 1962, S. 74.
[14]　BAG. Urt. v. 20. 2. 1986, NJW 1987, S. 397（分裂解決）。
[15]　EuGH. Urt. v. 8. 11. 1990 [Dekker], Slg. 1990 I -3941, NJW 1991, S. 628（男性の候補者がいなくても，妊娠による欠勤の財産的帰結を理由とする採用拒否は正当化されえない）。
[16]　BAG. Urt. v. 15. 10. 1992, AP Nr. 8 zu para. 611a BGB.
[17]　BAG. Urt. v. 1. 7. 1993, DB 1993, S. 1978.
[18]　EuGH. v. 3. 2. 2000-Rs. C-207/98, Slg. 2000 I. 549（妊婦の無期限雇用に関する）；EuGH. v. 4. 10. 2001-Rs. C-109/100, DB 2001, 2 451（妊婦の期限付雇用の場合でも同様）。
[19]　Richtlinie 2002/73/EG des Europäischen Parlaments und des Rates vom 23. September 2002 zur Änderung der Richtlinie 76/207/EWG des Rates zur Verwirklichung des Grundsatzes der Gleichbehandlung von Männern und Frauen hinsichtlich des Zugangs zur Beschäftigung, zur Berufsbildung und zum beruflichen

択され，2003年には非妊娠を契約条件とすることはド民611a条違反となり，応募者は契約締結時点で妊娠を知っていたとしても妊娠質問について真実を解答する義務を負わない（このことは雇用開始直後から制定法上の就業禁止のためその職場ポストに就業できないときも同様である）とする裁判例も現れた[20]。そして2006年には男女雇用均等待遇原則統合指令[21]が採択され，またドイツ国内で一般平等取扱法（AGG）が制定された。AGGのもとでは原則として妊娠についての質問は許されない。もっとも妊娠者が，自分が妊娠のため働けないことを知って手当目的等で休職する場合には権利濫用とする考え方などが主張されている[22]（本書76-78頁，110-111頁参照）。

これに対して労働者の障害については，一般的に質問が許容されると解されてきた。障害が労働者の職務の遂行の障害とならない場合は例外である[23]。もっとも今日では労働者の職務に重大な影響を与える障害に関する質問が許されるとしても，障害者としての特性の確定に関わるような質問は許されないと解されている。しかし採用後は障害者の開示義務が認められる。使用者が採用に際して障害者であることを積極的要素として雇用する意図だと告げた場合でも，応募者が使用者のその言葉を信用しない場合には，事実と異なることを告げても構わない[24]。

使用者が応募者に宗教，世界観について，または男性か女性かという質問をすることは，それが労働者の私生活への不当な侵害であるがゆえに許されないが，その質問が重要かつ決定的な職務上の要求である場合はこの限りではないと解されてきた（本書79-80頁）。このような評価は今日では連邦データ保護法（BDSG）（2001年改訂）によっても基礎づけられうる。これらの同法3条9項の定める個人的データの利用は，同法28条6項により意味のある正当事由を必要とする。情報の提供が職務活動と直接的な関係にない場合は，データ保護法上の許容性は，同法32条により要件の欠落により喪失する[25]。

　　　Aufstieg sowie in Bezug auf die Arbeitsbedingungen.
(20)　BAG. Urt. v. 6. 2. 2003, 2 AZR 621/01, BAG AP Nr. 21 zu para. 611a BGB.
(21)　Richtlinie 2006/54/EG des Europäischen Parlaments und des Rates vom 5. Juli 2006 zur Verwirklichung des Grundsatzes der Chancengleichheit und Gleichbehandlung von Männern und Frauen in Arbeits- und Beschäftigungsfragen.
(22)　富永・前掲論文法協127巻6号847頁。
(23)　BAG. v. 5. 10. 1995, NJW 1996, S. 2323.
(24)　Thüsing, a. a. O., S. 319.

[II] 補論2　日独における労働者の嘘をつく権利

　病歴については AGG 制定前から質問権には制約が課せられてきた。質問権は、疾病により予定された継続的または反復的労務のための合意が制限を受け、または病気の感染の危険のために同僚または顧客が危険にさらされる場合に認められる。さらに就労時ないし予定時に予定された手術、承認された治療または一時的に存在する緊急の疾病により労働に就けないことを考慮しうるかどうかに関する質問も許容される[26]。てんかん発作の問題は、これからは AGG 1 条の障害に分類されうる[27]。

　労働組合に所属しているかどうかの質問も、それを理由として雇用しないことが基本法9条3項2文の違反となるがゆえに、一般的に許容されない（反対説あり）。しかし雇用後は、使用者は、組合員と非組合員とで異なった労働条件を付与するような場合、かかる質問が許される。この問題もまた連邦データ保護法3条9項の個人データ保護に関わり、同法32条のデータ保護法上の正当事由がある場合は、情報提供のための質問が許される[28]。

　日本では応募者の個人情報の収集に関し、職業安定法5条の4は、募集を行う者が求職者等の個人情報を、本人の同意がある場合その他正当な事由がある場合を除いて、業務の目的の達成に必要な範囲内で収拾すべきだと規定している。そして同法48条に基づき策定された指針第4（平成11年労働省告示第141号）は、これに基づき労働者の募集を行う者は、人種、民族、社会的身分、門地、本籍、出生地その他社会的差別の原因となるおそれのある事項、思想及び信条、労働組合への加入状況などのいわゆるセンシティブ条項に関わる個人情報を収集してはならないとしている。これらの個人情報は人格的利益を前提とするものであるため、事業者による違反行為は私法上も違法と解されるべきである[29]。もっとも、上記指針には例外があり、特別な職業上の必要性が存在することその他業務の目的の達成に必要不可欠であって、収集目的を示して本人から収集する場合には、これらの情報の収集が可能だとされている。センシティブ情報には HIV 感染が含まれる。学説上は、前記職安法5条の4の、情報収集に対する除外事由である本人の同意は、採

---

[25] Thüsing, a. a. O., S. 320.
[26] BAG. v. 7. 6. 1984, NJW 1985, S. 645.
[27] Thüsing, a. a. O., S. 321.
[28] Thüsing, a. a. O., S. 322.
[29] 砂押以久子「労働契約締結、履行過程における労働者のプライバシー保護」法時78巻4号（2006年）61頁。

否に関わらないことが客観的に明らかな事項に関する情報収集の場合に限定され、また除外事由の第二である正当事由も、将来の労働関係の展開において厳密に必要とされる範囲に限定すべきだと指摘されている[30]。

前記指針の例外規定に該当するかどうかが問題になったものとして、応募者の思想情報に関して判示した三菱樹脂事件を挙げうる。同事件は、企業に就職を希望した学生の学生時代の政治活動が問題とされ、それを秘匿して企業に入社した場合に、企業が思想、信条に関わることを質問してはならないとした原審[31]を破棄して、契約の自由から使用者には、思想、信条に関して質問をしたり、応募者の行状を調査したりすることも許されるとしたものである[32]。本判決はその理由として企業における雇用関係が単なる物理的労働力の提供の関係を超えて、一種の継続的な人間関係として相互信頼を要請されること及びわが国で終身雇用制がとられていることを挙げている。学説上は、この判決の射程距離を企業経営に携わる幹部要員の採用人事に限るべきだとするものや[33]、質問事項を行政の通達で限定すべきだという指摘がなされている[34]。

次に、企業の応募者への質問に対して解答したくないと考える応募者が不正確な解答をした場合、それがどのように評価されるかに関する日本の判例、学説を検討しよう。日本の最高裁は、使用者が必要かつ合理的な範囲内で申告を求めた場合には、労働者は信義則上真実を告知すべき義務を負うとした原審判決[35]を支持している[36]。学説上は、この判決を必要かつ合理的な範囲で使用者が質問した場合に応募者に真実告知義務があるとしたもので、必要かつ合理的な範囲を超えた質問に対しては、応募者が不正確な解答をしても義務違反とはならないと捉えるものが多い[37]。

---

(30) 砂押・前掲論文法時78巻4号62-63頁。
(31) 東京高判昭和43・6・12判時523号19頁。
(32) 最大判昭和48・12・12民集27巻11号1536頁。
(33) 菅野和夫・労働法［第9版］(2010年) 140頁注9)。
(34) 山田省三「雇用関係と労働者のプライバシー」日本労働法学会編・講座21世紀の労働法第6巻 (2000年) 61頁以下、砂押以久子「情報化社会における労働者の個人情報とプライバシー」日本労働法学会誌105号 (2005年) 48頁以下。
(35) 東京高判平成3・2・20労判592号77頁。
(36) 最判平成3・9・19労判615号16頁。
(37) 砂押・前掲論文法時78巻4号63頁。反対：花見忠「労働契約と思想、信条の自由」ジュリ580号 (1975年) 135頁。

II 補論2　日独における労働者の嘘をつく権利

　就労希望者の告知義務の問題は，禁治産者，制限行為能力者等であることを秘して住居賃貸借契約を締結したというような場合にも問題となりうる。ドイツの連邦憲法裁判所は，禁治産者であることを秘して家屋賃貸借契約を締結した場合に賃貸人が告知した事例で，大家の解約を認める判決は，賃借人の一般的人格権（基本法1条1項寝2条1項）を侵害するとした[38]。一般的人格権は，自分の個人データの引渡と利用について自分で決定できる個人の権利（情報自己決定権）を含み，その中には禁治産であるという情報も含まれるというのである[39]。

---

(38) BVerfG. Beschl. v. 11. 7. 1991, BVerfGE 84, S. 192.
(39) 倉田「ドイツにおける労働者のプライバシー権序説」立命館法学299号12頁以下。

4 契約商議における強制手段

ホルスト・アイデンミュラー

I 序　説

　契約商議は，類型的には価値包摂と価値要求との緊張関係により特徴づけられている[1]。締結により当事者は通例共通の価値を生み出す。すなわち効用の増加を実現する。彼らは契約前よりも良い状況に置かれる。同時にすべての関与者は，この価値の持ち分を最大化しようとし，彼らは，協力の分け前について争う。その際わけても無礼または不作法にすらなされる。これは以下で論文の中で何度も現れる小さな事例の下で明らかにされる。
　(1)被用者Aが事業者Uと賃金交渉を行った。その際彼はUに秘書Sとの関係を示唆した。Uは彼の妻がそれを知ることをいやがった[事例1]（PECLの注釈書にある事例[2]）。(2)大きな家族企業が売りに出された。興味のあったIが売主Vから，これが競売手続きでなされ，複数の希望者と交渉がもたれると説明を受けた。その際に売買に代わって取引所の動きも考慮に入れて，併行して（任意の購入希望者に）提供されるものとも説明された[事例2]（いわゆる併行手続）。すべては極めて短い期間内に行われた。(3)建築請負業者Wが特定価格で工場の建設を引き受けた。建設予定地のトラブルおよび原材料価格の高騰により建設費用が高くなった。彼は，委託者Aに，Aが土地の他の場所への建設および10％の報酬の増額に同意しなければ工事を続行できないと表明した[事例3]。

---

(1) この緊張関係につき，例えば，D. Lax/J. Sebenius, The Manager as Negotiator: Bargaining for Cooperation and Competitive Gain, 1986, pp. 29ff.; R. Mnookin/S. Peppet/A. Tulumello, Beyond Winning: Negotiating to Create Value in Deals and Disputes, 2000, pp. 11ff.; H. Eidenmüller, Ökonomische und spieltheoretische Grundlagen von Verhandlung/Mediation, S. Breidenbach/M. Henssler (Hrsg.), Mediation für Juristen, 1997, S. 21 (40f.).

(2) O. Lando/H. Beale (ed.), Principles of European Contract Law, Parts I and II, 2000, p. 258. ［ランドー／ビール編（潮見他訳）・前掲書241頁（馬場圭太）］。

Ⅲ 4　契約商議における強制手段

　これらすべての事例で商議当事者の一人は相手方に，商議上の地位を改善するために，圧力をかけた。もちろん法律上興味ある問題は，これらの圧力行使のいかなる形式が許容されるか，また許容されないかである。この問題は，圧力のかけられた者の固有の責任の限界についての問題として再構成されうる。彼は何についてなお責任を負わねばならないのか。そして彼は圧力のもとでなした意思表示をいつ解消しうるのか。ないしいつ意思表示が無効になるのか。

　我々の法律学は，商議の相手方の生活上のプライベートな情報の暴露によって圧力をかけることは許されないが事例1，事例2のように競争的な，短期間に並行する手続で企業が売却することには反対しない。契約解消をちらつかせる圧力である事例3では，見解が分かれている。解決困難な事例である。

　私は，これらの解決は正しいと考える。しかしそれはどうしてであろうか。事例1および事例2は，どうして解決が容易で，事例3は困難なのであろうか。私は以下でこの問題に解答したい。まず圧力手段の概念を明らかにし，契約商議上の圧力手段の種類と効力を分析したい（Ⅱ，Ⅲ）。この場合私は，様々な法秩序，ドイツ，イギリス，PECL，PICCの規定モデルを瞥見する[3]。しかし，特に私は，契約商議における圧力手段の評価のために経済的分析を活用したい。私は，我々の法律学を合理化し，困難な事例の解決に資することを示しうると思う。そして私はテーマの総括で締めくくる（Ⅴ）。

Ⅱ　圧力手段の概念

　商議当事者が，彼が圧力を受けたと表明した場合，それは何を意味しているのであろうか。また契約商議における圧力手段とは何だろうか。これらの問題に我々の通常の言語の用法による分析の基礎の上で解答しようとする場合，圧力が常に当事者の期待に基づく行為の可能性の制限と関わっていることが確定されうる。もはや完全に自由には決定しえないという感覚を持つ。決定の余地は狭まる。圧力は，自由になしうる行為の可能性が不十分な場合は，

---

[3]　ヨーロッパ契約原則につき，注2参照。ユニドロワ契約原則は，例えば，M. Bonell (ed.), An International Restatement of Contract Law: The UNIDROIT Principles of International Commercial Contracts, 1994, pp. 155ff.

特別大きいものと受け取られる。泥棒Rから「命がおしければ金を出せ」といわれた通行人Pを考えてみよう。このようになされた強制は，サヴィニーが定式化したように「意思の存在と効力を除去するものではない[4]。」命の方をとったPは，彼が何をなしているか，またこれがどういう効果を生じるかもまたよく知っている。しかし，その意思形成は，再びサヴィニーのいう法の積極的な反作用[5]が要求する方法で逃げ道が作られている。

それによれば，契約商議における圧力手段として，上記の意味の圧力を生み出す，すなわち，彼の視点から不利なやり方で商議の相手方の行為の可能性を狭めるすべての手段が列挙されうる。それは事例1および事例3（報酬の協議，工場の建設）のような強迫ないし警告や事例2（事業の売買）のような事実行為によりなされうる。決定状況への影響が財産的な不利益の強迫によりなされたか，精神上の不利益の強迫によりなされたかは問題ではない。その妻が銀行の共同責任の書類に署名しない場合に，彼女の愛情の喪失を予想できる夫もまた，（彼女が彼を愛している場合は常に）自ら圧力を行使する。

これに対して，上記の意味の圧力手段は，詐欺のような商議当事者に対する心理——情報上の影響の形態については存しない。同様に一方が単に相手方に存在する強制——または緊急状態を自己のために用いた場合にも，強制手段は存しない[6]。それゆえに，ドイツ法で良俗の観点のもとで（ド民138条）またはイギリスで非良心性の観点の下で検討されるケースは[7]，以下では検討されない。私は結局，圧力手段が第三者でなく，契約の相手方により用いられた事例状況に集中したい。かような問題状況は，契約商議においてはしばしば生じる事例である。

---

[4] F. C. von Savigny, System des heutigen röm. Rechts, Bd. 3, 1840 (Neudruck 1981), S. 100.
[5] von Savigny（注4），S. 100.
[6] （強迫に関して）同旨：H. Kötz, Europäisches Vertragsrecht, Teil I, 1996, S. 319 ［ケッツ（潮見他訳）・前掲書391-392頁（中田）］（強迫の場合，強迫の状況が相手方によって意識的に生み出される。それに対して，それ以外の場合は，相手方は，当事者が彼の関与なしに陥った強制状態を利用する。）．
[7] それにつき例えば，G. Treitel, The Law of Contract, 11. ed., 2003, pp. 420ff. 発生史につき，例えば，T. Probst, Coercion, A. von Mehren (ed.), International Encyclopedia of Comparative Law, vol. VII, Kap. 11, 2001, pp. 173, 179（当初の社会経済的目的は，それ自身の先見の明のなさの消極的結果から貴族を保護することであった）．

III 4 契約商議における強制手段

III 圧力手段の種類と効力

　契約商議における圧力手段の厳密な効力は，学際的な商議の研究の承認に立ち戻る場合に最もよく分析されうる。契約は，彼が相手方を以前よりも悪い状態に置かず，少なくともそれよりよい立場に置く場合に有益なものとなる[8]。通例すべての当事者は，協力の利益を受ける。さもなければ，当事者は契約を締結しなかったであろう。相当な協力利益があるかどうかは，当事者の不合意の選択に依存する[9]。事例2で，例えばIが同様な企業を2億ユーロで買うことができ，Vが1.5億ユーロまで提示した他の顧客を有するときは，1.5億ユーロと2億ユーロの間に合意の範囲が存在する[10]。この範囲の売買はVとIを不合意よりも良い状況に置く。協力の利益は0.5億ユーロである。

　類型的には契約商議における圧力手段は，自己のために合意の範囲を改善し，商議の相手方の利益を悪化させることを目的とする[11]。それは一方では不合意の選択の変更によりなされうる。Vが例えば，1.8億ユーロを提示する別の顧客を見つけた場合，VとIの間の合意の範囲は，1.5億ユーロ-2億ユーロから1.8億ユーロ-2億ユーロに，しかもIの負担において縮減する。この狭い範囲における締結は，Vが当初の協力の持ち分から獅子の分け前を得ることに導く。逆に相手方の不合意の選択を悪い状況に置くことに

---

[8] いわゆるパレート最適という効率の概念がその基礎にある。例えば，H. Eidenmüller, Effizienz als Rechtsprinzip: Möglichkeiten und Grenzen der ökonomischen Analyse des Rechts, 3. Aufl., 2005, SS. 48f., 333f.
[9] 協力の利益の存在および範囲についての不合意の選択肢の意味につき，例えば，Ch. Duve/H. Eidenmüller/A. Hacke, Mediation in der Wirtschaft: Wege zum professionellen Konfliktmanagement, 2004, S. 219f.[H. Eidenmüller].
[10] 合意領域の概念は，総ての関係者にとって，場合によっては最善の不合意の選択肢よりも優れた，合意の選択のスペクトルを標示する。それゆえに，合意領域内の解決は，総ての関係者にとって潜在的に同意可能性がある。例えば，Eidenmüller（注9），S. 220f. 参照。
[11] 商議において固有の成功ないし不成功にとって重要なのは，結局事実上存在する不合意の選択肢ないし事実上存在する合意の領域ではなく，自らその大きさにおいて有している主観的な知覚である。例えば商議の当事者が，特定の不合意の選択をなしうると信じている場合，この（事実上存在しない）不合意の選択肢は，協力の利益の分担にとって，それが存在する場合と同様に有効である。例えば，Eidenmüller（注9），S. 222f. 参照。しかし，本論考では，詐欺は議論の対象外である。II参照。

よっても，自己の商議上の地位を改善させることができる。通行人Pに殺すと言って脅す盗人の場合を考えてみればよい。時折相手方に特定の合意の選択を押しつける，撤回しえない自己拘束もまた，合意の範囲の制限の有効な手段となりうる[12]。狭い道路を互いに走る2台のトラック運転手の，道を空けた方が負けだという約束を例として考えうる。突然に一方がハンドルを切り，側板が落下して，ハンドルをちぎり取り，それを窓の外に投げ出した。相手方にはそれがみえた。今やこの者のみが道を空けることができ，それが意図された。特定の合意選択における同様な確定が，契約商議においてもしばしば大きな役割を演じている。例えば，最後の期限付きの申込がなされた。そして申込者が旅に出て，それ以上の商議ができなくなった。あるいは，和解商議において債務者となっていた株式会社が，一定の（制限された）額につき譲歩をした。同時に監査役会が更なる支払について同意の留保を命じた（ドイツ株式会社法111条4項2文参照）[13]。

IV 圧力手段の評価

契約商議におけるこのようなまたは同様な圧力手段の使用を法的にどのように評価しうるか。まずその限りでヨーロッパにおいてどのような法的モデルが存在するか，ないし議論されているかを概観しよう。

1 法的な解決モデル

法の中心的な任務は，圧力行使による意思への影響の許容される方式と許容されない方式を区別することである。理論的にはこの場合まず，圧力下に

---

(12) 言質という手段は，特に，T. Schelling, The Strategy of Conflict, 1960, pp. 22ff. により検討され，ゲーム理論的に述べられた。更に例えば，H. Eidenmüller, Unternehmenssanierung zwischen Markt und Gesetz: Mechanismen der Unternehmensreorganisation und Kooperationspflichten im Reorganisationsrecht, 1999, S. 508f.
(13) 例外的な事例ではかような留保が個々の事例についても理由づけられうる。BGHZ 124, S. 111（126f.）参照。［ドイツ株式会社法111条（監査役会の権利と責任）「(4) 業務遂行の処置は，監査役会に移されえない。しかし定款または監査役会は，特定の種類の行為がその同意を得てのみなされうることを定めるべきである。監査役会がその同意を拒絶する場合は，取締役会は，株主総会がその同意について決定することを要求しうる。株主総会が同意する決議は，少なくとも投票総数の3分の2の多数を必要とする。定款は異なった多数も更なる要件も定めえない。」］

Ⅲ 4 契約商議における強制手段

置かれた者の解消権の構成要件的前提の確定が問題になる[14]。これは様々な方法でなされる。一方では，例えば，違法な圧力手段の一般的禁止という形で，公の構成要件を定式化することが考えられる。しかし，他方において（付加的に）たとえば，禁止された圧力手段の特定の類型または解消権のその他の前提に関して，特殊な構成要件要素が確定されうる。最後に，2つの戦略の結合もまた観察に現れる。

この第三の道は，大多数のヨーロッパの法秩序が歩んでいる道である[15]。大抵は違法な意思への影響のみが禁止されると規定されている。しかし，その他の解消権の要件について相違が存在する。以下に私はまず，更なる節の中で圧力行使のしばしば用いられる違法性ないし義務違反という標識が観察に入れられる前に，様々な法秩序におけるかような解消権の重要な特殊な構成要件要素を検討する。

(a) 解消権の特殊な構成要件要素

ド民123条1項によれば，その表示について違法に強迫により決定された者が意思表示を取り消しうる。ドイツ民法のこの立法上の確定は，解消権の2つの特殊な構成要件上の前提のための決定を包含する。1つは，強迫のみが重要であり，他の圧力手段は重要でないことである。第二に，強迫は，意思表示と因果関係があったのでなければならない。そのためには共同因果関係だけで十分である[16]。被強迫者に合理的な譲歩（抑圧された中での意思表示）の選択肢があったかどうかは問うところではない。この特殊な構成要件上の解消権の前提によりドイツ法は，他のヨーロッパの法秩序，特にイギリスとは区別される。

(aa) 合理的な選択肢の重要性

ヨーロッパにおける歴史的展開を一瞥するならば，区別はより明らかである。紀元1世紀にローマ法は，法務官による強迫訴権を生み出した[17]。こ

---

[14] 制裁としてもちろん原則的に圧力下でなされた意思表示の無効もまた観察に現れる。しかし，圧力下に置かれた者は，彼がどうしてなされた意思表示をそれにもかかわらず有効となしうるのかについて理由を有しうるがゆえに，解消権の形成に集中することは意味がある。

[15] 概観につき，例えば，Probst（注7），pp. 187ff., 217ff., 219ff., 223ff.; Kötz（注6），S. 318f. ［ケッツ（潮見他訳）・前掲書390頁以下（中田）］参照。

[16] BGHZ 2, S. 287 (299) 参照。

の場合強迫行為により加害者の責任が4倍額まで増加されうるという刑事訴権が問題になる。この訴権は解除訴権や強迫の抗弁のような私法上の保護制度の補充とされた[18]。

すべての強迫に基づいてなされた行為が、上記の制裁メカニズムを惹起するのではなかった。毅然とした男の強迫が問題になるのでなければならなかった。これは例えば死の恐怖または奴隷化の恐れがあることを要し、評判を落とさせたり、財産を侵害するといった程度では不十分であった[19]。この基礎の上にローマでどうして強迫手段の違法性の観点が明確な役割を演じなかったのか理解されうる。強固な意思を揺るがせる、許容されない強迫手段の狭いカズイスティックな記述により考慮される強迫が機能した。

堅固な意思の痕跡は、今日でもスイス法(債務法29条[19a]、30条[19b])、アメリカ契約法リステイトメント[20]、イギリス法の威迫の理論に見出すことができるが、英米では、疑いもなく、すべての強迫が考慮されるのではなく、違法なもののみが考慮された、すなわち、その間に付加的なフィルターが強迫者の取り消しうる行為と取り消し得ない行為を区別した[21]。例えばトライテルは、違法な強迫もまた、締結された契約を無効にする権利を与えないと定式化する。「[強迫を受けた者が]法手続きをとることによって強迫と

---

(17) 概観につき、例えば、R. Zimmermann, The Law of Obligations: Roman Foundations of the Civilian Tradition, 1990, pp. 645ff.; M. Kaser/R. Knütel, Römisches Privatrecht, 18. Aufl., 2005, S. 60 参照。
(18) Zimmermann (注17), pp. 656ff.; Kaser/Knütel (注17), S. 61 参照。
(19) Zimmermann (注17), pp. 653ff.; Kaser/Knütel (注17), S. 60 参照。
(19a) [OR 29条「(1)契約当事者が相手方または第三者により違法に根拠ある怖れの惹起により契約の締結に決定させられたときは、契約は被強迫者に対して拘束力を有しない。(2)強迫が第三者によるものであるときは、それが公平に適する場合、契約を維持しようとしない被強迫者は、相手方が強迫を知りもまたは知るべきでもなかった場合には、相手方に補償をなさなければならない。」]
(19b) [OR 30条「(1)怖れは、状況に従って彼または彼と近い関係にある者の身体及び生命、名誉または財産が切迫しかつ重篤な危険にさらされることを認めなければならない者にとって根拠あるものとなる。(2)権利の主張に対する怖れは、被強迫者の緊急状態が彼に過度の利益の譲歩を余儀なくさせるために利用された場合にのみ顧慮される。」]
(20) Restatement of Contracts 2nd para. 175(1):「一当事者の同意の表示が、被害者に合理的な選択を残さない、相手方による不適当な強迫によって惹起されたときは、契約は被害者により取り消されうる。」参照。
(21) Treitel (注7), p. 406 参照。同じことは、ス債29条についてもあてはまる。同法はまた、立証された強迫と並んで、意思決定の違法性も要求する。

III 4 契約商議における強制手段

いう違法に抵抗したことが合理的であるとすれば[22]，……。」それゆえに今日 PICC で，すべての違法な強迫が取消権を与えるのではなく，事情により直接かつ真摯であるために，［被強迫者が］合理的な代替手段を有しないようなもののみが取消権を与えると述べられている場合（3.9 条（2010 年版 3.2.6 条）1 文），これらの規定が主としてイギリス法に由来するとはみられない。同じことは，この点において言葉の同じ PECL の規定についてもあてはまる（4：108 条）。

(bb) 強迫に類似した行為の重要性

しかし，イギリスにおける法史的な発展はまだ他の原因によっても注目に値する。威迫は，もともと人に対する力またはその威嚇に制限されていた。かなり遅れて財産の威迫が追加された[23]。そして単なる財産的利益の威迫もまた，経済的威迫として考慮されるようになったのは，わずか 20 年前である[24]。従って，存在するコモンローの保護の欠缺がその間に衡平法によって埋められたのは驚くに当たらない。威迫の理論と並んで不当威迫の理論が生じた。それによれば，契約等は，それらが事実上一方の不当な影響により生じたときは，無効とされうる（現実の不当威迫）[25]。それは本来の意味の強迫を超えており，PICC の中にもまた PECL の中にも見出されない。PECL 4：108 条および 4：109 条は，前者が単に強迫に関わり，後者が，緊急状態の極めて不相当な利用または商議当事者の弱い立場またはかような状況における過度の利益の獲得を要求する，すなわち，契約の内容的構成をコントロールし，かつ外因的に惹起された意思形成の障害をそもそも考慮に入れていないがゆえに，その限りで欠缺がある。ドイツ法もまた，少なくとも出発点において不当な影響に対する一般的責任を知らない（前述した）。

もちろん上記のドイツ法とイギリス法の区別を誇張してはいけない。1 つは，被欺罔者の行為の違法性の判断の枠内でかつ（または）因果関係の吟味

---

(22) Treitel（注 7），p. 407. 強迫の顧慮について，数百年前の H. de Bracton, De Legibus et Consuetudinibus Angliae Libri Quinque（ca. 1250), fol. 16 v. はより明確に述べていた：「弱い者ないし臆病な者の恐れであるだけでなく，決然とした者にも生じるかもしれないような恐れ……。」

(23) Astley v. Reynolds (1731) 2 Str 915.

(24) Universe Tankships Inc. of Monrovia v. International Transport Workers Federation et al. (The Universe Sentinel) [1983] 1 AC 366.

(25) Treitel（注 7），pp. 408ff. 参照。

ホルスト・アイデンミュラー

に際して，ド民123条における被欺罔者の期待されうる抵抗に関する考量が効力をもちうる(26)。従って合理的な行為の選択肢が存在する場合，いずれにせよ強迫の因果関係に関する外観証明からは出発しえない。むしろこの場合，個々の事例で彼がこれらの選択肢をどうして利用しなかったかを説明するのは，被欺罔者の側である(27)。他方，抑圧された者を相対的な強制状態に移す，強迫に類似した行為態様は，ド民312条（訪問取引における撤回権）を度外視すると，少なくとも原則的にド民123条を通じてまたは契約締結上の過失に依拠した損害賠償請求権を通じて把握されうる。

　方法論的にはこの場合最初の道が優先されるべきである(28)。確かにド民241条2項（契約当事者の誠実義務）およびド民311条2項2号（契約上の義務の取引開始者への拡大）の新規定およびそれによって意図された決定自由の保護(29)において契約締結上の過失の価値の引き上げを許容されない商議行為のコントロール手段とみうる。しかし，強要状態に同調させた除斥期間内に行使されるべき取消権の法律効果は（ド民123条，124条（2年間の取消期間））, ド民195条（3年の通常の時効期間），199条（通常の時効期間の起算点）により時効にかかる損害賠償請求権より当該行為をより都合よく制裁する。

---

(26) 最初に挙げられた方法につき，例えば，W. Hau, Vertragsanpassung und Anpassungsvertrag, 2003, S. 129f. 同旨：B. Markesinis/H. Unberath/A. Johnston, The German Law of Contract: A Contractive Treatise, 2 ed., 2006, p. 315：「違法な圧力の要件は，些細な脅威を排除する相当なコントロールのメカニズムを提供する。」

(27) この意味で例えば，T. Schindler, Rechtsgeschäftliche Entscheidungsfreiheit und Drohung: Die englische duress-Lehre in rechtsvergleichender Perspektive, 2005, S. 217f.

(28) 同旨：F. Weiler, Die beeinflusste Willenserklärung: Eine Untersuchung der rechtlichen Auswirkungen fremder Einflüsse auf die rechtsgeschäftliche Willensbildung, 2002, S. 616f. 反対：St. Lorenz, Der Schutz vor dem unerwünschten Vertrag: Eine Untersuchung von Möglichkeiten und Grenzen der Abschlusskontrolle im geltenden Recht, 1997, SS. 345f., 359f., 445f.（契約締結上の過失による保護）；Schindler（注27），SS. 180f., 182f.（ド民123条の類推には反対するが，決定自由の保護のための契約締結上の過失の拡大についても批判的である）. ド民123条の類推のために必要な（後発的な）規定の欠缺は理由づけられうる。現代の理論は，ド民123条を超えて解消原因としての意思への影響の他の形式もまた認める（例えば，ド民312条および事物に適って，例えば過失ある詐欺の場合の契約締結上の過失による保護）。ドイツ民法の歴史上の立法者は，先行的にそれを論じなかった。彼にとってはむしろ，強制された法律行為の効力の問題，すなわち，法律効果の問題が重要であった。故意による意思への影響の事例への解消権の制限は，結局第三者の詐欺についてのド民123条2項の規定によっても疑わしいことになろう。

(29) BT-Drucks. 14/6040 v. 14. 5. 2001, SS. 126, 163.

133

[III] 4　契約商議における強制手段

　（狭義の）強迫以外の圧力手段の重要性ならびに圧力を受けた者のための合理的な選択肢の欠落という制限的な標識に関する2つの重要なヨーロッパの法秩序の違いは，かように一見したところよりも狭い。もちろん解消権のかように特殊な構成要件要素の確信を抱かせる規範的正当化がこれまで欠けていたことは注目に値する。1つまたはもう1つの選択肢を実現する法構成的可能性は，かような正当化に当然に代わるものではない。

(b)　圧力行使の違法性ないし義務違反性

　すでに述べたように，大多数のヨーロッパの法秩序は，圧力行使による意思への影響の許容される方式と許容されない方式の区別に関する根本的な問いを，それが圧力行使の違法性ないし義務違反性を固有の，制限的な標識に高めるという意味でも直接に呼びかける。かようにド民123条1項によりまさに違法な意思への影響のみが取消権を理由づけるのであり，契約締結上の過失を保護手段として実りあるものにしようとする者は，どうして特定の行為が義務違反となるのか（そしてそれ以外の場合はそうでないのか）を理由づけなければならない。オーストリア民法870条[29a]は，契約締結に関する不当性と，スイス債務法29条1項は契約締結に関する違法性と述べる[30]。

　この場合現行の法的議論の最大の弱点がある。たとえば，実際上すべてのドイツ民法総則の教科書には，強迫者の行為は，目的または手段，あるいはその結びつきが違法と段階づけられねばならない場合に，違法となると書かれている[31]。契約商議の文脈の中で目的の違法性を排除する（すべての当事者にとって協力の利益の最大限度の持ち分が問題になり，それに誰も反対しない）としても，手段または目的／手段の結合の違法性が残る（PECL 4：108条参照）。しかし，いつまたどうして強迫手段が違法となるのであろうか。いつまたどうして特定の目的／手段結合が違法となるのであろうか。事例1で経営者の私生活上のプライベートな情報の暴露で脅迫することが違法となるの

(29a)　[オ民870条「相手方当事者から欺罔によりまたは不当かつ根拠のある怖れにより契約締結に至らされた者は，それを維持することを強制されない。」]
(30)　文言のみによれば，フランスの法律状態はこれとは異なる。フ民1112条は，明示の違法性ないし義務違反の要件を包含していないが，かような要件は，条項の中に読み込まれる：Cass. 1re civ., 13. 3. 1956, Bull. I, n. 127 など。
(31)　代表するものとして，例えば，K. Larenz/M. Wolf, Allg. Teil des Bürg. Rechts, 8. Aufl., 1997, S. 701.

であろうか。そしてどうして事例3で建物建設の中止を告知することが違法とはなりえないのであろうか。これらの問題に解答するために，解消権の特殊な（さらなる）構成要件に関する場合のように，契約商議における圧力手段の許容性ないし不許容性の規範的な概念が必要である。それについて法律学は（まだ）なにもしていない。

　それは，契約締結上の過失責任の拡張に関しても，若干の者によって肯定されているように，義務に反して惹起された圧力状況が指示される。かようにこれに関する文献には，不意を突くこと，うるさい行為，心理的圧力の行使は，責任肯定的に作用しうるとされている[32]。これらの標識の区別のあまりはっきりしていない輪郭線を度外視すると，この場合違法性の評決を担う標準的な評価基礎がどこにあるのかは未解決のままにしておこう。その限りで，同時に定式化された，圧力を受けた者が自己の考量をなしうるかどうかの指摘はより役だちうる[33]。しかし，この考慮の理由と限界もまた，市場経済的に整序された私法秩序の枠内で詳しく述べられない。

　この箇所で中間決算を定式化するならば，以下のように確定されうる。契約商議における圧力手段による意思への影響の許容される方式と許容されない方式を区別する規範的概念への要求がある。かような概念は2つのもの，すなわち，投入された圧力手段の違法性ないし義務違反性の標識の意味ある具体化と（圧力を受けた者についての）合理的な選択肢の欠缺や考慮される圧力手段の強迫への制限ないし（逆に）強迫に類似した行為への拡大のような，解消権の特殊な構成要件の重要性の確定を与える。

2　経済的分析

　この場合には経済的分析が助けになりうる。その規範的標準は，周知のように費用／効用の視点の下での可能な限り最高の法的ルールの形成という標識である[34]。この標準は，契約商議における圧力手段の許容される方式と許容されない方式を分けるちょうど今求められた規範的概念に関して何をなしうるのか。

---

(32) St. Lorenz（注28), S. 498f. ローレンツは，この場合個々的には強制効の重要さおよび行使された圧力に対する抵抗の期待可能性が考慮されねばならないことを強調する。同旨：Weiler（注28), S. 632f.
(33) St. Lorenz（注28), S. 500f.
(34) 費用／便益という効率の概念については，例えば，Eidenmüller（注8), S. 51f.

Ⅲ 4 契約商議における強制手段

(a) 配当効用の惹起に関する手段としての圧力手段

　出発点において経済的観察は，特定の圧力手段だけでなく，はるかにそれを超えて（ほとんど）全部の圧力手段すら否定する判断に導くようにみえる。それは単純な考察から導かれる。圧力手段を展開し，適用し，かつ（または）回避することは，ほとんど常に費用と結びついている。例えば，事例2のように，その事業のためにいずれかの買主を求め，掛買の買主に対してその地位を改善するために，この者と商議をする者は，資源を費やす。この資源は協力の利益を縮減する。かように圧力手段の投入は非効率だといいうる[35]。

　しかし，かような考察の射程は短く，かつ2つの理由から成っている。まず圧力手段は，当事者が契約商議に投入された配分問題を一般的に解決しうるために必要である。換言すれば，圧力手段は，合意を（相当な期間内に）惹起し，協力の報酬を実現するための手段である。第二に，特定の圧力手段は，それが有効な資源の配分を他の観点において促進するが故にも重要な経済的機能を実現する。それは例えば不合意の選択肢の展開および取り外しについてあてはまる。それが，当初考えられていた当事者より高く取引客体を評価してくれる選択的な取引当事者がみつかるという結果を生じることもありうる。

　これらの考慮の輻輳が事例2において示されうる。事業の売主Vが，関心を持っているIとの間で第三者とのやり取りおよびありうる相場の動きの陰で厳しい駆け引きのもとに商議を行っていた場合，この圧力行使は，VとIがそもそもかつ相当な期間内にその関係での協力の報酬の分割につき合意することに寄与する。それを超えて不合意の選択肢を求めることは，VがIよりもその事業のために多額の対価を払う用意をしている買主を見つける，または同様に考慮された市場の動きが価値を最大化する推移を示すことにも導きうる。

　この配分の効用の観点のもとでの圧力手段の積極的な経済的評価は，結果

---

(35) 圧力手段の重要な方式としての強迫についてこの考慮は，制限つきであるにすぎないとしても，同様にあてはまる。強迫自体は，通例ありふれたものである。犠牲者が強迫者により望まれたように振舞わない場合に，作為または不作為が約束されるにすぎない。強迫がそれに値するためには，多くの事例で（社会的に不用の）費用が支出されねばならない。同じ理由から強迫者は，被強迫者が恐怖を抱かない場合にも，事実上強迫を実現するに違いない。もちろん（社会的に不要な）費用がそれと結びつく。

136

的に，高額の直接費用の意味においても，またその適用が協力報酬の完全または部分的否定の危険を内在するためにも，投入された圧力手段が特別に費用を要する場合にも（高額の潜在的な機会費用），あてはまる。例えば撤回しえない自己拘束の戦略が想起されうる（Ⅲ参照）。その適用は商議の相手方を計数的な決定に強いる。そして，このことは容易に商議の挫折に導きうる。しかし，消極的な作用は，かような戦略の場合大抵は商議の相手方のみに関わり，当事者は自己の危険で行為する。第三者に関わらない限り（外部的な効果が問題にならない場合），それに一致して法的な関与には論拠がない[36]。

(b) 圧力手段による有効な法的地位の侵害

(aa) 通常の事例：圧力手段の違法性

特定の圧力手段の投入が，有効に相手方に帰属する法的地位を侵害する場合は，異なる。すなわち，この場合協力報酬の否定だけでなく，それを超えて一当事者が以前よりも悪い地位に置かれることが問題になる。換言すれば，単に有用な契約の締結を妨げる圧力手段と，それがこの者に有用に帰属する法的地位を侵害することにより，当事者が相手方に損害を与える圧力手段との間には重要な違いが存在する[37]。後者が法的に許容されるとすれば，それによりそれに加えて社会的に害のある投資のための刺激が認められることになる。これもまた望まれない結果であろう[38]。

その限りにおいて事例1を観察しよう。被用者Aと事業者UがAのための報酬の増額について取引をしている。AのUのための価値創出額がAの機会費用を超える場合に，その限りにおいて，有用な取引関係の内部の協力報酬の分割が問題になる。しかし，Aは今やUの情事を公にすると脅している。これにより彼は，その情報の経済的価値を自分のために開発しようとする。この状況のもとで彼がUとの関係においてその権限があるかどうかという問題が立てられる[39]。この問題に対する解答は一義的である。判例は，

---

(36) さらなる観点がそれを支持する：特別に危険な（費用のかかる）圧力手段を法的に排除しようとする場合には，裁判所は，いかなる圧力手段が潜在的に重要な価値否定者なのかを見出さねばならない。それは高額の（訴訟）費用と結びつくことになろう。
(37) R. Cooter/T. Ulen, Law and Economics, 3 ed., 2000, p. 262：「一般には，失敗した強制はなにかを破壊しうるが，失敗した取引はなにものも産み出さない。」
(38) R. Posner, Economic Analysis of Law, 6. ed., 2003, p. 115; S. Shavell, Foundations of Economic Analysis of Law, 2004, p. 335.

Ⅲ 4 契約商議における強制手段

この権利（情報の経済的利用の権利）を彼にではなく，Uに与える。Uが，Aがその妻にそもそも伝えることを妨げうるかどうかは，全く別の，結論的に否定されるべき問題である。そのために納得させる経済的観点が視野に導きだされうる。すなわちUがかような権利を始めて売買によって得たとすれば，これが高額の取引費用と結びついているとすれば，彼は無制限の数の個人と，彼らが彼をゆすらないように交渉しなければならない。これに対して権利がUに帰属するとすれば，購入されうる者が一人だけ存在することになる。それにより当初の権利の装備の自治的な是正が容易になる（これらは有用でないものとなる）。更なる視点が付け加わる。Aが，Uの情事を経済的に利用する権利があるとすれば，彼にとって，当該情報を取得する刺激が生じ，逆にUにとっては，この取得を妨げ，または暴露に対して保護される刺激が生じることになろう。しかし，この場合社会的に不生産な投資，すなわち，幸福の喪失が問題になる[40]。

この考慮は，例えば，それによって経済的な利益を達成するために，商議の当事者が刑事告発による威嚇を受ける状況の分析のためにも有用であろう[41]。脅迫者にかような権利を与えることは，犠牲者，すなわち，犯罪行為により被害を受ける者が問題になる場合にのみうまく理由づけられうる[42]。なぜならば，この者は加害事実に基づいて加害者に対する損害賠償請求権を有するからである。それに一致して，加害者（加害者の親族，友人は含まない）に犠牲者の損害に相当する額を賠償する義務を負わせることは正当である[43]。関係者（強迫の被害者および強迫者）の数の制限により，かような権利帰属は，この場合，上記の事例のように，巨額の取引費用には導

---

[39] 許容されるまたは許容されない圧力手段の（経済的）理論の基礎としての権利の装備の意味について，例えば，A. Kronman, Contract Law and Distributive Justice, Yale L. J. 89 (1980), pp. 472 (489ff.); A. Wertheimer, Coercion, 1987, pp. 217ff.

[40] ホールドアップ状況の意識的な惹起による効用の喪失につき詳しくは，S. Shavell, Cotracts, Holdup, and Legal Intervention, Harvard John M. Olin Center for Law, Economics, and Business Discussion Paper No. 508 (03/2005), pp. 6ff.

[41] この問題につき詳しくは，例えば，P. Mankowski, Beseitigungsrechte: Anfechtung, Widerruf und verwandte Institute, 2003, S. 358f.

[42] ドイツ法律学の通説も同様，例えば，Staudinger, Komm. z. BGB., 13. Aufl., 2004, para. 123 Rn. 71f. [R. Singer/B. v. Finckenstein].

[43] 例えば，この意味でドイツの連邦労働裁判所判決参照：BAG NJW 1999, S. 2059f. 両制限はドイツ法律学の範囲内で通説に一致し（注42），本論文の考慮から問題なく導かれる。

かない。ちょっと前に述べられた種類の誤った刺激もまた，適法な強迫者の範囲がかように制限される場合は，常に狭い範囲において期待されうる[44]。

最後にこの基礎の上に事例3，すなわち，一定価格での建物建設に関する請負人Wと委託者Aとの間の議論が分析されうる。建設予定地のトラブルおよび原材料費の高騰が費用を著しく高額にする場合，Wは建設の中止により威嚇しうるか。経済的視点からはこの問題は以下のように解答されうる。Wの費用がAの利益を上回るがゆえに，当初の条件による契約の実行が不利益になった場合，Wはこの権利を有する。それが債務者に給付実現の極端な不利益の場合給付拒絶権を（ド民275条2項）[45]，あまり極端でない場合，事情によっては少なくとも行為基礎喪失による適合請求権を（ド民313条1項）与えることによって，この考慮には少なくとも出発点においてドイツの法秩序もまた与する。

(bb) 疑問事例：商議による解決の優先

個々の事例ではこの要件が存在するかどうかが問題になる。そのためにも事例3はよい事例を提供する。当初の給付交換が（極端に）有用でないかどうかは，Wにおける費用高騰の程度および計画された場所でのAにとっての工場の有用さに依存する。この関係は疑わしい。従って，Wがこの場合不履行によって違法に脅したか，それとも単に彼に帰属する正当な法的地位を確保するのかは明らかでない。この状況の中で法秩序は，当事者間で交渉された解決を尊重するか，それとも裁判所に給付拒絶権ないし適合権の要件および効果を明らかにさせるかを決定しなければならない。最初の道は，伝統的

---

[44] その他今や印刷物の公開による強迫に関するドイツ連邦最高裁の判決もまた同旨：BGH NJW 2005, S. 2766f. この判決で連邦最高裁は，被強迫者にとって不利な印刷物の公開を告発と同じ原則に従い，目的／手段関係の法理を使って処理した。これは簡単明瞭であるが，強迫者の立場からはその公開は，受けた損害の補償の一形式として合理化されうる。

[45] ド民275条2項のこの解釈につき，例えば，H. Eidenmüller, Der Spinnerei-Fall: Die Lehre von der Geschäftsgrundlage nach der Rechtssprechung des Reichsgerichts und im Lichte der Schuldrechtsmodernisierung, JURA 2001, S. 824（831f.）参照。同旨：Münch. Komm. z. BGB., Bd. 2a, 4. Aufl., 2003, para. 275 Rn. 74 [W. Ernst]. 給付拒絶権が極端な非効率の場合にのみ存することは（ド民275条2項は，費用と給付利益との大きな不均衡とのみ述べる），経済的には，限界事例で楽観主義的な契約違反と正当な給付拒絶とを区別する裁判所の困難によって説明しうる。それにつき本論文 IV. 2. b) bb) 参照。

③ 4　契約商議における強制手段

にイギリス法[46]ならびに PECL が[47]採用する。Ａが適合合意に関与した場合は，彼はＡが給付拒絶権ないし適合権を有しないことが明らかな場合でも，後でこれを主張することはできない。Ａは，もっと早く裁判手続きにより防衛し，他の企業に委託することによっても保護されることができた。そしてこのような意味で合理的な選択肢を有した。第二の道は，むしろドイツ法のそれである。Ｗが給付拒絶権ないし適合権を有しない場合，Ａは給付を求めまたは損害賠償を請求することができる。しかし，Ａは適合合意にも立ち入り，これを後で，彼が違法に威迫されたという理由で無効にすることも可能である。その場合裁判所は，後からＷの活動の正しさを判断しなければならない。

結局この第二の道は，Ａが，ある意味でＷの行為の法律上の検討を請求する放棄しえない権利を有することを示唆する。適合合意の承諾後もまた，彼はなお，Ｗが契約にご都合主義的に違反したか，それとも契約の実行が当初の条件にとって非効率であったかどうかを明らかにさせうる。Ａにこの検討の権利を与えることは，ご都合主義的な契約違反の防止の観点のもとに特に，直接の強迫段階における法的保護が彼にとって不足している場合に，意味があり[48]，またはその他の不合意の選択肢（市場に適った塡補行為など）もまた不十分である場合に意味があるように思われる。それは個々の事例の問題であり，適用されうる法ないし具体的な市場の状況に依存する。しかし，他

---

(46) Treitel（注7）pp. 406ff. 参照。
(47) しかし，この問題への適用は明らかとはいえない。PECL 4：108 条の注釈では，まず契約違反の強迫によりそれが発生した場合は，新しい商議の協定は取り消されうることが指摘される（Lando/Beale（注2）p. 258［ランドー／ビール編（潮見他訳）・前掲書 241 頁（中田）］参照）。しかしその際に，被強迫者が PECL 4：108 条(b)の意味の合理的な選択肢を有することは考慮されていないままである。Lando/Beale（注2），pp. 259ff.［ランドー／ビール編（潮見他訳）・前掲書 241 頁以下（中田）］参照。［PECL 4：108 条(b)は，契約を締結させる手段として用いることが違法な行為による相手方の急迫かつ重大な強迫によって契約を締結させられた場合には，当事者は当該契約を取り消すことができるが，当該状況においてその当事者が他に合理的な手段を有していた場合はこの限りでないと規定する。］
(48) 合理的な選択肢という標識のこの解釈は，Shavell（注40）p. 14 と一致する：「犠牲者が他の選択肢を有していないことは，脅威が実現した場合に彼が被るであろう不利益が重要なことを意味するように思われる。」Kötz（注6），S. 323［ケッツ（潮見他訳）・前掲書 395 頁（中田）］をも参照：「当事者が変更請求に対して抗議をしたか，それとも異議なく応じたか，強硬な立場をとり，契約違反に基づく損害賠償請求を求めることが期待されえたか，そしてその選択肢の十分な考慮のためにたっぷりと時間があるか，が問題となる。」

方，裁判所が事後的に，限界事例で有効にご都合主義的な適合行為から区別しうる状況にあるかどうかは一般的には疑問である[49]。従って，かような事後的な検討の有用さは小さい。これらの小さな有用性のために，場合によっては同時に高額の（訴訟）費用がかかる。それは経済的ではないであろう。ある点でこれらの考慮は，少なくとも間接的にはドイツ法でも通用するように思われる。因果関係標識の適用または違法性標識の解釈における被強迫者の抵抗力に関する考察を実現する努力は，これとは異なって説明されえない（Ⅳ1(a)(bb)参照）。

違法な契約違反による強迫と同様な考慮が，違法であることがありうるが，公には違法でない告知による強迫の陰に隠れた，労働法上の解約合意が締結された場合にも，なされうる。この場合もまた直接的な当事者は最後通牒をなしうる。ド民123条の枠内の違法性について，合理的な労働者が告知を真剣に考えたであろうかどうかが問題になるとするドイツ連邦労働裁判所の判例はそれに一致する[50]。不当であるかもしれないが，公にまたは高度の蓋然性をもって不当だとはいえない告知の場合にも同じ問題が生じる[51]。

従って，第二の中間的結論というるが，経済理論は，一方では，相手方に有効な方法で帰属する法的地位を当事者が侵犯する圧力手段の違法性を理由づける。他方，疑わしい場合，すなわち，一方の明白でないご都合主義の場合は，私的な商議による解決を許容し，困難な配分の問題の解明の責任を裁判所に委ねない，自由な強迫哲学を支持する。

(c) 圧力手段による嗜好に合致しない契約決定の惹起

我々が既にみたように，圧力手段は，それがこの者に有効な方法で帰属する法的地位を侵害することにより，当事者を害する限り，経済的には批判的に判断されうる。この侵害は，さらに，当事者が合理的ではあるが，有益で

---

(49) その他，それが場合により効率による適合の解決を補充しうるかどうかが疑わしい。なぜならば，取引全体の価値およびそれに影響を及ぼす費用／便益関数に関する正確かつ許容される情報が裁判所にめったに存在しないからである。
(50) 例えば，BAG NJW 1997, S. 676 (677); BAG NJW 2004, S. 2401 (2402). この判例の詳しい評価については，例えば，Mankowski（注41), S. 375f.
(51) 例えば，BAG NJW 1997, S. 676 (677); BAG NJW 2004, S. 2401 (2402). 批判的なもの：Staudinger（注42), para. 123 Rn. 74 [Singer/v. Finckenstein]. それに比べてドイツの連邦最高裁は，強迫の違法性の排除のために客観的に主張されうる法的観点を要求する（BGH NJW 2005, S. 2766 (2768))。それは狭すぎる。

Ⅲ 4 契約商議における強制手段

ない契約決定に導かれることを帰結しうる。例えば，Aの価値創造額が（機会）費用を下回るにもかかわらず，Aを強迫の影響のもとに高額の報酬でさらに雇わなければならない事業者Uを考えうる。しかし，当事者があるいは嗜好に適わないかつこの意味で合理的でない契約決定に関わっているがゆえにもまた，圧力を受けた状況のもとで有用性のない契約に逢着しうる。単純化すると，Aが，そもそも使用しえない，またはAにとっての利益が常に提供者のための費用を下回る財貨またはサービスを取得したということである。

　この事例群を概念的に記述することは簡単であるが，考慮に値する外部の支障をはっきりと区別し，当該構成要件を法律上安定的に定式化することは困難である。類型的にはその限度で，例えば訪問取引（における撤回権）に関するドイツ民法312条でははるかに広い保護が与えられる。その限りで例えば，事業所および（または）事業者との関係における不意打ち的な実務は把握されていない。それゆえに類型的な事例を超えて，契約締結上の過失，ド民123条の類推，将来の法としては，イギリスの不当威迫を模範とする一般条項的構成要件に基づく解消権が主張されうる：「ド民123ａ条（不当な行為による取消可能性）他の不当な方法で意思表示に導かれた者は，その表示を取り消しうる。」

　この提案が法律になるとすれば，裁判所は個々の事例で，類型的に効率の悪い契約が締結された状況を認定しなければならない。なぜならば，外部の障害により惹起された契約決定の不合理性（非効率性）の中にかような解消権の根拠があるからである。かようにしてのみご都合主義的に活動し，不当に契約締結に導く者の手段になることに展開することが防がれる。

　しかし，これに関する裁判所の認識可能性に関しては疑問が示される。所与の場合には契約締結の極端な非効率性が解消権の構成要件的な前提に高められることが計算に入れられる。しかし，そこまでいくならば，解消権でなく，無効の効果が相当な制裁となろう。なぜならば，極端に嗜好に適わない，それゆえに極端に非効率な契約の維持に関係者は類型的に利益を有しないからである。従って，選択権（取消権）は不相当であろう。この法律効果，すなわち，法律行為の無効をド民138条（公序良俗違反）はいずれにしても予定しているが，PECL 4：109条は取消権を与えている。

　従って，より一層の結論として，極端に嗜好に適わない，かつこの意味において極端に非効率な契約決定に導く圧力手段が，当該契約の無効によって

ホルスト・アイデンミュラー

制裁を受けることが確定されうる。

V 結　語

　圧力手段の適用は，契約商議の不可欠の構成部分である。しかしすべての圧力手段を法秩序が認めるわけではない。検討の最も重要な結果はテーゼの形で以下に包括される。
　1　契約商議における圧力手段は，商議の相手方の行動可能性を（彼の見地から不当な方法で）制限するすべての手段である。類型的には圧力手段は，合意の範囲を自己の利益のために変更する目的を有する。
　2　現存するヨーロッパの法秩序は，圧力手段の扱いに関して特に2つの観点で区別される。第一に，ドイツを含む若干のものは，強迫への制限を定めるが，イギリスなど他のものは，未確定の構成要件（経済的威迫，不当威迫）を使っている。他方若干の法秩序によれば，圧力を受けた者が合理的な代替手段で防御できないような圧力手段のみが解消権を与える。
　3　法的評価の中心には，圧力行使の違法性ないし義務違反性の問題がある。その基礎の上でこの問題が解答されうる確信的な規範的概念はこれまで存しない。
　4　経済的観点からは契約商議における圧力手段は，出発点において2つの観点で重要な機能を果たす。それは合意の過程および協力の利益の実現を促進し，国民経済的資源の有効な配分に寄与する。
　5　商議の当事者が，相手方に有用に帰属する法的地位を侵害し，かつこの者を以前よりも悪い地位に置いた圧力手段は，問題である。疑いのある場合はもちろん商議による解決が優位に値する。これは例えば，違法な契約の違反または違法な告知による強迫は，明示的な違法性のある場合にのみ，適合合意または解消合意の取消可能性に導くという結果を伴う。
　6　問題となるのは，さらに，嗜好に適わない，この意味で効率的でない契約決定に導く圧力手段である。極端な事例については，契約の無効がこの場合相当な解決になる。

　　＊本論考は，2005年11月18日にハンブルクで開催されたハイン・ケッツ生誕70年記念シンポジウムでの講演に手を加え，かつ資料を補充したものである。

ニルス・ヤンセン

5 重い負担となる約束の真摯さのコントロール
——比較法，法史および法理論——

ニルス・ヤンセン

　ハイン・ケッツは，伝統的な理論をいつもさらに洗練させることを一生の任務とした法律家としては著名ではない。逆である。すなわち，彼が通例様々な国の理論的な考え方の結果の均衡を強調し，それに一致してむき出しの皮肉で法理論の具象化に反論し[1]，かつその全集を「非理論的なもの」という題名の下に公刊したときに[2]，それは法体系のための理論的な成果の意味を否定する比較法学者の傾向のために，まさに典型的なものとしてあてはまる[3]。私は，かような考えは間違いだと思う。なぜならば，バッハ，ブラームス，シェーンベルクのような他の作曲家を評価するがゆえに，雷鳴がとどろいている「かぐわしい靄のかたまり」としてトリスタンとイゾルデの序曲を捉えるように[4]，比較的な視野からは，成功した理論と失敗に終わった理論とを区別することは当然だと思われる[5]。そして実際上ケッツは，ドイツの代理権の抽象性の理論において特別に力強く，法および具体的な問題の解決にとっての重要な評価の，成功裏に終わった理論的構成および法体系の技術的な有用性が有しうる重要な意味を強調した[6]。従って，彼の過

---

(1) H. Kötz, Rechtsvergleichung und Rechtsdogmatik, RabelsZ 54 (1990), S. 203 (204)：「同時代の法理論のある現実の成長の最先端および若干のより新しい体系形成の異様な概念は，その存在を法の機能適正に関する配慮というよりも，理論的な議論を耐え抜く傾向に負う。」
(2) H. Kötz, Undogmatisches: Rechtsvergleichende und rechtsökonomische Studien aus dreissig Jahren, J. Basedow/K. Hobt/R. Zimmermann (Hrsg.), 2005.
(3) 特に，C.-W. Canaris, Theorienrezeption und Theorienstruktur, Festschr. f. Z. Kitagawa, 1992, S. 59 (77f.).
(4) T. Mann, Buddenbrooks, 8. Teil, 7. Kapitel; Kötz, RabelsZ 54 (1990), S. 211.
(5) Kötz, RabelsZ 54 (1990), S. 208f. 個々の判例についてはもちろん議論がある：Canaris（注3），S. 78f.
(6) H. Kötz, Europäisches Vertragsrecht, Teil I, 1996, S. 334f.［ケッツ（潮見他訳）・前掲書416頁（中田）］；K. Zweigert/H. Kötz, Einführung in die Rechtsvergleichung, 3. Aufl., 1996, S. 431f.; Kötz, RabelsZ 54 (1990), S. 209：「この単純な区別がどこまで資料の明白性および概観可能性に寄与するかは，この区別を常に付加的に知っているイギ

Ⅲ 5　重い負担となる約束の真摯さのコントロール——比較法，法史および法理論

少評価は，正当にも技術のための技術としての肥大性の理論について当てはまり，困難な評価問題の理論的構成についてはあてはまらない[7]。

　この意味において以下には，特別の，しばしば情緒的な当事者間の結びつきが，妨げられない意思形成への疑問を喚起する，重要な意味をもった一方的に負担となる約束の契約コントロールがテーマとなる。イタリア人が信頼（affidamento）と呼ぶものが，夫と妻，親と子または弁護士と依頼人の間の関係のような，排他的で，外部に対して仕切られた近縁関係の中にあることは全く異常なことではない。その場合一方が相手方に対して多かれ少なかれ決定的な影響を取得する。それはいつも不相当な関係に基づくというものではない。しばしばそれは慣習または意識的に自己を人に委ねることの結果である[8]。もちろんかような信頼は，成年に達した市民の自己責任的決定の契約上の期待とうまくかみ合わない。それに一致してこれらの事例は，目的論的に相当な記述に反して従来特別に扱いにくいものであることが証明されている[9]。市民の保護に関する規定もまた包含している新しい消費者信用指令の提案に際して，この問題はそれに一致して完全にフェードダウンされている[10]。従って，この場合伝統的な理論を繊細に彫琢することは問題になりえない。むしろまずその基本的評価を再構成し，思想的に構成し，操作しうるように定式化することが問題になる。

Ⅰ　問題の素描

　今日周知のように特に家族員の利他的な債務の引き受けの場合の問題が議論されているが[11]，裁判上は同様に使用者のための被用者の保証[12]および

　　　リス法およびフランス法を論じる場合に始めて明らかになる。」
(7)　Kötz, RabelsZ 54 (1990), S. 204 (210)：「法律学は不可欠であるが，純粋に補助的な機能を有する。理論的な命題は，単に手段的な機能を有する手作りの品である。」
(8)　法事実的，特殊女権主義的な視野から，B. Fehlberg, Sexually Transmitted Debt, 1997, pp. 20ff., 78f., 116ff., 265ff.; I. Sagel-Grande. Bürgschaft in Deutschland: facts and figures, U. Drobnig u. a. (Hrsg.), Neuere Entwicklungen im Recht der persönlichen Kreditsicherheiten in Deutschland und in der Niederlanden, 2003, S. 63f.
(9)　Kötz（注6），S. 207.［ケッツ（潮見他訳）・前掲書256頁（中田）］。
(10)　委員会提案 KOM (2002), S. 443（最終案）；改訂委員会提案 KOM (2004), S. 747（最終案）. P. Rott, Consumer Guarantees in the Future Consumer Credit Direktive: Mandatory Ban on Consumer Protection?, ER PL 2005, pp. 383, 393, 398ff.

婚姻契約の場合に[13]問題が生じている。さらに以前から債務引受だけでなく，大きな財産の持分の生前または終意の処分も問題になっている[14]。婚姻締結または修道院収容への親の圧力も同様にこれに属する[15]。歴史的に比較しうるかような事例の処理に関する考えは，もちろん混乱させる多様性を示す。

　まずこの場合，婦人の債務引受が無効になったローマのヴェラエアヌム元老院決議がある[16]。もちろん妻は厳格な方式要件の考慮の下にこの保護を放棄しえた[17]。それに際して夫のための債務引受について再び特別の制限があった[18]。近代の法典編纂はその総てを意識して受け入れなかった[19]。

---

(11) 債務引受の概念は，他人の債務の引受の総ての態様，すなわち，添加的債務引受，保証，物的担保の設定などを含む。債務引受の概念および多様な現象形式については，W. Ernst, Interzession: Vom Verbot der Fraueninterzession über die Sittenwidrigkeit von Angehörigenbürgschaften zum Schuz des Verbrauchers als Interzedenten, R. Zimmermann u. a. (Hrsg.), Rechtsgeschichte und Privatrechtsdogmatik, 1999, SS. 395, 401f. 411f.

(12) BGHZ 156, S. 302f.; Credit Lyonnais Bank Nederland NV v. Burch, [1997] 1 All ER 144ff.

(13) BGHZ 158, S. 81f.

(14) Accursius, Corpus iuris Iustiniani cum commentariis (Lyon, 1624f.), Gl. Metu solo zu D. 44. 5. 1. 6; J. du Plessis/R. Zimmermann, The Relevance of reverence: Undue Influence Civilian Style, Maastricht Journal of European and Comparative Law 10 (2004), pp. 345, 355, 363.

(15) A. Gail, Practicarum Observationum...Imperialis Camerae libri duo (ed. Quarta, Köln, 1586), lib. II, obs. XCIII, Rn. 22f.; J. Schneidewin, In quatuor Institutionum Imperialium Iustiniani libros, Commentarii (Strassburg, 1632), lib. IV, tit. VI, para. 25, De actionibus quadrupli, Rn. 48f.

(16) Ulpian, D. 16. 1. 2pr. f.; C. 4. 29; Nov. 134. 8; W. A. Lauterbach, Collegium Theoretico-Practicum (Tübingen, 1726), lib. XVI, tit. I, para. 2; B. Windscheid, Lehrbuch des Pandektenrechts, (7. Aufl. Frankfurt a. M., 1891), Bd. II, S. 750f. (para. 485f.). 包括的には，O. Lehner, Senatus Consultum Velleianum—Die Wiederkehr einer antiken Rechtsfigur im frühneuzeitlichen österreichischen Recht, ZSS (GA) 105 (1988), S. 270 (271f.); Ernst (注11), S. 397f.; F. Theisen, Die Bedeutung des SC Velleianum in der Rechtspraxis des Hochmittelalters, ZSS (RA) 122 (2005), S. 103f.

(17) Lauterbach (注16), lib. XVI, tit. I, para. 10, 23f.; Gail (注15), lib. II, obs. LXXVII; J. Voet, Commentarius ad Pandectas (Paris, 1829), lib. XVI,tit. I, parz. 9; Windscheid (注16), S. 757f. (para. 486). 詳しい記述として，W. Girtanner, Die Buergschaft nach gemeinem Civilrechte, Bd. I /2, Dogmengeschichte d. Mittelalters und der neueren Zeit—1850 (Jena, 1850), S. 272f. 既に中世において存在した標準的な実務につき，Theisen, ZSS (RA) 122 (2005), S. 115f.

(18) Nov. 134. 8; Lauterbach (注16), lib. XVI, tit. I, para. 6. 個々的な明示的放棄の可能性につきその限りでも，H. Grotius, Inleiding tot de Hollandsche Rechtsgeleertheyd

Ⅲ 5 重い負担となる約束の真摯さのコントロール——比較法，法史および法理論

単なる方式規定は不十分であり，債務法にいずれにしてもその規定の場所は存在しない[20]。一般的な無効規定は不相当であろう[21]。実際上かように包括的な担保提供者の優遇によりその中心的な経済財（法制度）は経済的に不毛なものになるであろう[22]。一方的な優遇は，この場合同時に不利益を与える干渉としても作用するに違いない。さらに自由な契約法において，経済的に不合理な方法でも義務を負うことは全く可能であった[23]。債務引受は，経済的自己利益なしにもまた，完全に主債務者の計画の下に置かれ，それゆえに意識して経済的に過重な請求が行われる。それ以外でもまた，家族構成員が他の者のために著しい，経済的に不合理な財産上の犠牲をなすことは異常なことではない。もちろん情緒的な義務は，かような行為の原因となるが，家族的な近縁関係は，通例法によっても基本的に受け入れられる利他主義的な債務引受または財産の拠出の背景となる。

　従って，一方的に負担する約束は，原則的に有効である。それが重要な負担を意味し，債務を引き受けた者を破滅させる場合でも同様である。しかし，同様に裁判官は，通例，弱い側をその意思表示の広範な効果から守る必要もまた認めた。信頼に基づく意思形成の破壊は，明らかであり，裁判官は，破

　　　　(übers. u. hrsgg. von R. W. Lee, 1926), boeck Ⅲ, deel Ⅲ, para. 19; Voet（注17），lib. XVI, tit. I, para. 10; Windscheid（注16），S. 761f.（para. 487）; Girtanner（注17），S. 276f.
(19)　概観につき，G. Planck, Begründung des Entwurfs eines Familienrechts für das Deutsche Reich（Berlin, 1880），S. 272f.（W. Schubert, Vorentwürfe der Redaktoren zum BGB, Familienrecht, Bd. 1（1983），S. 424f.）．
(20)　H. H. Jakobs/W. Schubert, Die Beratung des BGB: Allg. Teil, 1. Teilbd.（1985），S. 647f. 帝国議会で始めて保証についての法的形式が貫徹された：dies., Die Beratung des BGB.: Recht der Schuldverhältnisse Ⅲ, 1983, SS. 457f., 462f.
(21)　Motive, Bd. Ⅱ, S. 657（B. Mugdan（Hrsg.），Die gesammten Materialien z. BGB. f. das Deutsche Reich, Bd. Ⅱ（Berlin, 1899），S. 367）; Jakobs/Schubert（注20），S. 457（460f.）．より詳しくは，Planck（注19），S. 275f.（Schubert, a. a. O., S. 427f.）立法者は，夫への不信感をルールの基礎とすることは許されない。オーストリアにおける古い比較しうる議論につき，Lehner, ZSS（GA）105（1988），S. 286f.
(22)　Barclays Bank v. O'Brien［1994］1 AC, 180, 188（ブラウン・ウィルキンソン卿）．以下の注141参照。この考量は，イギリスの判例には常に存在する：Royal Bank of Scotland v. Etridge（no 2）［2001］UKHL 44, n. 2（ビンガム・オブ・コーンヒル卿），n. 34f., 37（ニコルス・オブ・バーケンヒード卿）．判決理論的な分析につき，L. Kähler, Decision-Making about Suretyships under Empirical Uncertainty—How Consequences of Decisions about Suretyships Might Influence the Law, ERPL 2005, pp. 333ff.
(23)　J. Gernhuber, Ruinöse Bürgschaften als Folge Familiärer Verbundenheit, JZ 1995, S. 1086（1088）．

148

ニルス・ヤンセン

滅的な約束が十分には練り上げられていないことに懸念を抱かねばならない。明らかに裁判官は，かように広範な約束が実質的にも私的自治による，すなわち，事実上任意かつ固有の決定である場合にのみ拘束的であることから出発した。この基本評価についてはヨーロッパで今日外見上広範な[24]一致が存在する[25]。それは，その間に，EUV（ヨーロッパ連合条約（2002年12月24日））6条2項[25a]によれば，結果の均衡した解決をヨーロッパの法秩序の中で要求する基本権の要請として議論された[26]。この場合本来の規範的な問題が存在することを，まず明らかに，以下で検討される仮定のみが示す。

かような視点は，事実上の平面における特別の困難に導くに違いない。裁判官は，後から直ちには，当該合意が十分に考慮されたものであるかどうか，

---

(24) 不相当な保証にそもそも効力を否定する法秩序は，一見したところ異なった形象を提供するが（以下の注88参照），それは明らかに，真摯に考えられた付言とそうでない付言との区別に関するもっともな標識を定式化することの困難に逢着する。ドイツ法については注25参照。

(25) Vgl. Royal Bank of Scotland v. Etridge (no 2) [2001] UKHL 44, n. 2 (ビンガム・オブ・コーンヒル卿)：「妻（または同様な立場にある他の者）が……提案された取引の性質および効果および合意するかしないかの決定が彼女の問題であることを十分に理解することなしに投資すべきでないことが重要である。」；BVerfGE 89, S. 214, 231：「両契約当事者が契約の締結及び内容について事実上自由に決定しえたか及びどの程度自由に決定しえたかが問題になる。」；更に BVerfGE 103, S. 89 (100f.)；C.-W. Canaris, Wandlungen des Schuldvertragsrechts—Tendenzen zu seiner Materialisierung, AcP 200 (2000), S. 273 (296)；M. Habersack/R. Zimmermann, Legal Change in a Codified System: Recent Developments in German Suretyship Law, Edinburgh Law Review 3 (1999), pp. 272 (282ff.).

(25a) ［EUV（ヨーロッパ連合条約）6条「(1) 連合は，2007年12月12日のストラスブルク版における2000年12月7日のヨーロッパ連合基本権憲章に定められた権利，自由及び原則を承認する。基本権憲章と条約は法律上同順位である。憲章の規定により条約に定められた連合の管轄は決して拡大されない。憲章に定められた権利，自由および原則は，その解釈及び適用を定める憲章第7章の一般的規定に従い，かつこれらの規定の沿革が示される憲章に述べられた説明の相応な顧慮のもとに解釈される。(2) 連合は，人権及び基本的自由の保護に関するヨーロッパ条約を支持する。この支持は，条約に定められている連合の管轄権を変更しない。(3) 人権及び基本的自由の保護に関するヨーロッパ条約で保障されているような，かつ加盟国の共通の伝統から生じるような基本権は連合法の一般的な基本原則の一部となる。」］

(26) A. Colombi Ciacchi, Non-Legislative Harmonisation of Private Law under the European Constitution: The Case of Unfair Suretyships, ERPL 2005, pp. 285ff., 306ff. もちろん基本法上の標準が司法上の私法統一に導くという期待は欠けている。私法上の基本権は，例外的な場合にのみ決定的な権利を基礎づける，国家の保護を求める給付法上の請求権の構造を有するからである（詳しくは以下の注113参照）。従って基本権は常に最小の水準を設けている。

[Ⅲ] 5 重い負担となる約束の真摯さのコントロール——比較法，法史および法理論

例えば，保証人が現実に拘束される意思であったか，それとももともとそうでなかったかを確定することはできない[27]。オランダ[28]およびフランス[29]の裁判官は，この場合個々的に錯誤法に依拠する。法律上情報を受けることが保証されていない素人として，生存を危殆化させる債務引受をなす者は，契約の対象および原因について錯誤に陥りうるにすぎない。しかし，それは一方的に負担する約束を，利他的な行為の場合に不相当な一般的な合理性の留保の下に置くことになろう。かような決定は，結果的に個別的であり，意思形成の過程に光を当てるのではなく，少なくともより簡単に確定されうる不相当な影響力の行使を問題にすることになりそうである。

その限りで債務引受では明らかに特別の三人の関係が問題になる。なぜならば，債務引受人は，それから彼の絶対的な意思形成の侵害に導きうる２つの関係に入りうるからである。彼は主債務者に情緒的に義務を負う一方では，債権者はしばしば職業的な地位に基づいて行動する。さらに主債務者はしばしば債権者から独立している。それに一致して２つの全く独立した見方がこの事例には可能である。若干の法秩序は，契約上利益を受ける債権者の不適切な行為に着眼する。従って，この法秩序は，債権者自身に不相当な影響またはその他のいとわしい行為の非難がなされうる場合にのみ干渉する[30]。それに対して，他の法秩序は，直接に主債務者と債務引受人（例えば家族）との間の濫用されやすい内部関係を注視する。有利な地位にある債権者が不公平な影響力行使の非難を受けるかどうかは，その場合原則として問題外である[31]。

かように異なった出発点が全く異なった結果に導きうることは明らかである。異なった解決の機能的な均衡についてはここでは実際上議論されない。例えば，ドイツの保証法の判例は，大抵は財産のない保証人が保証により過大な要求を受ける，すなわち，その債務が推測上全く塡補を受けえない場合に初めて関与する[32]。それに対してイギリスでは類型的には債務引受人が

---

(27) Gernhuber, JZ 1995, S. 1092.
(28) HR, 1. 6. 1990, Nr. 13913, Nederlandse Jurisprudentie 1991, 3293f., 3301f.（Nr. 759）. 銀行は，保証人に行為の危険について説明しなければならない。
(29) Cass. Civ. 1er, 25. 5. D. 1964, p. 626. 批判的なもの：J. Chevallier, RTD civ. 1965, p. 109 et s.
(30) 詐欺，強迫およびドイツの良俗違反判例は，かような理解の範型である。以下のⅡ. 1，2参照。
(31) イギリス法につき，以下のⅡ. 3参照。

自己の財産を超えて保証し，これを危殆化する事例が問題になる。大抵は妻がその全部の資産，しばしば共有の家の持ち分を担保に提供する場合である[33]。法律効果についても，ドイツにおける一般的無効から，イギリスの取消権，オーストリア[34]およびフランス[35]の裁判官の減額権ないしPECL 4：109条（2項，3項）の両当事者の契約適合請求権[36]にまで及ぶ様々なものがある。これらすべてを考慮して，ヨーロッパ法がその限度で比較的目の粗い事例群においてのみ記述されうることは驚くにあたらない[37]。

しかし，この比較の結果は他の点でも注目に値する[38]。すなわち，それはイギリス契約法が大陸のルールと比較した場合，特別に硬直的で商取引に志向しているという広く認められた確信に明白に対立する[39]。しかしこの場合それは率直に著しく広範な債務者保護を許容する。逆に，それ自体特別に社会的で債務者友好的なフランスの判例が，著しく制限的なものであることがわかる。ここでは1989年にようやく立法者は，債務引受の禁止を手掛けた。その後それが債務者の給付財産に比べて過大なときは，消費者信用保

---

(32) 以下Ⅱ．2．
(33) Barclays Bank v. O'Brien [1994] 1 AC, 180, 185ff. (HL); Royal Bank of Scotland v. Etridge (no 2) [2001] UKHL 44, n.5（引用判例のそこここに8つの類似判例がみられる）．
(34) オーストリア消費者保護法25d条．さらに債務者がその義務をあらかじめ履行せずまたは不完全にしか履行しないことを知り，または当然知るべかりし債権者のために保証した消費者は，原則として債権者が保証を引き受けた者に債務者の経済的状況を指摘した場合にのみ請求権を基礎づける（同法25c条）．しかし，それは近親関係の場合に本来の問題を理解していないルールである．以下の注77f．参照．
(35) Cass. Com., 17. 6. 1997, D. 1998 jur., p.208et s.（カセの評釈つき）．
(36) 4：109条2項（取消権者の適合請求権），3項（取消の相手方の適合請求権）．もちろん適合は事物に従って相当でなければならない．この場合保証引受において不訴求特約つきの主張が考えられるかもしれない．
(37) Kötz, Vertragsrecht I（注6），S. 207f.［ケッツ（潮見他訳）・前掲書256頁（中田）］; C. v. Bar/R. Zimmermann (Hrsg.), Grunsregeln des Europ. Vertragsrechts, Teil Ⅰ, Ⅱ (2002), S. 309f.（PECL 4：109条の注釈）; R. Sefton-Green, Mistake, Fraude and Duties to Inform in European Contract Law, 2005, pp. 308ff.; R. Parry, The Position of Family Sureties within the Framework of Protection for Consumer Debtors in European Union Member States, ERPL 2005, pp. 357, 359ff.
(38) Sefton-Green（注37），p. 377 をも参照．
(39) Kötz（注6），S. 87（商業的志向）［ケッツ（潮見他訳）・前掲110頁（潮見）］; ders., Abschied von der Rechtskreislehre?, ZEuP 1998, SS. 493, 498, 503f.; P. Legrand, Pre-Contractual Disclosure and Information: English and French Law Compared, Oxford Journal of Legal Studies 6 (1986), pp. 322, 348ff.

Ⅲ 5 重い負担となる約束の真摯さのコントロール——比較法，法史および法理論

証は無効になることになった[40]。近時の判例ではそれは，依然として狭いが[41]，不法行為の帰責上の非難の思考上の基礎と理解されている[42]。法律上の議論は，困難な事例においてもまた，簡単には決して，社会的または法的基本思考の多かれ少なかれ間接的な表現を形成しない。法の発展がかような評価により影響を受けるとしても，法は部分的に自動的である。法の変遷は，単に対立する基本的価値の社会の新しい評価によっては説明されえない[43]。むしろ法的な発展は，しばしば法秩序の理論の思考，概念的枠組みにより決定される固有の論理に従う。それに一致して伝統的な理論は，事物および利益に適った解決方法をあるいは開示し，あるいは妨げる。歴史的透視図は，それをしばしば特別に明らかにする[44]。それゆえに法律学の主たる任務は，法的な変革の時代にあっては，伝統的な理論的解決モデルを熟考し，所与の場合に選択肢を展開することである。

Ⅱ モ デ ル

1 尊敬すべき者による強迫（Metus reverentialis），不法行為および契約前の説明義務

情動的な拘束の契約上の重要さのための相当な問題の記述と解決を定式化

---

(40) 今日では，消費者法典341-1条：「職業的債権者は，保証人が要求されたときに，その資産がその債務を履行することを許容しない場合でない限り，その締結時にその約束が明らかにその財産および収入と不均衡な自然人により締結された保証契約を援用しえない。」

(41) ドイツの判例とは異なりフランスの裁判所はこの場合いかなる厳密な標準も立てていない。判例はあまり明らかでなく，広い事実の裁量を事実審裁判官に委ねている。所得に関する具体的データは判決では稀にしか言及されず，所得かそれとも控除後の所得かについても一致が存在しない。F.-X. Grignon-Derenne, A propos du cautionnement manifestment disproportionné par rapport à la fortune du garant, D. 2001 somm., p. 1382（1383 et s.）. 参照。

(42) Cass. Com., 17. 6. 1997, D. 1998 jur., p. 208 et s.（カゼの評釈つき）. P. Crocq, RTD civ. 1998, p. 517（159）参照。

(43) M. Auer, Materialisierung, Flexibilisierung, Richterfreiheit, 2005, SS. 7f., 23f., 28f., 125, 169, 177f.

(44) 詳しくは，Jansen, Tief ist der Brunnen der Vergangenheit: Funktion, Methode und Ausgangspunkt historischer Fragestellungen in der Privatrechtsdogmatik, ZNR 27 (2005), S. 202ff. Vgl. auch Kötz, Vom Beitrag der Rechtsgeschichte zu den modernen Aufgaben der Rechtsvergleichung, P. Caroni/G. Dilcher（Hrsg.）, Norm und Tradition: Welche Geschichtlichkeit für die Rechtsgeschichte?, 1998, S. 153f.

することがヨーロッパの法律家にとって困難な原因を問う者は，古典期ローマ法への一瞥をなさざるを得ない。なぜならば，そこではヨーロッパ契約法が今日まで扱ってきた基本概念が存在しているからである。その場合約束者の情動的な拘束またはさもなければ主観的な強制状況はローマでは直ちに重要でないものとされた[45]。なぜならば，首尾一貫性が契約法の中心的な価値の基礎を形成したからである。従って，強制された状態という感情は真正な恐怖の極端な事例においてのみ契約上の請求に対する抗弁を理由づけた。問答契約を締結した者は，その言葉について義務を負った。ヴェラエアヌム元老院決議のような例外は，実際上または現実には法政策的に理由づけられ，その結果この基本思考に影響を与えない。

古典期以後のローマ法および早期普通法のキリスト教による評価によりそれはもはや違反なしには合意されえなくなった。しかし，古典期法律家により刻印された概念との二者択一は，明らかに考えられなかった。爾後の法律家は，それゆえに，実務的に済ませようとした。彼等は，そのために強迫の抗弁（尊敬すべき者による強迫の抗弁）の広い適用範囲を利用した，すなわち，権威ある者に対する尊敬に基づく行為であれば十分だというのである[46]。今日まで現実に残っている事例は，夫の利益のためにその所有権を譲渡しまたはそれに担保を設定した婦人の事例である[47]。

それに対して世俗的な自然法[48]およびオランダの現代的慣用[49]では，尊敬すべき者による強迫は，しばしば黙って放棄された。その理由を尋ねても，

---

(45) Du Plessis/Zimmermann, Maastricht Journal of European and Comparative Law 10 (2004), pp. 347ff.
(46) Ulpian, D. 44. 5. 1. 6：「尊敬すべき主人の単純なまたは過度の強迫により」（おそらく改ざんされている）；Accursius（注14), Gl. Metu solo zu D. 44. 5. 1. 6; Schneidewin（注15), lib. IV, tit. VI, para. 25, De actionibus quadrupli, Rn. 44f.; M. Wesenbeck, Commentarii in Pandektas Juris Civilis et Codicem Justinianeum olim dicti Paratitia (cum notis & observationibus R. Bachovii Echtii, Amsterdam, 1665), zu C. 2. 20 (19). 6.
(47) Accursius（注14), Gl. Metu solo zu D. 44. 5. 1. 6.
(48) H. Grotius, De iure belli ac pacis libri tres (Amsterdam, 1701), lib. II, cap. XI, para. 7, Rn. 2, cap. XVII, para. 17; S. Pufendorf, De iure naturae et gentium libri octo (cum integris commentariis Io. Nic. Hertii atque Io. Barbeyraci, Frankfurt und Leipzig, 1759), lib. III, cap. VI, para. 10-12. 両者は，軽度の強迫で十分とするが（Grotius, a. a. O., cap. VI, Rn. 2; Pufendorf, a. a. O., cap. VI, para. 12), 以前（以下の注70f.）とは異なり，純粋な不法行為を前提とする。
(49) Du Plessis/Zimmermann, Maastricht Journal of European and Comparative Law 10 (2004), pp. 360ff.

Ⅲ 5 重い負担となる約束の真摯さのコントロール——比較法，法史および法理論

その解答を見出すことは困難である。まずもちろんその実際上の重要性が小さいことが挙げられよう[50]。今日の視点から問題となる多くの事例がヴェラエアヌム元老院決議[51]または莫大損害の事例[52]から与えられる。しかし，この解答は，その理論がもともとどうして展開したのかを説明しえない。その重要さは，4～5世紀や13～14世紀よりも17～18世紀の方が小さくなかった可能性もある。その場合推定という異なった体系をもった理論は，実務上そうであるように，当初からですら特別な方法で立証の困難に向けられていた。親子，夫婦または聖職者と信者のような信義関係または従属関係の枠内で尊敬すべき者による強迫はしばしば推定されたが[53]，約束受領者は自由にこの推定を，彼（約束受領者）が独立の補佐人，すなわち，親戚，友人，弁護人，裁判官を用意することによって破ることができた[54]。かようなルールは，明らかにローマ法の学説に由来するのではなく，実務上の裁判および官房法律学の経験に由来する。

すでにそれは尊敬すべき者による強迫の理論の不適切さに対する疑問を惹起しうる。それに加えて，ヴェラエアヌム元老院決議による保護を放棄することも可能であり，それがしばしば行われていた[55]。この場合もまた尊敬すべき者による強迫は，放棄の有効性が疑われる場合は役割を果たし得た[56]。尊敬すべき者による強迫を拒絶する学者もまた，夫のために妻が債務を負う，特別に情動的な約束および敬意に基づく（reverentia）夫のための保証の場合に[57]，特別の制限を表明した[58]。しかし，いずれにせよその実務上重要

---

(50) Du Plessis/Zimmermann, Maastricht Journal of European and Comparative Law 10 (2004), p. 362.
(51) 上記注16以下。
(52) それにつき，Kötz（注6）, S. 198f. ［ケッツ（潮見他訳）・前掲書250頁以下（中田）］；R. Zimmermann, The Law of Obligations (paparback ed. 1996), pp. 259ff.
(53) Gail（注15）, lib. Ⅱ, obs. XCⅢ, Rn. 22f.; Schneidewin（注15）, lib. Ⅳ, tit. Ⅵ, para. 25, De actionibus quadrupli, Rn. 45f.
(54) Schneidewin（注15）, lib. Ⅳ, tit. Ⅵ, para. 25, De actionibus quadrupli, Rn. 46f. 全体につき詳しくは，Du Plessis/Zimmermann, Maastricht Journal of European and Comparative Law 10 (2004), pp. 353ff.
(55) 上記注17以下。中世の実務につき，Theisen, ZSS (RA) 122 (2005), S. 115f.
(56) Lehner, ZSS (GA) 105 (1988), S. 283f. 放棄は任意に，善意で，強要なしに，熟慮して，かつ明示になされねばならなかった。
(57) 上記注18。
(58) Lauterbach（注16）, lib. XⅥ, tit. Ⅰ, para. 6, 23. 注59参照。D. Mevius, Commentarii in Jus Lubecense (4. Aufl. Frankfurt und Leipzig, 1700), lib. Ⅰ, tit. Ⅴ, art. Ⅶ, Rn.

でない理論にについて，どうして現代的慣用の実務家のもとでなお全く徹底的な議論が生ずる一方で，その理論が初めて自然法の理論により見捨てられたのか理解できない[59]。従って，困難はむしろ理論的なものであったようにみえる。実務の理論は明らかに重要性を失っていたのである。

それゆえに，自由な契約法についての評価の変遷を推定しうる。その場合契約自由の実体的コントロールの手段は自然に適って後退したのであろう。しかしそれもまた決定的なものではない。なぜならば，一方においてヴェラエアヌム元老院決議のルールは依然としてまた適用され[60]，しかも取引の利益において，婚姻でもたらされた妻の財産に原則的に夫の取引上の債務のための責任を負わせるための必要性を認める場合ですらそうであったからである[61]。第二に，自然法論[62]および現代的慣用の実務は，もちろん莫大損害，すなわち，内部的な契約コントロールの比較しうる手段に固執し，ないしその上にその適用領域を拡大すらした[63]。ヴェラエアヌム元老院決議に基づく権利の妻の放棄もまた，時折この制度に服した[64]。一般契約法は18世紀に至るまで自由主義的ではなかった。

理論の平面への一瞥は，これらすべてにもかかわらず前途有望である。なぜならば，この場合後の変化を説明する事情が見出されるからである。その際に尊敬すべき者による強迫の観念は，大多数の法律家にとって，強迫訴権が四倍額の賠償判決に導き得たがゆえに，強迫概念の拡大を意味しえた[65]。

104：「保証引受禁止の論拠は，妻が類型的に愛情によりまたは強迫を恐れて義務を引き受けることに求められる。」
(59) 上記注46参照。詳細な否定的議論については，Voet（注17), lib. IV, tit. II, para. 11; Lauterbach（注16), lib. IV, tit. II, para. 15. ストリイクは，その問題を軽度の強迫の問題として扱う (S. Stryk, Specimen usus moderni pandectarum (Halle, 1713), lib. IV, tit. II, para. 12)。
(60) 上記注16以下。Girtanner（注17), S. 335f.; Lehner, ZSS (GA) 105 (1988), S. 276f. 参照。
(61) Mevius（注58), lib. I, tit. V, art. VII, Rn. 1f., 101f. その責任ルールは，子が婚姻した夫婦から産まれた場合にのみあてはまる。
(62) Pufendorf（注48), lib. V, cap. I, para. 8f., cap. III, para. 9.
(63) Zimmermann（注52), pp. 262ff.
(64) Gail（注15), lib. II, obs. LXXVII, Rn. 11f.（悪意の推定の基礎としての莫大損害）; Voet（注17), lib. XVI, tit. I, para. 10. 莫大損害は今や原則として総ての契約類型に適用されうる（Voet, a. a. O., lib. XVIII, tit. V, para. 14; Grotius, Inleiding（注18), boeck III, deel LII, para. 2)。
(65) Ulpian, D. 4. 2. 14. 1.

Ⅲ 5 重い負担となる約束の真摯さのコントロール——比較法, 法史および法理論

それゆえに,尊敬すべき者による強迫は,バルトルス以来実定法によってではなく,例外的にのみ,裁判官の裁量により考慮された[66]。すでにこの場合もちろん問題が存在した。尊敬すべき者による強迫を強迫訴権という不法行為法の文脈で見る者は,この制度の心臓部を形成する法律上の推定にぶつかるに違いない[67]。そして法律上規定のない裁判官の裁量のもとに何が理解されうるかは,容易に説明されえなかった[68]。尊敬すべき者による強迫の理論は,決して法律的一貫性のある優れた原則ではなかった。

かような観念は,もちろん結局,ちょうど契約法が締結された概念的基礎に基づかないように,契約上の請求権に対する単なる抗弁として役に立つものとして現れることができた。しかし,この観念はまた,今やもはや,個々の拘束の基礎を意思論的に当事者の合意の中にみた通説的な自然法的な契約モデルには適合しなかった。強制された合意もまたこの場合より小さな悪として意欲されたようにみえた[69]。従って契約は拘束力を有した。従って,強迫 (metus) は,それが不法行為的な意味をもった強迫の結果として契約解消権を付与する場合にのみ考慮された[70]。それによって契約は,当初の約束が拘束的でなかったからではなく,不法行為の損害の結果を除去するためにそれが必要であるがゆえに,解消されたのである。契約解消は自然的損害賠償の一種であった[71]。この切り口において,契約コントロールのため

---

(66) Schneidewin (注15), lib. Ⅳ, tit. Ⅵ, para. 25, De actionibus quadrupli, Rn. 44; Wesenbeck (注46), zu D. 4. 2. 3, zu C. 2. 20 (19). 6.

(67) 上記注53 ; Wesenbeck (注46), zu C. 2. 20 (19). 6.

(68) Komm. Bachovs zu Wesenbeck (注46), bei D. 4. 2, Anm. 3 :「どのようなものであるかを私は把握することができない。」

(69) Aristoteles, Nikomachische Ethik, 1110a (共同海損に関する自由な決定への後年再三再四なされた指摘を伴う) ; L. Lessius, De iustitia et iure (Venedig, 1734), lib. Ⅱ, cap. ⅩⅦ, dub. Ⅵ, Rn. 36f.; Grotius, De iure belli ac pacis (注48), lib. Ⅱ, cap. ⅩⅠ, para. 7, Rn. 2.

(70) Lessius (注69), lib. Ⅱ, cap. ⅩⅦ, dub. Ⅵ, Rn. 36, 39; Grotius, De iure belli ac pacis (注48), lib. Ⅱ, cap. ⅩⅠ, para. 7, Rn. 2, cap. ⅩⅦ, para. 17; Pufendorf (注48), lib. Ⅲ, cap. Ⅵ, para. 10f., 12. これとは逆に, L. de Molina, De iustitia et iure (Mainz, 1659), tract. Ⅱ, disp. 267, Rn. 4 は,尊敬すべき強迫を更に広く,普通法のルールと一致して強迫に関する一般原則に編入した。もちろんモリナは,十分に考慮された人の行為のみが契約上の拘束を理由づけるがゆえに,(原則的に悪意と同様に (a. a. O., disp. 256, Rn. 6, 352)) 強迫はそれ自体契約の無効ないし合意の無効に導くことから出発した (a. a. O., disp. 267, Rn. 1, 326, Rn. 4)。それに対して,緊急状況のもとでの約束の効力に関するルールは,例外として理解されうる (a. a. O., disp. 267, Rn. 3)。

(71) Pufendorf (注48), lib. Ⅲ, cap. Ⅵ, para. 10f., 12 :「約束が効力を生じないのではなく,

に約束受領者の行為が制裁に値するかどうかを問題とする，ヨーロッパのすべての法秩序の当初の思考上の基礎がある。今日でも本来契約前の説明義務の違反が問題になること，および契約解消が損害賠償に一致して基礎づけられうることが提案される[72]。

尊敬すべき者による強迫は，この切り口において権威者による強迫と対をなすものとなるしかなかったのであり，その結果違法を前提とした[73]。しかし，尊敬すべき者による強迫の場合，今日の債務引受判決におけると同様に，これらの事例はもともとあまり問題とはならなかった。問題となる事例では，約束者をその言葉に拘束することは，不相当ないし不信義であるようにみえる。しかし，約束受領者の行為を故意による不法行為と性質づけることは困難である。かような事例をド民 123 条（詐欺，強迫）に包摂せしめることも困難であろう。それに一致してフランス法の比較しうる切り口にもまた，かような事例で悪意による手段という広い概念[74]ないし不法行為法[75]を用いるには，狭い限界がある。従って明らかに，受け継がれた契約法の概念上および思考上の限界は，広く事物に適っているものと認められる，相当な表現の評価を生み出すことを排除する。今日まで，自己決定の欠缺が，不利益を受ける，物的強制にさらされた契約当事者が，任意に，（形式的に）私的自治によって形成された決定に基づいてなしたことを変えないという議論をはねつけることは困難である[76]。ドイツ民法の契約モデルを背景にしてそのことは首尾一貫している。その最後の金を，彼の命がかかっていると

不法損害が生じる。」

(72) J. Köndgen, Anm. zu BGH NJW 1991, S. 2015 (2018f.); Münch. Komm. z. BGB., Bd. 3, 4. Aufl., 2004, para. 765, Rn. 20f., 86f. [M. Habersack]; Ernst (注11), S. 428; St. Lorenz, Arbeitsrechtlicher Aufhebungsvertrag, Haustürwiderrufsgesetz und undue influence, JZ 1997, S. 277 (280f.) :「不当な影響による契約締結上の過失」。

(73) Lessius (注69), lib. II, cap. XVII, dub. VI, Rn. 35：「息子が親の怒りを恐れるとすれば，孤児は後見人の怒りを恐れる……。無論この怒りが，威圧的な顔，言葉またはその他の悪意による方法を伴って，強くかつ永続的な力となる場合である。」立場を用いる強迫もまた強い強迫の一場合である。軽度の強迫は取消権を与えない（a. a. O., Rn. 35, 46）。

(74) Kötz (注6), S. 201f. [ケッツ（潮見他訳）・前掲書251頁以下（中田）]。

(75) Cass. Com., 17. 6. 1997, D. 1998 jur., pp. 208s. もちろん非難は，債権者銀行の契約前の態様ではなく，契約の内容と結びつく（Casey, a. a. O., p. 211）。

(76) W. Zöllner, Regelungsspielräume im Schuldvertragsrecht: Bemerkungen zur Grundrechtsanwendung im Privatrecht und zu den sog. Ungleichgewichtslagen, AcP (1996), S. 1 (25f.).

Ⅲ 5　重い負担となる約束の真摯さのコントロール——比較法，法史および法理論

信ずるがゆえに，高価な，疾病保険によっては填補されない治療のために投じる者は，当然にそれに拘束される。

　もちろん，特に利他的な債務引受の場合のような特別の近縁関係における重要な負担をする特約では，明らかに別の評価があてはまる。この場合例外的に事実上の決定の自由の情動的な侵害が法的に重要である。この理由からこの場合約束受領者による契約前の説明義務の違反の考え方もまた現実には役立ちえない[77]。確かに保証人は当然に信用危険について説明を受けるべきであるが[78]，大抵の人は，銀行から責任危険について説明を受けるだけでなく，主債務者への情動的な拘束に基づいてその債務引受約束の真摯さに対する疑いが存在することについても説明を受けることに対して抗議するであろう。債権者の義務の範囲が法的問題を形成するのではなく，債務引受人の主債務者との関係が法的問題を形成する。

2　良俗に反した法律行為？

　ドイツの判例は，破滅的な親族による保証をド民138条1項（公序良俗違反）で評価し，それに際してそれを類型的に良俗違反で無効と性質づけている。それによって意思形成の過程ではなく，法律行為の内容が法的コントロールの前面に現れる。ド民138条に立ち戻るというこの切り口は新しいものではない。それはすでに1910年のドレスデン高等裁判所の類似した判決において見出される。同事件では，その家計の中で彼女がなお生活している，その父のための資産のきわめて乏しい娘の保証が問題になった[79]。裁判所はその当時もちろんこの方向での一般的な判例という形で踏み切るのが困難な状況にあった[80]。実際上良俗違反の，すなわち，非常にいとわしい

---

[77] Gernhuber, JZ 1995, S. 1089.
[78] その場合さらに無条件には損害賠償法上の制裁を目指すには及ばない。オランダ法は，正しく説明されていない者に場合によっては錯誤による取消権を付与する（H. J. Snijders, Bürgschaft nach dem neuen niederländischen Bürg. Gesetzbuch: Neuere Entwicklungen im Recht der persönlichen Kreditsicherheiten（注8）, S. 77（87f.）.
[79] SeuffA 67, Nr. 1, S. 1f. 明らかに与信者がその主債務者に保証のために単に短い追加的な猶予を与えようとすることが付加される。その判決につき，M. Schmoeckel/J. Rückert/R. Zimmermann (Hrsg.), Historisch-kritischer Komm. z. BGB., Bd.Ⅰ, 2003, para. 138, Rn. 6 [H.-P. Haferkamp].
[80] 1980年代の事実審裁判所の判例に対する跡付けを伴うものとして，BGHZ 106, S. 269（271f.）; 107, S. 92（96f.）; Gernhuber, JZ 1995, S. 1088f; BVerfGE 89, S. 214（215f.）.

行為の非難は無条件にはなしえない。今日までそれは多くの者にとって自明的なものではない[81]。すなわち，莫大損害の伝統の中で[82]，良俗違反のために原則として給付と反対給付との間の不均衡が目指された。この切り口は，PECL 4：109条（過大なつけ込み）の類似した規定の基礎にもなっている[83]。しかし，利他的な保証は，常に一方的な負担を意味する。従って，この場合不均衡は関与しない[84]。相互的に有利な行為の経済的合理性モデルおよび協力利益の合意による分割の観念は，アリストテレス－トマス・アキナスの等価交換という正義観念のように[86]かような債務引受には適合しない[85]。

今やドイツの判例だけが保証のためのこの標識を支払義務と給付能力の間の不均衡として変容しているだけではない[87]。その間にそれはヨーロッパ法に広く普及した考えとなった[88]。しかし，それはまた納得のいくものではない。信用が借主に過大な要求をする場合，我々は，貸主を悪いやつではなく，業務に能力がないとし[89]，債務引受は，全く過大な要求を受けるこ

---

(81) MüKo（注72），para. 765, Rn. 20［Habersack］.
(82) ケッツは，これらの事例を契約自由のコントロールの枠内で情緒的に破壊された意思形成の事例として扱い，それに際してそれらをPECL 4：109条と同様に普通法上の莫大損害との伝統的な関係の中に位置づける（（注6）S. 199f.［ケッツ（潮見他訳）・前掲書249頁以下（中田）］）。それが契約自由のコントロールの観点のもとで機能的に全く首尾一貫しているとしても，全く異なった評価が問題になる。J. du Plessis, Threats and Excessive Benefits or Unfair Advantage, H. L. MacQueen/R. Zimmermann (ed.), European Contract Law: Scots and South African Perspectives, 2006, pp. 151 (158ff.) をも参照。
(83) v. Bar/Zimmermann（注37），S. 307f.（PECL 4：109条の注釈C）．
(84) MüKo（注72），para. 765, Rn. 20.
(85) H.-B. Schäfer/C. Ott, Lehrbuch der ökonomischen Analyse des Zivilrechts, 4. Aufl., 2005, SS. 393f., 421f., 424. 利他的な行為はもちろん経済的に分析または再構成されうるが，法的な判断にとっての使える標識はそれから導き出されえない。
(86) J. Gordley, The Philosophical Origins of Modern Contract Doctrine, 1991, pp. 13ff.; Id., Equality in Exchange, California Law Review 69 (1981), pp. 1587 (1619, 1622ff.).
(87) アリストテレス的な思考上の背景が，義務と給付能力の不均衡から生じる契約当事者間の耐えられない不均衡の定式化の中に示される（例えば，BGHZ 152, S. 147 (149f.)。古典的な不均衡の標識との関係につき，G. Nobbe/H.-P. Kirchhof, Bürgschaften und Mithaftungsübernahmen finanziell überforderter Personen, BKR 2001, S. 2001, S. 5 (7).
(88) フランスの立法につき，上記注40. 同じことが不法行為法上の内容コントロールの場合に当てはまる（Cass. Com., 17. 6. 1997, D. 1998 jur., p. 208 et s.）。そのため学説上すでに均衡の原則が語られる（Grignon-Derenne, D. 2001, somm., p. 1383）。それ以外の判例につき，Parry, ERPL 2005, pp. 365s. Colombi Ciacchi, ERPL 2005, pp. 299ff., 303ff. をも参照。

Ⅲ 5　重い負担となる約束の真摯さのコントロール——比較法，法史および法理論

となしに，乏しい財産の担保提供者が破滅する場合に，まさに壊滅的に作用する。従って，公序良俗違反の判断のための決定的な観点は，特にかような保証のための適切な理由が存しうるがゆえに，他の個所で探しうるのでなければならない。保証人は与信契約の発生に対して利他的または利己的な利益を有しうる[90]。そしてかような保証には正当な債権者利益もある[91]。おそらく債権者は財産の移動を防止しようとするであろうが，彼は少なくとも家族が主債務者の計画のもとに置かれていること，および彼がまたその家族に債務を負担させる前に，主債務者がその計画または事業の成功の見込みをもう一度考えてみることを確保しようとする。

ドレスデン高等裁判所の判決は，その時代に言及するに値する反応は受けなかった。それは憤激の叫び声には遭遇しなかったが，見うる限り，他の裁判所はその判決に従わなかった。おそらく妻を債務のために保証させえないというヴェラエアヌム元老院決議の伝統的な評価も作用したのであろう[92]。おそらくその判決は，軽い脳震盪とともにも見過ごされた。裁判官は確かにかような保証を20世紀において明らかに再三再四問題があると把握し，全く異なった手段によって助けようとした[93]。しかし，良俗違反は原則的に誤っているものとされた[94]。ようやく1980年代になって事実審裁判所がかような場合再び大抵の場合にド民138条1項に依拠し始めた。そしてそれはまず連邦最高裁の強い批判を浴びた[95]。尊敬すべき者による強迫の理論が17世紀にこっそりと消滅したように，20世紀において，与信者が保証人の情動的な義務の引受を利用するという理由で，親族保証を良俗違反とする考

---

(89) H. E. Brandner, Verhaltenspflichten der Kreditinstitute bei der Vergabe von Verbraucherdarlehn, ZHR 153 (1989), S. 147 (158f.) 与信拒絶義務も同様に考えられるが，制裁はその場合損害賠償法上またはド民242条によってのみなされうる。ド民138条2項はいずれにせよあてはまらない。

(90) 上記注22.

(91) Gernhuber, JZ 1995, S. 1087f. 保証は近時の判例によれば経済的に無意味たるに及ばない：Nobbe/Kirchhof, BKR 2001, S. 8.

(92) 上記注16以下。

(93) この指摘はハンス・ペーター・ハーファーカンプに負う。詳しくは彼の保証に関する注釈参照：M. Schmoeckel/J. Rückert/R. Zimmermann (Hrsg.), Historisch-kritischer Komm. z. BGB., Bd. Ⅲ.

(94) Münch. Komm. z. BGB., Bd. 3, 2. Aufl., 1986, para. 765, Rn. 14 [H. P. Pecher]：「保証もまたド民138条により無効となりうるが，この種の無価値判断は稀にしかなされない。」

(95) BGHZ 106, S., 269 (271f.); 107, S. 92 (96f.); Gernhuber, JZ 1995, S. 1088f.; BVerfGE 89, S. 214 (215f.).

えは，当初あまり真剣には考えられていなかった。現代の保証法判例と尊敬すべき者による強迫の歴史とのこのパラレル比較は注目に値する。なぜならば，尊敬すべき者による強迫の消滅が契約法の自由化によっては説明されえないように[96]，誰も，ドイツの判例が1910年以後制限的ないし市場自由的になったと主張しようとしないからである。

しかし，もちろん新しい保証判例は，逆に，ドイツ民法の新しい社会モデルの基礎になっており[98]，かつそれによって19世紀の自由な私法思考を埋め合わせる[99]，契約法の実体化によって簡単には説明されえない[97]。一方では，私的自治が単に形式的だけでなく，実質的な側面を有するという認識は[100]，新しいものではない。ヴェラエアヌム元老院決議のルールの廃止とともに，ドレスデン高等裁判所が行ったような[101]個々の事例での裁判官のコントロールが排除されたわけではない[102]。ド民138条1項のような規定は，それを可能にする。そして義務引受契約の公序良俗違反性に関するライヒ裁判所の判例は，すぐに事実上の決定自由の相当な保護のために努力した[103]。しかし，他方において，債権者の公序良俗違反行為の非難は，

---

(96) 上記Ⅱ．1．注62以下。
(97) 古典的には，J. Habermas, Faktizität und Geltung, 1992, S. 485f.
(98) F. Wieacker, Das Sozialmodell der klassischen Privatrechtsgesetzbücher und die Entwicklung der modernen Gesellschaft, ders., Industriegesellschaft und Privatrechtsordnung, 1953, SS. 9, 23f.（すでに大審院判例につき）．
(99) この方向で例えば，H. Honsell, JZ 1989, S. 495f.; D. Medicus, Abschied von der Privatautonomie?, Einheit und Vielfalt der Rechtsordnung, Festschr. z. 30jährigen Bestehen der Münchener Juristischen Gesellschaft, 1999, S. 9 (14f.)：「思考の変遷」；異なるもの：Canaris, AcP 200 (2000), S. 273 (296f.).客観的にはそれは連邦憲法裁判所の独自の理解にも適合する。歴史的にはそれは明らかにほとんど支持しえない：HKK（注79), para. 138, Rn. 7, 30 [Haferkamp]．
(100) 強力に，BVerfGE 89, S. 214 (231)：「裁判所が，両契約当事者が契約の締結および内容について事実上自由に決定しえたかどうか，またどの程度自由に決定しえたかを解答のないままにする場合，それは基本法上保証された私的自治の否認を意味する。」Canaris, AcP 200 (2000), S. 296をも参照．
(101) 注79, S. 1：「保証人はその関係にとって非常に重要な債務を負い，原告との継続的な経済的依存関係に陥る。」
(102) 上記注21参照：「立法者は，一括して性に着眼するという問題克服の方法のみを不相当とした。」
(103) RGZ 103 (1921), S. 35f.：10年間の用益賃貸借契約が公序良俗違反とされたが，それは主に8,000マルク（年利650マルク）の前払いに関する失権約款のためであった。特種的に給付と反対給付の一方的な不均衡にかかわっているのではないこの判決は，ほどなく経済的自由を締め付ける契約に対する判決と理解されるようになった。か

Ⅲ 5 重い負担となる約束の真摯さのコントロール——比較法，法史および法理論

今日でも 1910 年および 1980 年のときと同様に仮構したものである。客観的に見て情動的な義務の引受に基づく意思形成の欠缺が問題になるのであり，公序の著しい違反の非難が問題になるのではない[104]。

(a) 基本権と私法

同様に民事裁判所は，それが繰り返し連邦憲法裁判所により，私的自治の実体的側面をより強く考慮すべきことが勧告された後，今日では 1980 年代とは異なって決定しなければならない[105]。その限りで事実上私法のヨーロッパ立憲主義になるとすれば[106]，この判例は先駆的役割をもつことになろう[107]。憲法裁判所は，もちろんもっぱら裁判所への基本法上の保護の委託に基づきうる（基本法 2 条 1 項）[107a]。19 世紀よりも前から伝えられてきた私法の理論的な言語の中でそれがどのように言い変えられうるか，そして保証人が事実上私的自治に適って行為したかどうかを裁判官が具体的にどのようにして知りうるかの問題に対して，それは特別の解答を与えるには及ばない。

ドイツの民事裁判所がこれらの基準をド民 138 条 1 項（公序良俗違反）の枠内で読み換え，意思形成の障害に関する規定（ド民 118 条以下）の類推，ド民 311 b 条 2 項[107b]の適用[108]，契約前の説明義務の規定[109]，または詳

　　　　ような契約は，意思および経済的自由の制限のために良俗違反であり，無効である：RGZ 130, S. 143（145）．
(104)　連邦最高裁判所判決の定式化はかようなものである：BGHZ 158, S. 102 など．
(105)　BVerfGE 81, S. 242（253f.）（商事代理人についての補償のない競業の禁止）後の判例としてすでに，BGH NJW 1991, S. 923（924f.）（妻の共同責任），BVerfGE 89, S. 214（230f.）（従業員の保証）後の基本的な判例として，BGHZ 125, S. 206（209f.）（初期の厳格な判例とは明らかに異なっている：S. 215f.）．BVerfGE 103, S. 89（100f.）；BVerfG NJW 2001, S. 957; 2001, S. 2248 後のものとして，BGHZ 158, S. 81f.（夫婦財産契約の内容統制）．
(106)　上記注 26．
(107)　南アフリカにつき，Du Plessis（注 82），p. 16．
(107a)　［基本法 2 条 1 項「各人は，他人の権利を侵害せず，憲法上の秩序または公序法に反しない限りにおいてその人格権の自由な展開に対する権利を有する．」］
(107b)　［ド民 311 b 条（土地，財産及び遺産に関する契約）「(2) 一当事者がその将来の財産またはその将来の財産の一部を譲渡しまたは利用権を負担する契約は無効である．」］
(108)　OLG Stuttgart NJW 1988, S. 833（834f.）（ハイデッガーおよびブロッホの哲学の伝統における幸福の期待およびそれへの努力に対する表明されない人間の権利という驚くべき理由づけをもって）；議論につき，例えば，H. P. Westermann,

細な内容コントロールまたは契約適合(109a)を用いなかったことが明らかである。なぜならば、基本法の基準の置き換えのために一般条項、特にド民138条1項がその間に自明的な手段として適当であったからである(110)。それに際してこの道は、それが古典的な民事法上の契約モデルに手をつけなかったがゆえに、特別に簡単にみえた。銀行はそれ自体として合意により保証人を拘束することができ、かような行為が公序良俗に反する場合にのみそれが認められない。いわゆる契約法の実体化はかように理論の表面にのみ存在する。契約理論および法律行為理論の基礎にはそれは関わらない。通常はド民118条以下、123条の意味の意思欠缺のみが合意の効力を失わせる一方では、どうして若干の法律行為にとって実体的に自治的な、十分に考慮された決定が必要とされるのかは解明されないままである。

今や保証判例は(111)、保証が、保証人が主債務の利息を支払うことができないことを予測できないほどの保証人に対する極端な過大要求を意味する場合にのみ関与する(112)。憲法理論的にはそれは、自己損害的な行為に対する保護に関する決定的な基本法上の法的地位が、保証人の生存が危殆化される場合にのみ通常は存在することに基づく(113)。さらに他の場合には公序良俗違反の行為の非難が重くのしかかる。親族が自己の財産または重要な収入を有する限り、この責任財産を確保することが銀行の正当な利益であることが明らかである。従って、保証人が債務をその家を換価して消滅させうるとき

Verhaltenspflichten der Kreditinstitute bei der Vergabe von Verbraucherdarlehen, ZHR 153 (1989), SS. 123, 136f., 141f.; ders., Die Bedeutung der Privatautonomie im Recht des Konsumentenkredits, Festschr. f. H. Lange, 1992, S. 995 (997f.).
(109) Köndgen, Anm. zu BGH NJW 1991, S. 2105 (2018f.); MüKo (注72), para. 765, Rn. 20f., 86f. [Habersack]. 批判的なもの: Medicus (注99), S. 21f.
(109a) この意味で、M. Becker, Der unfaire Vertrag, 2003, SS. 6f., 40f., 59f.
(110) 例えば、H. Wiedemann, Anm. (BVerfGE 89, S. 214につき), JZ 1994, S. 411 (412); Gernhuber, JZ 1995, S. 1986 (1094f.).
(111) BGHZ 128, S. 230 (232f.); 136, S. 347 (350f.); 146, S. 37 (41f.). 個々の判例につき、MüKo (注72), para. 765, Rn. 18f. [Habersack]; Nobbe/Kirchhof, BKR 2001, S. 6f.
(112) BGHZ 143, S. 37 (42f.). 個々的には、Nobbe/Kirchhof, BKR 2001, S. 8f.
(113) 決定的な法的位置づけは、考量の結果が憲法のために受け入れられうることを前提する。しかし、かような考量の零への切り下げは、憲法上のとりあえずの要請の実行への公的な力の妥当範囲に鑑みて例外事例を残すに違いない：BVerfGE 88, SS. 203, 262; 96, SS. 56, 64f.; C.-W. Canaris, Grundrechte und Privatrecht, 1999, S. 63f.; M. Borowski, Grundrechte als Prinzipien, 1998, S. 159f. BVerfGE 89, SS. 214, 232f., 234f. (異常に重い負担) をも参照。Auer (注43), S. 84 (保証の効力についての具体的な前提は憲法からは導かれえない)。

Ⅲ 5 重い負担となる約束の真摯さのコントロール——比較法，法史および法理論

は，彼は極端に過度に請求されているとはみられない(114)。そして自己の家の喪失に導く抵当債務には公序良俗違反の判例は及ばない(115)。それに一致して与信実務が，親族に財産の状況の説明を要求し，保証の代わりに処分しうる物的担保，特に不動産および生命保険金請求権を獲得することに向かう(116)。しかし，この推移は，以前の保証実務のように問題がないわけではない。なぜならば，かような債務引受は，極端な過大要求をする保証ほど重大に作用しないとはいえないからである。債務引受人は，所与の場合に彼が有しているすべてのものを失い，その以前の所得の担保に供されていない部分で満足するしかないからである。彼が InsO（破産法（1994年10月5日））286条以下（破産免責）によって残債務の免責を要求する場合，過度の要求を受けた保証人にとっても事態が悪くあるべきではない。両事例で同じことがあてはまる。その全部の生活の基礎を親類のために賭けに投じる（債務を引き受ける）者は，それを情動的な義務の引受に基づいてしているのである。この判例は，それゆえに，ド民138条1項の今日の理論的な透視図に基づいて確信させうるのであり，結果的にそうなのでも，また特に債務引受約束における間違いのない意思形成を確保するという切り口としてそうさせるのでもない(117)。他の法秩序，特にコモンローは，かような事例においても関与してくる。それゆえに，ドイツの判例は，類似した透視図に基づいて保守的な批判者に対してもまた不相当に制限的であるようにみえる(118)。

連邦憲法裁判所は，保証人の決定の自治が特に構造的な不平等の事例において脅威にさらされているのを見た。連邦憲法裁判所の判例では，この標識は付随的にのみ見出される。それは単に特に，債務引受人がその決定の自由を侵害されたかどうかという問題において議論がなされる(119)。その代りに

---

(114) BGH NJW 2001, S. 2466 (2467); BGHZ 151, S. 34 (37f.).
(115) BGH NJW 2002, S. 2633f.
(116) J. Schröter, Auswirkungen der geänderten Bürgschaftsrechtsprechung auf die Kreditpraxis, WM 2000, S. 16 (19).
(117) 女性学の観点から，Sagel/Grande（注8）, S. 72f.
(118) M. Habersack/F. Giglio, Sittenwidrigkeit der Bürgschaft wegen Krasser finanzieller Überforderung des Bürgen?, Eine rechtsvergleichende und europarechtliche Skizze, WM 2001, S. 1110 (1103); Ernst（注11）, S. 421f. イギリス法は大陸法よりも制限的だという時折なされる主張（Colombi Ciacchi, ERPL 2005, p. 305）は，かくして表面的なものであることがわかる。
(119) イギリス法でもかようなものとして存在する：D. Capper, Undue Influence and Unconscionability: A Rationalisation, LQR 114 (1998), pp. 479 (482ff.); P. Birks (ed.),

連邦最高裁判所は，債権者による倫理的にいとわしい情動的近親関係の利用を問題にした[120]。それによって言おうとしていることは，もちろん同様に全く明らかだというものではない。なぜならば，各々の私人間の利他的な保証は，家族または友人関係に基づくからである。従って，すべての保証債権者は，この意味で他人の関係を利用する[121]。決定的なのは，もっぱら主債務者との関係による保証人の意思形成の侵害である。債権者の行動は通常は重要ではない。それに一致してすでに以前から，実質的に自治的な決定の保護のために，与信者が保証人への家族の圧力を知っていたかどうかは重要ではないことが提示された。その保護の必要は，債権者の誤った行動とは無関係である[122]。

今や債務引受人と主債務者との近縁関係から直接的な裁判上のコントロールが通例排除されている。それゆえに，その限りで判例が推定を問題とするのは全く事物に適っている。上記の意味で保証人に極めて過度な請求をする保証の場合，裁判所は，周知のごとく，それが利益状態および経済的危険の合理的な評価なしにもっぱら情動的な義務の引受に基づいて引き受けられること，および債権者がこの情動的な義務の引受を倫理的にひどい方法で利用することから出発する[123]。理論的にはこの推定は批判しうるが，実際上はかような批判はほとんど不可能である[124]。それには保証人の保証する計画に対する経済的な自己利益が必要であろう。その建物のために消費貸借がなされた建物に共に居住するという見込みは，保証人が取引に敏腕であり，かつ銀行と主債務者の間の行為の重要部分を自ら行った場合にも十分ではない[125]。他の法秩序におけるとは異なり[126]，共通の生活水準の維持または

English Private Law, vol. 2, 2000, n. 8. 204 [G. Treitel].
(120) BGHZ 136, S. 347 (350); MüKo (注72), 2004, para. 765, Rn. 23 [Habersack].
(121) 良俗違反の行為の非難に基づく相対的（法律）関係の第三者効の構成について，一般的には，M. Schmoeckel/J. Rückert/R. Zimmermann (Hrsg.), Historisch-kritischer Komm. z. BGB., Bd. II, Vor para. 241, Rn. 80 [R. Michaels]; dies. (Hrsg.), Historisch-kritischer Komm. z. BGB., para. 398-413, Rn. 50f. [C. Hattenhauer].
(122) Gernhuber, JZ 1995, S. 1092：「物理的に圧力を受けた者の状況は，相手方当事者の欠点のない法の実行により改善されない。」
(123) 確定判例：個々的には，例えば，MüKo（注72），para. 765 Rn. 18f. [Habersack]; Nobbe/Kirchhof, JZ 2001, S. 5f.
(124) すでにGernhuber, JZ 1995, S. 1096：「主観的構成要件は評価に反し，大抵は擬制的なものにすぎない。」
(125) BGH NJW 2000, S. 1182f.

Ⅲ 5 重い負担となる約束の真摯さのコントロール——比較法,法史および法理論

向上に対する保証人の利益は重要ではない⁽¹²⁷⁾。そして銀行が,保証人のよく考えられた決定が中性的な助言によって確保されたことを提案したことを(筆者は)知らない⁽¹²⁸⁾。反対に,一方的に負担する婚姻契約の公序良俗違反性に関する決定の場合は,かような契約が公証人の証書を必要とすることは,重要でないとされたようにみえる⁽¹²⁹⁾。もちろん,公証人の助言における当事者の具体的,個別的な利益及び生活事情は,テーマにならない。そして中性的な助言も,相手方がいる場合,全く同様であろう。従って,かような助言が意思形成の侵害を補いうるかどうかは疑わしい⁽¹³⁰⁾。

(b) 実質的な自治と債務引受の禁止

保証契約および夫婦財産契約に関するその判決において連邦憲法裁判所は,もともと弱い契約当事者の事実上の決定の自由を保護することを問題とした⁽¹³¹⁾。今日の民事裁判上の判例は,もちろんそれはあまり扱っていない。保証人ないし婚姻当事者の事実上の決定の自由は全く問題とされていない⁽¹³²⁾。その代りに連邦最高裁判所は,債務引受の禁止を,極端に圧力を加えた契約条件に対するパターン化された保護として構成した。保証人に極端に過度の請求をする親族の保証は,保証人が自ら消費貸借に対して経済的利益を有し,または銀行が例外的に保証に対する正当な権利を主張しうるのでない限り,(良俗に反し)無効である⁽¹³³⁾。かような保証は,異議によりもは

---

(126) G. Treitel, The Law of Contract, 11 ed., 2003, p. 417.
(127) BGHZ 146, S. 37 (45f.). 批判的なもの:例えば,H. Roth, JZ 2001, S. 1039f.
(128) 連邦裁判所裁判官が反対のこと,すなわち,与信機関に,保証人または債務引受人と主債務者との間の情緒的な関係が重要な意味をもっていたのではなく,保証または債務引受の表示がそれにより影響を受けない自主的な決定に基づくことの立証を自由にさせることを主張する場合,それは客観的には,彼らが保証を保証人の経済的な自己利益のために客観的に意味あるものとして妥当させた判決に関わる。利他主義的な保証の場合は,見うる限り,反対の立証は決して成功しなかった。
(129) BVerfGE 103, S. 89 (100f.).
(130) I. Schwenzer, Vertragsfreiheit im Ehevermögens- und Scheidungsfolgenrecht, AcP 196 (1996), S. 88 (109f.).
(131) BVerfGE 89, S. 214 (231); 103, S. 89 (100f.).
(132) 連邦裁判所裁判官の態度は明らかである:G. Fleischer/G. Ganter/H.-P. Kirchhof, Schutz des Bürgen, K. Geiss (Hrsg.), Festschr. aus Anlass des 50 jährigen Bestehens von Bundesgerichtshof, Bundesanwaltschaft und Rechtsanwaltschaft beim Bundesgerichtshof, 2000, S. 33:「基本的に保証人の極端な経済的な負担以上のものでない事例。」
(133) 例えば,BGH NJW 1997, S. 1005:「第三の事業者たる保証人が突然離脱した後,銀

や受け入れられ得ない(134)。主債務者に対する情動的な義務が事実上ある役割を演じるかどうかは，結局利益を受ける銀行の非難しうる誤った行為と同様に重要ではない。それに対して，他の債務引受は，それが債務引受人の生活の基礎を危殆化し，かつその外観に従って情動的な義務に基づいてのみ約束されうる場合にも，有効である(135)。約束が十分に考えられたものであるかどうかは，この場合問われない。ド民123条の意味の不相当な影響に初めてこの場合限界が設けられる。

　法律効果もまたこの形象に適合する。ド民138条1項によれば，保証はただちに無効となる。しかし，瑕疵のない意思形成が問題になるときは，PECL 4：109条1項(135a)でも規定されているように，ド民119条以下，123条の類推によって取消権が明らかによりよく適合する。なぜならば，規定がまず第一に保証人の瑕疵のない意思形成を保護する限り，もっぱら保証人はその約束の効力についてすら決定しうるからである。従って無効の効果は彼の手に委ねられるのでなければならない(136)。保証人は，その債務引受を確認し，その取消権の行使に関して公正な期間に拘束されるのでなければならない(137)。しかし，法秩序は，かような保証から明らかに公の利益という客観的理由に基づいて効力を奪う。なぜならば，情動的な義務の引受は，破産において保証引受人と競合するすべての第三者により主張されうるからである。無効の効果は，かような保証を与えないという集団主義的な評価として現れるように思われる。それは決定自由の保護には役立たない(138)。

――――――――――
　　　行は，付加的な担保が設定されない限りにおいて，消費貸借の弁済期の到来をもって威嚇した。この場合保証は，営業を営んでいる生活パートナーに引き受けられていた。」
(134)　Gernhuber, JZ 1995, S. 1094.
(135)　この場合良俗違反の非難は，債権者が事実上引受人に不相当な影響を行使したことを前提とする。例えば，BGH NJW 2001, S. 2466 (2467):「保証の引受自体の中には原告の被告の意思形成への不当な作用は存在しない。被告はその息子の財産上の健全な遂行に関する配慮から保証を引き受けたが，これは契約にいかなる重大な刻印も与えない。」
(135a)　[PECL 4：109条については，本書238頁参照]。
(136)　決定的な規範的観点についての概観につき，M. Schmoeckel/J. Rückert/R. Zimmermann, Historisch-kritischer Komm. z. BGB, Bd. Ⅰ, 2003, para. 142-144, Rn. 4f. [M. Schermaier].
(137)　そのことを当然に前提とするイギリス法につき，Treitel (注126), pp. 423ff. 参照。
(138)　一般条項の具体化における集団的評価と個別的評価の緊張関係につき，Auer (注43), S. 167f.

Ⅲ 5　重い負担となる約束の真摯さのコントロール――比較法，法史および法理論

　特に意思形成の平面にあり，契約の内容にはなかったドイツ法の出発点が，かように本来の問題においてこれらの事例に接したのは，驚くにあたらない。それは再び理論的展開の固有の論理から説明され，ド民 138 条 1 項の一般条項が 20 世紀において個々の事例における裁判官のコントロールに関する手段から，総体的評価，特に，民法の体系に対して異物と認められる基本法上の憲法的基準のための侵入しやすい入口に転換させられたことに由来する[139]。それに一致して裁判官は，この場合かような規範的基準を裁判官の禁止法令に翻案する補充的な立法者の役割を果たしている。ド民 138 条 1 項はその場合ド民 134 条（強行法規違反）のように，また保証判例はヴェラエアヌム元老院決議のように機能する。

　問題となるのは，結局特に，その給付を極端に過大に請求することなしに，債務引受人の存在を危殆化するという債務引受における制限的姿勢である。情動的に義務を負う親族の意思の薄弱さは，この場合全くひどい結果をもたらし，そのためにドイツ法はそもそもいかなる助けも与えることができない。判例は，明らかに熟慮されていない保証によりその子供のためになにもしてやれない年金生活者のありありと目に見えるような事例を提示する[140]。一括的な無効規定はこの場合明らかに当初から事物に反している。連邦憲法裁判所が保証判例をかような債務引受にも拡大するとすれば（それはその視野から全く首尾一貫している進歩であるが[141]），かような抽象的な干渉によって私的所有権は事実上はるかに経済的に安定したものになるであろう[142]。それは他人の債務の確保に役立つことは困難であろう。他人の債務を引き受けた所有者の一括的な保護として一番に現れうるものは，実際上経済的利用権への重要な侵害を意味するであろう。それは，与信実務およびひいては国民経済に対するひどい結果を一括してもたらすに違いない。

　他の法秩序ももちろん同様に，ドイツ民法の規定の切り口を採用した。ヨーロッパ法の共通の契約モデルに鑑みて，それは全く首尾一貫したものであるようにみえる。正当な意思形成の保護に関する比較的狭い規定と並んで，1 つは，保証人に極端に過大な請求をする保証の禁止が見出される。これに

---

(139)　HKK/Haferkamp（注 79），para. 138, Rn. 31f.
(140)　BGHZ 152, S. 147; BGH NJW 2001, S. 2466f.
(141)　詳しくは，St. Wagner, Die Bestellung von Grundpfandrechten durch nahe Angehörige ―Causa finita?, AcP 205 (2005), S. 714 (720f.).
(142)　上記注 22.

フランス法[143]および新消費者信用指令の枠内の委員会の提案[144]が属する。もう１つは，良俗に反する行為ないし状況の濫用に対する一般条項が役立つ。特に，ドイツ民法と同様に，現代のオランダ法およびPECLは，契約上有利な立場にある者による不相当な濫用をそのために要求する。ある者が相手方の強要状況，依存性または未経験のような状況を知りまたは知ることができ，かつ彼が同様に信義に反して契約に強要しまたはかような状況をそれ以外の方法で濫用したときは，不利益を受けた当事者は契約を解消しうる[145]。これらの規定は，かくしてドイツの保証判例と同様な抗弁にさらされる。不相当な利益の標識は，ほとんど納得のいくやり方で定式化されえないということである。有利な立場に立つ者の非難されるべき誤った行為は問題となりえない。そしてそれを放棄するときは，それは不相当な一般的無効規定に導く。これは，しかし，かつてのヴェラエアヌム元老院決議と同じ方法で本来の事実問題を処理する，事実上の債務引受禁止を意味する。それゆえに，新ヨーロッパ消費者信用指令の債務引受禁止もまた，決して意思形成における障害のための完結的規定として理解されてはならない[146]。

3　不当威迫

これらすべてに鑑みて，イギリス法が18世紀以来推定される不当威迫の理論によって展開してきたような，第三の，全く異なった切り口が特別の意味を持ってくる[147]。それによれば，それが不当威迫の下に，すなわち，不当なないし過度の影響のもとに生じた場合に，契約は取り消しうる。その場合推定される不当威迫は，事実上の積極的影響（現実の不当威迫）と明確に

---

(143) 上記注40.
(144) すなわち，この場合責任ある与信の原則は，受信者のためだけでなく，担保提供者のためにもまたあてはまる：KOM (2002) 443 最終版, 17；KOM (2004) 747, 7f.
(145) オ民 3：40 条（良俗違反），3：44 条 4 項（状況の濫用）．Mr. C. Asser's Handleiding tot de beoefening van het Nederlands Burgerlijk Recht, Verbintenissenrecht, deel 4-Ⅱ, Allg. leer der overeenkomsten, 12. Aufl., 2005, Rn. 216f．[A. S. Hartkamp]; Snijders（注 78), S. 81f．（信義則への依拠に関してもまた）．PECL 4：109 条 1 項はさらに，契約当事者間の信頼関係の利用もまた考慮する．
(146) 指令が原則的に最大限度の調和を規定するがゆえに，これは問題がないわけではない．しかし，Rott, ERPL 2005, pp. 398ff., 402 参照．彼は，従業員保証を図式的に指令の適用領域から排除しようとする．しかし，同じ問題は例えば，労働者保証の場合に問題になりうる：上記注12.
(147) D. Ibbetson, A Historical Introduction to the Law of Obligations, 1999, p. 209.

Ⅲ 5 重い負担となる約束の真摯さのコントロール──比較法，法史および法理論

区別される。実際に現実の不当威迫は違法な強迫の問題領域に属し[148]，契約を解消する権利は，この場合結果的に特別の不利益から区別される[149]。それに対して推定される不当威迫は，一方の側が意識的または無意識に相手方の特別の影響下にある，特別の近縁関係における妨害のない意思拘束を担保する。かような信頼に基づく合意の場合，合意が公平な方法において自由な意思の表現として観察されない場合に，不当威迫と推定される[150]。

若干の者は，不当威迫の理論が，尊敬すべき者による強迫の理論もまた荷っていた初期の大陸法の思考方法を採用したことを認めるが[151]，イギリス法はこの評価に特別の固有の表現を与えることができた。なぜならば，この理論は，これがその間にイギリス法への入り口を見出したにもかかわらず，伝えられてきた用語および明らかに自然法の契約モデルとは無関係に展開したからである[152]。不当威迫は衡平法の法的手段である。そして効力論的かつ制度的なコモンローと衡平法の分離がずっと前に克服されたにもかかわらず，これは裁判上今日に至るまで強調されている[153]。裁判官は，かように濫用されやすい具体的な関係に注意を向ける。裁判官は，おそらく無意識的に，その制度が契約当事者の形式的な平等から出発し，契約上の義務の根拠を諾成的な，当事者の動機から抽象された意思表明に求める契約モデルと交わると述べている[154]。

---

(148) A. Burrows, The Law of Restitution, 2 ed., 2002, p. 252; Treitel（注126），pp. 408ff.; Royal Bank of Scotland v. Etridge（no 2）[2001] UKHL 44, n. 8（ニコルズ・オブ・バーケンヒード卿）．これらの事例はそれゆえに，伝統的な威迫の概念が過度に狭くかつ人に対する物理的な力を前提とするがゆえに，不当威迫としてのみ判決された。
(149) C. I. B. C. Mortgages PLC v. Pitt [1994] 1 AC 200, 209（ブラウン・ウィルキンソン卿）．
(150) Royal Bank of Scotland v. Etridge（no 2）[2001] UKHL 44, n. 7（ニコルズ・オブ・バーケンヒード卿）．
(151) G. Lubbe, Voidable Contracts, R. Zimmermann/D. Visser (ed.), Southern Cross, 1996, pp. 261, 296ff.; Ibbetson（注147），p. 253; Du Plessis/Zimmermann, Maastricht Journal of European and Comparative Law 10 (2004), pp. 363ff. その間に一般的には廃止された，優越した身分の者による強迫の理論は，もちろん直接的な影響を及ぼさなかった。
(152) A. W. B. Simpson, Innovation in Nineteenth Century Contract Law, LQR 91 (1975), pp. 247, 254ff.; Gordley（注86），pp. 134ff.; R. Zimmermann, Heard melodies are sweet, but those unheard are sweeter..., AcP 193 (1993), SS. 121f., 131f.; Jansen, Binnenmarkt, Privatrecht und europäische Identität, 2004, S. 27f.
(153) Royal Bank of Scotland v. Etridge（no 2）[2001]UKHL 44, n. 6ff.（ニコルズ・オブ・バーケンヒード卿）；Credit Lyonnais Bank Nederland NV v. Burch [1997] 1 All ER 144, 152ff.（ミレット判事）．

ニルス・ヤンセン

(a) 基 本 思 考

　外国人だけが明らかに，不当威迫が本来具体的になにを意味しているのかを問題にしているだけではない。なぜならば，威迫とは著しく多義的な言葉であり，意味の射程は，「あまりに」から「きたなくて不当な」まで及ぶからである(155)。その場合裁判官がどうしてその時代にも多義的なこの概念に立ち戻ったのかという問題の解答は，憶測に基づいたものになるに違いない。裁判官がなにか信義に反している，または公のモラルの規範に違反していると考える場合，不法または不当威迫のような表現がいつも用いられるであろう。それにもかかわらずその概念は以前から消極的な意味を有していた。それが人間の共同生活の秩序の中で規範に適合するものを超える場合に，明らかに影響が不相当かつ不当なものと特徴づけられた(156)。しかしその間に，概念的な多義性が，この制度の規範的な基礎についての議論の機会を与えた。それに際して19世紀には，不当威迫が約束受領者の純粋さに議論の余地がない場合にも可能であることに疑問は存在しなかった。あるリーディングケースでは，その上司の聖職者に心服していた尼僧がその財産の大部分を僧院に移転した。この場合上司の聖職者の人格に問題がない場合でも不当威迫が肯定される(157)。

---

(154) イベットソンによれば，その理論は当初狭く解釈され，具体的な事例では詐欺的な行為が未解決のままになっていたから，意思説と全く調和していた：(注147)，p. 208f. しかし，すでに初期の指導的判決において不当威迫は，相手方の完全性が疑いない場合にも認められた：Allcard v. Skinner. Ⅱ. 3. a），注157参照。
(155) P. Birks, Undue Influence as Wrongful Exploitation, LQR 120 (2004), p. 34：「不当という言葉は曖昧である。ある母親についてその子の保護が不当であるということは，アメリカ英語では過度にそうであるという意味である。僅かな批判があるかもしれないが，程度が強調されている。過度の保護なのである。他の文脈では不当は，不適当なことを，さらには不誠実なことすら表示し始めている。ある父について彼が子供について不当な関心を示しているということは，重大で加害的な疑いを表現することになろう。」
(156) 17世紀および18世紀における理論の発生につき，J. P. Dawson, Economic Duress —An Essay in Perspective, Michigan Law Review 45 (1947), pp. 253, 262ff. 不当の意味の歴史につき，H. A. Benning, Die Vorgeschichte von neuenglisch duty. Zur Ausformung der Pflichtidee im Substantivwortschatz des Englischen, 1971, S. 184f. さらに，R. E. Lewis (ed.), Middle English Dictionary, Bd. Ⅴ-Ⅴ, 1997, pp. 146ff. (不当の項目)。
(157) Allcard v. Skinner (1887) 36 ChD 145, 179 (リンディ判事)：「証拠により私は以下のこと，すなわち，誓約およびルールの不可欠の圧力を除く圧力が原告を圧迫するた

171

Ⅲ 5 　重い負担となる約束の真摯さのコントロール——比較法，法史および法理論

　それに対して近時は判例上も[158]また学説上も[159]，不当威迫が不法行為に類似した違法な行為として性質づけられるという見解が支配しているようにみえる。一連の判例は，依然としてかような非難を放棄し[160]，主要な学説，特にペーター・バークスおよび指導的裁判官も[161]は，善意不当威迫が存在しうる，すなわち観念的にはもっぱら表意者の状況が問題になるとしている[162]。すなわち，不当威迫は，もはや排他的で外部から隔離された関係

　　　めにもたらされなかったこと，いかなる欺罔も彼女になされなかったこと，いかなる不公平な優遇も彼女についてなされなかったこと，彼女の金銭が兄弟姉妹の正当な目的以外のために取得されも，また用いられもしなかったことを確信する。……真実は，原告が当然のこととして，かつ彼女自身への結果を重大に考えることなく散財したことである。」Bullock v. Lloyds Bank [1955] 1 Ch. 317, 323：「同時に，同様に不当威迫のために敗訴した被告が，全く固有の状況の中でその状況を処理したといわせてほしい。……私は，その問題において利己的なまたは利己の利益を追求する行為の責任が彼にはないと思う。」

(158) 　National Westminster Bank v. Morgan [1985] 1 AC 686, 705（一当事者の欺罔による犠牲）（スカーマン卿）; Barclays Bank v. O'Brien [1994] 1 AC. 180, 189ff.（不法行為者がその関係を濫用したという推定，夫がコモンロー上または衡平法上の違法行為をしたという実質的な危険）; Royal Bank of Scotland v. Etridge. (No. 2) [2001] UKHL 44, No. 8ff.（認められない行為）, 32（不適切さの暗示）（ニコルズ・オブ・バーケンヒード卿）, 159（不法行為者）（スコット・オブ・フォスコート卿）; R v. Attorney-General for England and Wales [2003] UKPC 22, No. 21f.（ホフマン卿）; National Commercial Bank (Jamaica) v. Hew [2003] UKPC 51, No. 29ff.（ミレット卿）.

(159) 　Burrows（注148）, p. 242; H. Beale, Chitty on Contracts, vol. Ⅰ, General Principles, 28. ed., 1999, No. 7-042. 力をこめて，R. Bigwood, Undue Influence: Impaired Consent or Wicked Exploitation?, Oxford Journal of Legal Studies 16 (1996), pp. 503ff., 509ff.; L. Ho, Undue Influence and Equitable Compensation, P. Birks/F. Rose (ed.), Restitution and Equity, vol. Ⅰ, Resulting Trusts and Equitable Compensation, 2000, pp. 193ff. さらに，例えば，K. N. Scott, Evolving Equity and the Presumption of Undue Influence, Journal of Contract Law 18 (2002), pp. 236, 239ff.

(160) 　注157参照。新しいものとして，例えば，Cheese v. Thomas [1994] 1 WLR 129, 132, 138; Goldsworthy v. Brickell [1987] Ch 378, 389ff., 403f.; Credit Lyonnais Bank Nederland NV v. Burch [1997] 1 All ER 144, 146ff., 149. そこでは相手方の行為を違法と評価することなしにもっぱら当事者の特別の関係が問題とされる。明示的なもの：Hammond v. Osborn [2002] EWCA Civ 885, n. 32（M. ナース卿）; Pesticcio v. Huet, [2004] EWCA Civ 372, n. 20（マムリー判事）：「裁判所の関与の基礎は，被告による不正直なまたは違法な行為の遂行ではない。」

(161) 　特に，R v. Attorney-General for England and Wales [2003] UKPC, n. 41ff., 45 におけるスコット・オブ・フォスコート卿の反対意見参照。注160をも参照。

(162) 　P. Birks/Chin N. Y., On the Nature of Undue Influence, J. Beatson/D. Friedmann (ed.), Good Faith and Fault in Contract Law, 1995, pp. 57ff.; Birks, LQR 120 (2004), pp. 34ff.; St. A. Smith, Contract Theory, 2004, pp. 349ff.; E. McKendrick, Contract Law, 6. ed., 2005, pp. 364ff. この方向でなお，G. Virgo, The Principles of the Law of Restitution, 1999, pp. 252ff.; Capper, LQR 114 (1998), p. 493.

への過度の依存または信頼による影響ではない[163]。不当威迫はかように厳密に相手方の事実上の決定自由の相当な喪失に一致する[164]。相手方に対して十分に熟考され，かつ固有の決定に到達する能力がないことである[165]。

　厳密に考察すると，その議論は明らかにあまり重要でないことがわかる[166]。その議論はいずれにしても自己の動機に基づく過度の出捐の場合に決定が重要となる[167]。まず第一に，不当威迫を不当な行為と理解する者にとっても，そのために自明的に当該近縁関係の相手方が問題となり，例えば利益を受ける第三者は問題とならない。その場合，それに付加して，行為の判断は，各々の関係から生じる特別の関係に基づく誠実義務に依存する[168]。攻撃的な行為または単なる積極的な契約への強要は必要とはされない。約束を受ける際に弱い者の側の利益を十分に考慮していなければ十分である[169]。これは，保証事例では主債務者に対する非難が最も重要だというドイツの議論に一致する[170]。家族構成員に債務引受を依頼することは，それ自体としてひどいことではない。それは常に，債務引受人が主債務者に対する関係で独立の意思形成ができないがゆえに，主債務者が債務引受人に対して特別の責任を負うことにより，不当となる。

　第二に，（これが決定的なことであるが）不当威迫の非難にとって，相手方がすべての関係で非の打ちどころがないかどうかは問題とはならない。一般の見解によれば，決定的なのはもっぱら，約束が弱者の側の自治的で固有な意思形成の結果として理解されうるかどうかである[171]。それゆえに一方で

---

(163) Birks/Chin（注162），pp. 67ff., 70ff.
(164) Birks/Chin（注162），諸所に。
(165) Bullock v. Lloyds Bank [1955] 1 Ch. 317, 325：「父の影響は，……その行使が，彼女の財産および彼女のもののみを確保することに関心を持っていた者の支配下に置かれるべきであった原告の心に必然的に圧力を加えるという意味で不当であった。」
(166) Virgo（注162），p. 252.
(167) Goldsworthy v. Brickell [1987] Ch 378 参照。
(168) Ho（注159），p. 200f.
(169) Royal Bank of Scotland v. Etridge (No. 2) [2001] UKHL 44, No. 8ff.（ニコルズ・オブ・バーケンヒード卿）；Barclays Bank v. O'Brien [1994] 1 AC, 180, 189ff.; Burrows（注148），243; Chitty/Beale（注159），No. 7-042.
(170) Canaris, AcP 200 (2000), S. 296f., Fn. 72：「特別のまたは全くひどい影響の行使は問題にならない。」
(171) Allcard v. Skinner (1887) 36 ChD 145, 171（コットン判事）：「贈与者の意思の自由な行使」；Barclays Bank v. O'Brien [1994] 1 AC, 180, 189; Birks/Chin（注162），p. 75; Virgo（注162），pp. 263ff.; Treitel（注126），p. 419.

Ⅲ 5 重い負担となる約束の真摯さのコントロール——比較法，法史および法理論

は，責任を負わされる行為のためにどこまで納得のいく動機があるかが問われる。この理由から婚姻当事者の行為の結果が両婚姻当事者の共同の利益の中にあり，または債務引受が通常の婚姻の愛情により説明されうる限り，婚姻当事者の債務引受は認められうる[172]。他方において，濫用されやすい関係に基づいてなされた約束は，独立した意思表示が第三者の側の中性的で適切な助言により可能になった場合は，有効である[173]。従って，固有で影響を受けない意思形成がこの場合もまた思考上不当威迫の理論の中心にある[174]。これは結局法律効果への一瞥も確証する。損害賠償請求権は不当威迫によっては理由づけられない[175]。そして出捐の返還において請求の相手方には利得喪失の抗弁が帰する[176]。両者は，不当威迫が有責な誤った行為としては理解されえないことを明白にする[177]。

(b) 法律上の推定

　自治の欠落は，もちろん直接には観察されえず，間接にのみ推定される。法はこの場合再び推定に立ち戻る。イギリス法によれば不当威迫の推定は二つのものを前提する。それは，十分に考慮された決定とは考えられ得ない，濫用を受けやすい法律関係と法律行為である。このために行為の不利益は不相当な標識を形成する[178]。なぜならば，近親関係における気前のよさとおおらかさは，交換正義の標識においては測られえないからである[179]。価

---

(172) Treitel（注126），p. 417; Royal Bank of Scotland v. Etridge（No. 2）[2001] UKHL 44, n. 30ff.（ニコルズ・オブ・バーケンヒード卿），159ff.（スコット・オブ・フォスコート卿）.
(173) Treitel（注126），pp. 419ff.; Burrows（注148），pp. 258ff.
(174) しかし，Chitty/Beale（注159），No. 7-042 参照（詐欺的行為）。
(175) 信認上の義務の違反というパラレルな構成のみがこの場合付加的な要件のもとで損害賠償請求権を生ぜしめうる：Burrows（注148），pp. 247ff. もちろん不当威迫を衡平法上の不法行為に改変する試みもある：Ho（注159），pp. 199ff. 強力にそれに反対するもの：Birks, LQR 120（2004），pp. 34ff.
(176) Burrows（注148），pp. 246ff.; Cheese v. Thomas [1994] 1 WLR 129, 134ff.
(177) Birks/Chin（注162），p. 74; Burrows（注148），pp. 524ff.
(178) 1980年代と1990年代の間のイギリスの判例はもちろんそうである：National Westminster Bank v. Morgan [1985] 1 AC 686, 704ff.（スカルマン卿）；C. I. B. C. Mortgages PLC v. Pitt [1994] 1 AC 200, 207ff.（ブラウン・ウィルキンソン卿）。困難は，例えば，Barclays Bank v. Coleman [2000] 1 All ER 385, 397ff.（ヌース判事）において明らかである。全体について，Treitel（注126），pp. 409ff.
(179) すでに上記Ⅱ．2，注81f. 参照。

値のある贈与もまた社会的近縁関係においては通例であり，問題はない。そして土地が家族内で価値以下で売却された場合は，それは家族財産を結集するという動機に基づきうる。それゆえに，判例は，明白な表示の必要性という柔軟な標識に立ち戻る[180]。例えば，婚姻当事者間の債務引受は，それがもはや共同の生活設計および婚姻上の愛情によって説明されうるのではなく，一方の利益に明白かつ一義的に反する場合にのみ説明を必要とする[181]。

イギリスの裁判官は，近縁関係のカテゴリーのみを知っているドイツ法と比べて，以下のような関係の判断においてもはるかに柔軟である[182]。すなわち，親とそのまだ独立していない子供，弁護士と委託者，医師と患者の間のような特定の近縁関係もまた，法律上当然に濫用されやすいと考えられている。婚姻当事者間，使用者と労働者，独立し，成長した家族構成員間の関係は，かような一括した結論を与えない。この場合個々の事例では，一方がその意思形成において相手方に対して完全に依存していることが証明されるべきである。イギリス法によれば，それはいとわしい行為，例えば，威圧または排外主義的支配に基づく必要はなく，同様に伝統的な役割理解または単なる慣行の結果たりうる[183]。婚姻当事者間ではこの場合事実上の立証軽減があてはまる[184]。同時に裁判官は明らかに意識して，不当威迫の要件を厳密に定義することから目をそむけた[185]。裁判官はそれによって法的不安定をもたらしたが，それは一見したところそうだというにとどまる。なぜならば，当事者自身だけが，意思表示が自己の決定に基づくかどうかを判断しう

---

(180) Royal Bank of Scotland v. Etridge (No. 2) [2001] UKHL 44, No. 26ff., 31 (ニコルズ・オブ・バーケンランド卿).
(181) 上記注172参照。
(182) Treitel (注126), pp. 411ff.; P. S. Atiyah, An Introduction to the Law of Contract, 5 ed., 1995, pp. 275ff.; Virgo (注162), pp. 259ff.
(183) Bank of Credit and Commerce International v. Aboody [1990] 1 QB 923参照：「バクダッドで産まれたイラク国籍のユダヤ人であるアブーディ夫人が形式的にその夫によりその会社に参与させられたが，彼女は，伝統的なその婚姻の役割理解に基づいてその好意についてなんら理解していなかった。彼女がその夫が提示した書類に署名したことは，彼女にとって自明的な形式的手続であった。」
(184) 1910年までは婚姻関係は法律上当然に濫用になじむものとしてすら判断された。全体につき，Barclays Bank v. O'Brien [1994] 1 AC, 180, 190ff., 196ff.; Royal Bank of Scotland v. Etridge (No. 2) [2001] UKHL 44, No. 19 (ニコルズ・オブ・バーケンヒード卿).
(185) Treitel (注126), p. 414; Royal Bank of Scotland v. Etridge (No. 2) [2001] UKHL 44, No. 10ff. (ニコルズ・オブ・バーケンヒード卿).

Ⅲ 5 重い負担となる約束の真摯さのコントロール──比較法，法史および法理論

るからである。明白なルールはこの場合その濫用を招くことになろう。

(c) 独立した法的助言

法が不当威迫の推定の場合に存在するとするならば，それは実際上利他的な法律行為の広範な禁止に向かうことになろう。ドイツ法はそれを明確に示す。同時にそれは法的取引に受け入れられない法的不安定をもたらす。裁判官が，どのような状況のもとで自己の意思形成を欠く約束を無効とみなすのかを明確にいうことを拒絶する場合，彼等は，市民に，彼がその相手方の表示の効力を確保しうる手段を委ねることになろう。

ヨーロッパの法律家は，そのために以前から助言による解決を目指した。なぜならば，弱い当事者への独立した助言のみが，この者が自己の，よく考えられた決定に到達するための担保を提供しうるからである。同様にその助言は，利益を受けている者に，彼にとって重要な債務引受の有効性を確保する。妻のヴェラエアヌム元老院決議による保護の放棄は，首尾一貫して，その違反のために公証人が責任を負わねばならない詳細な約款上の要求と結びついていた[186]。婚姻当事者保証においては，助言は，しばしば夫の不在中[187]，または中性的な保護者（curator）のいるときになされ[188]，または保証が誓約という特別の方式においてなされねばならなかった[189]。同様に尊敬すべき者による強迫に関する議論においては当初から，弱者の側に親族または友人がいることは強要状態を排除することが確定していた[190]。選択的に裁判官の前の契約締結が提案された[191]。このように実生活に適ったルールが19世紀までのドイツの立法の中に見出される。1863年のザクセン民法典1650条以下においては，例えば，有効な婚姻当事者（妻）の債務引受が夫の不在中に行われねばならなかった裁判所の教示を必要とすることが規定

---

(186) Gail (注15), lib. Ⅱ, obs. LXXⅦ, Rn. 4f. 以下の注も参照。オーストリアにおける同様な法律状態につき（この場合しばしば多数の弁護士または当局の官吏が求められた），Lehner, ZSS (GA) 105 (1988), S. 283.
(187) オーストリアについての詳細な記述：Lehner, ZSS (GA) 105 (1988), S. 283.
(188) Mevius (注59), lib. Ⅰ, tit. Ⅴ, art. Ⅶ, Rn. 117f., 118, 124.
(189) Stryk (注59), lib. ⅩⅥ, tit. Ⅰ, para. 9f.; Lauterbach (注16), lib. ⅩⅥ, tit. Ⅰ, para. 24. ラウターバッハによれば，明示的な教示はこの場合不要であった。特別の様式性のために妻が彼女がなにをしているかを知っていることから出発されうる。
(190) 上記注53以下。
(191) Schneidewin (注15), lib. Ⅳ, tit. Ⅵ, para. 25, De actionibus quadrupli, Rn. 47.

ニルス・ヤンセン

されていた。支障のない助言のみが相手方への影響を排除することができた。この理由から，ドイツで通常であったような，両当事者の基本的な存在の下での公証人による公証は，婚姻契約においても[192]また債務引受においても[193]，役に立たなかった。ヨーロッパ消費者法の情報提供義務もまた同様に十分ではない[194]。

　ヨーロッパの法典編纂がかような助言要件を無視したとき，それはまずその中に19世紀末の，今や克服されたヴェラエアヌム元老院決議への古典的な思い出をみたことに基づいている[195]。今日でも方式要件は，大抵は役に立たない，契約自由への疑わしい干渉である[196]。そして助言要件はパターナリズムの疑いのもとにある[197]。しかし，一般的な取引にあてはまることが，近縁関係についてもまたあてはまる必要はない。法が弱い側の熟考された決定の実現への努力を放棄する場合，債務引受の禁止のみが残る。それに一致して以前からイギリスの裁判官は，不当威迫が独立した法的助言によってのみ中性化されうることを強調した[198]。それゆえに，債務引受事例では，彼らは，その法律形成的判決の重点を，公正で有効，かつ利益に適った助言手続きを確保することにみている[199]。その際にそれのみが当該債務引受人の視点からも利益に適ったものとなる[200]。保証の危険に関する銀行の単なる情報の提供が自治的な決定を確保することはできないのだから，弱い契約当事者が，当然に単なる方式としては片づけられ得ない，独立した，資格者

---

(192) 上記注129以下。
(193) 連邦憲法裁判所の保証判例を公証人の形式要件により置き換える提案につき，Wiedemann, JZ 1994, S. 413. それに対して，一括してかつ他の法秩序の経験の考慮なしに，Gernhuber, JZ 1995, S. 1095.
(194) 計画されている新しい消費者信用指令によれば，保証人は借主と同様与信について情報提供されるべきである。KOM（2004）747, 9f 参照。それは歓迎すべきことであるが，情動的に義務を負う保証人の十分な保護を与えるものではない。
(195) Planck（注19), S. 272f.（Schubert, S. 423f.）参照。
(196) PECL 2：101条（契約締結のための前提），2：107条（承認がなくても義務を負わせる約束）。
(197) Westermann, ZHR 153（1989), S. 140f.
(198) Bullock v. Lloyds Bank [1955] 1 Ch. 317, 324ff. 参照。
(199) Barclays Bank v. O'Brien [1994] 1 AC 180, 196f.; Royal Bank of Scotland v. Etridge (No. 2) [2001] UKHL 44, No. 50ff.（ニコルズ・オブ・バーケンヒード卿), 163f.（スコット・オブ・フォスコート卿）。実務注釈書，例えば，M. P. Thompson, Wives, Sureties and Banks, The Conveyancer and Property Lawer 2002, pp. 174, 188ff.; D. O'Sullivan, Developing O'Brien, LQR 118 (2002), pp. 337, 346ff. 参照。
(200) Fehlberg（注8), SS. 76, 272f., 276f.

Ⅲ 5 重い負担となる約束の真摯さのコントロール——比較法，法史および法理論

による法的助言を得ることが確保されねばならない[201]。確かにその事件に携わっていない中性的な法的補佐人に関与させることは必要ないが，助言は主債務者のいないときになされねばならない。その際に，その行為の詳細を知っている助言者は，その危険について告知し，委託者に，彼が法律上も，またモラルのうえでも，その同意を与える義務を負わないことを明らかにしなければならない。婚姻当事者に関する不躾な質問は，もちろん彼に義務づけられない。そして彼はいつも極端な例外事例において（債務引受を）拒絶することを勧告しなければならない。彼は債務引受を妨げるのではなく，債務引受人が自己のために固有の決定に到達することを確保する[202]。補助者が法律状況についての単なる情報提供に制限されず，その決定の到達に際して委託者を支援する，かような助言は，徹頭徹尾債務引受約束のための真摯さの担保を提供しうる。それとともに助言は同時に法的取引で必要な法的安定性を創出する。重要な負担をさせる一方的な約束の無効という一見したところのルールにもかかわらず，その債務引受の有効性を確保することは自ずから明らかである。

(d) 第 三 者 効

　法が債務引受関係において債務引受人の意思形成の侵害のためにこの者と主債務者の間の関係に関わる限り，債務引受人がどうしてまたどのような状況のもとで債権者に意思形成の問題の負担をかけうるのかという中心的な評価問題が解答されねばならない。債権者は，家族のような権利濫用を受けやすい関係に組み込まれるには及ばない。そして彼に対する不公正な影響の非難は問題とはならない。法はその場合単純に債務引受人が自主的に行為しなかったことの確定に制限されえない。むしろ債務引受人と債権者を同様に観察し，その利益を公正に考量する解決が必要である。

　解決可能性の理論的な射程はもちろん広い。未成年者法のモデルによれば，一方では，これが債権者に知られているかどうかを問うことなく，自治的でない意思形成の事実を客観的に問題としうる。しかし，他方において，第三者が債権者の代理人として行動した場合にのみ，債権者に第三者の

---

(201) Burrows (注 148), pp. 258ff.; Birks/Treitel (注 119), No. 8. 203, 8. 206.
(202) Royal Bank of Scotland v. Etridge (No. 2) [2001] UKHL 44, No. 59ff. (ニコルズ・オブ・バーケンヒード卿); Treitel (注 126), p. 419.

不当威迫を負担させうる。長い間これはイギリス法の立場であったが、それは債務引受の場合は狭すぎる。それゆえに、裁判官は今や、それが詐欺に関するド民123条2項（第三者の詐欺）においても見出され、PECL 4：111条2項（第三者の詐欺）(202a)によれば一般規定として適用される過失主義を目指している(203)。銀行が関係が濫用されやすいことを理解しなければならない限り、それは説明義務を負う(204)。債務引受の有効性は、それが固有の決定を確保しうる、助言者による債務引受人への助言に配慮する限りにおいてのみ確保される(205)。債務引受人の問題を職業的な債権者が知りうる限り、類型的に熟考するとともに常に利益を受ける約束受領者として、彼にその相手方（約束者）の誤らない意思形成に寄与する義務を負担させることが信義則に従って正当化されるように思われる(206)。そうでないとしても、逆に債務引受人にとって取消権は役立たないであろう。なぜならば、その場合ドイツ法上はド民122条(206a)に基づいて、彼によって作り出された信頼に固執しなければならないであろうからである。結果的にその場合消極的利益、す

(202a) ［PECL 4：111条2項については、後述参照］。
(203) それにつき詳しくは、Du Plessis（注82）, p. 419.
(204) 特に、Credit Lyonnais Bank Nederland NV v. Burch [1997] 1 All ER 144, 155gf. 中性的な助言を保証する真正な義務は存しない。銀行はその限度で自己の利益で行為する。従って、不当威迫が存しないことが後で明らかになった場合は、助言の欠落は問題とならない。
(205) 当初裁判官は、擬制された認識帰責（悪意の擬制）がもくろまれたが（Barclays Bank v. O'Brien [1994] 1 AC, 180, 195ff.［ブラウン・ウィルキンソン卿］）、それは問題とされず、そのために銀行に、事物に適い、危険を減少させる保証人への助言を保証するオブリーゲンハイト（義務）を負担させる要件を問題とした（Royal Bank of Scotland v. Etridge (No. 2) [2001] UKHL 44, No. 39ff., 70（ニコルズ・オブ・バーケンヒード卿）; Scott, Journal of Contract Law 18 (2002), pp. 244ff.）。
(206) その限りでスコットランド法および南アフリカ法もまた、第三者たる約束受領者に対して信義則を問題と解く鍵とする：Du Plessis/Zimmermann, Maastricht Journal of European and Comparative Law 10 (2004), pp. 370ff., 375ff. その限りで、Cass. Com., 17. 6. 1997, D. 1998 jur., 208s.（カジーの評釈つき）。さらに、ザクセン民法1654条参照：妻の夫に対する義務が行為の外観からすでに生じなかった限りにおける、与信者の積極的な認識。
(206a) ［ド民122条（取消者の損害賠償義務）「(1)意思表示がド民118条により無効であり、またはド民119条、120条に従って取り消されたときは、表意者は、表示が他人に対してなされるべきであった場合、この他人、さもなければ第三者に、他人または第三者が表示の有効性を信頼したことによって被った損害を賠償すべきである。しかし、この損害は、他人または第三者が表示が有効であるとすれば得たであろう額を超ええない。(2)損害賠償義務は被害者が無効または取消可能性の原因を知りまたは過失により知らなかった（知るべきであった）場合には生じない。」］

[Ⅲ] 5 重い負担となる約束の真摯さのコントロール——比較法，法史および法理論

なわち，債権者の不足分の損害について責めを負うことになろう。

Ⅲ 若干の結論

　一方的で重要な負担をする約束のコントロールは，結局，相当な理論の必要性と重要性を特別に明らかにする困難な問題であることが示される。フランス法および事実上ドイツ法によってもあてはまり，かつ今や消費者信用指令の提案の中に採用された，抽象的債務引受禁止は[207]，事物に適った解決ではない。同様にPECLおよびド民138条1項のモデルに従った契約内容のコントロールもまた，事実の問題を素通りしており，合理的な標準を欠いていて挫折するに違いない。結局錯誤および強迫もまたあまり役に立たない。それゆえに，ヨーロッパのさまざまな立場の中でイギリスの不当威迫の理論が最もふさわしいように思われる[208]。それは，侵害を受けた決定自由の事実問題を直接に論じ，不当威迫という推定と反証のルールにより公正で実務に適った利益の均衡を提供する。それはかくして特にまた，全体の財産または重要な財産の一部の処分または負担を把握することを許容する。それは大陸的解決に対して1つの重要な利点を提供する。

　もちろんこの理論もまた重要な問題がないわけではない。スコットランドおよび南アメリカにはそれは驚くべきことに受け入れられず，または重要な制限を伴ってのみ受け入れられている[209]。なぜならば，その理論が被害を受けた決定の自由を問題とする場合，それは実際上これらの事例の核心となる問題であるが，それは，それが十分に考慮されたかどうかを問うことなしに，法的取引の参加者が正当な理由からその表示に固執する契約法と交差するからである。しかし，通常は形式的なもので十分であるとしても，時折実質的な私的自治がどうして問題になるのかについての納得のいく説明を見つけることは困難である。これは，ヨーロッパの契約法が決定的な基礎理論なしですまさねばならないというケッツの観察に一致する[210]。それに不運

---

(207) 上記注144.
(208) Du Plessis/Zimmermann, Maastricht Journal of European and Comparative Law 10 (2004), p. 366. 同旨：Ernst（注11），S. 408f. 彼はド民138条1項をこの意味で理解しようとする。
(209) Du Plessis/Zimmermann, Maastricht Journal of European and Comparative Law 10 (2004), pp. 370ff., 375ff.

な専門用語が付け加わる：しばしば何らかの影響を不当，すなわち，不相当と性質づけることは困難であるだけでなく，時折積極的な影響が欠落し，かつ不当威迫が利益の受領に制限されている。イギリスの基礎理論は今日[211]，かように結局共通の困難の表現を与えている：裁判官は，さもなければ契約法の安定性と確実性を破壊するおそれのある，狭い限界を有する法制度を保持するように努力しなければならない。そして学説もそれに一致して，この制度をその契約法の伝えられた思考上の枠内で適合させるように努めている。それゆえに，不当威迫が首尾一貫して違法な行為として理解され，不法行為とされるとすれば，それは，ヨーロッパの経験が本来は警告を発すべき邪道であろう[212]：その代価は，その固有の，特殊な決定の弱さの犠牲者である者によって支払われるであろう。しかし，法はその決定の弱さのために理解を有すべきである。一般的な法取引におけるローマの首尾一貫性(constantia)の期待が全く事物に適っているとしても，それは問題のある近縁関係においては，社会的な現実に対処する推定を意味するに違いない。この問題事例のためにもともと法的救済が創設されたのである[213]。

　要するに，この概観は，契約当事者または第三者の誤った行為が問題になるのではなく，もっぱら特別の信頼関係に基づく意思形成における障害が問題になるという，当初表明された仮定を確証した。もちろんかような理論の適用領域を制限しなければならないが，それは事実問題を素通りしてはならない。明らかにこの場合ヨーロッパ法の経験は，その議論の範囲を超えて助け舟を出してはいけない。なぜならば，どこでも裁判官は，問題になっている約束により処分者またはその相続人の生存の基礎が危殆化し，そのため，約束者が実際上彼の有するすべてを失いまたはすべてについて負担し，または，彼が他人のために絶望的に負債を負う場合に初めて助け舟を出すからである。一方的，利他的な約束による重要な負担は，（ド民118条以下の意味で）瑕疵がないだけでなく，それを超えて熟考された決定について問われるための論拠を提供する。重要な負担をする，利他的な約束は，ヨーロッパ法によれば，十分に考慮され，実質的に私的自治による意思形成を確保する，特別

---

(210) Kötz (注6), S. 10f. ［ケッツ（潮見他訳）・前掲書11頁以下（潮見）］。
(211) 上記II. 3. a)．
(212) 上記II. 1.
(213) Birks, LQR 120 (2004), p. 35.

Ⅲ 5 重い負担となる約束の真摯さのコントロール——比較法, 法史および法理論

の真摯さの担保を要求する(214)。法形成的にかような解決は, 全くドイツ民法の基礎の上でも実行に移されうる(215)。この研究の中心的な帰結は, 以下のごとくである。

1 利他的な約束, 特に債務引受は, それが情動的な特徴を有する近縁関係または特別の信頼関係の枠内でなされた場合にも有効である。それが極めて重要な負担を意味する限り, それはもちろん真摯さの担保を要求する。

2 かような真摯さのコントロールは, 利益を受ける者または約束者の固有の意思形成を危殆化しうる者に対する法的または倫理的非難からは独立している。

3 単なる方式の要件(216)および情報提供義務は(217), 固有の意思形成を担保しえない。中性の第三者による, 独立し, 専門的であり, かつ情報を提供された約束者への助言が必要である。これは約束者の固有の意思形成を危殆化する人がいないときになされるべきである。

4 重要な負担を負わせ, 利他的な約束が熟考された決定に基づかず, かついかなる独立し, かつ専門的な助言もなされていない限り, 約束者は取消権を有する。その約束は直ちには無効とはならない。

5 利益を受ける者が約束者の意思決定を自ら危殆化しなかったときは, 彼は直ちにはその約束の相手方の意思形成の問題の負担に任じる必要はない。しかし, 極めて重要な負担をする約束は, 真摯さの疑問への全く一般的な原

---

(214) イギリス法はこの場合不必要に複雑である：Royal Bank of Scotland v. Etridge (No. 2) [2001] UKHL 44, No. 19ff., 44ff. (ニコルズ・オブ・バーケンヘッド卿)：婚姻当事者保証における不当威迫の可能性があり, その場合銀行が助言を保証するオプリーゲンハイト (義務) を負担するとしても, 不当威迫が生じる特別の事情の立証を要求するには及ばない。

(215) ドイツ法は事実上既に銀行への非難を放棄したのだから (上記Ⅱ. 2. a) および2. b)) 2つの問題が生じるのみである。第一に, 加害的な意思形成の推定 (ドイツ法によれば, 良俗違反の推定) に関するヨーロッパ法のルールがどの程度ドイツ法に持ち込まれうるかが問題となる。保証判例が結局もっぱら約束者の事実上の自治を保証するという目的に寄与するにとどまるとの事実に鑑みて, 私は, この場合いかなる問題も見出さない。保証が十分に熟考された, 自己の決定に基づくことが現実に保証されている場合は, 基本法2条1項の標準に従っても, またド民138条1項の標準に従っても有効でなければならない。一見したところ問題となるのは, 取消権であるように思われる。しかし, この場合もまた, 方法に一致してまずド民138条1項の一括した無効の結果を目的論的な還元の下に置き, 次いでド民119条以下, 123条の法律効果の全部の類推を理由づけることが全く可能である。

(216) 上記注 129 以下参照。
(217) 上記注 194 参照。

因を提供するのだから，利他的な約束の場合は常に，彼の契約の相手方の実際上自治的な意思形成を担保する義務を，利益を受ける者に負担させることが信義則に従って正当化される。

＊ハンブルクのマックス・プランク外国法および国際私法研究所における2005年7月21日のシンポジウム参加者およびラルフ・ミカエルスとの討論および激励に対して心からなる感謝を表したい。

6 意思妨害における制裁メカニズム
──事実適法性と PECL におけるその考慮──

ハンス・クリストフ・グリゴライト

I 序　説

　我々は，契約前の意思形成の妨害を様々な法的手段において考察し，その枠内で特定の方法で定義された意思妨害が具体的な方法と結び付けられることを議論することに慣れている。かように我々は，錯誤──詐欺──または強迫取消，契約締結上の過失による損害賠償請求権または行為基礎喪失による契約解消ないし契約適合に関わっている。これはアクツィオ思考と結び付けられ，または請求──および反対規範による体系化の表現として理解されうる。
　国家の伝統の拘束および法的理由の形式もまた問題にするのは，比較法の特権である。この比較法の（最もよい意味で）破壊的な傾向は，当該問題に関して標準的な事物適合性を可能な限り厳密に定式化することにあるその建設的な機能と一致する。事物適合性に関する確認は，再び性質的な改善の意味における法的形象の適合性を許容する。この性質的なルールの改革をハイン・ケッツは，他の者と同様ほとんど広い前面に押し出さなかった。
　再び意思妨害に戻ろう。すでに示唆されたように，この問題領域に関して多数の法的形象および法的効果が観察に引き込まれうるがゆえに，法的形象への拘束は緊張に導き，かつ標準的な事物適合性の発見は，特別の程度において努力するに値する。私は，それゆえに，意思妨害の法律効果の特定の場合に重要な事物適合性と呼ぼうと思う。上記のところから，比較法的な透視図を選択することが明らかである。それに際して，重点を PECL に置くことが許されよう。これはいわば性質的にフィルターにかけられた比較法的な要約を提供し，それゆえに緊張を要する分析を容易にする。
　どのような前提のもとで重要な，すなわち，特別の法律効果を惹起する意思妨害が存在するかという問題を，私は基礎において無視する。意思妨害の

[III] 6　意思妨害における制裁メカニズム——事実適法性と PECL におけるその考慮

種類は，扱われる法律効果の例示に関してならびにかような配置においてある役割を演じ，そこでは意思妨害の法律効果と性質の間の特別の結合が問題になる。妨害原因に関するある確定はさらに，原則として単に外部的な，すなわち，表示の相手方の責任に帰される（または少なくとも共同責任を負うべき）意思妨害が観察に現れる限りでなされ，内因的な，すなわちもっぱら表意者の責任に帰すべき意思妨害は外縁においてのみ扱われる。外因的な意思妨害と内因的な意思妨害の間には法律効果の側面で重要な違いがある。もっぱら外因的な妨害の場合に表示の相手方の契約—ないし損害賠償責任もまた問題となり，これに対して内因的意思妨害の場合は原則として表意者の消極的利益に対する責任が観察に現れるにすぎない。私は，この報告の途中で更なる重要な問題に立ち戻る。外因的意思妨害への原則的な集中は，わかりやすさに資するものであり，国際的比較においては不統一に規定されている，外因的な意思妨害の承認のためにそもそも十分な資格が存在するかどうかの問題に詳細に立ち入ることは不要となる[1]。一般的には意思妨害の議論においてはほとんどしばしば内因的意思妨害と外因的意思妨害の十分に明確な区別および場合に応じて異なった問題複合が行われないことが注意されうる。

II　意思妨害に対するサンクションと契約責任の関係

　意思妨害のサンクションの最初の具体化は，契約責任との関係に関わっている。この関係の細密化は，体系的に固有の規定領域としての意思妨害法の定義のために重要な意味を有する。

1　法律効果の関係対象としての利益に適合しない契約

　意思の妨害は，それが利益に適合しない契約の現象と結びついている場合は，その限りで，体系的に統一的な問題領域を形成する。意思妨害の特殊な問題は，契約が（意思妨害を留保して）有効に成立したが，その内容が一当事者の意思形成の妨害によりその（妨害のない）主観的利益に一致しない場合は常に，またその場合にのみ，より厳密に表現されうる。それから意思妨害の法律効果にとって，場合によっては高度に複雑な契約がどのように取り

---

(1)　以下のIII. 2. a) をも参照。

ハンス・クリストフ・グリゴライト

扱われるべきであるか，すなわち，その効力の全部またはその一部が廃棄されるべきかどうか，そして契約上の合意の代わりにどのような法律効果が生じるかと言った中心的な問題が生じる。PECL は，意思妨害を有効性という観点のもとに第 4 章で論じることにより，この特徴を契約法の体系的秩序の中で考慮に入れている。このようにしてヨーロッパの個別法秩序の中で体系的に一致して性質づけられるべき規定複合と結び付けられる[2]。

契約が締結されない限り，錯誤，詐欺，強迫などは問題にならない。妨害を受けた意思は，特別の法的なメカニズムとは無関係に，すなわち同様に自然なやり方で拘束力はない。そしてかように意思妨害のために特徴的な規定上の問題は生じない。

もちろん契約が（意思妨害以外の理由で）有効に発生しない場合でも，特定の契約前の妨害が法的評価の枠内で考慮されることが考えられる。当事者の観念ならびにその客観的な結びつきが表示の解釈にとって標準となる。それゆえに，当事者の観念が契約内容とは異なり，客観的な視野からもその表示にいかなる一致した内容が割り当てられ得ない場合は，契約前の妨害は不合意に導きうる。その解釈は，もちろん意思妨害の規定複合から厳密に区別されるべきである。契約の性質から，契約の拘束とその内容を解釈によって当事者の表示行為から導く要件が生じる。従って，表示行為の解釈に基づく評価は，直接に当事者の契約上の自己決定を実現する。それに対して意思妨害に関するルールは，その内容に従って法律行為的拘束を生じうるが，その規範的な維持可能性が特別の理由に基づいて問題となる，表示のための（第二次的な）法定の修正メカニズムと理解されるべきである。この意味においてハイン・ケッツは，適切に意思妨害の観点は，合意の解釈のルールに従って確定される場合に初めて，またその場合にのみ考慮されるべきだと述べている[3]。

さらに意思妨害の規定複合は，ドイツ法に従って利益に適わない契約の観点のもとで，契約商議の義務に反した中断から[4]，または方式違反のような無効原因の義務に反した不顧慮[5]により生じうる，損害賠償請求権が区

---

(2) フ民 1109 条以下，イ民 1425 条以下，オランダ民法 3：40 条以下，6：228 条以下，オーストリア民法 869 条以下参照。
(3) H. Kötz, Europäisches Vertragsrecht, Teil I (1996), SS. 172f., 265f. [ケッツ（潮見他訳）・前掲書 217 頁以下，334 頁以下（中田）]。
(4) 例えば，Palandt, Komm. z. BGB, 65. Aufl., 2006, para. 311 Rn. 34f. [H. Heinrichs]。

187

6 意思妨害における制裁メカニズム──事実適法性と PECL におけるその考慮

別されうる。契約前の義務違反のかような事例は，責任結果の惹起者が契約締結途上にある限りにおいてのみ，意思妨害と重なり合う。その他契約の無効は，意思妨害以外の原因（すなわち，商議の中断，方式違反など）により惹起される。それゆえに，契約の取り扱いではなく，その無効による不利益が本来の規定の対象である。

2　契約上の責任の優先

　意思妨害の規制の問題が，契約が成立した場合にのみ生じることを基礎に置くならば，意思妨害の法律効果は，契約責任のサンクションとの限界設定を必要とする。この限界設定の問題は，特定の意思妨害が同時に意思妨害の特殊の法律効果への契機を与えるか，および契約責任へ導きうるかの問題となる[6]。

　意思妨害と契約責任との間の限界設定の問題は，すべての意思妨害の場合に同じようなやり方では生じない。その重要さが特別の圧力状況に基づく，強迫その他の意思妨害の場合，強迫および圧力が契約内容に犠牲者のために有利な方法で影響を与えないのだから，特殊な方法で意思妨害に制裁を与える契約上の責任はそもそも観察に現れない。情報提供の妨害，すなわち，特に誤った情報の（義務に反した）転送や説明の懈怠の場合は，事情は異なる。なぜならば，かような場合相手方の意思形成への契約締結前の影響は，その有利に作用しうるからである。一当事者が契約商議において特定の表示をなし，または説明を怠った場合，これは契約内容に反映され，言明が誤っていることまたは約束が実行できないことが明らかになる限り，当該当事者の（特別の）契約上の責任が惹起される。その模範になるのが売買契約上の担保責任であり，その適用は売主による売買目的物の記載または不記載に依存する。

　意思妨害および契約構成部分としての情報提供行為の二律背反は，PECL によれば，問題になっている事実関係が同時に意思妨害について適用されるサンクションと契約責任を惹起しうることである。PECL 4：119 条によれば，

---

(5)　例えば，Palandt（注 4），para. 311 Rn. 41 [H. Heinrichs]．
(6)　意思妨害に基づいて契約の効力が剥奪されうるか，またどの程度剥奪されうるかという本文ですぐに扱われる問題はそれから厳格に分離されるべきである。その場合限界設定ではなく，意思妨害の特殊の法的効果が問題になる。

権利者はその場合原則として法的救済手段のいずれかを選択しうる[7]。取消が表示されたときに始めて、注釈によれば、その場合に積極的利益の賠償が排除されることにより、競合関係の排除が生じる[8]。それと著しい対照をなしているのが、その3.7条で契約責任の意思妨害のための責任に対する優位を定めるPICCの解決である。PICCを超えた比較法的な視野の拡大は、もはや明確さではなく、競合問題で分裂したルールのための更なる観察材料をもたらすのみである[9]。

その問題をより詳しく評価しようとすると、一方では契約責任と、他方では必ずしも契約上とはいえない情報提供行為に対する責任との基本的な分離が観察に現れる。誤った言明または実行されえない約束に対する契約責任は、解釈ルールが契約前の表示行為に対する法律行為的自己決定を惹起することに基づいている。それに対して、前記のような意思妨害に適用されるルールは、契約が法的に重要な意思形成の妨害に基づいて一当事者の利益に適合しないことと結びついている。2つのルールの領域の結びつきにおける区別に符合するのは、目的の相違である。契約責任が法律上義務を負う約束を制裁する一方では、意思妨害のために規定されたルールは、当該当事者に利益に適った契約締結を可能にすることに役立つ。この目的の方向性は、一当事者の利益が相手方の表示行為を通じて契約上の合意により確保される限りにおいて無用になる。すなわちその場合契約内容は、問題になっている事情により利益を受ける者の期待に符合する[10]。

異なった目的は、2つの責任複合が相互に適用されうるのではなく、相互に排除関係にあることを示す。そのことならびに解釈ないし契約責任の優先の意味におけるこの不調和の厳密化を私的自治の原則もまた示す。当事者は、その法律関係に適用されるルールをまずその合意自体により決める。当事者の自己決定行為は、上記のように解釈により具体化される。解釈のルールが、

---

(7) 解説においても、誤った言明が契約上の約束と解されうることが何度も指摘される。O. Lando/H. Beale (ed.), Principles of European Contract Law, Parts Ⅰ and Ⅱ, 2000, pp. 232, 254, 282［ランドー／ビール編（潮見他訳）・前掲書207, 235, 270頁（馬場圭太）］参照。

(8) Lando/Beale（注7）, p. 282, 事例4.［ランドー／ビール編（潮見他訳）・前掲書271頁（馬場）］。

(9) H. Fleischer, Informationsasymmetrie im Vertragsrecht, 2001, S. 955.

(10) 詳しくは、H. C. Grigoleit, Vorvertragliche Informationshaftung, 1997, S. 224f.

Ⅲ 6 意思妨害における制裁メカニズム——事実適法性とPECLにおけるその考慮

当事者が問題になっている事情を合意の方法で一当事者のために考慮するという帰結に到達する場合には，私的自治の形成の優位は，同一当事者のための意思妨害の第二次的な，法定の修正メカニズムの関与とは相いれない。

従って，PICCと一致する一方では，PECLの提案には反するが，契約責任に意思妨害と結びついた法的手段に対する優先性を許容することはより納得させるものである。例えば，売買目的物の特定の性質を性質合意の対象にすることにより，当事者が契約内容により保護される限り，当事者は意思妨害による法的手段を要求しえない。2つのルール複合の競合的適用は，意思妨害の法の保護目的および法定の干渉に対する私的解決の優位と相容れない。さらに法的手段の重畳的許容により法適用もまた明白な理由なしに複雑になる。問題になった事情が契約責任の対象になった事例では，意思妨害の援用の実際上の動機は，通例契約責任の障害，例えば，それが瑕疵通知または期限にかかることが意思妨害法の標準では回避されることにある。それに対して，ハイン・ケッツによって示された道，すなわち，契約責任という事物に近いルールの優先を認め，かつ相当な結果の達成に必要な限り，その内容を法形成または立法的な是正により適合させるという道が優先に値する[11]。

Ⅲ 契 約 解 消

妨害のない意思形成は，私的自治の拘束行為の承認のための機能条件である。それに一致して意思妨害の規範的重要さが確定される場合は，表示ないしこれに依拠した契約の効力を否定すべきことが明らかである。拘束の前提の欠落は，いわば自然的な法的効果として拘束効果の喪失を伴う。

この関係がヨーロッパの法秩序で非常に広い承認を見出したのは驚くに当たらない。もちろん具体的な国内施行においては2つの困難がある。1つの問題は，表示からの免除を法技術的に作り上げることにある。他の1つの問題は，契約解消の自動性が特定の，すなわちあまり重要でない意思表示に関して変容を必要とするかどうかである。

---

(11) Kötz（注3）, SS. 408, 419f. [ケッツ（潮見他訳）・前掲書503, 511頁以下（松岡久和）].

ハンス・クリストフ・グリゴライト

1 契約解消の法技術的形成

妨害を条件とする表示の効力は，様々な方法で失わさせられうる。最も広く流布している構造的な表現は，当事者に相手方に対する表示による一方的な形成の方法で契約の除去を許容することである。意思妨害と一方的な形成権との結合は，特にPECLに規定されているが（4：103条，4：107～110条，4：112条），ドイツの錯誤法や数多くの他のヨーロッパの法秩序でも同様である[12]。

(a) 当然の無効に対する形成的解消の優先

もちろん形成権による解消は代替性がないわけではない。表示の当然の無効，すなわち，当事者が形成的表示をするか否かを問わない効力の否定が，代替的選択肢となる。法律上当然の無効による解消は，例えば，錯誤に関するコモンローのルール[13]またはフランス法のいわゆる客体の錯誤である[14]。

意思妨害の規範的重要性がもっぱら意思形成過程から導かれる限り，形成権による解消は，法律上当然の無効に対して決定的な優位を有する[15]。その中心的な利点は，形成権利者に契約の無効が押し付けられないことにある。むしろ彼には，彼が契約の規定を適用させるかどうかの今や妨害のない決定が委ねられる。かような選択可能性は，契約内容が，その意思形成が妨害

---

(12) Lando/Beale（注7），pp. 274ff.〔ランドー／ビール編（潮見他訳）・前掲書261頁以下（馬場）〕；E. A. Kramer, Der Irrtum beim Vertragsschluss, 1998, S. 120f. 部分的に一方的な形成権が一面的な無効という法的形象を用いてもまた補完される。フランス法における相対的無効につき，J. Ghestin, Traite de droit civil——La formation du contrat, 3 ed., 1993, p. 456 et s. この場合これらがすでにその特別の保護目的に従って形成権の許容に帰着するがゆえに，消費者保護的な撤回権は観察の外に置かれたままである。なぜならば，それによってのみ抽象的な，すなわち，具体的な障害から独立した，かつ熟慮期間に帰属する意思形成の保護が確保されるからである。技術的な問題はその限りで撤回権の法技術的な形成（浮動的な有効かそれとも浮動的な無効か）に関して生じる。この区別につき詳しくは，P. Mankowski, Beseitigungsrechte, 2003, S. 33f. 参照。
(13) 例えば，G. H. Treitel, The Law of Cotract, 11 ed., 2003, p. 286.
(14) この錯誤の争いのない適用領域と効果につき，例えば，Ghestin（注12），p. 459 et s. 無効概念のさらなる特徴の概観を与えるもの：Kramer（注12），S. 118f.
(15) すでに不合意が確定され，そのためにもともといかなる合意も生じなかった事例と意思妨害による契約上の合意の無効とは厳密に区別されうる。上記II. 1. および2. ならびにK. Zweigert/H. Kötz, Einführung in die Rechtsvergleichung, 3. Aufl., 1996, S. 407 参照。

Ⅲ 6　意思妨害における制裁メカニズム——事実適法性と PECL におけるその考慮

された当事者にとって，しばしば確かに不利であるとしても，常にそうとは限らないがゆえに，事物に適っているのである。契約当事者は，ありうる契約の主張に関して，彼がその側で妨害のない意思形成においてその締結に関わったがゆえに，保護に値するのではない。形成権による解消のさらなる利点は，それが表示の相手方の必要を契約の運命に関する明確さに従って考慮に入れることにある。形成権による解消は，契約の相手方が，取消が表示されていない限り，契約の有効性から出発しうることにある。しかし，取消が表示された場合は，その中に契約の存在が問題になっていて，なんらかの問題の解明が必要だという契約の相手方に対する明確なシグナルが存在する。

それに対して法律上当然の無効は，法的安全性の問題を浮動状態の回避により解決しない。なぜならば，標準的な状況は，重要な部分についての外因的な意思妨害の場合でも，錯誤の存在や意思表示に対する因果関係など意思妨害のある当事者の主観的領域に由来するからである。意思妨害の法的評価はまた，稀ならず不安定さと結びついている。それに鑑みて，法律上当然の無効概念のもとでもまた，意思妨害の当事者が標準的な事情ならびにそれから生じる無効を主張する場合に初めて，契約の運命についての明確さが生じる。それにより形成権による解消の場合と同じ浮動状態が生じうる。形成権としての構成は，かくして事実上これなくしても存在する主張という要件を取り入れ，それに法的明確性に役立つ方式を付与している。

形成権による解消は，事物に適合した方法で期限により契約上の法律関係に関する不安定さを制限することをも許容する[16]。形成権と期限との結合については，通常でない，すなわち，一般的な事項の基本思考についてあてはまる必要性が存在する。契約は，特にその返還が時間とともに困難にさらされる複合交換関係を予定している。形成権を有する当事者が契約上の給付の価値の展開を投機の対象にするという事情もまた考慮に入れねばならない。形成権者への投機利益の付与は内的な理由がない[17]。

法律上当然の契約の無効は，期間にかかる展開——および投機の問題を当初から排除しているのではない。なぜならば，展開の期間にかかる複雑さは，

---

(16) W. J. Hau, Vertragsanpassung und Anpassungsvertrag, 2003, S. 292. をも参照。
(17) Justizministerium der BRD (Hrsg.), Gutachten und Vorschläge zur Überarbeitung des Schuldrechts, Bd. 1 (1981), SS. 479, 542 [D. Medicus]; Grigoleit（注10）, SS. 91f., 133, 135f., 158f., 181. をも参照。

契約の解消が法技術的にどのように展開されるかとは無関係だからである。当然の無効においてもまた，すでに言及したように，証拠にかかり，かつ法律的な不安定さにより意思妨害を受けた者の一方的な決定の余地が惹起されうるからである。従って，意思妨害による法律上当然の無効を時間的に制限する上記の理由が同様に明らかである。そしてそれについて比較法的な視点から適用事例もまた存在する（例えばフランス）[18]。もちろん期間は構成的に，契約が法律上当然に無効となるという確定と緊張関係にある。そしてそれは事実上形成権による解決を帰結する。そこにおいてその考察が新たに示される。

期間の算定および期間の経過については国際的な比較においては様々な概念が使われている。PECL 4：113条の期間規定は，一般的に，取消は意思妨害の認識または除去後相当な期間内に表示されねばならないと規定している（本書252頁参照）。他の規定の構想は，意思妨害の種類によって異なり，明確な固定期間を定め[19]，または客観的な最長期間により[21]主観的な期間の開始を補充する[20]。その限りで，投機利益の法的に安定な制限の目的を，意思妨害を受ける者のための相当な実行の機会の確保によって釣り合わせる，広範な，この場合詳細には議論されえない，様々な重点設定のための規定の余地が存在する。

(b) 防御保護の特別問題

期間拘束的な形成権による解消は，意思妨害を受けた者に適時の実行の負担および危険を割り当てた。意識的な投機に関連してこの負担は問題はない。契約上の給付が既に交換され，当事者が期間設定により返還について決定することが促進される場合は，厳格な期間設定もまた直ちに期待されうる。当事者はこの場合いずれにしても攻撃者の立場にあり，原則として積極的な権利行使のための十分な意識から出発されうる。

---

(18) Kramer（注12), S. 138. 判例として，Cass. civ. 15. 4. 1980, Bull. civ., Ⅲ, n°. 73.
(19) 期間進行の開始を契約締結時とするもの：オ民1587条（3年間）。契約履行時とするもの：スペイン民法1301条（4年間）。
(20) 錯誤の発見時から期間が進行を開始するとするもの：オランダ民法3：52条Ⅰc（3年間），フ民1304条（5年間）。
(21) Kramer（注12), S. 138f.; Kötz（注3), S. 296. ［ケッツ（潮見他訳）・前掲書361頁（中田）］。

Ⅲ 6 意思妨害における制裁メカニズム——事実適法性と PECL におけるその考慮

　問題となるのは，当事者がまだ給付していない場合の取消義務である。いずれにせよ外因的な意思妨害の場合，一方では，彼が意思妨害に鑑みて契約当事者による請求を考慮に入れず，そのために受動的に対応し，取消を度外視している場合は，当事者は保護に値するように思われる。他方において，表示の相手方は，取消期間の進行中，彼が請求権を主張し，それにより取消権者の決定を挑発することによりいつでも浮動状態を終わらせうる。従って，表示の相手方が，彼が期間の徒過を待ち，その後初めて契約に基づく請求権を主張することにより，意思妨害の当事者の受動性を利用することが避けられるべきである(22)。

　PECL では 4：113 条の期間規定ならびにそれに関する注釈において，相当な期間という充塡を必要とする標準が常に考慮のための可能性を開いているとしても，積極的保護と消極的保護の間の区別は，明確には述べられていない。防御権が特別の保護に値するという考えは，その他法律上当然の無効観念の基礎になっている。防御の保護の状況もまた，多くの法秩序で形成表示のために定められている，相対的に長い期間のための原因たりうる(23)。

　形成権による解消，厳格な（投機の問題を考慮に入れた）期間および継続的な保護を結びつけることはより納得させるものである。防御権の異なった構造のためのモデルとしてイタリア民法 1442 条 4 項(23a)またはポルトガル民法 287 条 2 項が指示されうる。ドイツ法では攻撃権と防御権の区別は，詐欺および強迫のために適用されているド民 124 条(23b)の期間が無期限の給付拒絶権により補完されること（ド民 853 条）(23c)の中に見出した。さらに，継続

---

(22) この場合契約上の請求権の貫徹のための時効期間が形成権の除斥期間を超えることが前提となっている。

(23) Lando/Beale（注 7），p.274 ［ランドー／ビール編（潮見他訳）・前掲書 262 頁（馬場）］の概観参照。

(23a) ［イ民 1442 条（無効訴権の時効）「(1)契約の無効は，その利益が法律上確定された側からのみ請求されうる。」「(4)無効の可能性は，その効力を生ぜしめる訴権が時効消滅した場合ですら，契約の実行のために被告たる当事者から対抗されうる。」］

(23b) ［ド民 124 条は，詐欺または強迫による取消権が詐欺の露見または強迫状態からの離脱から 1 年以内（1，2 項）または意思表示をなしたときから 10 年以内に（3 項）なされねばならないと規定する。］

(23c) ［ド民 853 条（悪意の抗弁）「ある者が彼によってなされた不法行為により被害者に対する請求権を取得したときは，被害者は，請求権の取消請求権が時効消滅した場合でも履行を拒絶しうる。」本条は例えば，A が B を脅したり欺いたりして，実際にはそんなに環境被害を受けていないのに，B と A との間で環境被害による賠償金を 1 年間で 10 万円支払うという契約を結ばせたが，B が A の不法行為を理由としてこの

的抗弁がド民853条の文言を超えて過失ある誤導の場合にも関与することは，先駆的な見解にも適合する(24)。これがドイツ法上そうであるように，特定の外因的な意思妨害もまた重要なものとして認められる限り，その限りで同様に継続的な防御の保護を与えることが事物に適っているといえよう。外因的な意思妨害の場合でも給付取得に対する表示の相手方の，時間に依存する保護適合性が縮小する一方では，契約の相手方が意思妨害について（ともに）責任があるかどうかは，意思妨害を受ける者にとってはしばしば全く明らかでない。規定技術的には防御保護の規定の統一的な扱いが簡明性という優位に値しよう。

(c) 形成権による解消の限界

問題になっている意思妨害の重要性が単に意思形成の過程だけでなく，契約内容の不利な性質からもまたまたはもっぱら導かれる場合に，形成権による解決はその確信力を失う。契約内容のかような評価の場合に，不利を受ける者の選択権にはいかなる重要な意味も帰属しない。従って，不利益を受ける者に適時の実行の負担と危険を負担させることもまた正当化できない。

倫理に反した契約がそれ自体として無効だという数多くの法秩序で規定されている規定はそれに合致する(25)。それに対してPECL4：109条（本書247-248頁）により契約の取消可能性が，一当事者の特別の弱さが相手方により不相当な利益の獲得のために利用し尽くされる事例のために規定されている場合は，それは納得させるものではない。むしろ意思妨害の内部関係的な重要さと，もっぱら決定過程に基づくものとを法律効果の観点のもとに体系的に区別することが意義深いようにみえる。

　　Aとの間の賠償金支払契約の原状回復を求めたときには，すでに不法行為による救済期間の時効が満了していたため，不法行為法上の救済が受けられないとしても，Aからのこの賠償金支払契約に基づく支払請求を拒絶しうるという趣旨である。］
(24) あるべき法につきすでに，Medicus（注17），SS. 479, 542が同旨を述べる。現行法につき，C.-W.Canaris, Wandlungen des Schuldvertragsrechts: Tendenzen zu seiner Materialisierung, AcP 200 (2000), SS. 273, 319f.; H. Fleischer, Konkurrenzprobleme um die culpa in cotrahendo: Fahrlässige Irreführung versus arglistige Täuschung, AcP 200 (2000), SS. 91, 120. より詳しくは，Grigoleit（注10），S. 161f.
(25) ド民138条，イ民1418条，1343条，1345条，オ民879条，フ民1131条，1133条，オランダ民法3：40条1項参照。

III 6 意思妨害における制裁メカニズム——事実適法性と PECL におけるその考慮

(d) 形成権対債務法上の取消請求権

　形成権の更なる選択肢を，ドイツの法実務では特に契約締結上の過失のルールから前契約上の意思妨害に発展した，債務法上ないし賠償法上の契約解消が形成する。この構成は，その意思形成が相手方の有責な行為によって妨害を受けた当事者が契約およびその効果の除去を損害賠償の方法で求めるというものである。契約自体が損害として，その除去は自然的回復として評価される。

　このドイツの特殊性に対する批判は，他の個所ですでに詳しく定式化されており[26]，私はここでは短く述べたい[27]。損害賠償法上の契約解消に対する抗弁は，平準化の方法で解決しうる期限の問題を度外視すると，特に法体系的かつ法技術的な性質を有する。

　法体系的な視点からは，それが意思の瑕疵の効果の除去，すなわち，契約解消に向けられる一方では，損害賠償請求権がすべての損害の種類を同様に包含するがゆえに，取消が事実に適った法的救済である。これは，取消を自然的回復の特別な方式として把握することを明らかにする。取消は，それが一方的な形成の方法で契約の除去を許容するがゆえに，損害賠償法的な契約解消よりもはるかに法技術的に優れている。損害賠償法的な構成は，単に場合によっては訴えられねばならない，契約解消に関する同意請求権を理由づけるにすぎない。実務上は，情報提供を求めうる者が，抗弁により保護され，その給付を契約の解消によってもまた返還請求しうるがゆえに，もちろん大抵はそうはならない[28]。この背景のもとで一方的形成権が構造的により簡明，より明確であり，法審美的に優位に値する[29]。取消権の体系的かつ法技術的考量に鑑みて，損害賠償法上の契約解消の付加的な承認は，正当な収穫なしの様々な清算モデルの並列に導く。その間に，契約解消の２つの制度

---

(26) Grigoleit（注 10），SS. 126f., 153f. 参照。
(27) 詳細で基本的に同旨のものとして特に，Mankowski（注 12），SS. 183f., 344f. さらに，Hau（注 16），S. 276f. もまた，形成権または取消請求権による契約適合というパラレルな問題に関する。
(28) より詳しくは，Grigoleit（注 10），S. 89.
(29) 明確なものとしてさらに，Hau（注 16），S. 291f.; H. Wiedemann, Anmerkung zum Urteil des BGB v. 26. 9. 1997（V ZR 29/96），JZ 1998, S. 1176：「法律学—審美的にはあまり満足させない構成である。」

がその効果において言うに値するほど異なっていないことが広く認められている[30]。従って，取消権の重畳が法の適用を複雑にし，法適用における欠缺の危険を包蔵する。

　比較法的な透視図が１つの法的形象を国民の特別の道として指示する場合，その中に理論的な進歩の徴表が存しうるが，それはまた誤った道の徴表でもある。後者は損害賠償法上の契約解消に関わる。その承認は当初は，契約解消を故意のドグマという取消法上の足かせおよび相対的に短い期間から解き離す努力によりなされる。損害賠償法上の契約解消によるこの補正の置き換えは，方法論的かつ理論的なレッテル詐欺の一種であり，不運な法発展のモデルケースといえる。

2　重要性の徴表という指標による契約解消の制限

　契約解消の許容が意思妨害の特別の重要さに依存することは，多くの法秩序における広まった観念および現行法に一致する。特に重要な錯誤のみが取消権を許容することの承認は，強い比較法的な支持を得ている[31]。PECLではこの考えは，強迫および故意による詐欺では一般に契約解消権が規定されているが，過失による情報提供義務違反の場合は，契約の解消が基本的錯誤の存在と結びついていることにおいて示されている（PECL 4：103条1項b）。他方において，過失ある誤導による損害賠償請求権は，錯誤の重要性とは無関係に関与する（PECL 4：106条）（本書233頁以下参照）。実際上重要性という標識の背後に，特定の状況の区別とこれに割り当てられた規定を明らかにする様々な評価が存在する。

(a)　内因性の意思妨害

　重要さの標識の中心的な適用領域は，内因的な意思妨害の領域の中にある[32]。もちろん比較法的な透視図からは，内因的な意思妨害がそもそも法的に重要なものと認められるのは，全く自明的なものではありえない。かよ

---

(30)　基本的には，D. Medicus, Grenzen der Haftung für culpa in contrahendo, JuS 1965, SS. 209, 212. BGH NJW 1998, S. 302, 304 は，これと同様である。
(31)　Kramer（注12），S. 24f.; Lando/Beale（注7），p. 255［ランドー／ビール（潮見他訳）・前掲書236-237頁（馬場）］参照。さらに，G. Gandolfi (Koordinator), Code européen des Contrats——Avant-projet, Livre Premier, 2001, Art. 151 Abs. 1 a) =p. 86 をも参照。
(32)　概念につき，上記Ｉ参照。

Ⅲ 6 意思妨害における制裁メカニズム——事実適法性とPECLにおけるその考慮

うに特にハイン・ケッツは，広範な比較法的な基礎のうえに，内因的な錯誤の重要性に反論した[33]。

　PECLもまた，意思妨害の重要性を容易にわかるとはいえない方法で，表示の相手方の責任の様々な要素と結びつけた。簡単に表現すると，錯誤はPECL 4：103条1項aによれば，それが積極的な誤った表示ないし相手方の表示義務違反に基づき，または表示の相手方もまた同様に錯誤に陥っている場合にのみ重要となる。すべてのこれらの場合には，錯誤の重要さは，さらに相手方の付加的な要件として，この者が契約の発生と錯誤の因果関係を知り得たことを前提とする（PECL 4：103条1項b）（本書233頁）。さらに錯誤の相手方の責任の構成的要素が詐欺（PECL 4：107条）および強迫（PECL 4：108条）の取消構成要件においては規定されている。

　これに対してPICCは，非常に制限的な方法であるとしても，内因的意思妨害のためにも取消権を規定している。PICC 3.5条1項bによれば，錯誤による取消は，相手方が信頼を惹起する立場になかったときは，相手方の責任がなくても許容される[34]（本書234頁参照）。ドイツ法では，ド民119条により，表示－，内容－および性質錯誤が内因的錯誤の適用事例であり，その場合もちろん相手方の保護可能性はその信頼利益の賠償により埋め合わされる（ド民122条）。内因的意思妨害の賠償と結びついたこの承認は，若干の他の法秩序でも見出される[35]。

　内因的意思妨害の承認の問題は，表示の相手方に特別の責任がない場合，積極的利益の喪失の負担および「契約が順守されるべきだ」という原則の制限の正当化が正当理由を必要とすることの中にある。はるかに任意の取消可能性が回避され，「契約は順守されるべきだ」という原則のある最小限の保護が確保されるとしても，いずれにせよ意思妨害の重要さについて厳格な要求がなされねばならない。この意味で重要性の標識の導入は，必然的に内因的意思妨害の承認と結びついている。それは，意思妨害の場合常に錯誤が問題になるがゆえに，詳しく定義されるべき方法で錯誤の種類に関わるに違い

---

(33) Kötz（注3），SS. 405f., 419f.［ケッツ（潮見他訳）・前掲書500頁以下，511頁以下（松岡）］参照。

(34) 例えば，オ民871条もまた参照：それによれば，適時の説明に際しての内因的な錯誤が取消権を与えうる。相手方の信頼の素因の観点による適時の説明の標識の充足については，OGH v. 20. 4. 1955, SZ 28, Nr. 103参照。

(35) 詳しくは，Kramer（注12），SS. 14f., 58f.参照。

198

ない。

(b) 外因的意思妨害

　意思妨害の重要さが相手方の義務違反に基づく場合，義務違反への要求は，広い程度において重要性の標識を計算に入れる。重要性の標識はその場合もう一つの方向を有する。すなわち，意思形成自体が重要性の評価の関係点であるのではなく，相手方の影響の性質が関係点となる。

　例えば，違法な強迫の標識は，影響の特別に重要な形式であり，それは強迫の範囲の広い刑法上の重要さからも読み取られうる。故意または過失による情報提供義務違反の場合もまた，義務違反の要求による最小限の重要さが確保される。求められない説明の義務は，例えば少なくとも，その情報が表示権利者の意思形成にとって重要であったことを前提とする（PECL 4：107条3項dも同様）[36]。一当事者が誤った告知をなした限り，誤導の最小限の重要さは常に，情報提供を受ける者の誤った観念がその契約締結と因果関係があったのでなければならないことにより確保される（PECL 4：107条1項b）[37]（本書238頁参照）。

　しかし，意思妨害のある最少限度がその重要さへの構成要件上の要求により確保されるとすれば，その場合，単に契約解消のみに関わり，それに符合する損害賠償には関わらない，付加的ないし独立の重要性の標識が定式化される場合，あまり納得させるものでなく，かつ不必要に複雑となる。同様にPECLでも，表示の相手方の非故意の（共同）責任の場合の契約解消と損害賠償のかような区別がなされたことは（PECL 4：103条，4：106条），PECL 4：103条の錯誤規定の概念において内因的錯誤と外因的錯誤の間の基本的な区別が十分明確にはなされていないことに基づいている。それに対して故意による詐欺の特別扱い（PECL 4：107条）と非故意の情報提供義務違反の分離は，伝統的な，しかし繰り返されたドグマの透視図に基づいている。

---

(36)　Palandt（注4），para. 242 Rn. 37 [Heinrichs]; Ghestin（注12），p. 545 et s.; P. Rescigno (ed.), Codice civile, 1992, Art. 1439 n. 2 [Campolo]; Treitel（注13），pp. 390ff.
(37)　オランダ民法6：228条1項の文言をも参照。Palandt（注4），para. 123 Rn. 24 [Heinrichs]; Ghestin（注12），p. 462 et s.; Treitel（注13），p. 338.

Ⅲ 6 意思妨害における制裁メカニズム――事実適法性とPECLにおけるその考慮

(c) 返還の費用の標準に従った契約解消の制限

　契約解消の前提としての重要性の標識のための重要な基礎的思考は，契約の解消が不相当に高額の費用と結びつきうるという考量に存する。この費用の引受は，情報提供を受ける者の重要な利益がそれと符合していない場合は，避けられるべきである。相当性の思考ないし経済的観察に基づく契約解消の制限は，契約の解消による相手方の負担が意思妨害の範囲と不相当な関係に立つ場合，しかも，原則として意思妨害が相手方の責めに帰すべき事由による場合でも，観察に現れる。もちろん意思妨害の重要さは，関係適合性の考量において考慮され，その結果詐欺または強迫の場合契約の解消は通例，相手方の重要な負担の場合でもなされる。

　この承認に値する考えは，もちろん契約の解消を意思妨害の重要さに依存させるルールによって不完全にのみ実現される。なぜならば，意思妨害の性質は，相手方の解消特殊的な負担について発言力がないからである。それに対して，PICC の錯誤規定における清算の負担は，この場合錯誤に基づく取消は，既述のように，この者が信頼される処分をしなかったときは，契約上の相手方の責任なしにも許容されるがゆえに，明確に考慮されることになった（PICC 3.5条（2010年版 3.2.2条）1項b）（本書234頁参照）。

　さらに進んで，不相当な清算の負担の視点を，信義則ないし権利濫用の観点のもとに契約解消のための排除原因と認めることが正当であるようにみえる。負担の考量の場合，なかんずくいかなる程度において意思妨害の効果が，契約の解消なしに契約適合または損害賠償というすぐに持ち出されるべき法的手段により浄化されうるかもまた問題とされうる。

Ⅳ　契　約　適　合

　契約適合は，契約解消より複雑なメカニズムである。契約解消に際して契約が単になくなると考えられる一方では，契約適合の特別の困難は，意思妨害のために浄化される契約内容の決定のための標準を定めることの中にある。

　契約適合の経済的利益は，契約解消ならびに更なる契約締結による利益の実現という特殊の取引利益（の一部）が回避されることの中に存しうる。（さらなる，すなわち，主張が及ぶ限りにおいての）この費用の回避は，意思妨害

に関わる当事者，表示の相手方または両当事者の利益において存しうる。

　契約適合の経済的効果，すなわち，変更された条件での交換の主張は，全く異なった法的主張に基づけられうる。この法的救済は構造的に区別されるだけでなく，場合によっては様々な事物適合性を考慮に入れる。

　適合メカニズムを二つのカテゴリーに分類することが有意味であるようにみえる。私が記述的契約適合と呼ぶ第一のカテゴリーでは，本来の契約内容の訂正は，当事者意思における確かな基礎を有し，その結果契約上の衡平関係への真正な裁判官による干渉は必要とされない。ここでは規範的な契約適合と呼ばれる第二のカテゴリーは，裁判官に公平決定の方法による衡平関係の適合を許容するというものである。

　さまざまなメカニズムに向かい合う前に，当該事例における補充的契約解釈が棚上げされること，またその理由はどういうものであるかについて説明される。この法的形象は，ある意味では契約適合もまた許容する。しかし，補充的契約解釈は，契約上の規定の欠缺が仮定的当事者意思の再構成により埋め合わされうるという前提に基づいている。解釈との結び付きを真摯に受け止める場合には，（誤った表象，許容されない影響力の行使などによる）意思の妨害ではなく，事実上存在する，一致した意思の単なる不表示が問題になる。従って，補充的契約解釈は，意思妨害と構成要件的排除関係にあり，かようにその法律効果としては理解されえない。もちろん規定領域の機能的な類似性は看過されえず，実務上稀ならず意思表示は補充的契約解釈の方法で治癒される。しかし，その場合仮定的当事者意思による契約への客観法的な関与を正当化することに役立つ理論的な欠缺の類型化が問題になる。さらに補充的な契約解釈の中心的な限界づけの問題は，その基礎破壊との関係に関わる。それにはここでは詳しく立ち入らない。

1　当事者意思の基礎への契約適合（記述的契約適合）

　そのルールが当事者意思の中に強固な基礎を有する契約適合メカニズムの範疇に，一部取消，契約補充的損害賠償および表示の相手方の防御権が属する。

(a)　一部取消

　当事者の一方が重要な意思妨害にもかかわらず契約に固執するときは，一

Ⅲ 6 意思妨害における制裁メカニズム——事実適法性とPECLにおけるその考慮

部取消が観察に表われる。一部取消の評価に適った枠条件は，全部取消の枠条件と区別されえない。妨害を受けた契約の部分は考慮の外に置かれる。維持される契約部分の内容決定は，その限りで当事者の破壊されない意思表示が耐えうる基礎を形成するがゆえに，特別の法的メカニズムを必要としない。しかし，これは意思妨害が契約の一当事者に集中し，かつ相手方がそれによって影響を受けないことを前提する。その場合にのみ，維持が，一致した，同様に分離されうる当事者意思に適合するがゆえに，分離して存続する部分のみが維持されうる。

　しかし，意思妨害のかような分離の可能性は稀である。契約上の意思形成は理念的には様々な個々の要素に分解されうる（例えば，代価，売買客体の性質，契約当事者の信頼性，時間的な情況，使用意図，他の動機など）。しかし，この個々の要素は，実際は契約決定の中で特定の要素ならびにそれに関するルールの心理学的な孤立を不可能にするやり方で束ねられている。従って，意思形成，契約の分割可能性および一部取消は，様々な経済的に独立した客体の売買の場合のように，契約の客体が分割可能であり，個々の部分に関わる当事者の利益が相互に影響を受けない場合にのみ観察に表われる。

　PECLでは契約の一部取消の可能性は，4：116条に規定されている。しかし，この規定は，規定された客観的適法性を不完全にのみ表現する。一部取消の原則の定式化は，以下の如くである。「取消の原因が単に特定の条項にのみ影響を及ぼす場合は，……残りの契約を維持することが不合理でない限り，取消の効果はこれらの条項に制限される。」かくしてその規定は，単に特定の契約条項のみが意思妨害により影響を受けることを予定する。しかし，しばしば単に特定の契約条項のみに関わり，同様にそれにより通例全部の統一的な意思決定に関わる。意思妨害の個々の条項との結びつきは，かように契約の一部取消のための基礎を十分に厳密には述べない。むしろ契約ないし契約客体の分割可能性が決定的である。

(b) 契約補充的な損害賠償

　契約解消と重畳的に関与しうるが，他の箇所でも現われうる損害賠償請求権は，契約の完全な展開の更なる選択肢である。後者の場合損害賠償請求権は，利益に適わない契約の遂行から意思妨害の当事者のために生じる損害を塡補する。損害賠償のこの方式は，この場合契約補充的な損害賠償と呼ばれ

るべきである。損害賠償請求権は，もちろん意思妨害が表示の相手方の義務違反に基づく場合にのみ観察に現れ，内因的な妨害が存在する場合は観察には現れない。PECLでは，4：117条2項に契約の維持の場合の損害賠償請求権が明示的に認められている（本書240頁参照）。

　契約補充的な損害賠償の計算は，解除の場合の損害賠償とは本質的に区別される。債権者は，契約に固執する場合，特に消極的利益の賠償，すなわち，彼が，契約締結がなければあるであろう財産状態の回復を請求しえない。なぜならば，契約への固執により取消権者は，彼が契約のない状態の回復ではなく，契約上の地位の改善を求めることを保証するからである。従って，適切にもPECLの注釈では，債権者は，彼が契約に固執する場合，その妨害に特有の損害の賠償のみを求めうるが，契約客体の一般的な価値の減額から生じる妨害とは無関係な喪失の賠償は求めないことが強調されている[38]。これに対して，契約補充的な損害賠償の客観的な適合性は，この場合損害賠償の算定にとって統一的に消極的利益が問題になるがゆえに，PICCでは厳密には見出せない（PICC 3. 18条）[39]（本書241頁参照）。

　契約補充的な損害賠償の決定的な問題は，もちろん賠償可能な損害の確定の中にある。その額が因果関係の原則により算定されうることが損害賠償請求権の重要かつ普遍的な特徴である。契約補充的な損害賠償に関して，因果関係の立証は，意思妨害がなかったとしたら，当事者がどのように（債権者にとって有利な）内容の契約を締結していたであろうかの確定を前提とする。かように当事者の仮定的な意思形成と決定についての陳述が必要である。かような確定は通例は不確実である[40]。例えば，しばしば，買主が錯誤による代価の減額を主張する場合，売主がより低い代価に応じたかどうかはほとんど証明されえない。稀ならず表示の相手方は，彼が合意されたものとは異なった条件で契約に応じたであろうことを証明することすらできないであろ

---

[38] Lando/Beale（注7），p. 282［ランドー／ビール編（潮見他訳）・前掲書271頁（馬場）］参照。

[39] それにつき批判的で，かつ詳細に述べるもの：J. Hager, Die culpa in contrahendo in den Unidroit-Prinzipien und den Grundlegeln des Europäischen Vertragsrechts aus der Sicht des deut. Bürg. Rechts, J. Basedow (Hrsg.), Europäische Vertragsrechtsvereinheitlichung und deut. Recht, 2000, S. 67 (81f.).［バセドー編（半田他訳）・ヨーロッパ統一契約法への道98頁以下（半田）］。

[40] 因果関係の問題は，総ての法秩序において損害賠償請求権の根拠を同様に困難にする。ドイツの観点からより詳しく述べるもの：Grigoleit（注10），SS. 182f., 201f.

Ⅲ 6 意思妨害における制裁メカニズム——事実適法性と PECL におけるその考慮

う。

外観的にのみ因果関係の立証の問題は，売却された土地が売主の言明に反して通行権の負担があるという PECL の注釈で言及された事例により解決される[41]。確かに事実上買主の損害賠償請求権は，通行権の除去にかかる費用の額においてのみ正当化されうる。かような請求権は，単純に土地の負担の除去が契約上の給付約束の要素であることを承認する場合には，直ちに買主の積極的利益を実現する。しかし，この場合意思妨害に対する責任ではなく，意思妨害の規定複合に対して先行する[42]契約責任が問題になる。契約補充的損害賠償の問題の明確化に関して，その事例は，売主の誤った表示が契約上の義務の客体にはならなかったというように形成されるべきである。これは売主が契約商議に際して買主のために売買の税金上の作用に関する誤った言明をなし，税金上の扱いに対する保証はしていない場合である。この場合意思妨害のための損害賠償責任が問題になる。しかし，買主が契約に固執しようとする限り，彼は，直ちに損害賠償の方法でその税金上の不利益を填補しうる。むしろ契約補充的賠償の額は，買主が事実上の税金上の関係を知っていればより有利な売買代価を貫徹しえたことおよびそれによって貫徹しえた金額の証明に依存する。通例かような代価の感じやすさが認められるかどうかは疑わしい。かような証明はいつも著しい不確かさを伴う。

かように因果関係の立証は，契約補充的損害賠償の可能性に狭い限界を設定する。この理由から，契約補充的な損害賠償請求権の算定を厳格な因果関係の立証から解消し，衡平原則に従って決定することを考慮しうる。しかし，かような清算のメカニズムは損害賠償としては性質づけられるべきではない。むしろ清算に損害賠償という着物を着せることは，因果関係原則という外見上型にはまり，かつ仮定的な当事者意思に向けられた標準により衡平の考量を覆い隠す危険がある。裁判官による契約適合としての特徴づけおよび損害賠償との区別は，裁判官による契約適合の特別の性質をよりよく表現する。

(c) 取消権者の錯誤のための任意の補償による取消相手方による取消の回避

更なる適合メカニズムは，表示の相手方が，取消権者が錯誤により観念し

---

(41) Lando/Beale（注7），p.283 事例6．[ランドー／ビール編（潮見他訳）・前掲書271-272頁（馬場）］．
(42) 上記Ⅱ．2参照．

た契約条件に応じることにより，回避しうるというものである。かような表示の相手方の回避権能は，明示的に PECL 4：105 条 1 項（契約の改定）に手がかりがあり，比較法的には広い承認を得ている[43]。表示の相手方の回避権能は，ハイン・ケッツが正当にも強調したように[44]，取消権者がその本来の観念への拘束に関して保護に値しないがゆえに，直ちに正当化される。取消権者の（誤った）観念およびその表示の相手方による任意の受領は，契約適合のための私的自治的に確信のあるかつ明らかな基礎を形成する。

　しかし，より詳しく観察すると，PECL 4：105 条 1 項のような回避権能もまた，本来ごく稀にのみ生じうることが明らかとなる[45]。なぜならば，PECL 4：105 条の定式によれば，回避の申し出では，それを回避する権限を有する当事者によって理解されたような契約に向けられるべきだからである。従って文言からは，当事者の錯誤が契約の内容に関わる場合，すなわち，（ドイツの術語によれば）表示錯誤または内容錯誤が存在する場合のみが含まれる。その場合にのみ取消権者は自ら誤って理解したのであり，その場合にのみ契約は取消権者の（誤った）観念に合致しているように扱われうる。異なった表現をすれば，契約の基礎となっているが，契約内容となっていない動機について当事者の一人が錯誤に陥った場合，PECL 4：105 条は適用されない。一当事者が，契約締結に際して相手方がその契約からどのようにして租税上の利益を得るかについて誤った言明をなしたという有名な事例がそうである。この場合取消権者は，契約内容を全く正しく理解していたが，錯誤により期待された租税上の条件は契約により作り出されえなかった。同様に回避権能の承認は，かような場合にも，例えば，売主が任意に租税上の不利益の補償を提供するという意味で全く事物に適っているようにみえる。

　あるいは PECL の起草者は，さらに錯誤取消と解釈原則との関係もまた十分には考慮していなかった。なぜならば，内容錯誤または表示錯誤は，それが相手方に認識しうる場合は，解釈の方法でも解決されうるからである。解釈原則によれば，契約内容は，表示錯誤が相手方にとって認識しうる場合は，自動的に錯誤者の（客観的に誤った）観念により刻印される（PECL 5：

---

(43) Lando/Beale（注7），p. 247［ランドー／ビール編（潮見他訳）・前掲書 227 頁（馬場）］参照。
(44) Kötz（注3），S. 283［ケッツ（潮見他訳）・前掲書 350 頁（中田）］参照。
(45) 同じ所見のもとに一般的に防御権能につき，Kötz（注3），S. 283．［ケッツ（潮見他訳）・前掲書 350 頁（中田）］．

Ⅲ 6 意思妨害における制裁メカニズム——事実適法性と PECL におけるその考慮

101条2項)[45a]。PECL 4：105条1項（錯誤の場合の契約の改定）の意味の適合はその場合必要とはされない。取消および契約適合は，PECL によれば一般的に錯誤に対する相手方の責任を前提とするのだから（PECL 4：103条1項），PECL 4：105条1項の規定は，その文言によれば実際上いかなる固有の適用領域も有しない[46]。従って，回避権能の承認は，PECL の文言に反して内因的な内容錯誤もまた重要と認める場合にのみ，文言上厳密に規定された意味を有する[47]（本書 233-234 頁参照）。

2　裁判官の衡平決定に基づく契約適合（規範的契約適合）

　これまで述べられた法的手段は，それらが契約適合の内容の決定のために当事者の私的自治的な意思の中での確固たる基礎及び確かな標準を定めることによって際立ってくる。一部無効および表示の相手方の回避権能は，当事者の事実上の意思の中に確固たる私的自治の基礎を有する一方，契約補充的な損害賠償請求権は常に当事者意思と因果関係との結び付き，すなわち，仮定的な当事者意思に立ち戻りうる。

　しかし，すべての言及された法的手段は，決定的な欠点をもっている。それらは，単に分割しうる契約に適用され（一部取消），仮定的な契約締結という遂行困難な立証に関わり（契約補充的損害賠償），または内生的な表示－ないし内容錯誤を前提し，特に表示の相手方の任意の協力の場合にのみそれらに関わるがゆえに（回避権能），異常に狭い適用領域のみを有する。従って，中心的な問題は，意思妨害にとっての広範囲に及ぶ一般的な適合メカニズムが認められるべきか否か，またいかなる標準のもとで認められるべきかである。

(45a)　[PECL 5：101条2項「当事者の一方が契約に特別の意味を与える意思を有していたこと及び相手方が契約締結時にその意思を知らずにいることなどありえなかったことが証明されたときは，契約は，その当事者の意思に従って解釈されなければならない。」

(46)　より詳しくは，H. C. Grigoleit, Irrtum, Täuschung und Informationspflichten in den European Principles und in den Unidoit-Principles, R. Schulze/M. Ebers/H. C. Grigoleit, Informationspflichten und Vertragsschluss im Acquis communautaire, 2003, SS. 201, 217f., 219f. 参照。

(47)　これは，3. 13条（2010年版 3. 2. 10条）に全く同様に定式化された適合メカニズムを定める PICC のルールによれば，全く考えうることである。なぜならば，PICC 3. 5条（2010年版 3. 2. 2条）によれば，重要な錯誤は，信頼に基づく処分がなされていない限り，相手方の帰責事由がなくても取消権を与えるからである。

(a) 裁判官の相当性コントロールの不可避性

　意思妨害の契約内容への影響が記述的に（すなわち，事実上または仮定的な当事者意思に立ち戻ることによって）探究されえない場合，契約適合の具体化のために客観的－規範的な標準が必要である。裁判所は，どのような方法で意思妨害が契約の客観的不相当性を引き起こしたかを確定し，契約上の交換関係を相応に適合させなければならない[48]。いかなる前提のもとで裁判所の相当性コントロールが意思妨害の法的効果として観察に現れるかという問題は，2つの確言に依存する。1つは，この契約適合の方式が，裁判所がそもそも私的自治の合意の相当性の評価に適していることを前提し，第二に，適合の相手方がその意思に反して適合された契約に拘束されることが正当化されねばならない。

(b) PECL 4：105条3項による裁判官の適合性コントロール

　PECL 4：105条3項に意思妨害のために裁判官による契約適合のメカニズムが規定されている。この契約適合の方式はもちろん非常に制限的に，すなわち，双方的錯誤の場合にのみ関与する。この場合各当事者は，裁判官による契約適合を請求しうる。適合は，契約を合理的な当事者が錯誤がなければ合意したであろうことに一致させる（本書234頁参照）。

　その規定は，契約適合に関する限り，裁判官による相当性コントロールの客観的適法性に一致する。もちろん適用領域の双方的錯誤への制限が正当化されるかどうかが問題になる。重要な錯誤の総ての事例についてあてはまる裁判官の契約適合は，例えば，オランダ民法第6巻230条2項に規定されている。

(c) 基礎破壊との平準化

　規範的契約適合の更なる正当化のための結びつきを，更に基礎破壊についてあてはまるルールもまた形成する。周知のドイツの行為基礎（ド民313条）およびそれに準じた他の法秩序における原則を度外視すると[49]，PECL 6：

---

(48) より詳しくは，Grigoleit（注10），S. 213f. 参照。
(49) 例えば，イタリアにつき，イ民1467条－1469条（過度の負担），ポルトガルにつき，ポルトガル民法252条2項，437条。より詳しくは，K. Zweigert/H. Kötz（注15），S.

Ⅲ 6 意思妨害における制裁メカニズム――事実適法性と PECL におけるその考慮

111条（事情の変更）には，適合性メカニズムが特に――当事者が不相当に事情の変更により負担する事例につき規定されている[50]。それによれば行為基礎の重要な破壊からまず第一に当事者の再商議義務が生じる。商議の挫折の場合裁判所は，場合によっては契約を相当性の標準に従って適合させる。

錯誤法および基礎破壊の規定は，両制度が私的自治および合理的な危険引受の限界を定めるがゆえに，評価に適って極めて類似している。中心的な相違は破壊の関係点にある。基礎破壊が PECL 6：111 条により契約の外部的枠条件の予見しえない契約後の変更に関わるのに対して，意思妨害に関するルールは契約前の意思形成を対象とする。

この区別は，もちろん不可避的に異なった法的形象ないし法的効果と結びついているのではない。これは例えば，ドイツの伝統では共通錯誤もまた行為基礎破壊に加えられることにおいて示される。それを超えて各々の契約後の基礎破壊は，錯誤標識のみを相応に広く捉え，必ずしも具体的に熟考されていないが，意味ある取引にとって欠くことのできない初歩的な期待（例えば，通貨の安定性，社会的安定性）もまた組み入れる限り，理論的に契約前の錯誤と定義されうる。

法制度の評価に適った類似性に鑑みて基礎破壊のための契約適合の承認は，意思妨害に関してもまたこの法的効果の基本的な正当化のための結びつきを形成する。

(d) 意思妨害の法律効果としての契約適合のための一般的標準

事実上常に意思妨害により契約解消の権限を有する当事者に，双方的錯誤の場合だけでなく，表示の相手方が意思妨害に責任がある場合にも契約適合権が許容されうることが正しいように思われる[51]。この制裁は，PECL 4：105 条においては，あるいは権利者が情報提供義務違反の場合に，取消に代わり PECL 4：117 条の損害賠償を請求しうるがゆえに，顧慮されないまま

516f.
(50) 同旨：PICC 6.2.1 条－6.2.3 条（2010 年版も同じ）。
(51) それにつきより詳しくは，Grigoleit（注46），S. 213f. Gandolfi（注31），Art. 151 n. 4 =p. 86 の解決もまた狭すぎる。それによれば，契約適合は，計算錯誤および重要でない事情の変更に関する錯誤の場合にのみ問題となり，取消と契約適合との間の選択権は存しない。それに対して適合に批判的なフランスの実務については，Ghestin（注12），p. 491 参照。

になっている。この場合もちろん言及された挙証の問題は，明らかに十分には考慮されていない。

　意思妨害の一般的法律効果としての契約適合権の承認は，解消権者が，契約に固執しようとしない場合にも，意思妨害の不利な法律効果から保護されるという考量により正当化されうる。表示の相手方の適合された契約内容への拘束は，意思妨害に対するその責任により正当化されうる。当事者の一方が基礎破壊のルールにより標準となる事情に対する責任なしに裁判官により適合された契約内容に拘束される場合，これは相手方の意思妨害について責任を負う当事者について初めてあてはまる。

　内生的錯誤を重要なものと認める限り，両当事者にとっての裁判官による契約適合のメカニズムの許容は，同様に基礎破壊とパラレルに考量されるべきである。錯誤者の特殊の責任を裁判官は，相当性のコントロールに際して考慮しうる。

V　損害賠償

　損害賠償の議論について私はこれをまとめてみたい。契約補充的損害賠償の形で，すでに議論された因果関係の立証の問題が現れる。契約が，表示の相手方の責めに帰すべき事由による意思妨害により解消されたときは，意思妨害を受けた当事者の賠償請求権は，これがPECL 4：117条1項に規定されているように，通常の消極的利益の塡補に向けられる。その限りで共同過失の観点のみが問題である。原則としてその限りで，意思妨害に対する表示の相手方の責任と表意者の共同過失の同時的な承認が首尾一貫していないといえる[52]（本書240頁参照）。

総　括

1　契約責任と意思妨害のために規定された制裁との関係

　契約前の情報提供行為に対する契約上の責任は，PECL 4：119条（意思表示の取消と不履行による救済の選択権）に反して，表示の相手方の同じ情報提

---

(52)　Grigoleit（注10）, S. 258f. 参照。

Ⅲ 6　意思妨害における制裁メカニズム——事実適法性と PECL におけるその考慮

供行為に基づく意思妨害に対する法的手段を排除する。

2　契約解消

(a)　もちろん継続的な給付拒絶権により補充される厳格な期間制限に服する形成権による解決が優先すべきである。PECL には給付拒絶権が欠けている。

(b)　意思妨害の重要さがもっぱら意思にではなく，契約意思内容に基づく限り，当然の無効が形成権による解決にとって代わる。この関係は，PECL 4：109 条により十分には考慮されていない。

(c)　賠償法上の契約解消は，ドイツの実務に反して取消に付加して認められるべき解消メカニズムを形成しない。

(d)　契約解消と重要性の徴表との結びつきは，外来的ではなく，内生的な意思妨害の場合に事物に適っている（その限りで PECL 4：103 条は不正確である）。その他契約解消の排除は，個々の場合に不相当な費用の観点のもとに観察に現れる。

3　契約適合

(a)　一部無効，契約補充的損害賠償および取消相手方の防御権能による契約適合は，私的自治の原則の中に確固たる基礎を有する（記述的契約適合）。しかし，非常に制限的な適用領域しか有しない。一部無効は，契約客体の分割可能性を前提する。契約補充的損害賠償は，仮定的契約締結の証明が成功することに依存している。取消の相手方に防御権が許容される限り，この者が任意に意思妨害の当事者の期待の標準に従って契約の適合に関わりあう場合にのみ契約適合が問題になる。

(b)　法的手段を超えた契約適合は，規範的標準に基づく裁判官の衡平決定によってのみなされうる（裁判官の相当性コントロール，規範的契約適合）。

(c)　かような法的手段は，例えば PECL 4：105 条 3 項に双方的錯誤について手がかりがある。もちろん契約適合は，広範囲に基礎破壊とパラレルに正当化されうる（PECL 6：111 条（事情変更）参照）。特に当事者には外来的な意思妨害の場合択一的に裁判官の衡平決定に基づく契約適合の権利が認められる。

フロリアン・ファウスト

7　競争法による決定自由の予防的保護

フロリアン・ファウスト

　競争法による決定自由の予防的保護，これは多くの研究がものされたテーマである。従って私は極端な制限をする必要がある。まず私は，どうしてこの保護が必要なのかに立ち入りたい。それにつき私は，ハイン・ケッツ記念シンポジウムのテーマである，契約締結に際しての決定自由の侵害がどうして有害なのかを要約して繰り返そう。それに引き続いて私は，かような侵害を避けるために競争法が必要なことを説明したい。次に私は，ごく短い概観の中でそれに続く説明のための基礎として誤導に対する保護を観念するであろう。その次に私は，近年の連邦最高裁判例の変更により現実化した問題，すなわち，契約締結時には持続しないような決定自由の侵害に対しても競争法上の保護が命じられるかどうかという問題を扱う。

I　決定自由の競争法上の保護の論拠

1　決定自由の侵害の有害な作用

(a)　需要者の利益の侵害

　契約締結に際しての決定自由の侵害はどうして有害なのか。1つの答えは以下のようなものである。それは決定の自由が侵害される者を，彼が圧力または詐欺なしに締結しなかったであろう契約を締結することにいざない，彼がそれによって損害を被るからである。彼は，本来決して締結するつもりのない電気毛布や健康促進作用を有しないビタミン剤のために金銭を出捐した。その決定自由の保護が需要者自身に役立つことは当然である。

(b)　競争者の利益の侵害

　しかし，決定自由の保護は，決して当該需要者にのみ役立つのではない。なぜならば，需要者の決定の自由が侵害され，彼がそれゆえにその金銭を実

[Ⅲ] 7　競争法による決定自由の予防的保護

際はその嗜好に適しない方法で投資した場合，彼は自分だけでそれに悩むだけでなく，真の嗜好[(1)]に適した投資により利益を得たであろう総ての者もまたそれに苦しむであろうからである。需要者が本来買うつもりのない電気毛布を買わなかったとすれば，彼はおそらくその代りに羽根布団を買い，または冬に1週間テネリファに行き，あるいはその金銭を預金通帳に入れたであろう。しかし，彼がその影響力のために金銭を電気毛布のために出捐したがゆえに，羽根布団の売主，旅行会社または銀行の業務は失われる。

(c)　公衆の利益の侵害

結局需要者の決定の自由の侵害により，行為者の真の嗜好に適しない需要者の決定により市場の機能が侵害されるのだから，公衆もまた不利益を受ける。なぜならば，侵害に基づく需要により，これらの商品が需要者の嗜好に合致せず，それゆえに資金が他の，真の嗜好に合致した商品の取得のためによりよく投下されるにもかかわらず，当該商品の取得に使われたからである。さらに（申込者の）影響力により惹起された需要は，商品代価への競争圧力が小さすぎて，商品があまりに高価に提供されることに導きうる。これは，その必要に商品自体が適合する者の一部が法外な値段のためにそれを購入しないために，付加的な市場のゆがみに導く。従って決定自由の侵害は，市場メカニズムを深く破壊し，それゆえに，影響を受けた者自身，他の申込者ならびに機能している市場に対する公衆の利益を保護するために，避けられねばならない。

2　競争法による予防的保護の必要性

需要者，他の申込者および公衆の保護の必要に，不正競争防止法（UWG）1条が2004年の改正以来定めた三つの保護目的が適合する。同条によれば，本法は，競争者，消費者ならびにその他の市場参加者の不正競争からの保護に資する。それは同時に歪曲のない競争に対する公衆の利益を保護する。それに一致して，不正競争防止法3条[(1a)]の一般条項は，競争者，消費者また

---

(1) 真の嗜好とは，当事者がその決定の自由の侵害がなくても有したであろう嗜好である。
(1a) 〔UWG 3条（不当業務行為の禁止）「(1)不当業務行為は，それが共同広告者，消費者またはその他の市場参加者の利益を著しく侵害するものであるときに許容されない。
(2)消費者に対する業務行為は，それが事業者についてあてはまる専門的注意に適合せず，かつ情報に基づいて決定する消費者の能力を著しく侵害するにふさわしく，か

はその他の市場参加者の不利益において競争を些少にという程度を超えて侵害するに適した不当競争行為を禁止する。そして不当競争行為の事例として，不正競争防止法4条1項は，圧力の行使，人間を侮蔑する方法[2]，またはその他の不相当な事実に基づかない影響により消費者その他の市場参加者の決定の自由を侵害するのに適する行為を挙げている。競争法上の保護手段は，競争者，特定の経済団体および経済保護団体，産業会議所および商業会議所ならびに手工業会議所に帰するが，個々の消費者には帰さない除去請求権および不作為請求権である（UWG（不正競争防止法）8条[2a]）。

　競争法による決定自由のかような予防的保護がどうして一般的に必要とされるのかが問われる。結局取消や損害賠償のような法的救済は，決定自由の侵害の効果が事後的に訂正されるようにする。そしてハイン・ケッツが特別に関心を持っている経済的分析から，我々は，法的救済の役割が，被った損失の補塡をすることにあるだけでなく，もともと行為操縦的にもまた作用することを知っている。彼を特定の行為が損害賠償の支払いに義務付けることを知っている者は，それにより刑罰の威嚇による場合のようにこの行為の遂行を思いとどまる。契約上の法的救済が，潜在的な契約当事者の決定自由を十分に思いとどまらせるとすれば，競争法による決定自由の保護は放棄されうる。この保護は，（例えば競争過程のための）不必要な費用を惹起するであろうがゆえに，有害ですらありうる。

つかくして彼をさもなければなさなかったであろう業務上の決定に導く場合はいつでも許容されない。この場合平均的な消費者または業務上の行為が消費者の特定のグループに向けられる場合は，このグループの平均的な消費者が念頭に置かれる。精神的または肉体的な欠陥，年齢または軽率な信頼に基づいて特別に保護に値し，かつ一義的に認識しうる消費者のグループにのみその業務行為が関わることを事業者が予見しうるときは，このような消費者のグループの平均的な構成員の視点が標準とされるべきである。(3)本法の付則に記述された消費者に対する業務行為は常に許容されない。」]

(2)　人間を軽蔑する方法でという言葉は，人間を軽蔑する広告が類型的な不当行為であることを明らかにするために法律委員会によって導入された。競争行為は，それが品位を落とすこと，烙印を押すこと，迫害すること，追放することなどの行為によって当事者から人間としての尊厳の要求を剥奪する場合は，人間軽蔑的である。どうして人間を軽蔑する広告の禁止が決定自由の侵害と結びついているのかは未解明のままである。K. -H. Fezer (Hrsg.), Komm. z. UWG, 2005, para. 4-1 Rn. 123f. [I. Scherer].

(2a)　[UWG 8条（除去及び不作為）「(1) 3条または7条（期待しえない負担）により許容されない業務行為を行った者は，除去及び繰り返される危険がある場合は不作為を請求されうる。不作為請求権は3条または7条に反するかような違反の恐れがあるときはすでに存在する。」]

Ⅲ 7 競争法による決定自由の予防的保護

すでに法の現実への一瞥は，契約法の救済が明らかに十分な抑止になっていないことを示す。決定自由の不当な侵害のために競争行為を禁止する判決の数は限りない。契約法上の救済は，それが十分な予防を提供しえないという構造的な欠陥を示す。なぜならば，申込者の決定自由の不当な侵害を妨げるために，契約法的救済は，かような決定自由への影響が申込者にとって役に立たないようにしなければならない。従ってそれは，申込者が決定自由への影響により獲得した総ての利益をはきださせねばならない。しかし，少なくともドイツ法では契約法上の救済はそれをなさない。

損害賠償の枠内での取消の方法によろうと，また解除または解消の方法によろうと，契約解消権は，申込者に，彼がいずれにしても決定自由の侵害がなければ実現しなかったであろう利益のみをもたらす。従ってそれは思いとどまらせるようには作用しない。契約解消は申込者にとって，例えば返還される商品の運送及び検査のために管理費用を惹起する。しかし，これらの費用は，いずれにせよ購入者がその解消権を用いなかったことにより獲得した利益により相殺されるであろう。すなわち，若干の需要者は，その決定自由の侵害およびそれと結びついた契約解消権に全く気付かない。例えば，需要者は，製品の環境負荷または健康増進効のようないわゆる信頼すべき特質についての誤導の場合に，しばしばこの製品の長期の使用に際しても気づかない。そして需要者がその契約解消権を知っていた場合ですら，彼らの若干は，訴訟のリスクを恐れ，または裁判所での対峙に値しない比較的小さな不利益を被るがゆえに，それを用いないであろう。かように連邦最高裁の刑事部は，詐欺により訴追された加害者が14日以内の完全な金銭返還の担保を伴った返還権つきの全く効力のない若返りおよびやせ薬，増毛剤および嫌煙剤を売却した事例で判決しなければならなかった。顧客の10％未満がその返還権を主張した[3]。

消極的利益に向けられていようと，積極的利益に向けられていようと，損害賠償請求権もまた不当な干渉をしない十分な動機とはならない。損害賠償請求権は，理想的な事例では，（潜在的な）損害賠償義務者を，彼がその行為について決定した場合に，損害賠償請求権者のためにその行為の消極的結果を計算に入れるように仕向ける。なぜならば，この消極的結果は，損害賠

---

(3) BGHSt 34, S. 199.

フロリアン・ファウスト

償の方法で結局は彼自身に帰するからである。従って，賠償義務は，経済的な用語によれば，消極的な外部的効果が内在化されることに導く。損害賠償請求権自体は，それとともに最適の行為の操縦を実現する。しかし，これは実際上すべての不利益が損害賠償の方法で損害賠償義務に転嫁されることを前提とする。そして不当干渉の場合はそれが欠けている。第一に，契約法上の損害賠償請求権は，需要者の不利益のみを塡補し，競争者および公衆の不利益は塡補しない。第二に，需要者の総ての不利益が塡補されるのではなく，実体的な不利益のみが塡補される（ド民253条1項）(4)。しかし，望まれない契約の締結は，しばしば精神的な利益に関係する。そして第三に契約解消権の場合のように，総ての被害を受けた需要者が彼に帰する損害賠償請求権を主張することから出発することはできない。すなわち，法的なならびに事実上の理由から損害賠償請求権は，不当な干渉の結果の一部の内在化に導くにすぎない。従ってそれは十分な予防塡とはならない。

それゆえに不正競争防止法による不作為および除去請求権に中心的な意味が帰属する。それに際して不正競争防止法（UWG）3条の一般条項が決定自由の侵害のすべての可能な形式を包摂する(5)。広告文が編集された論文として提示されるカモフラージュされた広告，例えば事故地での直接の修理作業の申込のような(6)，類型的に競争する申込の間で自由に決定されえない状況下での需要者への不意打ち，注文していない商品の送付（UWG 7条1項）(6a)，心理的な購入強制と結びついた懸賞(7)などがそれである。

---

(4) 原状回復（ド民249条）が可能な場合にのみ非財産的な損害が塡補される。
(5) 例えば，BGHZ 81, S. 247f.（偽装された広告）。
(6) 例えば，BGH GRUR 2000, S. 235f.（事故地における呼びかけ第4事件）［自動車牽引業者が事故を起こした場所で交通事故関係者に牽引契約を締結させるために話しかけることは，競争における正当な商取引に適しない］。
(6a) ［UWG 7条1項「市場参加者が期待しえない方法で負担を負うことになる事業行為は許容されない。これは特に，当該市場参加者がこの広告を求めていないことが認められうる場合の広告についてあてはまる。」］
(7) 例えば，BGH GRUR 1973, S. 418f.（金のA事件）［家具屋が広い会場内に家具その他の商品を並べ，その中に金のAという当たりくじを隠しておいてそれを見つけた者に景品を与えるという販売方法は，会場の広さ，監視員の数によって参加者が監視されていないとは感じえない場合は，適正競争の原則に反する。心理的な販売強制の危険があるためである。］。

Ⅲ 7　競争法による決定自由の予防的保護

Ⅱ　誤導的広告の禁止（UWG 5 条）

　決定自由の不当な干渉の最も重要な事例群は，UWG 5 条の誤導的な広告である。UWG 5 条 1 項[7a]は，簡潔に，誤導的に広告する者は，UWG 3 条の意味で不当に行為したものであるとし，以下の条項はあまり明確な表現をしていない。しかし，基礎的な前提については一致が存在する。

　規範が予防的に作用するがゆえに，まず（広告表示の）単なる適性が誤導に十分であるときは，誤導的な広告表示が存在するのでなければならない[8]。言明が誤導に適しているかどうかは，その場合辞書の定義を用いて客観的にではなく，当該取引圏の理解に従って決せられるべきである。従って，客観的に正しい言明も，直ちに誤導的たりうる。

　しかし，単なる誤導への適性で十分であるのではなく，むしろ言明が惹起した誤った観念も作用するのでなければならない。これはUWG 5 条 1 項がUWG 3 条を指示し，些細とはいえない競争の侵害のそこに述べられた前提もまた指示することから生じる[9]。従って，誤導的な言明は，おびき寄せる効力を有するのでなければならない[10]。すなわち，需要者の視点から誤

(7a)　［UWG 5 条（誤導的な業務行為）「(1) 誤導的な業務行為をなす者は不当に行為したものである。業務行為は，それが不実の表示を包含しまたはその他の以下の事情に関する詐欺に値する言明を包含する場合は誤導的である：1. 商品またはサービスの処分可能性，種類，実行，利益，リスク，組立，付属品，生産の手続または時点，供給または調達，目的適合性，使用可能性，数量，性質，顧客サービス及び苦情申立手続，生産地または製造工場，利用により期待されるべき成果またはテストの結果または重要な構成部分，2. 特別の価格の利益の存在のような売買の動機，価格またはそれが計算される方法または商品が引き渡されまたはサービスが実現される条件，3. 事業者の人柄，性質または権利ないし同一性，無体財産権を含む財産，義務の範囲，能力，地位，許認可，会員資格または関係，表彰または名誉，業務行為のための動機または営業の種類，4. 直接的または間接的な後援に関わりまたは事業者または商品またはサービスの許容に関わる表現または徴表，5. 給付，予備部品，交換または修理の必要性，6. 事業者がこの関わりを指示する場合に義務を負った行為マニュアルの保持，7. 消費者の権利，特に担保約束に基づく権利または給付障害の場合の担保権。」］

(8)　W. Hefermehl/H. Köhler/J. Bornkamm, Wettbewerbsrecht, 24. Aufl., 2006, para. 5 UWG Rn. 2. 65 ［J. Bornkamm］; K.-H. Fezer (Hrsg.), Komm. z. UWG, 2005, para. 5 Rn. 17, 187 ［K.-N. Peifer］.

(9)　W. Gloy/M. Loschelder (Hrsg.), Handbuch des Wettbewerbsrechts, 3. Aufl., 2005, para. 53 Rn. 82 ［H. Helm］.

(10)　述語は不統一であり，一部はおびき寄せ効果の代わりに，競争法上の重要さ（例え

216

導のない場合よりも強く，誤導により当該製品の取得を勧めるものでなければならない。

　もちろん総ての需要者が広告の言明に同様に反応するのではない。ドイツでは，原則的に何らかの規範的な消費者の形象からではなく，需要者が当該広告の言明にどのようにして反応したかから出発することについては一致が存在する。これは所与の場合に，言明により誤導されかつおびき寄せられた者の割合が調査される取引に関する質問の助けを得て確定されるべきである(11)。それに際してしばしばすでに10％から15％の間の割合が言明の禁止のために十分なものとみなされた(12)。結局一般的な見解に従えば，言明が誤導的なものとして禁止されるかどうかは一般的な利益考量がこれを決する。この考量が伝統的な見解によれば，単に例外的にのみ誤導を正当化しうる一方では(13)，次第に禁止の事由と禁止に反する事由の考量が誤導の適性の確定に際して中心的な処置となっているという認識が貫徹されている(14)。なぜならば，言明により誤導された者の事実上の割合を調査した場合，この割合が禁止のために十分かどうかを決定しなければならないのであり，それは広告者，誤導された需要者，誤導されない需要者，および競争者の利益の考量によってのみ可能だからである(15)。利益考量の枠内で誤導された者お

　　ば，BGH GRUR 1991, S. 852（854f.）（アクアヴィット［北欧の蒸留酒］事件）［消費者がある製品の製造過程を知らないために製品の性質について誤った観念に導く広告は，その広告の中に述べられた標準的な概念がその取引部門で通常のものであり，かつその性質がもっぱら事実上の製造過程で保障されたものであるときは，保護に値する消費者利益は侵害されておらず，UWG 3 条の意味における誤導的な言明は存しない。酒を入れた容器が船上で二回赤道を通過する間に蒸留されてアルコール濃度が60～70％になるとされていたのに，実際は 41.5％しかなかった事例］）または競争上の重要さ（例えば，BGH GRUR 2000, S. 616（618）（製造打ち切りの型第3事件）［大型家電（冷蔵庫，洗濯機など）の場合，取引の指示義務は，原則として当該モデルの製造が打ち切られ，かつ在庫がなく，または製造を打ち切った型についてメーカー自身によって説明された場合に生じる。もっとも製造を打ち切った型であることがメーカーによって明示的に説明される必要はなく，当該製品がメーカーのカタログになく，後継機種によって取って代わられているという事情があれば十分である］）と述べられる。

(11)　Hefermehl/Köhler/Bornkamm/Bornkamm（注8），para. 5 UWG Rn. 198, 213; Gloy/Loschelder/Helm（注9），para. 53 Rn. 16.
(12)　Hefermehl/Köhler/Bornkamm/Bornkamm（注8），para. 5 UWG Rn. 2. 104.
(13)　なお，Gloy/Loschelder/Helm（注9），para. 53 Rn. 91, 93.
(14)　Hefermehl/Köhler/Bornkamm/Bornkamm（注8），para. 5 UWG Rn. 2. 200; H. Harte-Bavendamm/F. Henning-Bodewig（Hrsg.），Komm. z. UWG, 2004, para. 5 Rn. 245f., 252 [G. Dreyer]. 不正競争防止法3条の些細事条項の位置づけにつき，Fezer/Peifer（注8），para. 5 Rn. 246.

Ⅲ 7 競争法による決定自由の予防的保護

よび誘導された者のほかに，特に言明の客観的な正しさ[16]，ならびに一方では禁止の，他方では許容の結果が考慮されねばならない[17]。例えば禁止は，誤導されない需要者から言明に包含された情報を隠すこと[18]，または例えば，導入された広告標語の使用に関して広告者の保護に値する財産が破壊されることに導きうる[19]。

---

(15) Hefermehl/Köhler/Bornkamm/Bornkamm（注8），para. 5 UWG Rn. 2. 108.
(16) 例えば，BGH GRUR 1990, S. 1028（1029）（incl. MwSt. Ⅱ［「増加価値税を含む」第3事件］）［価格表示及びその他の表示に比べて小さく印刷され，取引にあたって注意深く読まなければ気づかれない，代価に含まれた増加価値税の表示は，許容された広告には当たらない］）；BGH GRUR 1995, S. 60（62）（ナポレオン第4事件）［被告はドイツでブランデーを販売していたが，それにはナポレオンという名称がつけられていた。原告は，ナポレオンとは，特定のフランスのスピリッツを指し，コニャックまたはアルマニャックを含まないと主張。連邦最高裁は，商品がどこで製造されているかは原則として法律上重要でないとして原告敗訴．］；BGH GRUR 2000, S. 73（75）（獣医事件）［法律上保護の対象となっていない動物整体師（Tierheilpraktiker）という職務上の名称は，医師資格をもたない，一定の教育課程を終えた者によって用いられているが，UWG 3条の意味で誤導的なものであるのではない。顧客が国家資格要件を得ているという誤った観念を有しても，それは利益考量の枠内で保護に値するものとはみられない．］；Hefermehl/Köhler/Bornkamm/Bornkamm（注8），para. 5 Rn. 2. 202f.
(17) BGH GRUR 1991, S. 852（855）（アクアヴィット事件）．
(18) 例えば，BGHZ 27, S. 1（14）（琺瑯のラック事件）；BGH GRUR 1961, S. 361（362）（皮膚接着剤事件）［被告は紙の接着剤の製造業者である。被告は，特殊な製法で皮膚接着剤（Hautlein）という接着剤を製造していると主張している。原告は，被告の製造する接着剤は皮革接着剤（Lederlein）であり，皮膚接着剤ではなく，誤導的な表現だと主張。裁判所は，言明の意味について明白なまたは一義的な見解が確定されえないときは，UWG 3条の適用可能性は，製品に言明により公表された利益及びそれとともに特別に有利な申し出でが認められる性質が欠けているかどうかによるとし，原告の差止請求を棄却した．］；OLG Hamm WRP 1989, S. 187（189）（特別の仕事場事件）［原告は自動車製造会社。被告は自動車修理業者。被告が「M.-B. 自動車のための特別の自動車整備」という広告文を出した。原告は，被告が原告自動車会社と特別の関係にあるかのような印象を与えるとともに被告の修理技術の品質について顧客に誤解を与えるとして使用差止を求めた。裁判所は，このような特殊化された整備工場がそのような公告をすることは必ずしも禁止されるものではなく，残存する誤導の危険は，整備工場の業務の継続の利益及び顧客の情報収集の利益のために甘受されるべきだとした．］；Gloy/Loschelder/Helm（注9），para. 53 Rn. 96, 98, 100.
(19) 例えば，BGH GRUR 1966, S. 445（449f.）（グルターマル事件）［原告は即席スープや香辛料の製造業者で，製品にグルタミン酸を添加していた。被告はグルターマルという名称のグルタミン酸の製造業者であり，グルターマルが食材の色彩を固定化させ，品質を改善する，赤みをつける等と宣伝したが，グルターマルの商標は却下された。裁判所は，広告が誤導的であるとして原告の請求を許容した．］；BGH GRUR 1971, S. 313（315）（山羊の陰嚢型の瓶事件）［原告は，山羊の陰嚢型の瓶に入ったフランケンワインは，本来の一定の地方で生産されたワインにのみ用いうると主張して，

フロリアン・ファウスト

III 契約締結に際してもはや持続しない侵害

　私の記述の第三の部分は、競争法による予防的保護が、決定の自由が契約締結の前段階で影響を受けたが、この侵害が契約締結時には喪失した場合にも与えられるかどうかを扱う。古典的な事例は誤導の保護である。需要者が例えばカタログまたは新聞広告により最初に誤導されたが、契約締結前に例えば当該商品を店頭で見たときに、真実の事実関係を知った。しかし、他の決定自由の侵害もまた契約締結前に喪失しうる。例えば、ある者がメガネ店で懸賞募集に参加しうるために、無償で提供された検眼をすることになった場合、彼はこの時場合によっては単なるたかりではないことを示すために、メガネもまた購入する圧力を受けると感じる。検眼がその者がメガネを必要とするという結論を出し、眼科医を訪ねた後で指示されたメガネを買うためにそのメガネ店に戻った場合、帰還の間彼の決定の自由はもはや侵害されない。誤導におけるおびき寄せる効果の枠内における問題が議論されている。

1　誤導的言明のおびき寄せ効果に関する通説

　通説は、誤導により取得された製品が需要者にとって、誤導がなかった場合と比べて契約締結時においてなお魅力的であるように見えることは必要とはされないことを認める。むしろ言明が、顧客を誘引し、さもなければ場合によっては考慮しなかったであろう申込に関わることをより助長させるのに適していれば十分である[20]。新しい不正競争防止法では、それは相当な個

それ以外の地域で生産されたワインを山羊の陰嚢型の瓶に入れて売っていた業者に販売停止を求めた。裁判所は、山羊の陰嚢型の瓶に入れられたワインは、一定の地域で生産されたフランケンワインだという消費者の期待を裏切るものだという理由で原告を勝訴させた。］；Hefermehl/Köhler/Bornkamm/Bornkamm（注8）, para. 5 Rn. 2. 207.

(20)　BGH GRUR 1955, S. 251（252）（ジルベラル事件）［アルミニウム製の食器セットの製造で、原告は製品を販売していた。被告は「銀の」と呼んでいたが、原告はそれでは誤解を招くという理由で不正競争防止法上許容されないとして提訴。裁判所は、商品の表示がそれ自体として誤解の危険を理由づけるときは UWG 3 条違反となり、許容されないとした。］；BGH GRUR 1970, S. 425（426）（メリッタコーヒー事件）［被告はメリッタコーヒーフィルターの製造者で、ひいたコーヒーも製造していた。製品のパックには「メリッタでひいたコーヒーだから、これよりおいしいコーヒーはありません」と表記されていた。消費者団体が、本当はそうとは限らないのに、消費者に最

III 7　競争法による決定自由の予防的保護

数が存在しない製品のための広告を誤導的と表示する UWG 5 条 5 項から生じる。かような場合製品が十分にないため類型的には契約締結は問題とならないからである。連邦最高裁は，例えば，広告に言及された埋蔵地における予備報告書の精査により錯誤が除去された場合でも，検査報告を伴う誤導的

高級品であるかのような誤った印象を与えると主張して，広告のこの表記の不使用を求めた。原告勝訴。］；BGH GRUR 1988, S. 841（専門病院事件）［原告は商工組合，被告は精神身体医学及び血行障害のための専門病院経営者である。原告は病院の案内（広告）に述べられている専門病院の実態がなく，UWG 3 条違反だと主張。］；BGH GRUR 1990, S. 1032（1034）（医療体操事件）［原告はラント医療体操職域連合社団である。電話帳などで被告は，マッサージ及び治療水泳指導師職業訓練所を経営していると称し，「理学療法研究所」という名称を冠していた。原告は，被告がこれらの呼称に相当する職業訓練の実態を有していないから，良俗違反で誤導的な広告だと主張。原告勝訴。］；BGH GRUR 1995, S. 610（611）（新情報システム事件）［原告は，中古の部品を含む部品を使って EDV 設備を組み立てる業者で，被告はそれを購入して転売する業者である。被告は「新しく製造された（fabrikneu）」と表示して販売したが，原告は，不正競争にあたるとして販売禁止を求めた。原告勝訴。］；BGH GRUR 2000, S. 911（913f.）（コンピューター広告事件）［コンピューター広告で目立つように「すぐに引き渡すことが可能」と記載されているときは，顧客が一般に十分な在庫があり，かつ商品が直ちに引き渡されるという期待をもちうる。広告の脚注に「即時に引き渡すことは保障できない」と述べられているときでも同じ（売主敗訴）。］；Hefermehl/Köhler/Bornkamm/Bornkamm（注 8），para. 5 UWG Rn. 2. 192; O.-F. von Gramm, Komm. z. UWG, 3. Aufl. 1993, para. 3 Rn. 15; R. Jacobs u. a.（Hrsg.），Grosskomm. z. UWG, 1992, para. 3 Rn. 124 [W. Lindacher]; Gloy/Loschelder/Helm（注 9），para. 53 Rn. 37, 58; H. Köhler/H. Piper, Komm. z. UWG（3. Aufl. 2002），para. 3 Rn. 107, 193f, 205 [H. Piper]; A. Meyer, Die anlockende Wirkung der irreführenden Werbung, 1989, S. 62f. 連邦最高裁が売買判決の影響について語る限り，ぞんざいな定式化が存在するにすぎない：BGH GRUR 1992, S. 70（72）（40 % 以下の脂肪分事件）［原被告はスナック菓子の製造業者である。被告が製品に通常より脂肪分が 40 % 少ないと表示したところ，同業者たる原告が UWG 3 条違反を理由にこの文言の削除を要求。裁判所は，このような表記が必ずしも消費者の購入動機に重要な影響を与えているとはいえないという理由で請求を退けた。］；BGH GRUR 1991, S. 852（852）（アクアヴィット事件）；BGH GRUR 1993, S. 920（922）（第二エミリオ・アダニ事件）［被告はエミリオ・アダニという商標のイタリア紳士服の専門店を経営している。原告は，エミリオ・アダニという特定のファッションデザイナーの製作したものという印象を抱かせるが，被告は他のデザイナーから仕入れたものも売っていると主張して，名称の使用差止を訴求。裁判所は，顧客の多くは，被告の店にあるものすべてをエミリオ・アダニがつくったファッションと考えているわけではないとして，請求を否定した。］；BGH GRUR 1995, S. 610（612）. 明らかに制限的なもの（ただし傍論）：BGH GRUR 2000, S. 239（241）（後数分の旅行事件）［（出発まで）後数分の旅行という広告は，最初の申込みの広告と旅行開始までの期間が 14 日以上であるときは，UWG 3 条に反する。「売買の決定に重大な影響を及ぼす。」「売買の決定にとって標準的な意味を有する。」］Fezer/Peifer（注 8），para. 5 Rn. 188, 237, 242 は制限的である。Harte-Bavendamm/Henning-Bodewig/Dreyer（注 14），para. 5 Rn. 174, 227f. は不明確である。

フロリアン・ファウスト

な広告のおびき寄せ効果を認めた(21)。その論拠となった見積書または広告により錯誤が再び除去された場合ですら、連邦最高裁は、おびき寄せ効果を認めた。かくしてそれは、カタログの表紙の分割払い条件についての誤導がその本文で訂正されていた場合に、十分とはいえないとした(22)。求人欄に公けにされ、目につく方法で表示されていた「注目、職業トラック運転手」という研修施設の新聞広告でも、連邦最高裁は、通常に印刷された広告の第4文からトラック運転手ではなく、そのための週末の講習が申し込まれていることが導かれるとしても、おびき寄せを肯定した(23)。

2 判例の変更
(a) オリエント絨毯見本事件

1999年のオリエント絨毯見本事件で、連邦最高裁は、その判決を根本的に変更した。被告は、日刊新聞の付録でまず本来のオリエント絨毯と次の頁でペルシャの見本とペルシャの印を伴った機械織りの絨毯を提供した。後者では機械織りの絨毯が問題になることが、各々の複写のもとでの小さく印刷された活字から導かれた。おびき寄せ効果に関する通説および従来の判例と対峙することなしに、連邦最高裁は、需要者が新聞広告をまずざっと認識し、それに際して誤って絨毯がどれも同じ製品だということから出発する。しかし、連邦最高裁によれば、彼の関心が呼び起こされたときは、広告に通常の注意が向けられ、彼は真実の事実関係を知るであろう。それは誤導にとって十分ではない(24)。

---

(21) BGH GRUR 1982, S. 437 (438) (テスト商品事件) [原告は消費者団体、被告はカタログ販売業者である。被告がカメラが製品のテストで良好との評価を受けたと宣伝。原告は、そのような表記が消費者にその製品が最高級品であるとの誤った印象を与えるとして、そのような表記の使用の差止を求めた。裁判所は、広告者が良好と判断された製品の数と評点を明らかにしていなければ誤導的だとした。].
(22) BGH GRUR 1989, S. 855 (856) (第二分割払い事件) [自動販売機の売買で、カタログの表題に無制限の融資付き売買と広告されている場合は、特定の受注額を超えた場合に初めて融資の可能性があるならば、UWG 3条の意味で誤導的であるといえる。].
(23) BGH GRUR 1991, S. 772 (773f.) (新聞広告欄第一事件) [自動車教習を含む職業訓練校経営者が「トラック運転手求む」という新聞広告を出したが、それをよく読むと、運転手募集ではなく、授業料を払って教習を受ける者を求める趣旨であることがわかるものであった。]. 同旨: BGH GRUR 1991, S. 774 (775) (新聞広告欄第二事件) [第一事件と当事者は同じ。別の日に掲載された同旨の新聞広告について提訴された。].
(24) BGH GRUR 2000, S. 619f. (東洋絨毯見本事件). 控訴審は、効力の喪失を、もともとオリジナルな東洋絨毯にのみ関心を持っている顧客がこの広告の隅々まで検討した

Ⅲ 7　競争法による決定自由の予防的保護

(b)　基礎となっている形象の変更

　爾後の判決は，判例の変遷が，連邦最高裁が認識の状況の変更から出発していることと関係することを示す。当初は，連邦最高裁は，不動の判例で，公衆に向けられた業務上の知らせがめったに注意を引かず，徹底的には読まれず，原則として広告を無意識にかつ無批判に認識する，ざっと読むだけの平均的な観察者の印象から出発されうることを認めた[25]。ヨーロッパ裁判所の判決の影響のもとに[26]，連邦最高裁は，今やそれから離れ，その代りに平均的に情報を提供され，合理的な平均的消費者を標準とする[27]。いつ

ことから導いた（同620頁）。

(25) BGH GRUR 1957, S.128 (130)（スタインヘーガー事件）［当事者双方はブランデーの生産者である。原告は被告の「真正なヴェストファリアのスタインヘーガー」という瓶のラベルが，被告のブランデーが，本当はそうではないのに，原産地を表示しており，消費者に誤った印象を与えると主張。原告勝訴。］；BGH GRUR 1959, S.365 (366)（イギリスラヴェンダー事件）［原告は「イギリスラヴェンダー」という石鹸を販売していた。被告が「古いイギリスラヴェンダー」という石鹸を製造販売した。原告の使用差止が認められた。］］；BGH GRUR 1969, S.415 (416)（コーヒー焙煎工場事件）［原被告はコーヒーの焙煎業者である。被告は，広告でヨーロッパ最大のコーヒー焙煎店の1つで，ドイツ国内の市場占有率は20％だと宣伝した。原告は，被告の宣伝は不当なもので，ドイツ国内の市場占有率は9％にすぎないと主張。原告勝訴。右広告の差止が認められた。］；BGH GRUR 1970, S.425 (426)（メリッタコーヒー事件）；Grosskomm. UWG（注20), para. 3 Rn. 150 [Lindacher]; Köhler/Piper/Piper（注20), Einf. Rn. 304, para. 3 Rn. 126.

(26) EuGH. Urt. v. 16. 7. 1998, Rs. C-210/96（シュプリンゲンハイデ・トゥスキー製品事件），Slg. 1998, I-4681 Rn. 31, 37; EuGH. Urt. v. 13. 1. 1999, Rs. C-303/97（ケスラーシャンパン醸造所事件），Slg. 1999, I -532 Rn. 36f.; EuGH. Urt. 13. 1. 2000, Rs. C-220/98（ラウダー美容・ランカスター皺取りエステ事件），Slg. 2000, I -117 Rn. 27f.

(27) BGH GRUR 2000, S.619 (621)（東洋絨毯見本事件）；BGH GRUR 2004, S. 244 (245)（市場占有率事件）［原告はシュピーゲル誌の経営会社。被告はフォーカス誌の経営会社である。被告が新聞にフォーカス誌の市場占有率がシュピーゲル誌を上回った(9.1％対8.9％)との広告を掲載。原告はその報道が誤りであり，実際の発行部数はシュピーゲル誌の方が多いとして不作為請求をした。原告勝訴。裁判所は，UWG 3条の誤導の対象となる者（この場合は新聞（フランクフルターアルゲマイネ誌）の購読者）につき状況に適って注意深い平均的消費者の理解が基準となるとした。］；BGH GRUR 2004, S. 249 (251)（インターネット競り下げ競売事件）［中古車のインターネットによる競り下げ競売。20秒毎に50マルク値段が下がったため，UWG 3条の意味で誤導的であるかどうかが問題となった。原審はこれを否定。最高裁は問題をペンディングのままにした。］；BGH GRUR 2004, S. 435 (436)（春の飛行事件）［原告は消費者団体，被告は旅行会社。被告の世界旅行の代金の表示（最低料金を大きな活字で記載し，附加料金を行く国毎に小さな活字で個別に記載する）が価格表示規制

ものような指導形象と需要者への広告の効果が経験的に決されるべきだという一般的に認められた基本原則がどのように関わるかは，明確にされないままである[28]。この原則を真摯に受け止めるとしても，指導形象を作動させることはできず，言及された取引領域の各々の個別的な構成部分をあるがままに受け入れなければならない。連邦最高裁は，平均的に情報提供を受け，かつ合理的な平均的消費者を標準としようとしているにもかかわらず，需要者の態様の経験的な確定に固執する[29]。従って平均的な情報を提供された合理的な平均的消費者という指導形象の枠内での規範的な観点の考慮は，事物に従って利益考量の（部分的な）先取りである[30]。それに際して軽率な消費者から合理的な消費者への移行は，ヨーロッパ裁判所が要求するように，原則的により高度な要件が言明の禁止に課せられることを示す。その場合消費者という形象における利益考量の専門用語によるパック化は，広告者が取得した財産が保護に値するといった評価が，その言明が擬制的な指導形象たる需要者を誤導し，または誤導しないという理由のない主張の背後に隠される大きな危険をはらむ。従って，指導形象は，常に裁判官が，明白な事例において，時間および費用のかかる世論調査なしに自ら，需要者が言明にどのように反応したかを評価することを可能にする補助手段たるべきである。

　平均的に情報を提供され，かつ合理的な平均的な消費者を基準とすること

　　（Preisangabenordnung）に反し，不正競争にあたるとしたが，被告が勝訴した。不正競争防止法3条は問題になっていない。］．
(28)　例えば，BGH GRUR 2004, S. 162 (163)（最低の利息事件）［投資者に向けられた出資金の最低利息に関する言明は，不当な事実の主張を包含するものではないが，より確かな利回りが期待できるという誤った観念を喚起するときも，UWG 3条の意味での誤導となりうるとし，その場合その言明が平均的に情報を得たかつ合理的な消費者の大部分が誤導されるに適するものであれば十分だとした。「誤導を認めるためには，合理的な，平均の慎重さをもった投資者の多くが誤導されるので十分である。この場合経験的なもの（大部分か）と規範的なもの（合理的な投資家か）との混同が特別に明らかである。」］．Gloy/Loschelder/Helm（注9），para. 53 Rn. 16 もまた不明確である：「事実的な取引観察が標準であり，規範的に確定される，あるべき取引観察は標準とはならない。必要な保護の限界は，標準的に情報が提供され，かつ状況に応じて相当に注意を払った平均的な消費者の理解を問題にすることによって引かれる。」Harte-Bavendamm/Henning-Bodewig/Dreyer（注14），para. 5 Rn. 75f. は，連邦最高裁が経験的な確定から離れて，規範的な消費者概念を問題にするようになったことを認める。
(29)　BGH GRUR 2004, S. 244 (245f.)（市場占有率事件）．
(30)　Harte-Bavendamm/Henning-Bodewig/Dreyer（注14），para. 5 Rn. 79f.：「評価の事実上の基礎としての経験的確定。」

Ⅲ 7 競争法による決定自由の予防的保護

は，連邦最高裁が，人目を引く広告を以前とは区別して観察することに導く。それ自体として誤導的ととられる目につく広告は，それゆえに，新しい判例によれば，正しい状況が人目を引く広告の一部を占めていないにもかかわらず，標準的な情報の提供を受け，合理的な平均的消費者がそれを知るがゆえに，許容されうる。

かくして連邦最高裁は，税理士ではなく，租税法の専門家しか関与していないにもかかわらず，弁護士および租税事務所という大きな文字の表示を包含している弁護士事務所の文書の冒頭の記載を許容した。なぜならば，個々の事務所構成員の氏名のもとに小さく書かれた職業上の資格から真の事実関係がわかったからである(31)。連邦最高裁は，単に小さい活字で，業者が持ち帰って修理するサービスはいたしません，商品はその都度注文されなければなりませんと指示されている，広告により大きく取り上げられたコンピュータ装置のための新聞広告について同様に処理した。経験的な検討なしにそれは，平均的に情報を受け，かつ合理的な平均的消費者が説明文の指示を認識し，それゆえに誤導されないことを認めた(32)。それに対して連邦最高裁は，モニター，キーボードおよびマウス付きのコンピュータが表示され，大きな活字で示された代価はモニターを包含しないが，モニターの模写の中に小さな活字で示されたところには代価がモニターを含むとされていた新聞広告は異なって判断した(33)。オリエント絨毯見本事件との違いは，直ちには明らかでなく，連邦最高裁がこれを明らかにすることなしに利益考量を行った場合にのみ，結論づけられる。なぜならば，モニターの模写がこの場

---

(31) BGH GRUR 2002, S. 81 (82f.)（助言および税務事務所事件）［弁護士事務所の便せんの頭書きに「弁護士及び税理士事務所」と記載されているときは，顧客の少なからざる者が，弁護士だけでなく，税理士としても業務しているという誤った印象を惹起する。この誤導は，便せんの頭書きの右側の欄に「税法の専門弁護士」と記載されている場合でも変わらない。］。
(32) BGH GRUR 2003, S. 163f.（第二コンピュータ広告事件）［原被告は EDV の業者である。原告による被告に対する不作為請求訴訟（損害賠償請求もしている）。被告の「直ちに持ち帰ることは保証しません。製品がない場合は直ちに注文します。我々は即時に引き渡します」という言明を，顧客が直ちに持ち帰ることができるという期待を破るにふさわしいものとした。］。
(33) BGH GRUR 2003, S. 249f.（モニターなしの価格事件）［モニターつきのコンピュータの売買で，一見したところセットでいくらという価格表示になっているのに，製品の説明と関連した他の個所では価格は別途であると記載しているときは，誤導的であることを失わない。］。

合，ざっとみるだけの観察者を誤導するのとは異なった目的を追求しえない一方では，絨毯見本の模写および導入されたオリエンタルの表示は価値のある情報提供となっているからである。

連邦最高裁は，すべての新しい判決の中で，言明の禁止の中で，それが需要者を一時的にのみ誤導し，この誤導により一般により詳しく申込に関わるようにすることが言明の禁止に十分であるかどうかという問題には立ち入らない。例えば，連邦最高裁自体が不変のものとする判例である，職探し広告事例に対する[34]判例の根本的な変更はテーマとなっていない。

3 不正競争防止法の保護目的に従った判断

かくして需要者に特定の申込をより詳しく考慮するようにさせるが，契約締結前に喪失する決定自由の侵害もまた，不正競争防止法の意味での不当たりうるか？ 不正競争防止法の保護目的の一瞥が助けとなる。

(a) 需要者の保護

需要者保護の視点のもとで，契約締結の枠内でなお作用する侵害が最も重大であることに全く疑いが存在しえない。なぜならば，侵害は需要者にとって最も決定的な経済的効果を有するからである。しかし，契約締結の前段階での侵害もまた，需要者に著しい負担を負わせうる。

彼は，侵害ないし誤導により，どの場合も時間がかかることに結びつく，当該申込をより詳しく考慮することに強いられうる。需要者が誤導的な言明により，広告者の行為を検討することに強いられる場合は，これに財産的費用が加わりうる。需要者にとって，彼のために，詐欺の発見後にはもはや自由にはならない，現実により有利な申込の選択肢を断る場合，契約締結の前段階における誤導はもっと厄介である[35]。

いわゆる沈潜した費用は，需要者が，これがなお可能な場合でも，有利な申込の選択肢の代わりに，侵害者の申込を認めることにすら導きうる。それに際して，需要者が契約締結について決定しなければならない時点ですでに出捐し，それゆえに，彼が契約を締結するかしないかとは無関係に，どの場

---

(34) BGH GRUR 1991, S. 772 (773)（第一広告欄事件）；BGH GRUR 1991, S. 774 (775)（第二広告欄事件）。
(35) 経済学的用語の中には便宜的費用が存在している。

[Ⅲ] 7 競争法による決定自由の予防的保護

合にも彼にとって失われる費用が問題になる。需要者が侵害がなくなった後で，契約を締結するかどうかを決定する場合，彼は，合理的に行為するときはいつでも，沈潜した費用を費用－便益計算の中には加えない。従って，彼にとっては沈潜した費用が発生するなら締結されなかったであろう契約を締結することは経済的にやりがいがある[36]。

(b) 競争者の保護

　競争者の保護に関して，需要者がその決定自由の侵害のために侵害者と契約を締結するかどうかが問題となるのではなく，彼がそのために競争者と契約しなかったかどうかが問題である。その蓋然性は，もちろん言い寄られた者が，侵害の間に侵害者と契約を締結する場合に，最も高度になる。しかし，侵害が契約締結前に終了した場合でも，需要者は，場合によってはそうしたであろうとしても，一連の理由から競争者とは締結することはできない。彼は，侵害者が彼に惹起したであろう怒りまたは侵害が終わった後で彼が有した，彼にとっては十分に魅力的でない申込の考えをすべての分野にあてはめうる[37]。あるいは彼は，侵害がなければ競争者と締結したであろう一方で，侵害終了後も侵害者と契約を締結したかもしれない。なぜならば，言い寄られた者は，侵害により密接に侵害者の申込に関わるようにさせられる場合，彼は侵害の終了後も様々な理由でこの申込を承諾しうるからである。この申込は実際上当初から言い寄られた者の嗜好に最もよく適合するものではないが，これを出捐された沈潜した費用によりなすこともありうる。あるい

---

(36)　事例：買主が隣の事務用品店が24ユーロで提供した卓上計算機を買おうとした。町外れにあるスーパーマーケットが同じ卓上計算機を18ユーロで売却するという広告を出した。このスーパーマーケットへの交通費は往復5ユーロである。この場合買主は1ユーロ安く買えるため，スーパーマーケットで買う方が有利である。
　　買主がスーパーマーケットに着いたときに，広告に出ていた価格が誤りで，本当の価格が21ユーロであることがわかった。彼がこれを最初から知っていたとすれば，スーパーマーケットでの購入に26ユーロを要したであろうがゆえに，事務用品店でより安く買ったであろう。しかし，バス代がこれなくしても支出されたであろうときは，いずれにしても5ユーロがこのために失われる。買主は，スーパーマーケットで計算機を買うために，付加的に21ユーロを支出するか，事務用品店でそれを買うために付加的に24ユーロを支出するかの選択を迫られる。それゆえに，彼は彼がもともとそこで買わなかったであろうとしても，スーパーマーケットでそれを買うであろう。

(37)　Hefermehl/Köhler/Bornkamm/Bornkamm（注8），para. 5 UWG Rn. 2. 195.

フロリアン・ファウスト

は需要者が侵害者の申込を競争申込と全く比較せず，侵害後に，侵害者の製品が彼に与えた利益が，彼がそのために支払わなければならない代価よりも大きいかどうかを吟味し，そのために，侵害者の申込に応じる場合もある。結局，需要者がいずれにしても侵害者の店舗をすでに訪れ，またはより密接な接触によりこの他の製品に注意を向けられたがゆえに，侵害終了後にその決定自由が侵害された製品ではなく，侵害者の店にある他の商品を取得することにより，損失を被ることもありうる。

(c) 公衆の保護

公衆の保護に関する限り，決定自由の侵害が資源の無駄使いに導き，侵害により沈潜した費用が生じ，そのために契約締結がなされず，または，沈潜した費用によってのみなされた場合，禁止のための必要性は最大となる。しかし，言い寄られた者が侵害なくしてもちょうど同じように行動したであろうがゆえに，いかなる資源も無駄にされていない場合ですら，不当な侵害を妨げることに公衆の利益が存在する。なぜならば，それが商取引の純粋さにおける信頼を長期にわたり侵害し，それにより費用を増加させる保護措置を引き起こすがゆえに，すでに商取引における良俗の荒廃が公衆の利益を侵害するからである。かくして誤導のすべての事例は，個々の需要者にとって不利な経済的作用を有しない限りにおいても，広告の言明におけるこの需要者の信頼を今一歩減少させるであろう。長期間にわたり彼はすべての広告の言明を信頼せず，それにより彼のために有利な行為から引き離され，またはすべての言明を費用を出捐して検討することに強いられるであろう。

(d) 利益考量

需要者の保護に関しても，また競争者の保護および公衆の保護に関しても，決定自由の侵害は，契約締結前になくなったという理由だけで許容されうるのではない。

しかし，それからもちろん契約締結の前段階での決定自由のすべての侵害が禁止されねばならないことが導かれるのではない。なぜならば，禁止の理由は，契約締結まで継続しない侵害の場合は弱いからである[38]。私は，こ

---

(38) Hefermehl/Köhler/Bornkamm/Bornkamm（注8），para. 5 UWG Rn. 2. 196.

[Ⅲ] 7 競争法による決定自由の予防的保護

れを再び実際上重要な誤導の事例で例示したい。Ⅱで説明されたように，言明の禁止につき包括的な利益考量に基づいて誤導的なものとして決されうる。言明がおびき寄せ効果を発揮することは，禁止のための最小限の要件の１つである。それに対して，おびき寄せ効果の範囲は，利益考量の枠内で考慮されるべきであり，これには誤導の継続もまた属する。その限りで，需要者が誤導を発見する前に，どれだけ費用を出捐したかが重要な意味を有する。なぜならば，まず第一に，需要者は，誤導に基づく出捐自体により被害を受け，第二に，出捐とともに沈潜した費用が増加し，需要者が，その間に誤導により，それがなかったとすれば行為したであろうとは異なって行為し，それによって競争者が被害を受ける蓋然性が高まるからである。それゆえに，需要者がその影響のもとに誤導者の店を吟味し，誤導者を呼び，または彼に手紙を出し，または第三者から情報を得た後で始めて誤導を知るときは，言明は原則として許容されないであろう[39]。新しい連邦最高裁の判例の対象となっている事例，すなわち，誤導された者が，誤導されたメディアにより真実の事実関係について理解した，すなわち，正しい状況が誤導と同じ新聞広告またはショーウィンドウの飾りで見出され，その結果需要者が真実の事実関係を知るために，単により詳しく見なければならないだけだという事例は，もっと困難である[40]。この場合新しい連邦最高裁判例では誤導が認められえないことが需要者保護の観点のもとで主張されうる。なぜならば，需要者が費やすすべてのものは，さらに読みまたはさらに観察するのに必要な時間である。この時間の支出は，沈潜した費用の観点のもとで，それ自体有利でない契約を需要者にとって有利にするために適切であるほど相当でもないし，またそれ自体のために不作為請求権を用いることが要求されるほど重大でもない[41]。需要者にとって，彼が競争法により保護されるに及ばない一般的な生活危険の一種が問題になる。それに対して誤導的でない競争者の保護に関する場合は異なる。競争者にとっては，この申込が真の事実関係の発見後も場合によっては需要者を納得させ，このようにして競争における優位を取

---

(39) 例えば，彼が広告された検査報告を読み直したという理由で。注21参照。
(40) 需要者が訂正に応じなかったときは，誤導的な広告はその場合売買の決定への影響にすら適切でないがゆえに，その問題は生じない。
(41) 訂正が小さな活字で記載された詳しい記述を時間をかけて検討した後に始めてわかるようになっているときは，それは大多数の需要者により全く遵守されない。注40参照。

フロリアン・ファウスト

得するがゆえに，申込に需要者の注意を向けるすべての誤導が危険である(42)。広告部門では当初需要者に注意がどのようにして喚起されたかの問題に多くの顧慮が向けられたのは偶然ではない(43)。誤導禁止の保護目的からは，誤導を通じて競争者に対する優位を獲得するというこの方法は，もともとその適用領域から除外されうる。これは公衆の利益もまた要求する。なぜならば，競争の機能の前提としての市場の透明性は，誤導の程度を最小限度に制限することを求めるからである。誤導が何らかの形式で報われることは，それと調和しない。新しい連邦最高裁判決に反して，それゆえに，誤導の禁止は，競争者および公衆の保護のために，いわば直ちに是正されるような誤導的な言明もまた包含しなければならない。それに際して公衆の利益も，また競争者の利益もまた，誤導が早く訂正されればされるほど，小さいことが考慮されるべきである。なぜならば，誤導により需要者の注意が喚起されるとしても，言及に値する沈潜した費用がかからない限り，需要者は，真の事実関係発見後もっぱら給付の競争により経済的処分にいざなわれ，かつその限度で，誤導的でない競争者も保護されないし，機能的な競争に対する公衆の利益も関係しないからである。

従って，利益考量の枠内で誤導的な言明の保持への保護に値する利益は，誤導が早く発見されればされるほど，よりよく貫徹されうる。言明の許容性は，もちろん，連邦最高裁の判例に反して，その保持に対するかような保護に値する利益の存在を要求する。需要者の注意のみを喚起し，そこで直ちに是正される誤導はそれ自体として許容されない。それゆえに私は，商品が場合によってはただちに調達できないという指示が，申し込まれた製品と同じ大きさの活字で表示された場合，広告表示の形成の自由が完全に著しく侵害されるというコンピューター広告判決(44)を結果的に相当と考える(45)。これに反して，私は，特に弁護士事務所と対峙して，税理士もまた事務所に属するという不適切な表現を伝える，税理士事務所という概念を用いることに保護に値する利益があることを認めることができないがゆえに，便せん判

---

(42) A. Beater, Die stillen Wandlungen des Wettbewerbsrecht, JZ 2000, S. 973 (978) はこれを誤認する。
(43) H. P. Spliethoff, Verkehrsauffassung und Wettbewerbsrecht, 1992, S. 41f.
(44) 注32参照。
(45) もちろん連邦最高裁とともに，需要者が広告の注の指示もまた気づいているであろうことを認める場合のみである。

Ⅲ 7　競争法による決定自由の予防的保護

決(46)には同意しない。

（46）　注 31 参照。

補論 3　意思表示論の立法的展開

［半田吉信］

(1) ヨーロッパにおける展開

(イ) PECL と PICC

(a) 心裡留保, 通謀虚偽表示

　PECL, PICC には心裡留保に関する規定は置かれていない。ドイツでは, 表意者が意図していないことを秘かに留保してなされた意思表示は無効とはならないが, 相手方が留保を知っていたときは無効となる（ド民116条）, そしてまじめな意思表示でないことに相手方が気づくであろうと期待してなされたまじめでない意思表示は無効である（諧謔表示）（ド民118条）という 2 つの規定があるが, 欧米の多くの国々では, 心裡留保について特別規定を置かず, むしろ表意者が真意でないことを知りながらなされた意思表示は, 後になって表意者が, それが真意ではないと主張することは禁反言則に反するという一般法理の適用問題として処理されている。英米でも同様である。PECL, PICC は, このような一般的な従来の解釈方法を踏襲していると考えられる。いずれにも信義及び公正取引に関する一般原則が置かれており（PECL 1 : 201条, PICC 1.7条（2010年版も同じ））, この規定が禁反言則をも含むものとされているため[1], この一般規定によって処理されるものと思われる。
　これに対して虚偽表示については, ヨーロッパ各国の民法にはこれに関する規定が置かれている。フランス民法には「反対証書（cotre-lettre）は, 契約当事者間においてでなければ効果を有しない。反対証書は第三者に対して

---
(1) Lando/Beale (ed.), Principles of European Contract Law Parts I and II, 2000, p. 114-115［ランドー／ビール編（潮見他訳）・ヨーロッパ契約原則 I・II 59頁（吉永一行）］。

Ⅲ 補論3　意思表示論の立法的展開

は効果を有しない」という規定があり（フ民1321条，旧民証拠編50条参照[2]），この規定が通謀虚偽表示の根拠規定とされている。この場合の第三者は善意の第三者であり，債権者も含まれる[3]。ドイツ民法は，「相手方に対して表示されるべき意思表示がその合意のもとに外観上のみなされたときは，その意思表示は無効である（1項），外観行為により他の法律行為が隠匿されているときは，隠匿された法律行為に適用される規定が適用される（2項）」と規定する（ド民117条）。スイス債務法は，虚偽行為につき「形式についても内容についても契約の判断に際して一致した現実の意思が顧慮されるのであり，両当事者によって錯誤によりまたは契約の本来の性質を隠す意図のもとに用いられる誤った表示または表現方法は顧慮されない（1項），文書による債務の承認を信頼して請求権を取得した第三者に対して債務者は仮装の抗弁を提出し得ない（2項）」という規定を置く（18条）。またオーストリア民法は，「相手方に対してその同意を得て外見上なされた意思表示は無効である。それによって他の行為が隠匿されているときは，これはその真正な性質により判断されうる（1項），表示を信頼して権利を取得した第三者に対して仮装行為の抗弁は提出されえない（2項）」と定める（916条）。

　大陸法では，通謀虚偽表示は当事者間では無効（他の行為が隠匿されているときは隠匿された行為が有効）であるが，善意の第三者に対しては表意者は無効を主張しえないとするものが多い。ただフランスでは，第三者または一般債権者の選択を認めるという構成が採用され，複数の第三者の間で対立がある場合には，表見上の行為を信頼した者が優先するとされており，またドイツ民法では，第三者保護規定は置かれておらず，かつ隠匿行為である場合は，隠匿された行為が効力を生じるとされている（スイス債務法も同様）。ドイツでは善意の第三者が保護されるかについて学説上議論がある。

　これに対して英米法では，仮装行為に関する一般理論は存在せず，契約の真実の内容の証明，違法性，禁反言の問題として扱われているが，イギリスの1979年動産売買法（SGA）62条4項は特別規定を置いている[4]。

　PECL 6：103条は「当事者が真の合意を反映することを意図していない

---

(2) 旧民証拠編50条は，秘匿行為は悪意者に対して対抗しうると規定している。
(3) 川島編・新版注民(3)326頁[稲本洋之助]。
(4) Lando/Beale (ed.), op. cit., p. 307 [ランドー／ビール編（潮見他訳）・前掲書300-301頁（吉政知広）]。

表見上の契約を締結したときは，当事者間では真の合意が優先する」と規定するのみである。本条は通謀虚偽表示について規定したというよりも，契約の解釈の方法（真意が隠匿されている場合はそれが標準となる）を定めたものということができよう。第三者に対する仮装行為の効果については，各国国内法の規律に委ねるものとされている[5]。しかし，PICC では 2010 年版においても通謀虚偽表示または隠匿行為に関する規定は置かれていない。

(b) 錯　　誤

　PECL の錯誤規定は次のように定められている。4：103 条（事実または法律に関する本質的な錯誤）「(1)当事者は，次の各号のすべてを充たす場合には，契約締結時に事実または法律に関する錯誤が存在することを理由として，当該契約を取り消すことができる。(a)(i)錯誤が相手方によって与えられた情報によって惹起された場合, (ii)相手方が錯誤を知りまたは知るべきであって，錯誤者を錯誤に陥った状態に放置することが信義誠実の原則及び公正取引に反する場合，または(iii)相手方が同一の錯誤に陥っている場合, (b)錯誤者が真実を知っていたならば契約を締結しなかったであろうことまたは本質的に異なる条件でなければ契約を締結しなかったであろうことを相手方が知りまたは知るべきであった場合。(2)前項の規定にかかわらず，次の各号のいずれかに該当する場合には，当事者は契約を取り消すことができない。(a)当該状況においてその者の錯誤が宥恕されない場合, (b)その者によって錯誤のリスクが引き受けられていたか，または当該状況において引き受けられるべきであった場合。」

　4：104 条（伝達における誤り）「表示の表明または送信における誤りは，その表示をなしまたは発した者の錯誤として扱われ，4：103 条が適用される。」

　4：105 条（契約の改定）「(1)当事者の一方が錯誤を理由として契約を取り消す権原を有する場合において，相手方が取消権者の理解していた内容で契約を履行する意思を示し，またはその内容で現に履行するとき，当該契約は，取消権者が理解していた内容で締結されたものとみなされる。相手方は，取消権者が理解していた契約内容について通知された後直ちにかつ取消権者が取消の通知をしたことを信頼して行動する前に履行する意思を示し，また

---

(5) Lando/Beale (ed.), op. cit., p. 307 ［ランドー／ビール編（潮見他訳）・前掲書 300 頁（吉政）］.

Ⅲ 補論3　意思表示論の立法的展開

は履行をしなければならない。(2)前項の表示または履行がされた後は，取消権は失われ，それまでにされた取消の通知は効力を有しない。(3)当事者双方が同一の錯誤に陥った場合，裁判所は，当事者の一方からの請求により，当該契約を合理的に見て，錯誤がなければ合意されたであろうと考えられる内容のものに改定することができる。」

　ランドー委員会は，コモンロー，オーストリア民法および新オランダ民法から着想を得た，錯誤が原則として錯誤者の責任に帰するというクリスティアン・トマジウスに遡る考えを選択した。それゆえに，錯誤は契約の相手方が例外的にその責任を負うものとされ，または共通錯誤に陥っている場合にのみ顧慮されうる（4：103条(1)(a)）。それは現在の学説上の議論で大多数が賛成している評価である[6]。さらに，取消権は認識しうる重要な錯誤に制限され（4：103条(1)(b)），錯誤が宥恕されず，または表意者の責任範囲に属する場合は，排除される（4：103条(2)）。また一般的な契約の優遇（favor contractus）の法理に一致して契約解消よりも契約適合が優先される（4：105条）。いずれにせよ理論的には事実及び法律の錯誤に関するルールが錯誤法の中心にあることが明らかである（4：103条）。そして上記のルールが表示及び送信の錯誤の場合に類推適用される（4：104条）。

　次に，PICCの錯誤規定を説明しよう。PICCも錯誤に関して広い定義を採用している。まず，3.4条（2010年版3.2.1条）は，錯誤を定義し，「錯誤とは，契約締結時に存在する事実または法に関する誤った想定をいう」と規定する。3.5条（2010年版3.2.2条）（重要な錯誤）「(1)当事者は，契約締結前に錯誤が合理的な人間が錯誤者と同じ状況の中で真実の事実状況がわかっていれば実質的に異なった条件でのみ契約を締結し，またはそもそも契約を締結しなかったであろうというほど重要であり，かつ(a)相手方が同じ錯誤に陥り，または錯誤を惹起し，または錯誤を知りまたは知りうべきであり，かつ錯誤者を放置することが公正な取引の合理的な商業上の基準に反し，または(b)相手方が取消のときに契約を信頼して合理的に行動していなかった場合にのみ錯誤に基づいて契約を取り消しうる。(2)しかし当事者は，(a)錯誤

---

[6] Jansen/Zimmermann, Vertragsschluss und Irrtum im europäischen Vertragsrecht, AcP. Bd. 210 (2010), S. 232; Id., Contract Formation and Mistake in European Contract Law: A Genetic Conparison of Transnational Model Rules, Oxford Journal of Legal Studies, Vol. 31, No. 4 (2011), p. 648; Kötz, Europäisches Vertragsrecht, Bd. 1, S. 292f.［ケッツ（潮見他訳）・前掲書358頁以下（中田）］など。

に陥るにつき著しい過失があり，または(b)錯誤が錯誤のリスクが錯誤者によって引き受けられた事項に関するものであり，または状況を考慮して錯誤者によって忍受されるべき場合は，契約を取り消しえない。」

3.6条（2010年版3.2.3条）（表示または伝達における錯誤）「表示または伝達において生じた錯誤は表明を発した者の錯誤とみなされる。」

またPICCでも，相手方が錯誤者によって理解された契約を履行しまたはその履行意思を表明した場合に，契約がその内容で締結されたものとみなされること，そのためには相手方が錯誤者がどのようにして契約を理解したかの通知を受けた後遅滞なくかつその当事者が合理的に取消通知を信頼して行動する前にその表明または履行の提供をしなければならないこと（3.13条（2010年版3.2.10条）1項），そしてその表明または履行後取消権が消滅しかつ当初なされた取消通知が効力を失うことを定めている（3.13条（2010年版3.2.10条）2項）。本条1項の錯誤者が取消通知を信頼して行動する前にとは，錯誤者が相手方にすでに錯誤による取消を通知したことが前提となる。

ヤンセン／ツィンマーマンによれば，上記PECLのルールは批判もあるが，力強い同意を与える人もある。地平線の明かりという者すらいる。批判する者は大抵は技術的な規定の細部に言及する。PICCは本質性要件（(1)(b)）をPECLよりうまく規定した，2項の除外要件は散漫なものになっているなどである[7]。多くの注釈者は，PECLがPICC同様瑕疵ある意思形成の重要な問題領域を表示錯誤のルールの類推のためのモデルとしたことを誤りとする。惹起された表示錯誤は全く例外的にのみ存在する。そして共通の表示錯誤では，PECL 5：101条(1)及び(2)（解釈の一般的準則）に従って，通例両当事者により共通に意図されたものないし契約は存在しない。それに対して，PECLの，制限的な，表示の受領者の信頼保護に向けられた原則ならびに金銭賠償及び契約適合の優先は，現在でも事物に適ったものと判断されている[8]。その限りで，PECLはPICC 3.4条（2010年版3.2.1条）以下とも歩調が合っており，客観的に国際的な潮流とも合致している。この場合表示義務の違反が(1)(a)(ii)の制限的な要件のもとでのみ取消権を基礎づけるとい

---

(7) Jansen/Zimmermann, AcP. Bd. 210, S. 233-234; Id., Oxford Journal of Legal Studies, Vol. 31, No. 4, p. 649.
(8) Jansen/Zimmermann, AcP. Bd. 210, S. 234; Id., Oxford Journal of Legal Studies, Vol. 31, No. 4, p. 649.

III 補論3　意思表示論の立法的展開

う印象を惹起する，PICC とは異なって狭すぎる (1)(a)(i) の定式化のみが問題となる。この場合 PICC は，明らかに誤解を生じさせる広い定式化（錯誤を惹起した）を選択した（3.5条（2010年版 3.2.2 条）1項(a)）。その公式の注釈は，それによって錯誤に陥った表示行為のみが意図されていることを明らかにする[9]：「錯誤が相手方によりなされた特定の表示に起因するものであろうと，またその状況のもとで表示とみなされる行為に起因するものであろうと，錯誤に陥った当事者の錯誤が相手方により惹起された。」この場合広告宣伝や契約商議における単なるセールストークや慫慂は通例錯誤の惹起とは評価されない。この場合の錯誤の惹起は，相手方によってなされた表示が不当である場合である。またこの場合相手方に過失があることは必要とはされない。沈黙も錯誤を惹起しうると公式の注釈には述べられているが，この場合は 3.5条（2010年版 3.2.2 条）1項の「相手方が錯誤を知りまたは知りうべき」場合として扱われるべきである[10]。

　ヤンセン／ツィンマーマンによれば，総体的に PECL は，今日事物に適っているとされる契約上の信頼保護と当事者は本来その意欲しなかったことには拘束されないという意思主義との考量の適切な表現と考えられる。PECL は，議論を不必要に理論化することなしに，錯誤取消の本質的な評価要素を国際的に利用可能なものにする。PECL は，理論的な定義を放棄するだけでなく，どのような状況のもとで錯誤のリスクが取消権者に帰するかの判断もまた放棄する（4：103条(2)(b)）。そして PECL は，惹起された錯誤が規定の中心にあるにもかかわらず，契約締結前の情報提供義務と錯誤取消の関係もまた不確定のままにする。PECL は，これまで十分には解明されていないかような問題を国際的な学説に委ねている。まさにそれゆえに PECL は，より広い共通ヨーロッパの議論のための適切な関係点及び出発点となっている。PECL は，法律規定として明らかに，司法権に高い基本的信頼を寄せる場合にのみ，成功したものとみなしうる。PECL は，その限りで常に改訂されうる。起草者は，大体において受け入れられ，法秩序から独立して理解される報告書が問題になる学者グループとして，他の標準において評価を受けうるのであり，より大きな重要さを規定の明快さに付与するに違いない[11]。

---

(9)　PICC, Official Comment 2［曽野他訳・前掲書 72 頁］．
(10)　Vogenauer/Kleinheisterkamp (ed.), Commentary on the Unidroit Principles of International Commercial Contracts (PICC), 2009, p. 418-419（Huber）．

フランスの学者によれば，PECL 4：103条は，フ民1110条（錯誤）から外見上隔たっているようにみえるが，両者は適合させることが可能である。相手方による錯誤の惹起，相手方の予見可能性，共通錯誤というPECLの錯誤取消の要件は，フランスの錯誤規定とは隔たっているが，フランスでも解釈論上相手方が錯誤者に物の価値を知らせるべき場合にこの悪意の相手方に対する錯誤の主張を認めるなど[12]同様なことが認められている。フ民1110条の定める実体に関する錯誤，すなわち本質的性質に関する錯誤も，結局は当事者の約因に関する錯誤であり，相手方における表意者の錯誤の予見（可能性）や共通錯誤に近い判断となる。もっとも相手方の情報提供の結果錯誤に陥った場合，フランスではそれが本質的なものでなければ錯誤無効とはならない。またPECL 4：103条1項では，動機の錯誤も顧慮されうるが，フランスでは動機は契約の内容とする明示の合意がなければフ民1110条の適用はない[13]。宥恕すべからざる錯誤の場合に錯誤の主張ができないこと（4：103条2項(a)）もフランスでも同様である。錯誤のリスク引受に関する規定（4：103条2項(b)）もフランスでも受け入れられうる[14]。またフランスでは，PECL 4：105条のような規定はないが，今日の裁判官は契約で定められた条項を経済の状況に合わせて修正する場合もあるし[15]，当事者は契約を再調整または適合させる事由を有しているから，フランス法にとって全く見知らぬものではない。さらに4：105条3項もフランス法上つとに知られている[16]。

　PECLには錯誤取消に関する規定とは別に，相手方により与えられた不正確な情報を信頼して契約を締結した表意者を保護する規定が置かれている（4：106条）。この規定は，詐欺の故意がなくても表意者が保護される限りにおいて詐欺規定の特則であるだけでなく，表意者が本質的錯誤に陥っていない場合でも適用される点で，錯誤規定（4：103条）の特則でもある。本条は，相手方がその情報が真実であると信じる理由を有していた場合には適用

---

[11] Jansen/Zimmermann, AcP. Bd. 210, S. 235; Id., Oxford Journal of Legal Studies, Vol. 31, No. 4, p. 650.
[12] Cass. 1er civ., 3 mai 2000, Bull. civ. I , n° 131.
[13] Cass. 1er civ., 13 fev. 2001, RTD civ. 2001, p. 251.
[14] J. Mestre, Regards Croisés sur les Principes du Droit Européen du Contrat et sur le Droit Français sous la direction de C. Prieto, 2003, p. 245-251 [Poracchia].
[15] Cass. com. 15 févr. 2000, Bull. civ. IV, n° 29; D. 2000, somm. 364.
[16] Mestre, op. cit., p. 254-257 [Cayron].

III 補論3　意思表示論の立法的展開

されない。したがってその限度で，ドイツやフランスの契約締結上の過失責任，イギリスの不実表示による責任と同様の結果を生じる。本条の法律効果は相手方（誤って情報を提供した者）の損害賠償責任である[17]。これに対して，PICCではPECLのような不正確な情報提供による相手方の損害賠償義務規定は存在していない。

(c) 詐欺，強迫，暴利行為等

　PECLの詐欺規定は，当事者は，言葉によるものであれ行為によるものであれ，相手方の詐欺的な告知によりまたは信義誠実及び公正取引によれば開示すべきであった情報の詐欺的な不開示によって契約を締結させられた場合は，契約を取り消しうるとする（4：107条1項）。欺罔の故意が必要である（同2項）。1項の情報を開示すべきであったかについては，(a)相手方が特別な専門性を有していたか否か，(b)相手方が当該情報を取得するために支払った費用，(c)表意者が合理的に独力でその情報を得ることができたか否か，(d)表意者にとってのその情報の明白な重要性を含むあらゆる事情が考慮されねばならない（同3項）。

　PECLの強迫規定は，(a)それ自体違法な行為または(b)契約を締結させる手段として用いることが違法な行為による相手方の急迫かつ重大な強迫によって契約を締結させられた場合に適用されるが，その当事者が他に合理的な手段を有していた場合はこの限りでないとする（4：108条）。PECLは，強迫の程度に達していなくても，表意者に相手方が影響力を行使して契約を締結させる場合にも取消権を与えている（過大な利益取得または不公正なつけ込み）。それは，(a)当事者が相手方に依存しもしくは相手方と信頼関係にあった場合，経済的に困窮し，もしくは緊急の必要があった場合，または軽率であり，無知であり，経験が浅くもしくは交渉技術に欠けていた場合で，かつ(b)相手方がこのことを知りまたは知るべきであり，かつ当該契約の事情及び目的を考慮して著しく不公正な方法でその当事者の状況につけ込み，または過大な利益を取得した場合である（4：109条1項）。この場合契約内容の改定権も認められている（同2項）。相手方にも一定の要件のもとに契約内容改定権が認められている（同3項）。本条は，オランダ民法の状

---

(17) Lando/Beale (ed.), op. cit., p. 248f.［ランドー／ビール編（潮見他訳）・前掲書228頁以下（馬場圭太）］。

況の濫用（3：44条4項），イギリスの不当威圧（undue influence），非良心的取引（unconscionability），ドイツ民法の暴利行為（ド民138条2項）と同様なルールを導入するものである[18]。

その他 PECL 4：110条（個別に交渉されていない不公正条項）は，個別に交渉されていない条項が，信義誠実及び公正取引の要請に反して両当事者の権利義務に著しい不均衡をもたらす場合も，その条項が契約の主たる内容を定める条項または両当事者の債務負担の対価性に関する場合を除き，取消権が付与されると定める。本条項は，不公正契約条項に関わるものである。しかし，本条については，濫用条項の範囲が拡大しすぎるのではないかとのフランスの学者の声が寄せられている[19]。

PICC の詐欺規定では，詐欺の要件は基本的に PECL の詐欺規定と同様であるが（3.8条（2010年版3.2.5条）），PECL 4：107条3項のような相手方の開示すべき情報の範囲を決する考量要素の例示は規定されていない。PICC の強迫規定も PECL の強迫規定と同様な構造と要件を規定している（3.9条（2010年版3.2.6条））。PICC にはまた，PECL 4：109条と同様の規定も置かれている（過大な不均衡）。もっとも PICC では，契約または個別の条項が契約締結時に相手方に過剰な利益を不当に与えるものであったときに，(b) その当事者の従属状態，経済的困窮もしくは緊急の必要またはその当事者の無思慮，無知，経験の浅さもしくは交渉技術の欠如に相手方が不当につけ込んだという事実，(b) その契約の性質及び目的が他の要素とともに考慮されなければならないとされる（3.10条（2010年版3.2.7条）1項）。但し，PICC 3：10条（2010年版3.2.7条）は，PECL 4：109条とは異なり，過剰利益を最小限度の要件としている。PICC でも当事者は取消権を行使できるが，両当事者に契約内容改定権が与えられることは PECL と同様である（3.10条（2010年版3.2.7条）2.3項）。なお，PICC には，PECL 4：110条に相当する規定は存しない。

(d) 行為者の範囲と錯誤，詐欺，強迫，過大な不均衡の効果

PECL では，錯誤，不正確な情報の提供，詐欺，強迫，過大な利益の取得，

---

(18) Lando/Beale (ed.), op. cit., p.264-265 ［ランドー／ビール編（潮見他訳）・前掲書248-249頁（馬場）］．
(19) Mestre, op. cit., p.280-281 ［Stoffel-Munck］．

III 補論 3 意思表示論の立法的展開

不公正なつけ込みを通して、相手方がその行為につき責任を負う第三者または相手方の同意を得て契約の締結に関与した第三者の行動または認識は、相手方本人によるものとみなされる（4：111条1項）。それ以外の第三者については、その第三者の行動を相手方が知りまたは知るべきであったとき、または取消時に契約を信頼して行動しなかったときに限り、表意者は取り消しうる（同2項）。

錯誤、詐欺、強迫、暴利行為の効果は取消である。取消は、相手方への通知によって行われなければならない（4：112条）。取消の効果は原状回復、それが不可能な場合は合理的な金額の支払である（4：115条）。取消原因が特定の契約条項にのみ影響を与える場合には、取消の効果が及ぶ範囲はそれらの条項に限定されうる（一部取消）（4：116条）（本書202頁参照）。取消権者には追認も認められうる（4：114条）。取消権の行使は、一定の基準時から合理的な期間内になされねばならない（4：113条1項）。

取消権者は、相手方が錯誤、詐欺、強迫、過大な利益取得または不公正なつけ込みを知りまたは知るべきであったときは、損害賠償請求をもなしうる（4：117条1項）。取消権者が取消権を行使せずまたは4：113条、114条によりそれを喪失した場合でも損害賠償を請求しうるが、この場合は賠償額は、契約が締結されなかったと同様の状態に可能な限り近づけることを内容とするものではなく、錯誤、詐欺、強迫、過大な利益取得または不公正なつけ込みによって表意者に生じた損害に限られる（同条2項）。

なお、詐欺、強迫、過大な利益取得または暴利行為に対する救済手段及び個別に交渉されなかった不公正条項の取消は強行規定であるが（4：118条1項）、錯誤及び不公正な情報の提供に対する救済は、信義誠実及び公正取引に反しない限りにおいて任意規定である（同2項）。

PICCでも、錯誤、詐欺、強迫、過大な不均衡について相手方が責任を負うべき者の行動や認識（可能性）が相手方自身のものと同様にみなされること（3.11条（2010年版3.2.7条）1項）、相手方が責任を負う第三者以外の者についても、相手方がその詐欺、強迫もしくは不均衡を知りまたは知りうるべきであったときまたは取消時までに相手方が契約を信頼した行動をしていなかったときに表意者が取り消しうること（同条2項）は、PECLと同様である。本条1項の第三者としては、代理人、ディレクター、マネージャー、被用者などが挙げられている[20]。本条2項は、錯誤の場合を含まない。わが

国では第三者が保護されるかどうかにつき詐欺と強迫を区別し，強迫はより保護に値するとされているが，英米法ではこのような区別はない。このような区別はローマ訴訟法に特有の特徴であり，今日では取引上の文脈では強迫も詐欺と同様に物理的というより経済的な性質をもっていることを考慮に入れていない，従って，3.11条（2010年版3.2.7条）は，他の法制も採り入れるべきモデルを提供すると指摘される[21]。

取消権の行使が相手方に対する通知によってなされること（3.14条（2010年版3.2.11条）），これらの場合の取消の効果が遡及すること，原物返還が不可能な場合に価額返還義務を負うこと（3.17条（2010年版3.2.14条, 15条）），取消原因が契約の個別条項にのみ関わるときに一部取消が認められること（3.16条（2010年版3.2.13条）），取消権者による追認も認められうること（3.12条（2010年版3.2.9条）），取消権の行使が一定の基準時から合理的期間内になされねばならないこと（3.15条（2010年版3.2.12条））も，PECLと同様である。

また PICC には，契約が取り消されたか否かに関わらず，取消原因を知りまたは知るべきであった当事者は，契約を締結しなければ置かれていたであろう状態に相手方を置くように損害を賠償する責任を負うという規定があるが（3.18条（2010年版3.2.16条）），PECL 4：117条2項のような規定はない。3.18条（2010年版3.2.16条）によって塡補される損害は，PECL 4：117条と同様一般的には信頼損害（消極的損害）であり，履行利益（積極的損害）は含まれないとされている。錯誤取消の場合は，取消権者も本条により相手方に対して賠償責任を負いうる。また著しい不均衡（3.10条（2010年版3.2.7条））の場合は，両当事者の故意，過失の程度の如何によって賠償額の軽減も考慮されうる。錯誤の場合も同様である。取消権を行使しなかった取消権者は，取得した物の価値の減価の賠償を請求することはできないが，契約の取り消しがなされる前にすでに生じた結果損害の賠償は請求できる[22]。従って，PECL 4：117条が適用される場合と結果的に同様である。

PICC には，第3章の規定が単純合意の拘束力，原始的不能及び錯誤に関するものを除き，強行規定であると定められていた（3.19条）。しかし，

---

(20) Vogenauer/Kleinheisterkamp (ed.), op. cit., p. 458-459 (Du Plessis).
(21) Vogenauer/Kleinheisterkamp (ed.), op. cit., p. 460 (Du Plessis).
(22) Vogenauer/Kleinheisterkamp (ed.), op. cit. p. 484-486 (Huber).

[III] 補論3　意思表示論の立法的展開

2010年版では、どのような事由ないしルールが強行規定に属するかの具体的指示はせず、強行規定違反の場合に当該強行規定が違反の効果を明示的に定めている場合はそれにより、違反の効果を明示的に定めていない場合は、当事者が当該状況において合理的であるような契約上の救済を求める権利を有するとし、その場合に何が合理的であるかを判断するにあたってとりわけ考慮されるべき事由もまた具体的に定めた（3.3.1条）。

(ロ)　PCC

(a)　心裡留保，虚偽表示

フランスで同国の法改革グループがPECLの規定に依拠しながら、個々的に条文の文言を改めたり、補完したりして出来上がったPCCが2008年に発表されている[23]。これはアンリ・カピタン法文化教会、比較法学会、共通参照枠組──共通契約原則と称されている。しかし、ヤンセン／ツィンマーマンによれば、PCCの法文は、場合によっては国際的な合意事項から隔たるだけでなく、客観的な論拠に基づくことなしに、契約法に特殊フランス的な刻印を与えようとするが、PCCの多くの欠陥は、単にフランスのグループがその改訂計画を実行した時間的な乏しさに起因している。PCCに比べるとPECLの方が優れている[24]。

このPCCにも心裡留保に関する規定は置かれていない。しかし、虚偽表示については、PECL 6：103条を改定し、「(1)契約当事者が外観上の契約及び隠匿された契約を締結したときは、悪意の場合を除き、後者が法律上有効となる。(2)隠匿された契約は、第三者に対する関係で効力を生じないが、第三者はそれを挙証しうる」と規定する（7：108条）。PCCでは虚偽表示に関する規定は契約の効果に関する章に移される。PCCでは第三者が外見上の契約を選ぶかそれとも隠匿された契約を選ぶかを任意に決定しうる[25]。

---

[23] Assciation Henri Capitant des Amis de la Culture, Juridique Française, Société de Législation Comparée (éd.), Projet de Cadre Commun d Référence, Principes Contractuels Communs, 2008.

[24] Jansen/Zimmermann, AcP. Bd. 210, S. 249; Id., Oxford Journal of Legal Studies, Vol. 31, No. 4, p. 660.

[25] 注(23)の文献、p. 515.

(b) 錯　　誤

　PECL 4：103条を修正したPCC 4：202条は以下のごとくである。「「(1)契約が締結されたときに存在する事実または法の錯誤は，「(a)相手方がその錯誤を引き起こし，(b)相手方がその錯誤を知りまたは当然知るべきであり，かつ錯誤に陥った当事者を放置することが信義誠実の原則及び公正な取引に反し，または(c)相手方が同じ錯誤に陥っている場合にのみ，一当事者によって援用されうる。(1)しかし，一当事者は，(a)自らの錯誤がその状況において弁解できないものであり，(b)錯誤のリスクが引き受けられ，または(c)信義誠実及び公正な取引の要求に従って，錯誤が財産の価値にのみ影響及ぼす場合には，その錯誤を援用しえない。(3)一当事者は，錯誤に陥った当事者が真実を知っていたとすれば契約を締結せず，または基本的に異なった条件のもとでのみ契約を締結したであろうことを相手方が知りまたは当然知っていたであろう場合にのみ，錯誤に基づいて契約を取り消しうる。(4)錯誤が契約の重要な要素に関わらないときは，錯誤に陥った当事者は，相手方が問題になっている錯誤を知りまたは当然知るべきであったことを証明しなければならない[26]。」PCCでは，条文の構造が理解をより容易にするために修正された。当事者が錯誤をどのような範囲で援用しうるかに関する部分（1項，2項）と錯誤の場合にどのような範囲で無効となるかに関する部分（3項，4項）とに分けられる。2項bおよび4項は新たに付加された規定である[27]。

　PCC 4：202条は，それ自体PECLに対応するものを見出さない，前契約上の情報提供義務に関する規定によって補完されている：PCC 2：102条（情報提供義務）「(1)原則として契約当事者の各々は，契約締結の条件について通知しなければならない。(2)契約前の商議の間，契約当事者の各々は，それにつきなされた質問に誠実に答え，かつ契約の締結に影響を与えうる情報を開示しなければならない。(3)契約の主題に関わる特別の技術的資格を有する当事者は，相手方に対してもっと重い情報提供義務を負う。(4)前項に定めるような情報提供義務を遵守できなかった，または不正確な情報を提供した当事者は，その当事者がかような情報が正確であると信じる正当な理

---

[26]　注(23)の文献，p. 347.
[27]　注(23)の文献，p. 346.

Ⅲ 補論3 意思表示論の立法的展開

由を有した場合を除いて，責任を負うと判断される[28]。」PCCは契約前の商議について一節を割き（第2章（契約の成立），第1節（契約前の商議）），信義則に反する商議（2：101条），情報提供義務（2：102条）及び守秘義務違反（2：103条）についての規定を置く。このうち2：101条はPECL 2：301条，2：103条はPECL 2：302条を修正したものである[29]。PCC 2：102条は新設された規定であるが，同条4項はPECL 4：106条（不正確な情報）を吸収したものである。

ヤンセン／ツィンマーマンによれば，1項は情報提供義務を原則的に正しいものと位置づける。そして契約前の誤情報の提供責任を一般規定の中で定めることには同意されうる。もちろん錯誤法への相当な指示がないために，PECLの良い点が失われる。すなわち損害賠償規定により錯誤取消の制限的ルールがわきに押しやられるおそれがある[30]。しかし，情報提供義務の規定自体問題である。2項の規定は誤解に導く。人的及び有償で取得した情報は法的保護に値しうる。そしてこの保護の必要性は，PECLでも認められている。契約締結者を，聞くことが許容されていない質問に対して保護のない状態におくまいとすれば，（狭い）状況のもとで嘘をつく権利を許容しなければならない。ドイツの法律家は，妊娠しているかどうかの問題について明らかにそれを認める。2項2文，3項，4項の定式化もまた広すぎる。国際的に承認された評価にこれらの規範は適合しない。なぜならば，3項の場合にしばしばそうであるように，情報がかなりの費用を払って得たものであるときは，さもなければ社会的に望まれた投資がなされないであろうがゆえに，投資家は保護を受けうる。アメリカの土地に埋設された宝の事例は明らかにそれを例証する。この場合投資家はかなりの費用を支払って石油その他の資源を発見し，土地所有者がそのことを知ることなしにその土地を取得した。彼らにそれを禁じるとすれば，かような投資活動のための動機は喪失するであろう。総括すれば，この規定は契約締結前の情報提供義務を規定することがいかに困難であるかを明らかにする[31]（本書56頁以下参照）。

---

(28) 注(23)の文献，pp. 265, 277.
(29) 注(23)の文献，p. 264.
(30) Jansen/Zimmermann, AcP. Bd. 210, S. 236-237; Id., Oxford Journal of Legal Studies, Vol. 31, No. 4, p. 651.
(31) Jansen/Zimmermann, AcP. Bd. 210, S. 237; Id., Oxford Journal of Legal Studies, Vol. 31, No. 4, p. 652.

ヤンセン／ツィンマーマンによればまた，PCC 4：202条(1)(a)は，PECL 4：103条よりも適用範囲が広げられている。このことは，沈黙その他の表示行為による不実表示が問題になる限りで，歓迎すべきことである。しかし，それは，錯誤が契約当事者の非対話行為に基づく限りにおいて疑わしい。確かに PECL は全く一義的とはいえない。しかし，4：107条の注釈は，詐欺のみが単なる行為によってもまた可能であることを明らかにする：その建物の売却の前に湿気による瑕疵を隠すために壁を塗る者は詐欺を働いたものである[32]。それに対して，所有者が買主に帰属するかもしれない瑕疵を覆い隠すことに気付かないでその建物を改修したときは，PECL 4：103条の意味での「与えられた情報によって惹起された錯誤」は問題とならない。しかし，この取消要件の拡大は，客観的に明らかではない。なぜならば，取引参加者が権利外観原則に従ってその表示に対する責任を引き受けなければならないが，非対話的な行為についても過失とは独立した責任を負わせることは広すぎるからである。上記の PECL 4：107条に関する事例はそのことを明らかにする。単に事態が明らかであるというだけではこの拡張は理由づけられない。それは PICC も示していない。PICC は，PCC によって選択された広い定式化を包含するが，公式の注釈では逆に，それによって対話的な行為のみが意味されていることを明らかにする。PCC にはこのような指示が欠けている。DCFR の同じ言葉を用いた定式化（Ⅱ-7：201条(1)(b)(i)）に目を向けると，事実上非対話的行為もまた包含されていることを懸念しなければならない[33]。

ヤンセン／ツィンマーマンによれば，フランスの債務法改革を参照してのみ理由づけられる価値に関する錯誤の排除もまた問題がないわけではない。それによってロマン法圏で長年困難を提供してきた様々な錯誤の種類の区別（実体の錯誤，性質錯誤）が再度出現する。PECL はそれを意識的に克服し，単に注釈において価値に関する錯誤が通例1項(b)の意味の重要な錯誤ではないことを示した[34]。この指示は実際上誤解に導く。それは PECL の

---

(32) Comment C zu Art. 4: 107 PECL ［ランドー／ビール編（潮見他訳）・前掲書234頁（馬場）］。

(33) Jansen/Zimmermann, AcP. Bd. 210, S. 238-239; Id., Oxford Journal of Legal Studies, Vol. 31, No. 4, p. 652-653.

(34) Comment G zu Art. 4: 103 PECL ［ランドー／ビール編（潮見他訳）・前掲書209頁（馬場）］。

III 補論3　意思表示論の立法的展開

事例が示す。そこでは数年前のその価値には適合するが，その間にそれが著しく下落した価格での価値ある古物の売買が問題になる。買主が当初の価値を知っているのみで，その後の価格の下落を知らないがゆえに，かような売買を受忍するとしても，PECL 4：103条(1)(b)の文言は明らかに充足される。かような場合に取消権を否定すると，それはその論拠を PECL の他の箇所に明らかな表現を見出す他の考量の中に見出す：一方では，PECL 4：103条(1)(a)の要件は満たされていない。他方では市場経済的な秩序の中に通例各当事者は契約客体の価値についての錯誤の危険を自ら負担しなければならない（2項(b)）。もちろんいつもそうというわけではない。それゆえに PCC もまた，価値についての錯誤の排除を信義則の留保のもとに置く。かような価値から自由な条項は，PECL の規定と並んでいかなる利益ももたらさず，その総体的に決定的な原則と不必要に縁を切る。かような明確化は放棄されるべきである。その限りで PECL 4：103条に関する注釈のみが改訂を必要とする[35]。

ヤンセン／ツィンマーマンによれば，新たに導入された4項という第三の変容とともに，PCC は明らかに重要でない錯誤の場合に取消権を認めない PECL の立場を後退させる。契約の重要でない側面に関する錯誤の場合もまた，取消権者が相手方が錯誤を知りまたは知っていたに違いないことを証明する場合は，取消権は許容される。しかし，その基礎を明らかに古いフランスの判例に見出すかような変容は，好ましくない後退を意味する。なぜならば，契約の解消が常に著しい出費と結びついており，かつ錯誤者の不利益が財産上の補償により救済されうる場合には，それゆえにそれ（契約の解消）が生じないために，重要性の要件は客観的に同意を得ているからである[36]。

PECL 4：104条（伝達における誤り）は修正なしに PCC の規定として受け入れられる（4：203条）[37]。また PECL 4：105条（錯誤の場合の契約の適合）は，PCC では以下のように修正される（4：204条）。「(1) 当事者の一人が錯誤の被害者が要求しているように契約を実行することを望みまたは実際に実行すると通知したときは，契約は，被害者によって意図された条件で締結さ

---

[35] Jansen/Zimmermann, AcP. Bd. 210, S. 239; Id., Oxford Journal of Legal Studies, Vol. 31, No. 4, p. 653.

[36] Jansen/Zimmermann, AcP. Bd. 210, S. 240; Id., Oxford Journal of Legal Studies, Vol. 31, No. 4, p. 654.

[37] 注(23)の文献，p. 349-350.

れたものとみなされる。(2)当事者は，合理的な期間内に契約の実行または実行着手の意図を通知すべきである。しかもそれはどのような原因であるかを問わず，被害者が取消を通知し，また行動した結果契約が彼にとって全く利益を有しなくなる前でなければならない。(3)二当事者が共通の錯誤に陥った場合，裁判所は，それらの者の一人の要求によって，契約が当事者双方にとってその利益を保持する場合には，錯誤が存在しなかったとすれば，合理的に合意されたであろうところと一致した契約内容を定めうる[38]。」

(c) 詐欺，強迫，暴利行為等

　PCCの詐欺規定は，PECLの詐欺規定（4：107条）を以下のよう改める（4：206条）。「(1)当事者の一方は，相手方が詐欺的な手段によりまたは隠匿によって契約の締結を決意させたときは，契約の無効を主張しうる。(2)悪意により主張された錯誤は常に許容されうる[39]。」本条2項はフランス債務及び時効法改正草案1113-3条と同じである。

　PCCの強迫規定は，PECLの強迫規定（4：108条）を以下のように改める（4：207条）。「(1)当事者の一方は，相手方が，彼またはその近親者の身体，財産にもたらされる差し迫った重篤な害悪をもってする強迫により彼に畏怖の念を抱かせて契約の締結を決意させたときは，契約の無効を援用しうる。(2)強迫は，それ自体として違法なまたは契約を締結させるために用いることが違法な行為の中に存しうる[40]。」

　PECL 4：109条（過剰なまたは信義則に反する利益）はPCCでは以下のように修正される（4：208条）。「(1)契約当事者の一方は，(a)彼が相手方に依存する状況にあり，または彼と信頼関係にあり，経済的に逼迫しまたは窮乏した状況にあり，または予見することができず，無知，未経験であり，またはその事業に不適格であり，(b)かつそのことを知りまたは知っているべきである相手方が明らかに超過する利益を保持するためにその状況を利用したときは，契約の無効を主張しうる。(2)被害を受けた者の要求により，裁判所は，その契約を信義則の要求に従って締結されていたであろうところと一致させる方法で適合させうる。(3)裁判所は同様に，明らかに超過する利益

----

(38)　注(23)の文献，p.353.
(39)　注(23)の文献，p.359.
(40)　注(23)の文献，p.362.

のために取消の通知を受け取った当事者の要求に従って，その通知を受け取ってすぐにその当事者が，発信者が契約が彼にとってすべての利益を失ったであろうことの結果として行動を起こす前に発信者に知らせた場合に契約を適合させうる[41]。」

PECL 4：110条（濫用条項）はPCCでは以下のように修正される（4：209条）。「(1) 信義則の要求に反して当事者の権利及び義務の間に著しい不均衡を生じる条項は，(a) それが個別的な商議の対象となっておらず，(b) または法が特にその消費者の特性のためにこの契約当事者を特別に保護する場合，無効であるかまたは契約当事者の要求によりそれが規定された者の不利益に修正されうる。(2) 本条は，(a) その条項が明確かつ理解しうる方法で作成されている限りにおける，契約の主たる内容を定義する条項，(b) 及び当事者によって提供される給付の各々の価値の間の適合性には適用されない[42]。」

(d) 行為者の範囲と錯誤，詐欺，強迫，過大な不均衡の効果

PECL 4：111条（第三者の範囲）がPCCでも採録される（4：210条）。「(1) 当事者の一方が責任を負いまたはこの当事者の承認を得て契約締結に参加した第三者が，(a) 情報の提供において錯誤を惹起し，または錯誤を知っておりまたは知っているべきであり，または(b) 詐欺を行い，強迫をした張本人であり，または契約から不当な利益を獲得したときは，本章において明らかにされている手段は，その行為または認識が当事者自身のものである場合と同じ条件で用いられる。(2) 他の者が詐欺を行い，強迫の張本人であり，または契約から不当な利益を得たときは，本章において明らかにされている手段は，当事者が当該事実を知っているか知ることができた場合または取消時に当事者が契約に従って活動していなかった場合に用いられうる[43]。」

しかし取消が効力を生じる要件については，PECLやPICC，DCFRが，取消は相手方に対する通知によって効力を生じるとしているだけなのに反して（PECL 4：112条），PCCは，次のようなフランス民法学の伝統的な理論の影響を受けた複雑なルールを提供している：4：401条（通知による取消）「(1) (PECL 4：112条修正) 基礎的な原則に対する侵害とならなければ契約の

---

(41) 注(23)の文献，p.366.
(42) 注(23)の文献，p.370.
(43) 注(23)の文献，p.373.

取消は当事者への通知によってなされる。(2)（追加）契約の修正に着手しうる場合を留保すれば，無効はその通知を受け取る者が事情を考慮して合理的期間内に裁判所を利用しないときに獲得される。(3)（追加）通知は(a)契約の取消の原因と範囲を明らかにし，(b)かつ明示的に2項の注意を促すべきであり，それを欠く場合は効力を生じない。」

4：402条（取消通知権の権利者（追加））「(1)錯誤，詐欺，強迫，明らかに超過する利益の獲得の被害当事者のみが契約の取消を通知する権利を有する。(2)強行規定の違反による契約の取消は，違反された規定により保護される当事者の相手方を除いて総ての利害関係者により通知されうる。(3)第三者の権利に対する侵害による契約の取消は，その権利が詐欺的な行為によって侵害された者によってのみ通知されうる。」

4：403条（通知の受取人（追加））「(1)当事者の一方が取消を主張するときは，通知は相手方に向けられる。(2)第三者が取消を主張するときは，通知は当事者双方に向けられるべきである。」

4：404条（裁判手続による取消（追加））「総ての通知がなされておらず，かつ取消を生じさせる権利が時効にかかっていない限りにおいて，当事者の一方または第三者が抗弁の方法でこの取消を主張する場合には，契約の取消は他の事件の機会に裁判上確定されうる。」

4：406条（態度決定を促す訴え）「取消を通知する権利を有する者は，相手方または利害関係を有する総ての第三者により合理的期間内に通知をなすように要請されうる。この合理的期間内に通知をしない場合にはその権利は喪失する[44]。」

4：401条1項の「基礎的な原則に対する侵害とならなければ」は，本条2項の規定（相手方の契約の修正の要求がある場合）を念頭に置いたものである。また3項が取消原因，範囲等の説明を義務づけているのも，相手方の契約の修正を念頭に置いたものである。PCCでは取消権者もまた明示される（4：402条）。同条2項は，強行法規が特に当事者の一方（例えば，労働者，消費者）を保護するものであるときに，相手方（使用者，事業者）の取消権を否定する趣旨である。4：404条は，通知がなされていなくても，当事者または第三者が抗弁の方法で契約の取消を主張することにより裁判官が取消を認

---

(44) 注(23)の文献, p. 380-381.

Ⅲ 補論3　意思表示論の立法的展開

めることを定めている（裁判上の取消）。これは一方では契約の取消の確定が不必要に遅くならないようにし，他方では取り消される契約から効力が導かれないようにするためである。この規定は，契約の取消から生じる抗弁が援用された訴訟手続が不必要に長引くことを妨げる[45]。しかし，PCCのこのようなルールは，瑕疵ある意思表示をした者がそれを容易に取り消すことを困難にするもので，取引関係を複雑にさせる。これは取消権者が取消の原因や範囲を明らかにしなければ取消の効力が生じないとする点に端的に現れている。その他裁判手続による取消（4：404条）や態度決定を促す訴え（4：406条）も，通常は生じない事態を前提にする点で問題の余地があると考えられる。

これに対して，PECL 4：115条（取消の効果）は，PCCでは以下のように追加，補充されるが（4：501～505条），後述するDCFRの原状回復規定の影響を受けている。4：501条（原則，追加）「本節によって予定された条件において契約の無効は，当事者に彼らが受け取ったものを返還し，損害を賠償する義務を負わせる。この義務は場合によっては相手方が負担する[46]。」

4：503条（原状回復の権利，PECL 4：115条及び15：104条の修正）「(1)（PECL 4：115条の修正）無効の結果として各当事者は，彼が受け取ったものを同時に返還するという条件で，無効な契約またはその一部の履行として提供したものの返還を請求する権利を有する。(2)（追加）履行の途中で無効の原因が生じたときは，当事者が契約の性質及び目的を考慮してすでに受け取った物を保持することが不当だと思われる場合を除いて返還義務は生じない。(3)（追加）総ての場合において履行を延期する権利に関する10：201（同時履行）の規定は，適切な修正とともに適用される。」本条1項は，PECL 4：115条により定式化された原則を契約無効の場合に拡張するものである。原状回復の方法は，不当利得返還に関する規定（4：505条）が参照される。本条2項は，契約が有効であるときに当事者双方が今からすでになした給付を考えてみることが便宜である。かような給付の返還は，契約の性質及び目的との関係でそれらを保持することが不適切な場合を除いて義務づけられない。本条3項は，不履行の抗弁に関するルールの適用を許容する。これは本条1項において定式化された同時履行の原則の適用である[47]。

---

[45]　注(23)の文献，p. 377-379.
[46]　注(23)の文献，p. 398-400.

4：504条（原状回復の権利の剥奪，追加）「契約の無効原因を知りながら契約を締結し，またはそれを知るべきであった当事者は，その回復請求権が剥奪されうる。」しかし本条は，回復請求権が剥奪されうるといっているだけで，本条の適用が非生産的であることが証明された場合は，悪意の当事者が契約上の利益を保持することも許容されうる。他方において，特に合意の瑕疵の場合は，本条の適用が過酷なものになりうる。かようにその受理可能性が相手方が錯誤を知っていたことを推測させるとしても，錯誤は明らかな不誠実さを制裁するものではない[48]。

4：505条（回復の制度，6：211条の採録）「彼の物としての回復請求は10：312条のルールに服する。」本条は，取消や契約の無効の場合の原状回復も解除による原状回復と同じ規律に服させるという趣旨である（DCFR第7章参照）[49]。

PECL 4：116条（一部取消）は，PCCでは以下のように改訂される（4：201条（瑕疵ある契約の無効）。「(1)（追加）一当事者の同意に瑕疵があるときは契約は無効である。(2)（PECL 4：116条の部分改訂）無効の原因が契約の特定の条項にのみ関する場合は，無効は(a)当事者が契約全部を取り消すことに同意している場合，(b)またはこれらの条項が当事者間の合意によって定められまたはその取消がもはや当事者が合理的な方法で追求された目的を主張することを許容しない場合を除いて，その条項に制限される。その条項の決定的な性質を証明するのは，それが契約の本質的な要素に関わる場合を除いてその当事者の責任である。」

PECL 4：114条（追認規定）は，PCCでは追加，訂正されて，4：407条（追認），4：307条（不当な契約の修正，追加），4：412条（不当な契約の調整）となる[50]。

---

(47) 注(23)の文献, p.399.
(48) 注(23)の文献, p.399.
(49) 注(23)の文献, p.399-400.
(50) PCC 4：407条（追加）「(1)強行法規違反となる場合を除いて，契約の取消を通知する権利の保有者は，彼が取消原因を知りまたは自由に行動できるようになったときから明示または黙示に契約を追認しうる。(2)（追加）追認は，契約当事者が知っている取消原因についてのみ作用する。(3)（追加）追認は，他の権利者から契約の取消を通知する権利を剥奪しない。(4)（追加）第三者の権利を留保して，追認は契約のときから契約に効力を与える。」4：307条（不当な契約の修正（追加））「(1)契約は，不法な

Ⅲ 補論3 意思表示論の立法的展開

　PECL 4：113条（取消期間）は，PCC では，以下のように追加，修正される（4：405条）。「(1)取消は，通知する者が当該条項を知りまたは知りうべきであり，または自由に活動しうるときから，状況を考慮して合理的な期間内に通知されるべきである。(2)あらゆる場合において契約の取消は，その締結後10年を超えて存続しえない。(3)（追加）しかし，契約または当該条項の履行がなされていないときは，(a)取消の通知は，常に契約または条項の履行が当事者の一方によって要求されたときから合理的な期間内になされうる。(b)無効の抗弁も，契約が要求の維持のために裁判所で援用される場合はいつでも主張されうる[51]。」

　PECL 4：117条（損害賠償）は，PCC では以下のように改訂される：4：506条（契約の取消の場合に負担される損害賠償）「(1) (PECL 4：117条と15：105条の混合）契約の取消の場合，取消原因を知らなかった当事者は，相手方がそのことを知りまたは知るべきであったときは，相手方から損害賠償を取得しうる。この損害賠償は，契約が締結されなかったとすればあるべき状況に可能な限りその当事者を置くことを目的とする。(2) (PECL 4：117条3項の拡張）第10章第5節の関係する条文は，適当な調整とともに残りのものについても適用される。」

　4：507条（取消がない場合の損害賠償）「(1) (PECL 2：117条2項の修正）当事者の一方が本章によって契約を取り消す権利を有するが，この権利を行使せず，または彼がこの権利を有したが，それを4：405条，4：406条，4：407条または4：410条2項の規定の適用により失ったときは，彼は，相手方が取消原因を知りまた知ることができた場合には，取消原因により彼が被った損害に制限される損害賠償を相手方から取得しうる。その損害額は，その当事者が4：203条の意味での意思伝達における不正確さによって誤った場合と同様に評価される。(2) (PECL 4：117条2項の拡張）第10章第5節の関係する規定は，適切な調整とともに残ったものについて適用される[52]。」

原因を排除するために修正されうる。(2)修正は，当事者による契約の調整の結果として生じうる。(3)修正は，同様に契約の無効がもたらされない限りにおいて当事者の一方の要求に基づいて裁判所によってなされる。修正は，その場合当事者の当初の意思及び各当事者のための契約の有用さを維持すべきである。」4：412条（不当な契約の調整（追加））「当初不法であった契約は，当事者が不当の原因を削除してそれを修正したときは，効力を生じうる。」注(23)の文献，pp. 347, 389。

(51)　注(23)の文献，p. 384-385.
(52)　注(23)の文献，p. 407-408.

PECL 4：118 条（手段の排除または制限）は，PCC では以下のように訂正される（4：409 条）。「(1) 当事者は，詐欺，強迫，明白な過度の利益または契約の不当を制裁する手段を排除することも制限することもできない。(2) 当事者は，錯誤及び不正確な情報を制裁する手段を信義則の要求の留保のもとに排除または制限しうる[53]。」

(ハ) DCFR

(a) 心裡留保，虚偽表示

DCFR[54]にも心裡留保に関する規定は見出されない。しかし，心裡留保の場合は，DCFR に定められた禁反言に関する原則により規制されるであろうと考えられる：「特に相手方が当事者の言明または行為を合理的に信頼し，その相手方の損害が惹起されたときは，当事者がそのすでになした言明または行為と首尾一貫しない行為をすることは信義及び公平な取引に反する（Ⅰ－2：103 条 2 項）」。

通謀虚偽表示については，DCFR にも規定が置かれている：Ⅱ－9：201 条「(1) 当事者が契約または外見上の契約を締結し，それが当事者が持とうとした効果とは異なる外見上の効果を有するような方法で任意に締結された場合には，当事者の本当の意思が優先する。(2) しかし，契約または外見上の契約の当事者ではない者または法律上合理的かつ信義に従って外見上の効果を信頼した当事者と同様の権利を有する者との関係では外見上の効果が優先する。」DCFR Ⅱ－9：201 条 1 項は，PECL の規定と同じであるが，同 2 項は，第三者保護について PECL とは異なり明文の規定を置いている。

---

(53) 注(23)の文献，p.410．4：502 条も同旨を定める（同 400 頁参照）。
(54) DCFR は，ヨーロッパ民法典研究グループと現行ヨーロッパ私法研究グループ（アキグループ）によって作成された，ヨーロッパ私法の諸原理，定義およびモデル準則である。2008 年には暫定概要版が公表されたが，2009 年にはそれをさらに拡充した概要版が公刊された（von Bar/Beale, Principles, Definitions and Model Rules of European Private Law (Draft Common Frame of Reference)）。本項ではこの 2009 年版に依拠して説明されている。なお，同書の邦訳は，窪田充見・潮見佳男・中田邦博・松岡久和・山本敬三・吉永一行監訳により 2013 年に法律文化社から出版された。

Ⅲ 補論3　意思表示論の立法的展開

(b) 錯　　誤

　PECL 4：103条後の最新のテキストは，DCFR Ⅱ－7：201条である。「(1)(a)当事者が錯誤がなければその契約を締結せず，または基本的に異なった条件のもとでのみ契約を締結し，かつ相手方がこのことを知りまたは合理的に知ることが期待されえた場合で，かつ(b)相手方が，(i)その錯誤を惹起し，(ii)相手方がその錯誤を知りまたは合理的に知っていたことが期待されえたときは，信義則及び衡平な取引に反して錯誤に陥っている当事者を放置することによって，契約が錯誤に陥って締結されることを惹起し，(iii)契約締結前の情報提供義務または錯誤を是正する手段を提供する義務を遵守しなかったことにより，契約が錯誤に陥って締結されることを惹起し，または(iv)同じ錯誤に陥った場合には，当事者は契約締結時に存在した事実または法律の錯誤を理由として契約を取り消しうる。(2)しかし，(a)その錯誤がその状況のもとで宥恕されえないものであり，または(b)錯誤のリスクが相手方により引き受けられ，またはその状況のもとで忍受されるべきものであるときは，当事者は錯誤を理由として契約を取り消しえない。」

　ヤンセン／ツィンマーマンによれば，DCFR の起草者にとって錯誤法に関する異なった種類の比較しうる考えはよく知られていた。その結果彼らは，その規定を代表するリステイトメントとしてではなく，契約の自由と約束の相手方の正当な信頼との公平な均衡の表現として定めた。それに際して起草者は，同様に同意に値するが，PECL の基本的評価を直ちに自己のものとしている。もちろん規定は新たに組み替えられ，大部分は新しく定式化されている。それとともに注釈の中には，個々的に理由づけられていない一連の変更が見出される[55]。

　DCFR Ⅱ－7：201条1項による PECL 4：103条の新しい分類により重要な錯誤の要件が特別の取消要件の前に置かれる。しかし，内容的にはこの外見上体系的，理論的な首尾一貫性に向けられた置き換えはなにも変えない。そしてこれは規定をより明らかにするものでもない。いずれにしても取消が非本質的な錯誤の場合に問題とならないことは，その新しい構成に支持を与える。PICC 3.5条（2010年版3.2.2条）もまたこのようにして構成されてい

---

[55] Jansen/Zimmermann, AcP. Bd. 210, S. 241; Id., Oxford Journal of Legal Studies, Vol. 31, No. 4, p. 655.

る。そしてPECLの注釈は，以前から同じ分類に従っている。価値の錯誤についていえば，DCFRの起草者は，売却された物の価値に関する錯誤が通常基本的でないとし，買主がその価値の相場が劇的に低下したことを知らないで高い値段で古い家具を買った事例を挙げる。ヤンセン／ツィンマーマンは，この価値に関する錯誤の非重要さについての説明が誤りだとする。

　ヤンセン／ツィンマーマンによれば，もちろん重要性という標識の新しい定式化はより重要である。PECL 4：103条(1)(b)が錯誤の重要さについての契約当事者の悪意または過失による不知を定める一方，DCFRは，過失とは無関係に定式化し，取り消す者がその相手方の認識を問題としうるかどうかを定める。これはDCFRの他の個所でもしばしば見られる，PECLの変更点である。それがどのような理由によるのかは，相応な理由づけがないために明らかではない。あるいは実際上あるべきではない，自己に対する義務という表現を避けようとしても，過失（オプリーゲンハイト）もまた通例規範的な用語において定式化される。実際上新しい定式化によってなにも変わらない。当事者がいかなる認識を考慮に入れるべきかは，法律上人がなにを知っているべきかに依存するからである。すでにPICCがなしているように，中間的な第三者の視野から重要性の標識を問題にすることはより容易であろう。なぜならば，いずれにせよ裁判官の広範囲に同じ評価ないし相当な事例群の形成が問題になる場合，法規範はそれに直接関わるべきだからである。さらに特に表示錯誤の場合，表示受領者の視野は，時折困難で結局不必要な問題に導く。総体的にDCFRの定式化は（有害だというのではないが）この場合不必要に理論的である[56]。

　ヤンセン／ツィンマーマンによれば，個々の取消要件においては，まずDCFRが明示的に契約前の情報提供義務違反もまた取消要件の中に受容したことは喜ばしい（(1)(b)(iii)）。PECLはその限りで事実上狭すぎるように見える。もちろんDCFRは同時に明らかに，すでに批判にさらされているACQP I 2：201条以下[57]の不相当に広い情報提供義務を継承した（DCFR

---

(56) Jansen/Zimmermann, AcP. Bd. 210, S. 241-242; Id., Oxford Journal of Legal Studies, Vol. 31, No. 4, p. 655.
(57) The Research Group on the Existing EC Private Law（Acquis Group）, Principles of the Existing EC Contract Law（Acquis Principles）, Contract I, 2007. 2：201条は，商品またはサービスについての情報提供義務，2：202条は，市場における消費者に対する情報提供義務，2：203条は，不利な立場にある消費者に対する情報提供義

Ⅲ 補論3 意思表示論の立法的展開

Ⅱ－201条(1)(b)(ⅲ))。かくして自動車商はプロの買主にも来年新型モデルが出るという通常誰でも知っている事実についても説明しなければならない（DCFR Ⅱ－3：101条）。そうしなければ，買主は，DCFR 7：201条(1)(b)(ⅲ)により取り消しうる。それは国内法にもEU法にも手がかりを見出さない。そしてそれはPECLの制限的な原則からも隔たったものである。錯誤規定自体はもちろんかような批判を受けない。錯誤取消の原因主義モデルにおいては，契約前の情報提供義務は，それが1項(a), 2項(a)の基本的な，責任がないわけではない錯誤に取消権を生じさせるというのが首尾一貫している。もちろんその場合逆にもまた，情報提供義務の導入の場合，いかなる結果を新しい義務が錯誤取消法の中にもたらすかを疑わねばならない[58]。

ヤンセン／ツィンマーマンによれば，DCFR Ⅱ－201条(1)(b)(ⅲ)の第2選択肢はあまり成功していないようにみえる。明らかにこの取消要件は，E-Commerce指令11条2項[59]を継承しているが，DCFRの規定は一連の問題を投げかける。それは原則論としてかように特別の規定がその他の点ではかように抽象的な規定の中に解消されることに意味があるかどうかが疑われねばならないだけではない。まず指令の規定は体系的に特別に規定された表示錯誤の文脈に属している（DCFR Ⅱ－7：202条）。なぜならば，指令によれば，入力のミスが問題になるのであり，注文過程中の注文の熟考が問題になるのではないからである。それゆえに，PECL 4：104条／DCFR Ⅱ－7：202条の改定では，E-Commerce指令11条2項の事例をPECLの起草者が当初から念頭に置いていた，不必要に複雑な定式化のような比較しうる問題と引き比べるべきである。しかしそれに加えて，E-Commerce指令のEU法的な取消要件が，そもそもDCFR Ⅱ－7：201条(1)(a)／PECL 4：

務，2：204条は，提供される情報の明確さと方式，2：205条は，営業所および営業の同一性についての情報，2：206条は，価格についての情報，2：207条は，挙証責任，2：208条は，情報提供義務の違反に対する救済を規定する。Research Group on the Existing EC Private Law（Acquis Group), Priciples of the Existing EC Contract Law（Acquis Principles), Contract Ⅱ, 2009, p. 115 以下参照。

(58) Jansen/Zimmermann, AcP. Bd. 210, S. 242-243; Id., Oxford Journal of Legal Studies, Vol. 31, No. 4, p. 655-656.

(59) 電子商取引指令（Richtlinie 2000/31/EG）（2000年6月8日）11条（注文の交付）「(2)加盟国は，消費者ではない当事者間の異なった合意がある場合を除いて，サービスの提供者が利用者に，彼が注文の交付前に入力の誤りを知りかつ訂正しうる相当，有効かつ相手方に到達しうる技術的手段を利用させることを保障する。」

103条(1)(b)の基礎となっているような重要な錯誤に制限される規定の中に挿入されるかが問題になる。この場合すでに表示の受領者の視野に向けられた重要性要件の定式化は困難を提供する。入力ミスは取消の相手方は類型的にはこれを知りえない。彼は常に誤入力の可能性を考慮に入れなければならない。そしてしばしば契約の相手方が契約を基本的に異なった条件でのみ締結したであろうかどうかを知りえない。この場合第三者が当該側面を基本的なものとみたであろうかどうかが問題になるPICC 3．5条(1)の定式化については問題はないであろう。しかし，特に(1)(a)の本質性の要件がそもそもかような制限を知らない指令と調和するかどうかという基礎的な疑問を投げかけなければならない。もちろん逆にかような取消権がその指令に従ってそもそも必要かどうかは明らかでない。しかし，EU法的な視野からは，これなくしても存在する撤回権及び買主から返送費用もまた免責する損害賠償請求権で十分といえよう。総体的にみるとかくしてその規定は重要性の要件の定式化において誤りであり，客観的に狭すぎるか余計なものである。この場合いずれにせよEU法の基準を決定的にPECL及びDCFRの思考上の枠内に導入し，または逆にそれを目的論的に歓迎すべき程度においてもとに戻すことに成功していない(60)。

　ヤンセン／ツィンマーマンによれば，次にDCFR Ⅱ－201条(1)(b)(i)によるPECL 4：103条(1)(a)(i)の再定式化は成功していない。新しい定式化はPCC 4：202条(1)(a)に一致する。DCFRにおいてはもちろんこの定式化のための唯一の説得的な理由，すなわち義務に反した沈黙による誤導と把握する目的は喪失する。なぜならば，これらの事例は，DCFRではすでに(1)(b)(i)の条項により意思伝達的でない行為もまた問題としているが，それはより詳しく理由づけられておらず，なかんずく内容的に正当化されえないからである。それに加えて，惹起された錯誤に関するルール((1)(b)(i))は，1項(b)の錯誤要件の包括的な理論体系の一部となっている。PECLにはなお三つの要件が不可分的にでなく存在しているとしても，DCFRは今や特別に錯誤の惹起((1)(b)(i))と錯誤に陥った契約の惹起((1)(b)(ii)及び(iii))を区別する。その他の点ではDCFRの基本概念を批判から擁護しようとするクラーマーは，それを観念的にあまり明瞭でないという(61)。法文におけるか

---

(60) Jansen/Zimmermann, AcP. Bd. 210, S. 243-244; Id., Oxford Journal of Legal Studies, Vol. 31, No. 4, p. 656-657.

Ⅲ 補論3　意思表示論の立法的展開

ような教義化は，かようなものに関する草案においてもまた不要であり，付加的な問題を創り出すのみである[62]。DCFR の解説書には(b)(i)の相手方の惹起した錯誤の例示として相手方の提供した慣習が誤りであるのに正しいと誤信していた場合が挙げられている[63]。しかし，それではⅡ-7：201条1項(b)(i)及び(iii)前段の違いが明らかでなくなるように思われる。

　ヤンセン／ツィンマーマンによれば，(1)(b)(ii)における因果関係要件は何を意味するかが問題とされる。その規定は，錯誤者がすでに錯誤に陥っており，取消の相手方がそれを知りまたは知っていたに違いないことを前提とする。したがって，取消相手方の説明義務違反の前にかつこれとは無関係に錯誤に陥ったのでなければならない。したがって，この補充の規範的な内容は，単に取消の相手方が，その契約の相手方が義務に適って説明されていたとしても契約を締結していたであろうという抗弁を自由に主張できることの中にのみ存在する。かような事例は稀ではあるが，錯誤者が第三者から契約の締結を強要されたとか，錯誤者が契約締結義務を負っているとみられたがゆえに，それらが一度生じるとすれば，取消権を当初から排除することは賢いことではない。錯誤者が，正しい情報提供がないために適時に行使しなかった撤回権に依拠したであろうがゆえに，錯誤者が義務に適った情報提供がなされた場合でも契約を締結したであろう場合は，より一層そのことがあてはまる。この場合説明の欠落は本来の契約締結と因果関係がなかったことが確かである。しかし，取消権を付与しなければならないことが明らかである。それは明らかな仮設例である。しかし仮設例とは異なった事例をかような要件のために想像することはできない。そしてこれらの事例を重要性要件((1)(a))の助けで解決しうることをほとんど考えることができない。因果関係要件はかくして不必要に理論的であり，理解困難でかつ疑わしい場合は誤導的である[64]。

---

(61)　E. A. Kramer, Ein Blick auf neue europäische und aussereuropäische Zivilgesetzbücher oder Entwürfe zu solchen――am Beispiel des Rechts der Irrtumsanfechtung, Tradition mit Weitsicht: Festschr. für Eugen Bucher, 2009, S. 450.
(62)　Jansen/Zimmermann, AcP. Bd. 210, S. 245; Id., Oxford Journal of Legal Studies, Vol. 31, No. 4, p. 657.
(63)　von Bar/Clive (ed.), Principles, Definitions and Model Rules of European Private Law, Draft Common Frame of Reference (DCFR), vol. Ⅰ, 2009, p. 459.
(64)　Jansen/Zimmermann, AcP. Bd. 210, S. 245-246; Id., Oxford Journal of Legal Studies, Vol. 31, No. 4, p. 658.

ヤンセン／ツィンマーマンによれば，総体的に PECL 4：104 条の表示錯誤及び 4：103 条(2) の取消排除要件の箇所は法文を実際上変更しないままにしたことが確認されるべきである。本条 1 項ではその他最初の取消要件 ((1)(a)) を以下の定式で置き換えることが簡明かつ納得させるものであろう：「(i) 錯誤が不実表示または相手方の契約前の情報提供義務の不遵守により惹起され，または……。」DCFR 起草者のそれを超えた PECL の法文への重要な関与は，それに対して誤ったものである[65]。

　DCFR Ⅱ - 7：202 条は「言明の表示または伝達における過程は，言明をなしまたは送付した者の錯誤とみなされる」とする。本条はいわゆる表示の錯誤及び表示機関の錯誤について規定する。錯誤が宥恕しえないものである場合は，救済は否定される。また本条の救済も契約を本質的に異なったものにする錯誤に限定される[66]。

　DCFR Ⅱ - 203 条（錯誤の場合の契約の適合）は，以下のように規定する：「(1) 当事者が錯誤のために契約を取り消す権原を有するが，相手方が取消権を有する当事者によって理解されたような契約のもとでの債務を履行しまたは履行する意思を表示したときは，契約はその当事者が理解したように締結されたとみなされる。これは，取消権を有する当事者が契約を理解したことについて通知を受けた後不当な遅滞なくかつその当事者が取消の通知を信頼して行動する前に相手方が履行または履行の意思を表示した場合にのみ適用する。(2) かような履行または表示の後取消権は喪失し，先になされた取消の通知は効力を生じない。(3) 両当事者が同じ錯誤に陥った場合には，裁判所は，当事者のいずれかの要求に基づいて，錯誤が生じなかったとすれば合理的に合意されたであろうところに一致した契約を成立させる。」ビルの床張り業者が実際よりも低く仕事量を見積って仕事を受注した場合，注文者が請負人の錯誤を知りうべきときは，請負人は錯誤により取り消しうるが，注文者は請負人が当初想定していた仕事量に応じた契約として存続させうるというのが 1 項の趣旨である[67]。両当事者が同じ錯誤に陥った場合において，一方が錯誤により利益を受け，他方が損失を受けることが明らかな場合

---

[65] Jansen/Zimmermann, AcP. Bd. 210, S. 246; Id., Oxford Journal of Legal Studies, Vol. 31, No. 4, p. 658.
[66] von Bar/Clive (ed.), op. cit., p. 480-481.
[67] von Bar/Clive (ed.), op. cit., p. 484.

Ⅲ 補論3 意思表示論の立法的展開

は1項の適用を受ける。しかし，一方が利益を受け，他方が損失を被ることが明らかでないときは，3項が適用され，当事者の一方が裁判所に契約の適合を請求しうる[68]。

DCFRは，PECLと同じ不正確な情報を提供した場合に，それを信頼した第三者が被った損害の賠償を命じる規定も置いている。DCFRのこの規定は，PECL 4 : 106条を改正している：Ⅱ－7 : 204条（不当な情報の信頼による損害に対する責任）「(1)商議の過程で相手方によって与えられた不当な情報を合理的に信頼して契約を締結した当事者は，情報の提供者が(a)その情報が不当であると信じ，またはそれが正しいと信じるための合理的な理由を有さず，かつ(b)合意された条件で契約を締結するかどうかを決定するに際して，受領者がその情報を信頼することを知りまたは知ることを合理的に期待されえた場合には，その結果として被った損害の賠償請求権を有する。(2)本条は契約解除権を有しない場合でも適用される。」

ヤンセン／ツィンマーマンによれば，この場合合理的な信頼という要件の挿入は，PECLの法文に対する意味の多い厳密化を意味する。PECLにおいてこの客観的に自明的な要件は，従来注釈においてのみ言及された。さらに最初の主観的な要件の徴標が変容されている（(1)(a)）。この変容は，定式化とともに同時に立証責任が決定される場合にのみ実体的な変更を意味する。しかし，ドイツで自明的なのとは異なり，PECLでもDCFRでもそれは前提されえない。それに対して，注釈がこの場合総体的に強く手が加えられたにもかかわらず，注釈に詳しく説明されていない(1)(b)の新しい標識は問題である。新しく定式化された(1)(a)をより詳しく説明する長い章句は挿入されたが，(1)(b)の事例のいかなる種類をもくろんでいるかの比較しうる指摘は欠けている。再びもっと理論的なかつ実際的な熟考が問題となっているようにみえる。いかなる事情のもとで契約商議の枠内で与えられた情報が相手方にとって重要でないことから出発すべきかは全く明らかでない。それとともに明らかに帰責事由要件（知りまたは合理的に知ることができた）は相手方の正当な信頼にも関わりうる。それによれば，表意者は，彼が不当であるとしても帰責事由なしに，相手方がその言明を検討するであろうことを前提しうる場合，責任を免れるであろう。しかし，かような主観的要件の徴標がこ

---

[68] von Bar/Clive (ed.), op. cit., p. 484.

の関係において意味があるかどうかは疑わしい。なぜならば，相手方の言明を信頼しうるかどうか，すなわち，信頼が正当であるかどうかは，事実問題ではなく，法律問題だからである。その限度で通例免責される不知は存しえない。換言すれば，正当に信頼しうる者はまた彼の相手方が知っていることを前提となしうる。したがって，新しい要件は空虚である。おそらくPECLは，これらの理由から正当な信頼という要件を注釈の中で追放した。いずれにせよその付加的要件は理論的に理由づけられているが，内容的に歓迎されるべきでなく，かつ詳論するまでもなしに誤りである[69]。本条による損害賠償請求権は，情報が適正であれば受け取ったであろう価額と実際に受け取った価額との差額に向けられるのが普通であるが，それを超えた損害 (consequential loss) が発生した場合はそれも含まれうる[70]。

(c) 詐欺，強迫，不公正なつけ込み等

 DCFR Ⅱ－7：205条（詐欺）によれば，当事者は，相手方が言語によるものであろうと，行動によるものであろうと，詐欺的な不実表示によりまたは信義及び公正な取引または予めの契約上の情報提供義務が相手方に開示を要求する情報の詐欺的な不開示により契約の締結に導いた場合に契約を取り消しうる（1項）。不実表示は，それがその表示が誤りであることを知りまたはそのように信じてなされ，かつ受領者を錯誤に陥らせることが企図されていたときは，詐欺的である。不開示は，情報が伝えられない者を錯誤に陥らせるために企図されたときは詐欺的である（2項）。そしてDCFRの詐欺規定は，PECLと同様，信義及び公正取引が当事者に特定の情報を開示することを要求するか否かを決定するときに，(A)当事者が特別の専門性をもっているかどうか，(B)当事者にとっての当該情報の取得費用，(C)相手方が他の手段でその情報を合理的に取得しえたかどうか，(D)相手方にとっての情報の明白な重要さを含む総ての事情が顧慮されるべきである（3項）。」本条においても詐欺となるためには相手方の欺罔の故意と不正確な表示に対する被欺罔者の信頼が必要である。基本的な事実の不開示が信義則及び衡平な取

---

(69) Jansen/Zimmermann, AcP. Bd. 210, S. 246-247; Id., Oxford Journal of Legal Studies, Vol. 31, No. 4, p. 659.
(70) von Bar/Clive (ed.), op. cit., p. 489.
(71) von Bar/Clive (ed.), op. cit., p. 493-494.

III 補論3　意思表示論の立法的展開

引に反するときも欺罔の意思があれば詐欺となりうる[71]。本条3項の考量要素は例示的なものである[72]。

　DCFR II－7：206条は強迫（coercion or threats）について定める。当事者は，相手方が強迫または加えることまたは契約を締結させるための手段として用いることが違法な緊急かつ重篤な害悪によって契約を締結させた場合に契約を取り消しうる（1項）。怖れは，その状況において怖れを抱いた当事者が合理的な選択肢を有したときは，契約を締結させたとは見られない（2項）。PECL, PICCと同様な規定である。労働者が上司に自分の給料を挙げてくれないと上司の妻に上司の浮気をばらすと告げた場合のように，それ自体としては適法な行為も利得を獲得するために不適当な方法で用いられる場合は強迫となる（本書125頁以下参照）。強迫が被強迫者の意思決定に影響を与えたのでなければ本条は適用されないが，強迫が契約を締結した唯一の理由である必要はない。また強迫に屈した当事者，例えば工事の請負人から報酬を増やさないと工事を中止すると脅されて，それに応じた当事者が，約束された額で仕事を引き受けてくれる他の者を見つけることができた，あるいは請負人に約束された額での仕事を命じる裁判所の命令を取得できたであろうという場合は，本条は適用されない。被強迫者が合理的な代替手段を有したであろうことの立証責任は，強迫した側に帰する[73]。

　DCFR II－7：207条は，不公正なつけ込みを規定する。当事者は，契約締結時に，(a)相手方に依拠しまたは信頼関係を有し，経済的に困窮しまたは差し迫った必要があり，浅薄，無知，無経験であり，または交渉技術を欠き，かつ(b)相手方がこのことを知りまたは知ることが合理的に期待されえた場合で，契約の状況及び目的に照らして過度の利益または大いに不公平な利益を得ることによって最初の当事者の状況を濫用したときは，契約を取り消しうる（1項）。しかし，PECLにおけると同様，取消権を有する当事者の要求に基づいて，裁判所は，それが適切であるときは，信義及び公正な取引の要件が考慮されたとすれば合意されたであろうところと調和させるために契約を適合させうる（2項）。また不公平なつけ込みのための取消の通知を受け取った当事者の要求に基づいて，この当事者がそれを受け取った後不当に遅滞なくかつその当事者がそれを信頼して行動する前にその通知を与

(72)　von Bar/Clive (ed.), op. cit., p. 494.
(73)　von Bar/Clive (ed.), op. cit., p. 501-502.

えた当事者に通知することを条件として裁判所は同様に契約を適合させうる（3項）。教育も取引経験もない者が相続によって財産を取得した場合に，実際の価額よりも著しく低い額で，しかも今すぐに売却しなければ高く売れる機会を逃すと説明されて売却した場合や家族と一緒に乗った車が事故に遭い，負傷した家族を治療する病院が近くにない場合に，適当な病院のある町まで連れて行くことを約束したタクシー運転手が通常の5倍の料金を要求し，かつ依頼者がそのことを知らない場合が本条の超過利益の事例である。依頼者が要求された料金が法外な額であることを知っていたが，そのタクシーに頼むしか方法がなかった場合はこの限りではない[74]。著しく不当な利益を獲得する場合とは，生活に困っている寡婦がいて，その寡婦の住んでいる不動産を取得したいと考えていた隣人が，その寡婦が隣人を信用しているのをいいことに，その売買が自己の利益になることを知りつつ，彼女に自己への売却を勧め，その代金では近隣のどこにも居住できる不動産を見つけることができないことを指摘しなかったような場合である[75]。

(d) 行為者の範囲，詐欺，強迫，不公正なつけ込みの効果

　第三者が本人に代わって契約を締結する場合についても，DCFRは，PECL，PICCと同様の規定を置く。それによれば，当事者の行為について責任を負う第三者または当事者の同意を得て契約の締結に関わった第三者が，(a)錯誤を惹起しまたは錯誤を知りまたは知っていることを合理的に期待でき，または(b)詐欺，強迫または不当なつけ込みの責任を負うときは，本章の救済規定がその行動または認識が当事者の行動または認識であるかの如くに適用されうる（Ⅱ-7：208条1項）。その行為について当事者が責任を負わず，かつ当事者の同意を得ていない第三者に詐欺，強迫または不当なつけ込みの責任があるときは，当事者が当該事実を知りまたは知ることが合理的に期待できまたは取消時に契約を信頼して行動していない場合に，本章の救済規定が適用されうる（同2項）。

　錯誤，詐欺，強迫，不当なつけ込みの効果は取消であり，取消は相手方への通知によってなされる（Ⅱ-7：209条）。通知が相手方に届かなければ

---

(74) von Bar/Clive (ed.), op. cit., p. 508-509.
(75) von Bar/Clive (ed.), op. cit., p. 509.
(76) von Bar/Clive (ed.), op. cit., p. 518.

III 補論3　意思表示論の立法的展開

取消の効力は生じない(76)。取消により契約は遡及的に無効になる（II－7：212条1項）。当事者は相互に契約により受け取ったものまたは金銭的な代償を不当利得規定に従って返還する義務を負うが（同2項），契約により移転した所有権の復帰については物権に関するルールに服する（同3項）。DCFRでも取消による返還関係は不当利得返還請求の問題とされている。動産の移転を目的とする契約が取り消された場合は，DCFR第8巻（動産所有権の取得と喪失）が適用され，動産所有権は取り消された契約によっては移転しないという原則がとられる。取消は所有権についても遡及効を有する（VIII－2：202条）。DCFR第8巻の適用を受けない場合は，適用のある国内法の支配を受ける(77)。取消の原因が契約の特定の条項のみに関わる場合は，一部取消も認められうる（II－7：213条）。場合によっては，1つの条項に関する錯誤に基づいて全部の契約を解除することが合理的である。契約の残部を維持することが不合理だという証明の負担は，契約全部の取消を主張する側にある。詐欺や強迫の場合は，被害者が契約全部の取消を求める場合には，それを許容することが適当であろう(78)。

取消権者による追認も認められうる（II－7：211条）。取消権の行使は，当事者が当該事実を知りまたは知ることを合理的に期待できまたは自由に行動できるようになったときから合理的な期間内になすことを要する（II－7：210条）。PECL 4：113条2項に相当する規定は，DCFRでは採録されていない。

取消権者は，契約が取り消されるか否かを問わず，相手方が取消の原因を知りまたは知ることを合理的に期待しえた場合は，相手方に錯誤，詐欺，強迫または不当なつけ込みの結果として生じた損害の賠償を請求しうる（II－7：214条）。損害の回復とは，損害を受けた当事者が契約が締結されなかったとしたら有するであろう状況に可能な限り近い状況に置くようにすることである。但し，当事者が契約を取り消さない場合は，損害は錯誤，詐欺，強迫または不当なつけ込みによって惹起された損害を超ええない（同2項）。その他の点では，契約上の債務の不履行に対する損害に関するルールが適当な修正のもとに適用される（同3項）。

詐欺，強迫及び不当なつけ込みに対する救済は排除または制限されえない

---

(77) von Bar/Clive (ed.), op. cit., p. 524.
(78) von Bar/Clive (ed.), op. cit., p. 527.

（Ⅱ－7：215条1項）。錯誤に対する救済は排除または制限が信義及び公正な取引に反する場合を除き，排除または制限されうる（同2項）。

DCFRではまた，上記の意思表示に関するルールと不履行による救済規定とを当事者が任意に選択しうるとし（Ⅱ－7：216条），PICC（3.7条（錯誤につき））ではなく，PECLの立場を採用している。

(2) 日本における展開

(イ) はじめに

日本で現在進められている民法（債権法）の改正作業は，2006年頃から始められたといわれるが，2009年には「民法（債権法）改正提案」という形で公刊され，広く日本全国の学者，実務家の目に触れるところとなった。この日本の債権法改正提案は，2001年に連邦議会を通過して法律となったドイツの債務法改正作業には含まれていなかった，民法総則に属する意思表示に関する規定も含むものとなっている。

2009年に公表された新提案は，その後パブリックコメントに付され，その集計も公刊されている。意思表示論の分野では，心裡留保，通謀虚偽表示，錯誤，詐欺，強迫，意思表示の効力発生時期などそのすべてのルールにつき検討が加えられたが，特筆すべきものに，英米法の不実表示ルールの民法の一般規定としての導入が挙げられる。錯誤の要件は現行錯誤規定と同じ要件が立てられ，いわゆる二元説が維持されることになったが，錯誤の効果は取消権の付与とされ，第三者保護規定も置かれることになった。強迫の要件は基本的にこれまでと同様であるが，相手方の無経験，無知などを利用してなされる契約を無効とする規定が公序良俗に関する一般規定と並んで置かれることになった。

2013年2月には，これまでの議論を踏まえて，法務省は，中間試案を公表した。これは来るべき民法（債権法）改正案のたたき台となる重要な草案であり，意思表示に関するものは心裡留保，錯誤，詐欺，意思表示の効力発生時期等，意思表示の受領能力の5つに分けられている。このうち以下では前の3つを中心に考察を加えよう。

III 補論3　意思表示論の立法的展開

(ロ)　心裡留保，虚偽表示

　中間試案でも相手方が意思表示に対応する内心の意思がないことを知り，または知ることができたときは相手方を保護する必要はないという心裡留保の骨格は維持される（第3，1(1)）。2009年の改正提案では，表意者の意思表示が真意でないことを相手方が知ることができた場合でも，表意者が真意を有するものと相手方に誤信せしめるため，表意者がその真意でないことを秘匿したときは，意思表示は無効とはならないという但書規定が置かれていたが（[1.5.11]＜1＞＜イ＞）[79]，削除された。2009年提案のこの但書は，諧謔表示ではない，狭義の心裡留保の場合には意思表示が無効とされる要件を加重する（相手方が悪意の場合にのみ意思表示を無効とする）ものであるが，諧謔表示と狭義の心裡留保の区別が困難な場合がある，狭義の心裡留保に該当するとされる典型的な場合が必ずしも明らかでない，仮に表意者の意図に応じて心裡留保の意思表示を無効とするための相手方の主観的な事情に差異がありうるとしても，過失という規範的要素を判断する際に考慮することによって妥当な結論を導きうるという理由で，削除されたものである[80]。また中間試案では，2009年改正提案と同様，心裡留保の意思表示が無効となるための相手方の認識の対象について表意者の真意から表意者の真意ではないことに改められた。また善意の第三者保護に関する判例[81]のルールが明文で導入された（第3.1(2)（[1.5.11]＜2＞））。

　これに対して通謀虚偽表示ルールについては，中間試案には特別の言及はない。2009年提案では，これについては，相手方と通じてした虚偽の意思表示は無効とする（1項）。この意思表示の無効は善意の第三者に対抗することができない（2項）という現行規定（94条）を踏襲する規定が置かれていただけであり（[1.5.12]），起草者は現行94条をそのまま維持する意図であった[82]。中間試案でも，この立場を踏襲する趣旨であると考えられる。

---

(79)　その法的論拠については，民法（債権法）改正検討委員会編・詳解債権法改正の基本方針I（2009年）91-95頁参照。

(80)　民法（債権関係）の改正に関する中間試案の補足説明12-13頁。但し，狭義の心裡留保と諧謔表示を区別して規定すべしとする学説はなお有力である（円谷編著・民法改正案の検討第2巻（2013年）287頁［村田彰］）。

(81)　最判昭和44・11・14民集23巻11号2023頁。

第三者保護要件についても，現行法上第三者の善意無過失を要件とする立場が有力であることは周知のごとくであるが[83]，起草者は，故意に虚偽表示をした者が第三者に自分のした虚偽表示を信じないように注意せよと要求できるのは問題だという理由で，善意のみを要件とする立場をとっている[84]。

(ハ) 錯　　誤

　2009年の改正提案では，錯誤の概念は，現行民法95条におけると同様の，サヴィニー以来の動機錯誤と内容錯誤とを区別し，後者のみ民法95条の適用を受けるという立場がとられたが[85]，この中間草案では，このような錯誤の概念のほかに，意思表示の相手方が事実と異なる表示をしたために表意者を錯誤に陥らせた場合は，動機錯誤であっても，表意者が錯誤による保護を受けうるという立場も採用された（第3.2(2)(イ)[86]）。後者の錯誤の概念は，比較法的には英米法，PECL，PICC，DCFRなどでみられるものであり，決して錯誤法として新しいものではないが，この日本の新提案では，こ

---

(82) 民法（債権法）改正検討委員会編・詳解基本方針Ⅰ，96頁以下参照。民法94条2項が仮装登記の事例など権利外観論の根拠規定となっていることは周知の如くであるが，民法の改正に際して権利外観の一般規定を設けるべきだとする立場もある。民法改正研究会・国民・法曹・学界有志案60条「(1)54条（虚偽表示）の要件を満たさない場合であっても，自ら真実に反する権利の外形を作出した者は，その権利が存在しないことを善意の第三者に対抗することができない。(2)前項の要件を満たさない場合であっても，真実に反する権利の外形の存在に責めに帰すべき事由を有する者は，その権利が存在しないことを善意無過失の第三者に対抗することができない。」（民法改正研究会・国民・法曹・学界有志案129頁）。民法（債権法）改正審議会内部でも同旨の提案をする委員も見られた（第31回会議議事録10頁以下（商事法務編・民法（債権関係）部会資料集第2集＜第2巻＞（2013年）87頁以下）［松岡，中井委員］，402-404頁）。
(83) 内田貴・民法Ⅰ［第4版］（2008年）54頁以下，幾代通・民法総則［第2版］257頁，四宮和夫・民法総則［第4版］163頁。
(84) 民法（債権法）改正検討委員会編・詳解基本方針Ⅰ，97，102頁。第三者の挙証責任は第三者側にあるとするのが判例である（最判昭和35・2・2民集14巻1号36頁，最判昭和41・12・22民集20巻10号2168頁）。
(85) 起草理由については，民法（債権法）改正検討委員会編・詳解基本方針Ⅰ，104頁以下参照。
(86) このような立場は，法制審議会民法（債権）部会第64回会議（平成24年12月4日）で配布された「民法債権関係の改正に関する中間試案のたたき台(1)」部会資料53，7頁で最初に示された（円谷編著・民法改正案の検討第2巻345頁［鹿野菜穂子］参照）。

267

Ⅲ 補論3　意思表示論の立法的展開

れらの法圏あるいは契約法原則で認められている錯誤の1つの場合だけを定め，相手方が表意者の錯誤を予見可能であった場合の表意者保護規定は採用されていない。またこのような不実表示を錯誤制度のバリエーションに含ませる立場は，不実表示を錯誤，詐欺とは別箇独立の新ルールとして導入することが取引社会の混乱を招来させる懸念があるとすれば，不実表示による錯誤をカバーする錯誤法の制度設計を行い，適切な運用に努めるべきだとしてわが国の学者によっても主張されていたところである[87]。不実表示規定は，わが国の民法学で一般的に認められてこなかったルールで，2000年の消費者契約法により事業者，消費者間の取引につき，所定の重要事項に関する限りにおいて表意者に取消権が付与されている（消費者契約法4条1項1号，4号）。このルールは消費者保護という法目的に適合したものであり，2004年には，特定商取引法の改正により訪問販売（同9条の3），電話勧誘販売（同24条の2），連鎖販売取引（同40条の3），特定継続的役務提供（同49条の2），業務提供誘因販売（同58条の2）にも拡大されている。しかし，不実表示規定を消費者間取引や事業者間取引にも一般的に拡大することは，取引を上手に進めることにより自己に有利な取引内容を形成する機会を制約することにもつながるため，特に事業者サイドからは支持が得にくいと考えられる[88]。

　中間試案では，既述のようにこの不実表示ルールを錯誤規定の中に落とし込む立場を採用している。すなわち，相手方の不実表示により表意者が動機錯誤に陥りそれに基づいて意思表示をしたときは取消権を行使することができる。起草者によれば，この**第3. 2(2)(イ)** の規定は，2009年提案で提示されていた不実表示規定（[1. 5. 15]）[89]を動機錯誤原則として再生したもので

---

[87] 円谷編著・民法改正案の検討第2巻278頁［武川幸嗣］，336頁以下［鹿野］。もっとも松尾教授は，不実表示のルールを意思表示の欠陥を理由とする効力否定の法理である意思表示論に取り込むことは，木に竹を接ぐ感がすると主張される（松尾弘「民法改正における規範的意思主義と合意主義の相克」森・池田編・内池慶四郎先生追悼論文集　私権の創設とその展開（2013年）547-548頁）。

[88] 円谷編著・民法改正案の検討第2巻335頁［鹿野］，金融財政事情研究会編・「民法（債権関係）の改正に関する中間的な論点整理」に対して寄せられた意見の概要（2012年）1603-1627頁，商事法務編・部会資料集第2集＜第2巻＞444-451頁（部会資料29，7-14頁）参照。

[89] 立法理由については，民法（債権法）改正検討委員会編・詳解基本方針Ⅰ，124頁参照。民法改正研究会有志案56条にも不実表示及び情報の不提供に関する規定が提案されていた（民法改正研究会・国民・法曹・学界有志案125頁，円谷編著・民法改正案の検討第2巻333頁［鹿野］）。

ある。その結果中間草案の規定は，不実表示のルールを採り入れたものであるが，錯誤法の制約を受けるため，相手方の不実表示により意思表示をしただけでは不十分で，①（動機の）錯誤に陥った表意者がその真意と異なることを知っていたとすればその意思表示をせず，かつ通常人であってもその意思表示をしなかったであろうと認められること，および②（動機の）錯誤に陥った表意者に重大な過失がなかったことが必要である。①の要件は，その動機の重要性が一般性をもつことを要求し，また②の要件は，表意者と相手方との関係，特に専門的知識の有無や注意義務の程度に影響を与えると考えられる。従って，中間試案の立場は，民法上の一般理論として不実表示規定を導入するのとは異なり，錯誤の問題とすることにより消費者間または事業者間の取引にも一般的に適用されるルールとしての適切さを備えるに至ったということができる。例えば，素人が専門家に事実とは異なったことを言って取引が成立した場合，表意者たる専門家に錯誤に陥るについて重過失があるとしてその取消の主張を制限することが考えられる。事業者間や消費者間の取引でも，この②の要件を用いて当事者間の利害のバランスをとることが可能であろう。しかし，錯誤の規定に解消するとはいえ，相手方の不実表示によって動機錯誤に陥った表意者を一定範囲で保護することは，事業者から取引のうまみを失わせることであり，依然として実務家が反対の立場をとり続けるであろうことが予想される。中間試案の立場は，英米法やPECL, PICC, DCFRで認められている３つの錯誤要件のうち，相手方が表意者の錯誤を惹起した場合（表意者が相手方の不実表示によって意思表示をした場合）を錯誤の一類型として取り込むものである。立法的に批判の多い表意者の（動機）錯誤を相手方が認識可能であった場合にも錯誤取消を認めるという考え方はこの中間試案はとっていない。このことは賛成されうる。また共通（的動機）錯誤については，現行法上も英米法やPECL, PICC, DCFRと日本法とで法的処理の仕方は基本的に同様である。

次に2013年提案の錯誤規定の内容を立法提案に即して説明したい。第１項は，伝統的な法律行為の要素の錯誤について規定する。いわゆる表示錯誤，内容錯誤に関する規定である。これまでの日本の判例，学説に従って表意者がその真意と異なることを知っていたとすれば表意者がその意思表示をせず，かつ通常人であってもその意思表示をしなかったであろうと認められるときに，表意者が保護されるとする[90]。また本項は，錯誤の効果がこれまでの

Ⅲ 補論3　意思表示論の立法的展開

ような無効ではなく，取消権の付与であることを明らかにする[91]。錯誤の効果は多くの国で取消とされている。相対的無効が取消に極めて近いことは多くの人によって認められている。取消とすると期間制限が普通に導入されるべきことになるが，これについても異論は少ないであろう[92]。

　第2項は，目的物の性質，状態その他の意思表示の前提となる事項に関する錯誤の場合に，(ｱ)意思表示の前提となる当該事項に関する表意者の認識が法律行為の内容になっている場合と(ｲ)表意者の錯誤が，相手方が事実と異なることを表示したために生じたものであるときに（不実表示者の過失は要件ではない），第1項で述べた要件（主観的要件と客観的要件）のもとに錯誤取消を認める。起草者によれば，(ｱ)についても(ｲ)についても，第1項の要素の錯誤となるための客観的要件および主観的要件を満たさなければならない[93]。(ｱ)はこれまでのわが国の判例，学説により認められてきた要件であり，問題は少ないと思われる。ただ動機ないし性質の表示が要件とされていないが，判例，学説は黙示の表示も認めてきたため，動機または性質が法律行為の内容になったという要件との違いはほとんどないといってよい[94]。(ｲ)は，前記のようないきさつをもって導入されている。起草資料には，現実の裁判例においては，相手方が事実と異なる表示をしたために表意者が動機の錯誤に陥った場合には，動機が表示されていること，あるいは動機が法律行為の内容となっていることなどの要件を満たさなくても錯誤無効が認められてきたという記述があるが[95]，戦前を含めたわが国の錯誤判例をみる

---

(90) 大判大正7・10・3民録24輯1852頁。
(91) 民法（債権法）改正検討委員会編・詳解基本方針Ⅰ，116-117頁。
(92) もっとも松尾教授は，共通錯誤の場合を例に挙げて，無効構成が妥当性を有する場合があると指摘される（松尾・前掲論文森・池田編・前掲書546頁）。しかし，表意者が錯誤を理由として取消権を行使しうる場合にあえて無効を主張するメリットがどこにあるか明らかでない。表意者が錯誤を理由に既履行給付の返還を主張する場合に，それを取消権の行使と読み替えるといった方法によるべきであろう。
(93) 中間試案の補足説明14頁（商事法務編・民法（債権関係）の改正に関する中間試案（概要付き）（2013年）5頁）。
(94) 鹿野教授は，これまでのわが国の判例などを整理され，動機の法律行為の内容化の判断においては，契約類型や契約書の記載等の客観的な要素のほか，当事者双方の当該契約をめぐる諸事情が考慮に入れられるべきだとする（鹿野菜穂子「動機の錯誤の法的顧慮における内容化要件と考慮要素」森・池田編・前掲書246頁以下）。
(95) 部会資料29第1，2の補足説明3，9頁（商事法務編・部会資料集第2集＜第2巻＞446頁）。

と，より正確には，相手方が誤った事実を告げたことによってその錯誤が引き起こされた場合に，動機が（表示されて）契約内容または契約の不可欠の前提とされて，民法95条の適用を認める裁判例がみられるというべきであろう[96]。もっともこのような一元的構成は，既述のように比較法的には決して珍しい構成ではない。有力説は，上記(イ)について英米の不実表示ルール[97]同様表意者の信頼の正当性要件を加えるが[98]，必ずしも独立の要件とすべきではなく，いわゆる逆適用の場合（事業者（使用者）が消費者（労働者）の不実告知を理由に契約の取消を主張する場合）を含めて，錯誤の重要性（客観的要件），表意者の重過失の有無の問題に解消すべきではないかと考える。このような錯誤の定式は，事業者には敬遠されるが，消費者保護には適切なものということができる。しかし，起草者によれば，このような考え方は，当事者間に一般的な意味での交渉力や情報の格差があるかどうかにかかわらず妥当する[99]。また起草者によれば，後述詐欺による意思表示の場合と同様，相手方の代理人または媒介受託者が事実と異なる表示をした場合には，相手方本人が事実と異なる表示をした場合と同様に表意者による取消が認められるべきである[100]。

中間試案の錯誤規定について石崎教授は，内容的にはこれでよいとされながら，第2項の(1)要素の錯誤と(2)動機の錯誤とを統合して相手方の認識可能性を要件として取り込んだ包括的規定とすべきだと主張される[101]。しかし，石崎教授の見解では日本の錯誤法をいわゆる英米法的な一元説に転換させることになり，必ずしも妥当とは言えないと考える。中間試案第2項の(2)は，従来のサヴィニー的な錯誤論から出発しながら，主に消費者保護のために相手方が表意者の動機の錯誤を惹起した場合への錯誤の適用範囲の拡大を認めるものであって，英米法やPECL，PICCのような表意者の動機錯誤につき相手方に予見ないし予見可能性があるにすぎない場合への錯誤の適用を認めない立場をとっており，実質的にもまた規定の仕方としてもそれ以

---

(96) 最判平成16・7・8判時1873号131頁，東京高判平成19・12・13判時1992号65頁，円谷編著・民法改正案の検討第2巻338頁［鹿野］。
(97) アメリカ契約法第二次リステイトメント164条1項など。
(98) 円谷編著・民法改正案の検討第2巻341頁以下［鹿野］。
(99) 中間試案の補足説明20頁。
(100) 中間試案の補足説明21頁。
(101) 石崎泰雄・新民法典成立への道——法制審議会の議論から中間試案へ——（2014年）66頁，255頁。

Ⅲ 補論3　意思表示論の立法的展開

上の統合は実際上は困難ではないかと考えられる。

中間試案の錯誤規定について浜田教授はまた，近時有力化している新二元説の立場から，意思表示の内容は，契約の種類，相手方，目的物，有償契約であれば代金額という当該要素が欠ければ契約が成立しない本質的効果意思と目的物の性質や状態その他意思表示の前提となる事項（動機）たる非本質的効果意思とに分類され，前者は錯誤があれば錯誤取消の対象となるのに対して，後者は当該動機が合意された各々の法形成において顧慮すれば足りるとされるが，中間試案第2項(イ)の立場が錯誤の一般条項化による無制限な利用を制限するものである限り，支持されうると指摘される[102]。浜田教授もまた新二元説の論者として表示錯誤と動機錯誤とが構造的に異なるとの立場に立たれるが，ここにいう動機が合意された法形式が条件や担保規定，不完全履行だけでなく，中間試案第2項(イ)のような規定をも含むとする点でこれまでの新二元説から一歩踏み出すものといえよう。

第3項は，第1項および第2項の錯誤の場合に，錯誤に陥った表意者にそれにつき重過失があったときは，(ア)相手方に表意者が錯誤に陥るにつき悪意があり，または善意でもそれについて重過失がある場合，および(イ)相手方もまた表意者と同一の錯誤に陥っている場合を除いて，表意者は錯誤取消を主張しえないと規定する。本項は，従来のわが国の多数説に従って上記(ア)および(イ)の場合に表意者を保護する立場を明らかにする。もっとも，表意者に錯誤に陥るにつき重過失があった場合において相手方もまた錯誤に陥っていた（共通錯誤）という事例で，表意者に錯誤取消を認める点については，議論の余地があるという指摘もある[103]。

以下に若干の事例を挙げて考察しよう。絵画商が顧客に著名な画家の絵画を一幅500万円で売却した。その絵画がその画家の真筆であるという前提での売買である。売主は専門家としてその絵画が偽筆でないかどうか調査する義務があり，それを懈怠したことに重過失があったとしよう。この場合買主もまた錯誤に陥っていれば共通錯誤である。この場合この中間提案によれ

---

[102] 浜田絵美「動機錯誤の法的処理に関する一考察」植木編・高森先生古稀記念論文集　法律行為論の諸相と展開（2013年）74-75頁。浜田教授はさらに，中間試案第1項の「真意」は不明確だから採用すべきでない，第2項(ア)の「表意者の認識」は一方当事者の認識とも読み取れるから好ましい表現とはいえない等と主張される（同書76-77頁）。

[103] 鹿野菜穂子「錯誤，不実表示」法時86巻1号（2014年）9頁。

ば，売主は錯誤取消を主張しうる（第3項(イ)）。買主が売主が錯誤に陥ったことにつき悪意であり，または善意であったとしてもそれにつき重過失がある場合も錯誤取消を主張しうる（第3項(ア)）。これらの結論は支持することができよう。次に，絵画商が顧客に著名な画家の贋作として一幅500円の絵画を売却したが，本当は500万円の価値がある真筆であったとしよう。その絵画商がそのような錯誤に陥るについて重過失があったのであれば，売買契約を取り消しえないが，買主もまた錯誤に陥っていれば，売主は錯誤を理由として売買を取り消しうる（第3項(イ)）。買主が売主が錯誤に陥ったことにつき悪意であり，または善意であってもそれにつき重過失がある場合にも売主は取り消しうる（第3項(ア)）。これらの結論も一応支持することができよう。共通錯誤の場合にも重過失ある表意者が錯誤取消を主張しうるとする点は，これまでわが国で必ずしも共有されてきたものではないが，相手方がそれによって信頼損害を被った場合はその塡補を問題にすれば足り，共通錯誤である場合は法律行為は原則的に取り消される（または契約内容を改定される）べきだと考えることができよう。

なお，2009年提案にはそれ以外に相手方が表意者の錯誤を惹き起こしたときも，表意者に重過失がある場合でも錯誤取消を主張しうると規定されていたが（[1.5.13]＜3＞＜ウ＞），削除された[104]。その理由は，不実表示の中には相手方に軽過失しかないあるいは軽過失すらない場合も存在しうるのであり，その場合に重過失ある表意者の利益がなお優先されるという利益衡量には問題があることに求められている[105]。

第4項は，錯誤による意思表示の取消が善意，無過失の第三者に対抗できないと規定する。従来錯誤者が（善意の）第三者に意思表示の無効を対抗しうるかにつき議論があり，古い判例の中には明文の第三者保護規定がないことから第三者保護を否定するものもあったが，近時の学説の多くは，取引の安全を強調する立場から善意（無過失）の第三者を保護すべきだとする。本項はこの近時の多数説に従うものである[106]。

---

(104) 円谷編著・民法改正案の検討第2巻298頁［滝沢昌彦］。
(105) 鹿野・前掲論文法時86巻1号10頁。
(106) 民法（債権法）改正検討委員会編・詳解基本方針Ⅰ，120-121頁参照。

III 補論3　意思表示論の立法的展開

(ニ)　詐欺，強迫

　2009年改正提案では，詐欺に関する規定（[1.5.16]）と強迫に関する規定（[1.5.17]）が分断され，強迫に関する規定は被強迫者に取消権を与えるという単純なものであるが，詐欺の場合は複雑なルールを定めた。それによれば，詐欺による意思表示は取り消すことができるが（1項），信義誠実の原則により提供すべきであった情報を提供しないことまたはその情報について信義誠実の原則によりなすべきであった説明をしないことにより故意に表意者を錯誤に陥らせまたは表意者の錯誤を故意に利用して表意者に意思表示をさせたときも，詐欺による意思表示があったものとする（2項）。本項は，沈黙による詐欺に関する一般的な考え方をリステイトしたものである[107]。また相手方に対する意思表示について第三者が詐欺を行った場合でも，＜ア＞その第三者が相手方の代理人その他その行為につき相手方が責任を負うべき者であるとき，または＜イ＞表意者が意思表示をする際に当該第三者が詐欺を行ったことを相手方が知っていたときまたは知ることができたときは，その意思表示を取り消すことができる（3項）。3項＜ア＞及び＜イ＞の提案は，PECL 4：111条1項，2項やPICC 3.11条1項，2項の影響を受けたためであろうと指摘される[108]。1項から3項までの意思表示の取消は，善意無過失の第三者に対抗することができない（4項）。

　これに対して，強迫の場合の取消には上記のような詐欺に関するルールの適用はない。すなわち，第三者の強迫の場合も，表意者は意思表示を取り消しうるし，善意の第三者に対する関係でも表意者は取消による財産の返還を主張しうる。これは強迫に関する現行民法96条の立場を維持するものである[109]。しかし，今日ヨーロッパではこれとは逆に詐欺と強迫とで第三者との関係につき同じ扱いをする考え方が有力化していることは前述した。

　中間試案では強迫に関するルールは特に説明されていないが，これは現行規定（民96条）を維持するという趣旨である。また上記の詐欺に関するルー

---

(107)　民法（債権法）改正検討委員会編・債権法改正の基本方針33頁，同・詳解基本方針 I，138-139頁，142-143頁。
(108)　円谷編著・民法改正案の検討第2巻325頁，327頁［古谷英恵］。
(109)　民法（債権法）改正検討委員会編・詳解基本方針 I，148-149頁。

ルは，中間試案では1項と4項のみが維持され，2項は削除された。また PECL，PICC，DCFRのルールと同様であった3項の規定は修正された。

詐欺による意思表示に関する規定は，以下のように改められる（第3.3）。(1)詐欺または強迫による意思表示は，取り消すことができる。(2)相手方のある意思表示において，相手方から契約の締結について媒介をすることの委託を受けた者または相手方の代理人が詐欺を行ったときも，表意者はその意思表示を取り消すことができる。(3)相手方のある意思表示について第三者が詐欺を行った場合においては，上記(1)の場合を除いて，相手方がその事実を知りまたは知ることができたときに限り，その意思表示を取り消すことができる。(4)詐欺による意思表示の取消は，善意で過失のない第三者に対抗することができない。本条は，詐欺，強迫による意思表示に関する現行民法96条の規定を基本的に維持したうえで，近時の判例，学説の成果を採り入れるものである。それらは，相手方の代理人等による詐欺を相手方の詐欺と同視する規定(1)の追加，第三者の詐欺における本人がそれを知ることができた場合への詐欺被害者の保護の拡大(3)，第三者の保護要件の追加（相手方の無過失要件）(4)に関するルールである。

上記(1)は，2009年提案が詐欺の一場合として沈黙の詐欺をも明文上で規定していたのを削除し，現行法と同様詐欺という統一的な要件とすることを明らかにしたものである。2009年提案（[1.5.16]＜2＞）については，①告げるべき事実という概念は不明確で広すぎる，②同項の要件は，積極的に告げないことによって錯誤に陥れさせる（二重の故意）という構造になっており，従来認められてきた沈黙の詐欺よりも狭い，③沈黙の詐欺の概念は情報提供義務に関する規定で処理できる，④労働契約関係など当事者間に交渉力格差がある場合はそのことも考慮しなければならない等，規定を設ける必要性を疑問視する意見が多かったことを受けたものと考えられる[110]。

上記(2)は，相手方の代理人が詐欺を行った場合には相手方本人が悪意であるかどうかにかかわらず意思表示を取り消すことができるという判例法理[111]を明文化するとともに，相手方から契約締結の媒介の委託を受けた者が詐欺を行った場合も同様に相手方本人が悪意であるかどうかにかかわら

---

(110) 商事法務編・部会資料集第2集＜第2巻＞127頁以下，439-440頁，円谷編著・民法改正案の検討第2間 321頁［古谷］。
(111) 大判明治39・3・31民録12輯492頁。

Ⅲ 補論 3　意思表示論の立法的展開

ず意思表示を取り消すことができる旨の新たな規定を設けるものである。さらに 2009 年改正提案では，相手方が当該意思表示に関して使用した補助者としての地位にある者が詐欺を行った場合も相手方本人が詐欺を行った場合と同視すべきだとされていたが，この規定は削除された。どのような範囲の者の行為について相手方が責任を負うべきであるかは必ずしも明確ではない上，代理人と媒介受託者を除くと相手方の内部の者とはいえない者であってその詐欺について相手方が責任を負うべき者は必ずしも多くはないと考えられるというのがその理由である。中間試案ではまた，会社等の取締役，支配人，従業員またはこれらに類する者が職務の執行として詐欺を行った場合に，相手方（法人）が詐欺について悪意であったかどうかにかかわらず表意者はその意思表示を取り消すことができることを規定していないが，これは，これらの場合に詐欺取消を認めないわけではなく，従来と同様に詐欺取消が認められる[112]。

　(3) では (2) の場合を除く第三者の詐欺につき，表意者が取り消しうるためには相手方がそれを知ることができた場合も含むとされているが，これは，表意者の心裡留保の場合とのバランスを考慮したものである[113]。(4) の詐欺を前提にして新たに取引関係に入った第三者が保護されるための要件について，第三者の善意無過失を要するとしたのは，近時の多数説の立場に従うものである[114]。

㈹　暴　利　行　為

　日本の 2009 年新提案では暴利行為に関する規定も置かれた。それによれば，当事者の困窮，従属もしくは抑圧行為または思慮，経験もしくは知識の不足等を利用して，その者の権利を害しまたは不当な利益を取得することを内容とする法律行為は無効である（[1. 5. 02] ＜ 2 ＞）[115]。本条は，2013 年

---

[112] 中間試案の補足説明 26-28 頁（商事法務編・前掲書 6 頁）。
[113] 中間試案の補足説明 26 頁（商事法務編・前掲書 7 頁），28 頁。しかし松尾教授は，第三者による詐欺の場合に表意者に取消を認める根拠が相手方の行為態様が自ら故意に欺罔した場合と同視できることに求められるとすると，相手方が善意，有過失でも責任を負うとすることは問題があると主張される（松尾・前掲論文森・池田編・前掲書 551 頁）。
[114] 中間試案の補足説明 26 頁。

中間試案では以下のように改められた。相手方の困窮，経験の不足，知識の不足その他の相手方が法律行為をするかどうかを合理的に判断することができない事情があることを利用して，著しく過大な利益を得，または相手方に著しく過大な不利益を与える法律行為は無効とする（第1, 2(2)）。

　現行民法90条のもとで，判例は，他人の窮迫，軽率または無経験を利用し，著しく下当な利益を獲得することを目的とする行為（暴利行為）は公序良俗に反して無効だとし[116]，近時の裁判例の中には，さらに，必ずしもこの要件に該当しない法律行為であっても，不当に一方の当事者に不利益を与える場合には，暴利行為として効力を否定すべきだとするものも現れた。既存の関係から法律行為を拒絶することができない状態にあることを利用して過大な利益を得る行為を無効とする裁判例[117]や欺罔的，誇大な説明などを行い，相手方の無知に乗じて過大な利益を得る行為を無効とする裁判例[118]などがこれらの裁判例に該当する[119]。2009年の新提案も，2013年の中間草案も，いずれも公序良俗規定のほかに，暴利行為に関する規定もまた設けるという点で同じであるが，中間草案では，「困窮，経験の不足，知識の不足その他の相手方が法律行為をするかどうかを合理的に判断することができない事情」という主観的要素と「著しく過大な利益を得，または相手方に著しく過大な不利益を与える」という客観的な要素によって暴利行為に該当するかどうかを判断し，これら両要件を満たす場合に始めて，暴利行為に該当する法律行為を無効とするという規律を明文化している[120]。主観的要素には中間試案では2009年草案にはなかった「その他の相手方が法律行為をするかどうかを合理的に判断することができない事情」が加えられた。これはいわば一般条項であり，窮迫，軽率，無経験はその例示である。この一般条項はその他，一方当事者が他方当事者に対する強い信頼を置いている場合や

---

(115) 2009年提案の立法趣旨については，民法（債権法）改正検討委員会編・詳解基本方針Ⅰ，59-62頁参照。
(116) 大判昭和9・5・1民集13巻875頁。
(117) 大阪高判昭和54・3・29判時937号49頁（ホステス保証）。
(118) 津簡判昭和62・11・17判タ661号177頁（原野商法）。
(119) 山本教授によれば，近時の判例はその他，①優越的な地位の濫用などによる従属状態の利用，②心理的な圧迫状態の利用，③認知症やうつ病等による判断力の低下状態の利用を暴利行為（公序良俗違反）の判断に際して考慮する場合が多くなっている（山本敬三「法律行為通則に関する改正の現況と課題」法時86巻1号5-16頁）。
(120) 中間試案の補足説明3-4頁（商事法務編・前掲書2頁）。

III 補論3　意思表示論の立法的展開

一方当事者が心理的に他方当事者に従わざるを得ない状況にある場合に，他方当事者がこのような状況を利用することも含まれる[121]。客観的要素につき，中間試案では，不当な利得に代え著しく過大な利益の取得が要件となっているだけでなく，相手方に著しく過大な不利益を与えることもまた要件の1つに加えられている。相手方に著しく過大な不利益を与える行為とは，具体的には，表意者に権利を放棄させる行為，雇用契約等を解除させる行為，転居や廃業を約束させる行為などである。また著しくという要件は，公序良俗違反ないし暴利行為として無効となるのがあくまで例外であることを示す意味で付け加えられた[122]。

内田教授によれば，近時の外国の立法例をみると，状況の濫用という法理が採用されつつあり[123]，そこでは利益，不利益に著しく過大という要件は課されていない。本中間提案では，濫用への懸念が強いことにも配慮し，もう少し要件を絞っているが，状況の濫用に通ずる場面もカバーしているので，暴利行為という見出しをもつ独立の規定とするのではなく，公序良俗の1つの具体化としてその第2項に配置することが提案されている[124]。

暴利行為に関する規定は，従来民法90条の適用問題として判例，学説によって展開された法理の実定法化である。暴利行為規定の導入については，濫用の危険や判例の展開を止めてしまうというリスクがある[125]，ないしは，暴利行為に関する特別規定を設けることにより却って判断が硬直化する，あるいは，自由な経済活動を委縮させると指摘されるが，独禁法のみならず民法上も一定範囲で規制の対象になりうることを宣言することには大きな意味がある[126]，もしくは，私法の一般法である民法に当事者の一方が他方から不当な利益をむさぼるいわゆる暴利行為に関する規定を置くことは，不公正な取引や消費者被害に対する足掛かりを提供することになると反論されうる。

問題なのは，暴利行為規定の適用要件を厳しくすることによって，一般規定である公序良俗規定（民90条）が再び適用されることにならないかであ

---

(121) 中間試案の補足説明4頁。
(122) 中間試案の補足説明5頁。
(123) 大阪高判平成16・9・10判時1882号56頁（学納金返還訴訟）など。
(124) 内田貴・民法改正のいま（中間試案ガイド）（2013年）85頁。
(125) 沖野「特集／民法（債権関係）の改正に関する中間試案について」ジュリ1456号（2013年）18頁。
(126) 円谷編著・民法改正案の検討第2巻250頁［堀川信一］。

る。現に公序良俗規定（ド民 138 条 1 項）の他に暴利に関する規定（ド民 138 条 2 項）のあるドイツでは，給付不均衡の問題を今日ド民 138 条 2 項の暴利規定によってではなく，同条 1 項の良俗違反の一般規定により処理し（いわゆる暴利類似行為），その際特別重大な不均衡が存在する場合には，利得者の非難すべき態度が推定されるとされている[127]。もっともこの推定準則による解決は，主に消費者信用契約の事例に限定されており，また事業者間取引では認められていない[128]。ドイツでこのように実質的に暴利行為の場合に良俗違反の一般規定を適用するのは，暴利行為に関する規定における相手方の従属状態，未経験，著しい意思の薄弱を利用してという要件を満たさない場合があることを避けたためであるといわれる。中間試案でも「相手方の困窮，経験の不足，知識の不足その他の相手方が法律行為をするかどうかを合理的に判断することができない事情があることを利用して」という文言がある。しかしドイツでは，日本の利息制限法にあたる規定がなく，しかも暴利行為に関する規定の定める上記要件の適用が困難であるために公序良俗規定によっているのは，主に消費者信用取引の場合であるから，このような事例の多くは，わが国では利息制限法の規定によって処理され，ドイツにおけるような問題はあまり生じないのではないかとも考えられる。わが国で暴利行為に関する規定を公序良俗の一般規定とは別に設けることの妨げとはならないように思う[129]。

　このこととも関連して，暴利行為を定める規定の要件をどのように定めるか，また各々の要件の厳格な解釈をなすべきか，それとも柔軟な解釈を行い，しかもそれらの各々の要件を相対化する（相関的に判断する）ことも許されるのかが問題となりうる。厳格な解釈を行うとドイツのように暴利行為に関する規定の適用を避けて再び公序良俗の一般規定の適用による場合も生じうる。ドイツではこのような状況を避けるために，判例が利得者側の主観的要件を「非難すべき態度」に緩和し，被利得者側の主観的要件も「精神的苦境や経済的に弱い立場」へと緩和し，このような判例の変遷を受けて 1976 年改正では被利得者側の主観的要件に強制状態が追加されたといわれる[130]。

---

(127) RGZ 150, S. 1 ; BGHZ 80, S. 153（特別重大な不均衡は，給付間の価値の差が 100 ％を超える場合に認められる）。
(128) 円谷編著・民法改正案の検討第 2 巻 250-251 頁［堀川］。
(129) もっとも松尾教授は，暴利行為が公序良俗違反の一形態であることを強調される（松尾弘・前掲論文森・池田編・前掲書 541-542 頁）。

III 補論3　意思表示論の立法的展開

　中間試案の「相手方が法律行為をするかどうかを合理的に判断することができない事情があることを利用して」という要件については，被利得者側の状況に対する認識と過大な利得を得る意図の両者が要求されるのか，それとも前者の認識に加えて，過大な利得を得ることを認識しまたは認識しなかった場合でもそれに重過失があれば足りるかが問題となりうるが[131]，後者の立場のように解したうえで他の要件の具備の有無，程度と相関的に判断する立場がよいであろう。

　次に，利得者が「著しく過大な利益を得，または著しく過大な不利益を与える」という要件（客観的要件）については，この著しくという要件を2009年提案のようにはずすべきか，それとも中間試案のように加えるべきかが問題となりうる。堀川教授は，2009年提案に対する評価として，暴利行為の客観的要件は被利得者側の負担の側面から規定すべきであるから，著しいという表現は必ずしも必要でなく，撤廃すべきだと主張される[132]。しかし，暴利行為の要件を満たすとその法律行為は無効となるという重い効果が与えられるのだから，暴利行為となるのは，一般的には例外的な事例に限るべきであり，また取引の安全という要請からも著しくという要件を加えることはやむを得ないのではないかと考えられる。

　暴利行為違反の効果は無効である。これに関してPECL 4：109条2項やPICC 3.10条2項のような一部無効や契約内容の改定の主張を認めるべきかどうかが問題となりうる（本書238-239頁，262-263頁参照）。堀川教授は現段階において正面から一部無効や契約内容の改定を明らかにする必要はないと主張されるが[133]，将来的にこのような問題がわが国でも問題になる可能性は大いにあると考えられ，立法に際して考慮の対象にすることは意味があろう。

---

(130)　円谷編著・民法改正案の検討第2巻251-252頁〔堀川〕。
(131)　円谷編著・民法改正案の検討第2巻254頁〔堀川〕。
(132)　円谷編著・民法改正案の検討第2巻255頁〔堀川〕。
(133)　円谷編著・民法改正案の検討第2巻256頁〔堀川〕。

半田吉信

訳者あとがき

半田吉信

　日本でも令名高いドイツマックスプランク研究所名誉教授のケッツ博士の古稀を記念するシンポジウムは，編者まえがきでも述べられているように2005年11月14日にハンブルクで開催された。そこで行われた7つの講演は，錯誤，詐欺，強迫，不当威迫などいわゆる意思表示論に属するテーマに関するもので，しかも素材は，古代ローマ法，中世ローマ法，ドイツ，フランス，イタリア等のヨーロッパ法，英米法に至る広範かつ多岐にわたる分野にまたがっている。このシンポジウムの記録は2007年に上梓されて，日本人もこれを読むことが可能になり，訳者もこれを入手したが，それぞれの論文が極めて重厚で，全体としてみると意思表示論の全般にわたっており，しかも日本民法の定める意思表示に関するルールを超えた，あるいは民法の規定のいわば外側に位置する，不実表示，不当威圧，詐欺的手段を用いた駆け引き，あるいは，それに対応する嘘をつくことがどのような場合に許されるか，さらには，情報提供義務はどのような場合にまたどの範囲で認められるべきかといった，現在日本で議論されており，またこれからも問題とされ続けられるであろう論点が多彩に含まれ，我々の知的好奇心をいたく刺激するものであった。そこで日本でもこのシンポジウムの記録を訳出することは，意思表示の議論に幾ばくかの寄与をなすのではないかと考え，編集者のツィンマーマン教授に翻訳の許可を乞い，邦訳を承諾する手紙が届いたのは，2008年7月29日である。現在までそれからすでに5年が経過している。しかし，翻訳作業は諸般の事情から遅延を重ねた。

　本書掲載の論考は，いずれも重厚かつ本格的なもので，現在でもほとんど色あせるものではないが，その間のヨーロッパ，日本における法ないし法理論の展開は著しいものであり，シンポジウム後のPCCやDCFRの編纂，PICCの改定，さらには様々な論点に関わる判例，学説の展開とその集積は，本訳書に記述されたところに加えて，幾つもの改訂，補充を必要とするものになった。そのため本訳書では，本シンポジウム以後のヨーロッパにおける

281

訳者あとがき

立法の展開，判例，学説の趨勢をできる限り反映させることに努めた。それらの補正は，訳注に［　］によって記載したばかりでなく，計3か所の〈補論〉を設けて，本書で討論の対象となっている論点の幾つかをシンポジウム前後の資料に基づいて解説し，あるいは立法的な展開，特にヨーロッパにおける新しい契約法ルールの紹介を行った。それに際しては，シンポジウム参加者でもあるヤンセン教授，ツィンマーマン教授などのそれに関する論文において示された，これらの新契約法ルールに関する評価も加えた。さらに，現在日本で進められている立法提案，特に2013年2月に公表された民法（債権法）改正に関する中間試案において示された意思表示ルールの解説とそれに関する議論も付加した。比較法研究もつまるところは立法的な解決に帰着するという考えによったためである。

本書（原著）によって示された意思表示論に関わる数多くの論点は，錯誤，詐欺，強迫といったわが国でも古くからある伝統的な民法上の制度にとどまらず，意思表示ないし契約締結に付随する，特に現在 PECL, PICC, DCFR などの新しい契約法ルールで議論されているような新しいタイプの問題にもわたっている。しかし，本訳書の〈補論〉で採り上げたのは，〈補論3〉の立法的展開の中にある各契約法ルールの個々の規定の紹介，検討に関する部分を除くと，本論で採り上げられたテーマの一部に過ぎず，例えば，今日極めて重要なテーマとなっている株売買におけるインサイダーの問題などには触れることができなかった[1]。

本書では，既述のように大陸法だけでなく，英米法上のルールも数多く採り上げられている。現在のわが国の民法（債権法）の改正作業でも，従来の伝統的な大陸法的（独仏法的）ルールと英米法的ルールの相克ないし調和が議論の俎上に上っている。この問題を考えるにあたっては，とりわけ本書の中のヴァーグナー論文の中に見られる事例（本書3参照）が参考になるであろうと考えられる。これは本書を待つまでもなくよく知られた事例である

---

(1) わが国では2012年に公募増資インサイダー取引事案が相次いで摘発されたこと等を踏まえて，インサイダー取引規制について制度改正が行われた。2013年6月の金融商品取引法の改正によれば，①これまでは株式を売買してもうけた人だけが罰せられたが，これからは「他人に利益を得させる目的」で他人に情報を漏らした者も罪に問われる。②違反した者に対する課徴金の額が大幅に引き上げられた。新しい改正に関する文献としては，中村聡「インサイダー取引規制の平成25年改正と実務上の諸問題」商事法務1998号，「特集／インサイダー取引規制強化への対応」ビジネス法務13巻8号などがある。

半田吉信

が，大陸法的な契約法と英米法的な契約法とでは，いち早く株価が暴騰するであろうことを知った者が，事実と違ったことを告げて，人々の前でわざとその株を売却して，人々が彼にならって売却した後で，その株を大量に買い占めて財をなす行動が許されるかどうか，すなわち，モラルを重視するか，それとも取引上の駆け引き（利益）を重視するかの違いが反映されているとはいえないであろうか。今日各種のファンドが日々通貨，株式，債券の売買だけでなく，空売り，逆張りなどの手段を駆使して利益獲得のためにしのぎを削っていることは周知のごとくである。そのような放縦な行動を野放しにするか，規制を加えるか。大陸法的な契約ルールと英米法的な契約ルールの違いはこのようなところにも表れているとはいえないであろうか。大陸法が市民法的であるのに対して，英米法は商取引法的であるということである。その意味でも英米法上の意思表示論をもふんだんに論述した本書掲載の論文は，現在の日本で進行中の民法（債権法）改正作業で重要論点の一つになっている。英米法性の日本法への導入がどこまで許容されるかの議論にも示唆を与えると考えられる。

　しかし，日本の民法（債権法）改正提案で問題になっているのは，不実表示ルールの錯誤法への取り込みないし英米法的錯誤法理の日本民法への導入，不当威迫法理あるいは不当なつけ込みないし暴利行為の日本法への導入などであり，それらの問題は20世紀末からヨーロッパで作成された，PECL, PICC, DCFRなどの新しい契約法ルールからは大きな示唆を受けることができるが，本書で展開されたケッツ記念シンポジウムでの講演は，これらの新しい意思表示ルールの法制化の可否を直接に議論の対象とするというよりも，ヨーロッパにおける豊富な判例，学説，立法の集積の中で各論者が言及した学問的に興味ある論点を洗練された方法で掘り下げ，かつ比較法的に検討したものである。例えば，蚤の市で安く買った絵画が実際は著名な画家の真筆であった場合の検討とか，古代から伝わる「尊敬すべき者による強迫」という範疇の歴史的，比較法的考察などが本書の他の類書にはない特徴である。しかし，本書に掲載された論考は，その他20世紀になってから法律学上問題となってきた，労働者が採用のための面接にあたって「自分は妊娠していない」と嘘をいうことが認められるかとか，事業者，販売者によって消費者に向けてなされた宣伝文句がどのような場合に公正取引ルール違反となるかの問題，株取引でのいわゆるインサイダーの問題など新しい論点をも含

訳者あとがき

む。これらの論点は，伝統的な民法の分野を越えているだけでなく，欧米，日本を通じて多くの論者が議論を戦わせており，関連する論著も数多く公刊されている。本書訳出の各論考は，その意味では，ドイツの円熟した法律学からの余滴ともいえるものであり，日本の法律学にも示唆を与えるものであろうと考えられる。

2014年1月31日

都内お茶の水の研究室にて

事 項 索 引

あ 行

圧力手段　126-129, 135-137, 141-143
意思説　31, 170
一元説　271
一部取消　201, 202, 206, 240, 241, 251
威　迫　131, 132, 140, 169, 171
インサイダー情報　90, 92, 93
インサイダー取引　92-94, 106, 282
隠匿行為　232, 233
ヴィープケ・ブッシュ事件　77
ヴィントシャイトの前提論　33
ヴェラエーヌム元老院決議　147, 153-155, 160, 161, 168, 169, 176, 177
オーストリア学派　50
オブリーゲンハイト　179, 255
オリエント絨毯見本事件　221, 224

か 行

諧謔表示　231, 266
買主注意せよ原則　58, 84
過大なつけ込み　159
過大な不均衡　239-240, 248
価値錯誤　60
カンタロス事件　42, 44, 49, 57
基礎錯誤　34, 39, 43, 65
客体の錯誤　18, 191
共通錯誤　65, 208, 234, 237, 269, 272
共通的動機錯誤　55, 269
共同過失　209
強　迫　13, 14, 25, 28, 81, 82, 127, 130-136, 138, 140-143, 154-157, 169, 170, 180, 185, 187, 194, 197-200, 238-241, 247, 248, 253, 261-265

強迫訴権　130, 155, 156
虚言の権利　72, 81, 105, 106, 110, 114, 117, 119, 120
禁反言則　231
経済的威迫　132, 143
計算錯誤　14, 208
契約締結上の過失　29, 57, 75, 103, 133, 134, 142, 157, 185, 196
契約（締結）前の説明義務　74, 84, 85, 103, 106, 152, 156, 158, 162
契約適合　151, 162, 185, 196, 200, 201, 204, 206-210, 234, 246, 259
契約の改定　205, 233, 234
原始的不能　241
原状回復　13, 14, 194, 240, 250, 251
行為基礎　33, 139, 207, 208
行為錯誤　18, 19, 22, 25, 31, 32, 38
公序良俗違反　142, 158-163, 277, 279
呉春・応挙書幅売買事件　66
ゴッセンの法則　53
誤導的言明　219
誤導的広告　216
誤　表　15, 38
コンピュータ広告事件　224, 229

さ 行

再商議義務　208
裁判上の取消　249
債務引受　147, 148, 150, 151, 157-159, 164, 166, 168, 173, 176-180, 182
材料の錯誤　19, 20, 25, 27, 31, 32, 51
サヴィニーの錯誤論　30

285

事項索引

詐欺　4, 14, 23, 25, 28, 29, 37, 62, 73, 74, 76, 81-87, 94, 95, 97, 101, 102, 107, 108, 112, 115, 119, 120, 133, 171, 185, 187, 194, 197, 198, 200, 203, 225, 238-241, 245, 247, 248, 253, 261, 263-265, 268, 274-276, 281, 282

錯誤　4, 9-69, 74, 82, 84, 87, 102, 120, 150, 157, 158, 180, 185, 187, 191-193, 197-199, 203-208, 232-237, 239-248, 251, 253-260, 263-265, 267-273, 275, 281-283

――の認識（予見）可能性　29, 37, 237

差別禁止法　79, 111

事実の錯誤　10, 17, 26, 34, 234

事情変更　33, 37, 208, 210

失権約款　161

質問禁止事項　118

私的自治　149, 157, 162, 189, 190, 207, 210

事務管理　58-60

従業員保証　162, 169

守秘義務違反　244

状況の濫用　169, 238, 277

消費者保護　151, 191, 268, 271

情報自己決定権　118, 124

情報提供義務　42, 57, 71, 176, 182, 197, 199, 208, 236, 243-256, 259, 261, 281

情報の保護　112

人格的利益　110

真実義務　83, 98-104, 108

心裡留保　231, 242, 253, 265, 266, 276

誠意訴権　15

性質錯誤　19, 20, 31, 32, 49-52, 54, 58, 60, 65, 66, 107, 198, 245

説明義務　71, 75, 85, 86, 88, 89, 91, 97-106, 113, 152, 156, 258

セールストーク　82, 84, 85

センシティブデータ　119, 122

相互的な詐欺　73

相対的無効　28, 270

双方（的）錯誤　25, 26, 41, 48, 55, 207, 208, 210

尊敬すべき者による強迫　152-157, 160, 170, 283

た 行

第三者の詐欺　133, 178, 275

第二プサン事件　42

注釈学派の錯誤論　18

中性的助言　166, 179

沈黙の詐欺　274-275

追認　264

通謀虚偽表示　231-233, 253, 266

撤回権　133, 191, 257, 258

デッカー事件　76, 77

テルケル約款　47

伝達錯誤　37, 235

動機の錯誤　23, 30, 31, 33, 36-38, 237, 267-272

な 行

内容錯誤　38, 198, 205, 206, 267, 269

二元説　265

入力ミス　256, 257

妊娠に関する質問　76, 105, 120

は 行

莫大損害　49, 50, 60, 61, 154, 155, 158

ハドリアヌスの分割　61

パレート最適　128

反対証書　231

人の錯誤　18, 20, 21, 28, 31, 32

評価錯誤　50

表示錯誤　37, 38, 198, 205, 235, 255, 256, 259, 269, 272

表示説　31

非良心性　127

事項索引

不安の抗弁権　78
夫婦財産契約　166
不合意　13, 25-27, 30, 39, 128, 191
不公正なつけ込み　261-263
プサン事件　41, 43, 48
藤島武二・古賀春光絵画売買事件　66
不実表示　65, 85, 114, 115, 237, 245, 265, 268, 269, 281, 283
不正確な情報　244, 260
普通法の錯誤　18, 21
不当威迫　132, 142, 143, 169-182, 239, 281
不当競争行為　213
不当利得　69, 250, 264
不法行為　94, 152, 156, 157, 159, 172, 181, 194
プライヴァシー　105, 110, 117, 118
フラゴナール事件　49, 52, 53, 59, 67
ベル対ブラザーズ事件　48
訪問取引　133, 142
暴利行為　238, 240, 247, 276-280
法律の錯誤　17, 26-29, 34, 234
暴利類似行為　279
補充的契約解釈　201

保証　75, 82, 147-151, 154, 158-169, 173, 176, 177, 182, 203
保証契約締結における詐欺　75

ま行

三菱樹脂事件　123
物の錯誤　19, 25, 31, 32, 61
モロー・ガニメデスの略奪事件　66
問答契約　12, 15, 19, 20, 27, 153

や行

遺言　11, 15, 26
要素の錯誤　20, 48, 66, 269-271
要物契約　21

ら行

ライプル・デュヴェネック事件　46, 51, 55, 58
利息制限法　279
レイドロー対オルガン事件　85, 86, 89, 90, 92, 95, 106
ローマの錯誤論　10, 11, 13

総合叢書
2

ヨーロッパ意思表示論の展開と民法改正
——ハイン・ケッツ教授古稀記念——

2014年(平成26年)6月25日　第1版第1刷発行　5452-5-01011

編　集　R. ツィンマーマン
訳　者　半田吉信
発行者　今井 貴・稲葉文子
発行所　株式会社信山社
〒113-0033 東京都文京区本郷 6-2-9-102
Tel 03-3818-1019　Fax 03-3818-0344
henshu@shinzansha.co.jp
笠間才木支店　〒309-1611 茨城県笠間市笠間 515-3
Tel 0296-71-9081　Fax 0296-71-9082
笠間来栖支店　〒309-1625 茨城県笠間市来栖 2345-1
Tel 0296-71-0215　Fax 0296-72-5410
出版契約 No.2014-5452-5-01011　Printed in Japan

Ⓒ R. ツィンマーマン, 半田吉信他, 2014, 校閲校正Ⓒ信山社
印刷・製本／ワイズ書籍・牧製本
ISBN 978-4-7972-5452-5 C3332 ¥8800E　分類324.101-a-006
5452-5-01011:p296　013-045-015-050

JCOPY《(社)出版者著作権管理機構 委託出版物》
本書の無断複写は著作権法上での例外を除き禁じられています。複写される場合は、そのつど事前に、(社)出版者著作権管理機構(電話 03-3513-6969, FAX 03-3513-6979, e-mail: info@jcopy.or.jp)の許諾を得てください。

◆ ローマ法・現代法・ヨーロッパ法——シヴィル・ローの伝統の現在
　　　ラインハルト・ツィンマーマン 著／佐々木有司 訳
◆ ヨーロッパ債務法の変遷
　　　ペーター・シュレヒトリーム 編／半田吉信他 訳
◆ ドイツ新債務法と民法改正　半田吉信 著
◆ ドイツ債務法現代化法概説　半田吉信 著
◆ 契約法講義（第2版）　半田吉信 著

民法改正と世界の民法典

民法改正研究会（代表 加藤雅信）

判例プラクティス シリーズ

◎刑法（総論）判例集の決定版、全四四件解説
◎刑法（各論）判例集の決定版、全五四三件
◎効率よく体系的に学べる民法判例解説

判例プラクティス 憲法　浅野博宣・尾形健・小島慎司・宍戸常寿・曽我部真裕・中林暁生・山本龍彦 執筆
判例プラクティス 民法 I　総則・物権　松本恒雄・潮見佳男 編
判例プラクティス 民法 II　債権
判例プラクティス 民法 III　親族・相続
判例プラクティス 刑法 I　総論　成瀬幸典・安田拓人 編
判例プラクティス 刑法 II　各論　成瀬幸典・安田拓人・島田聡一郎 編

プラクティス シリーズ

プラクティス民法 債権総論（第4版）　潮見佳男 著
プラクティス行政法　木村琢麿 著
プラクティス労働法　山川隆一 編
演習プラクティス国際法　柳原正治・森川幸一・兼原敦子 編

藤岡康宏 民法講義V
不法行為法　小野秀誠 著
第1部 不法行為法総論／第2部 一般の不法行為／第3部 権利の実現のための法／第4部 不法行為法の複合的構造／第5部 損害賠償／第6部 損害賠償と差止め

森村 進　リバタリアンはこう考える
第1部 リバタリアニズムの理論的基礎／第2部 自由の法理

法律学の森シリーズ 最新刊

債権総論
相続・贈与と税（第2版）　三木義一・末崎衛 著
社会保障法研究　岩村正彦・菊池馨実 責任編集
国際法研究　岩沢雄司・中谷和弘 責任編集

信山社